Sommaire

4 et 5   CARTE DES PRINCIPALES CURIOSITÉS

6 et 7   CARTE DES ITINÉRAIRES DE VISITE

8   CARTE DES LIEUX DE SÉJOUR
Loisirs

9 à 33   INTRODUCTION AU VOYAGE

10 à 16   PHYSIONOMIE DU PAYS
La formation du sol — Les pays bourguignons —
Le vignoble — La forêt — L'exploitation des carrières

17 à 19   QUELQUES FAITS HISTORIQUES
Les Grands Ducs Valois — Tableau chronologique —
Vauban — Lamartine

20   LA VIE MONACALE EN BOURGOGNE

21   LA VIE INTELLECTUELLE ET LITTÉRAIRE

22 à 32   L'ART
Abc d'architecture — Termes d'art employés dans
ce guide — Les plus belles églises romanes en
Bourgogne — L'Art en Bourgogne

33   LA TABLE

34   LÉGENDE

35 à 163   CURIOSITÉS
description par ordre alphabétique

164 à 166   INDEX

167 et 168   RENSEIGNEMENTS PRATIQUES
Quelques livres — Principales manifestations touristiques

169 à 182   CONDITIONS DE VISITE

*Avec ce guide
voici
les cartes Michelin
qu'il vous faut*

Les **cartes Michelin**
sont constamment
tenues à jour

Ne voyagez pas aujourd'hui
avec une carte d'hier

PRINCIPALES CURIOSITÉS

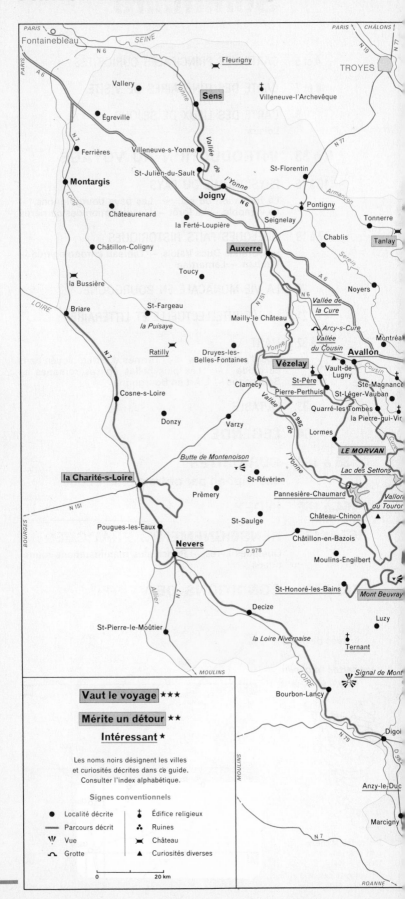

PARIS · Fontainebleau · SEINE · PARIS · CHÂLONS

Fleurigny

TROYES

Vallery

Sens

Villeneuve-l'Archevêque

Égreville

Ferrières

Villeneuve-s-Yonne

St-Julien-du-Sault

St-Florentin

Montargis

Joigny

Pontigny

Châteaurenard

la Ferté-Loupière

Seignelay

Tonnerre

Châtillon-Coligny

Auxerre

Chablis

Tanlay

Toucy

Noyers

la Bussière

St-Fargeau

Vallée de la Cure

Briare

la Puisaye

Mailly-le Château

Arcy-s-Cure

Vallée du Cousin

Montréa

Ratilly

Druyes-les-Belles-Fontaines

Vézelay

Avallon

Vault-de-Lugny

Ste-Magnance

Clamecy

St-Père

Pierre-Perthuis

St-Léger-Vauban

Cosne-s-Loire

Quarré-les Tombes

la Pierre-qui-Vir

Donzy

Varzy

Lormes

Butte de Montenoison

LE MORVAN

St-Révérien

Lac des Settons

la Charité-s-Loire

Prémery

Pannesière-Chaumard

Vallon du Touror

Château-Chinon

St-Saulge

Pougues-les-Eaux

Châtillon-en-Bazois

Nevers

Moulins-Engilbert

St-Honoré-les-Bains

Mont Beuvray

Decize

Luzy

St-Pierre-le-Moûtier

la Loire Nivernaise

Ternant

Signal de Mont

MOULINS

Bourbon-Lancy

Digoi

Anzy-le-Duc

Marcigny

ROANNE

Vaut le voyage ★★★

Mérite un détour ★★

Intéressant ★

Les noms noirs désignent les villes
et curiosités décrites dans ce guide.
Consulter l'index alphabétique.

Signes conventionnels

● Localité décrite
— Parcours décrit
♉ Vue
⌒ Grotte

† Édifice religieux
⁂ Ruines
⋈ Château
▲ Curiosités diverses

0 ___ 20 km

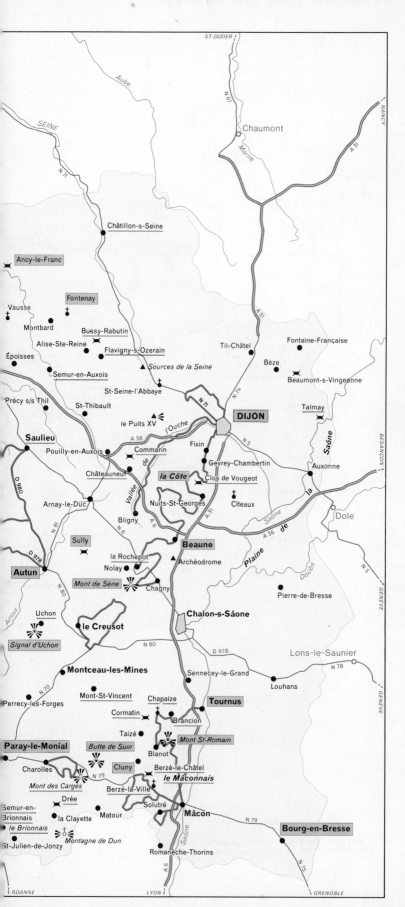

ITINÉRAIRES DE VISITE

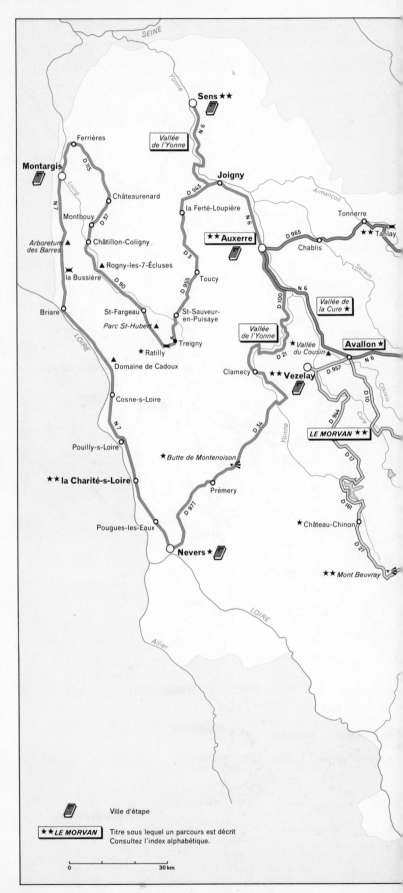

SEINE

Sens ★★

Vallée de l'Yonne

N 6

Ferrières

Montargis

D 115

Joigny

Loing

D 943

Châteaurenard

la Ferté-Loupière

Tonnerre

N 7

Montbouy

D 57

★★ Tanlay

Arboretum des Barres

Châtillon-Coligny

★★ Auxerre

D 965

Chablis

Serein

Rogny-les-7-Écluses

D 3

Armançon

N 6

la Bussière

D 90

Toucy

D 955

N 6

Vallée de la Cure ★

Briare

St-Fargeau

St-Sauveur-en-Puisaye

D 100

Vallée de l'Yonne

Avallon ★

LOIRE

Parc St-Hubert

Treigny

Vallée du Cousin

★ Ratilly

Clamecy

★★ Vezelay

D 21

D 957

Cousin

Domaine de Cadoux

Cosne-s-Loire

D 10

N 7

Yonne

D 944

Cure

LE MORVAN ★★

Pouilly-s-Loire

D 34

★ Butte de Montenoison

D 17

★★ la Charité-s-Loire

Prémery

D 977

D 161

★ Château-Chinon

Pougues-les-Eaux

D 27

Nevers ★

★★ Mont Beuvray

LOIRE

Aller

🕮 Ville d'étape

★★ *LE MORVAN* Titre sous lequel un parcours est décrit
Consultez l'index alphabétique.

0 ———— 30 km

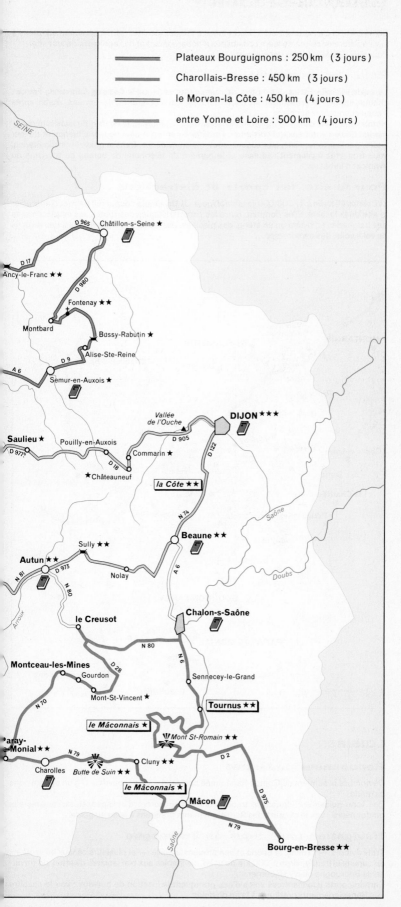

Plateaux Bourguignons : 250 km (3 jours)

Charollais-Bresse : 450 km (3 jours)

le Morvan-la Côte : 450 km (4 jours)

entre Yonne et Loire : 500 km (4 jours)

SEINE

D 965

Châtillon-s-Seine ★

D 17

Ancy-le-Franc ★★

D 980

Fontenay ★★

Montbard

Bussy-Rabutin ★

Alise-Ste-Reine

A 6

D 9

Semur-en-Auxois ★

Vallée
de l'Ouche

DIJON ★★★

Saulieu ★

Pouilly-en-Auxois

D 905

D 122

D 977

Commarin ★

D 18

★Châteauneuf

la Côte ★★

N 74

Saône

Beaune ★★

Sully ★★

Autun ★★

N 81

D 973

Nolay

A 6

Doubs

N 80

le Creusot

Chalon-s-Saône

Arroux

Montceau-les-Mines

D 28

N 80

N 6

Gourdon

Sennecey-le-Grand

N 70

Mont-St-Vincent ★

Tournus ★★

le Mâconnais ★

Paray-
le-Monial ★★

Mont St-Romain ★★

N 79

Charolles

Butte de Suin ★★

Cluny ★★

D 2

le Mâconnais ★

Mâcon

D 975

Saône

N 79

Bourg-en-Bresse ★★

7

LIEUX DE SÉJOUR

Sur la carte ci-dessous ont été sélectionnées quelques localités particulièrement adaptées à la villégiature en raison de leurs possibilités d'hébergement et de l'agrément de leur site.
Pour plus de détails, vous consulterez :

Pour l'hébergement

Le **guide Michelin France** des hôtels et restaurants et le **guide Camping Caravaning France ;** chaque année, ils présentent un choix d'hôtels, de restaurants, de terrains, établi après visites et enquêtes sur place.
Hôtels et terrains de camping sont classés suivant la nature et le confort de leurs aménagements. Ceux d'entre eux qui sortent de l'ordinaire par l'agrément de leur situation et de leur cadre, par leur tranquillité, leur accueil, sont mis en évidence. Dans le guide Michelin France, vous trouverez également l'adresse et le numéro de téléphone du bureau de tourisme ou syndicat d'initiative.

Pour le site, les sports et distractions

Les **cartes Michelin** à 1/200 000 *(assemblage p. 3).* Un simple coup d'œil permet d'apprécier le site de la localité. Elles donnent, outre les caractéristiques des routes, les emplacements des baignades en rivière ou en étang, des piscines, des golfs, des hippodromes, des terrains de vol à voile, des aérodromes…

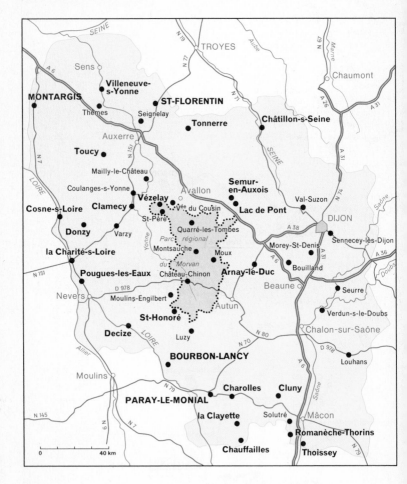

LOISIRS

Randonnées pédestres

De nombreux sentiers de Grande Randonnée permettent de découvrir la région décrite dans ce guide.
Des topo-guides en donnent le tracé détaillé et procurent d'indispensables conseils aux randonneurs : voir le chapitre des Renseignements pratiques à la fin du guide.

Navigation touristique en Bourgogne

Trois rivières — l'Yonne, la Saône et son affluent la Seille — et plusieurs canaux ou sections de canaux offrent environ 1 000 km de voies navigables aux plaisanciers désireux de traverser la Bourgogne ou d'y séjourner.
Certains ports jalonnent ces voies d'eau pratiquent la location de bateaux : voir le chapitre des Renseignements pratiques à la fin du guide.

Introduction
au voyage

Mosaïque de pays très variés, unifiés au 14e s. par les Grands Ducs d'Occident en un des états les plus puissants d'Europe, point de départ d'un extraordinaire rayonnement artistique et religieux avec Cluny et Cîteaux, offrant la noble composition architecturale de ses châteaux et des prestigieux monuments de Dijon, sa capitale, sanctuaire de la gastronomie française doté de l'un des vignobles les plus renommés du monde, la Bourgogne constitue un but de voyage d'un intérêt incomparable.

(Photo Martin H./Vloo)

*Afin de donner à nos lecteurs l'information la plus récente possible, les **Conditions de Visite** des curiosités décrites dans ce guide ont été groupées en fin de volume, **p. 169 à 182.***

Les curiosités soumises à des conditions de visite y sont énumérées soit sous le nom de la localité soit sous leur nom propre si elles sont isolées.

Dans la partie descriptive du guide, p. 36 à 163, le sigle cv placé en regard de la curiosité les signale au visiteur.

PHYSIONOMIE DU PAYS

La région décrite dans ce guide n'est pas une région naturelle au même titre que les Alpes ou le Bassin parisien. Dépourvue d'unité physique, elle se compose de pays très différents :
— à l'Est, des plaines d'effrondrement (pays de la Saône) ;
— au Nord et à l'Ouest, des plaines de bassins sédimentaires formant la Basse-Bourgogne (région de Chablis et d'Auxerre) ;
— au Centre, des plateaux calcaires (Côte et Arrière-Côte) ;
— au Sud, des massifs anciens et des zones accidentées (massif du Morvan, collines du Charollais, monts du Mâconnais).

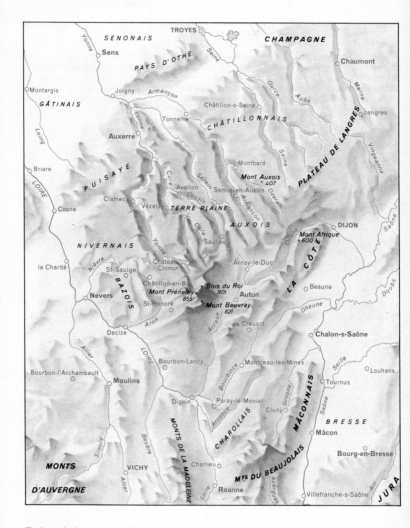

Traits généraux du relief. — Malgré cette diversité, il est possible de dégager certains traits généraux du relief : tandis que la partie septentrionale se rattache directement au rebord oriental du Bassin parisien, le Morvan, la Côte et le Mâconnais présentent des caractères nettement marqués.

Le **Morvan,** massif primaire usé par l'érosion puis soulevé de nouveau à l'ère tertiaire, s'incline doucement vers le Nord. L'altitude ne dépasse pas 900 m. Il domine, à l'Ouest, la dépression du Bazois, au Nord, la Terre-Plaine, au Nord-Est, la dépression de l'Auxois, au Sud-Est, les plaines d'Autun et du Charollais.

Toutes ces plaines bordières ont facilité la pénétration du massif et ont permis d'en amorcer peu à peu la mise en valeur.

Le **Mâconnais,** prolongé par les monts du Beaujolais *(voir le guide Vert Michelin Vallée du Rhône)* a également un relief assez marqué et ses monts se rattachent encore à la côte calcaire de la bordure de Saône.

La **« Côte »,** au pied de laquelle s'étale le célèbre vignoble, est le rebord du dernier gradin de la « Montagne », haut-plateau calcaire qui s'allonge du Nord au Sud, de la vallée de l'Ouche à la vallée de la Dheune.

Les plateaux calcaires du Châtillonnais et de Basse-Bourgogne, qui se raccordent à l'Est au plateau de Langres *(voir le guide Vert Michelin Champagne Ardennes)*, constituent une région monotone et pauvre, dominée parfois de « tasselots » (plateaux rocheux) et entaillée de vallées sèches. Les forêts n'ont pu s'y maintenir que grâce à une forte pluviosité. Limitant à l'Est et à l'Ouest la Bourgogne et le Nivernais, la Saône et la Loire s'étalent chacune en une plaine alluviale parsemée de cultures et de prairies d'élevage.

LA FORMATION DU SOL

Ère primaire. — Début il y a environ 600 millions d'années. Les eaux recouvrent l'emplacement actuel de la France. Puis un bouleversement de l'écorce terrestre, le plissement hercynien, dont la forme en V apparaît en tireté sur la carte ci-dessous, fait surgir un certain nombre de hautes montagnes (Massif Armoricain, Massif Central, Vosges, Ardennes) dont le Morvan. Ces montagnes sont formées de roches cristallines : granit, gneiss, micaschistes, mêlées de roches éruptives, telles que le porphyre. Les mers qui occupent les Bassins parisien et rhodanien communiquent entre elles par un détroit, le seuil de Bourgogne.

L'érosion, c'est-à-dire l'action combinée des pluies, du vent, des eaux courantes, use et abaisse les parties les plus hautes : le Morvan est ainsi ramené à un état de socle montagneux. Le climat chaud et humide favorise le développement d'une végétation exubérante. Enfouis sous une épaisse masse d'alluvions, les débris végétaux sont peu à peu transformés en houille, par suite d'une longue fermentation. Des dépôts carbonifères se forment entre les massifs du Morvan et du Beaujolais dans la région d'Autun et de Blanzy.

A cette époque vivent des batraciens, des insectes, des sauriens et des poissons géants.

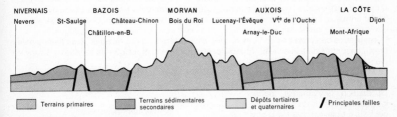

Légende de la carte :
- Zones plissées à l'ère tertiaire.
- Régions immergées à l'ère secondaire.
- Massifs primaires (plissement hercynien).

Ère secondaire. — Début il y a environ 200 millions d'années. Par suite d'un lent affaissement du socle hercynien, les mers envahissent complètement le Bassin parisien et, continuant à s'avancer vers le Sud, submergent même les parties les plus élevées — Morvan, Beaujolais, Charollais — qu'elles recouvrent d'une carapace de marnes et de calcaires. Tous ces terrains sédimentaires s'empilent sur le soubassement granitique.

Après le retrait de la mer, l'érosion reprend son travail d'usure, décape le Morvan qu'elle abaisse d'au moins 1 000 m et rejette les marnes et les calcaires vers l'Auxois, le Bazois et le Châtillonnais. Les couches sédimentaires s'enfoncent vers la partie centrale du Bassin parisien.

C'est alors que les reptiles deviennent les plus puissants des animaux et qu'apparaissent les premiers oiseaux et les premiers mammifères.

Ère tertiaire. — Début il y a environ 60 millions d'années. Sous le contrecoup du gigantesque plissement alpin, le sol se soulève, évacuant les mers, et le Massif Central se fissure. Sa bordure orientale se relève et se compose alors d'une série de rides parallèles : monts de l'Autunois, du Charollais, du Mâconnais, du Beaujolais ; le massif du Morvan est affecté par ce mouvement de surrection.

Les grands reptiles ont été remplacés par les oiseaux et les mammifères tandis que la végétation est constituée d'essences très proches des espèces actuelles.

Ère quaternaire. — Début il y a environ 2 millions d'années. Les effets de l'érosion achèvent de donner à la région sa physionomie actuelle : les massifs anciens (le Morvan, le Beaujolais) voisinent avec les plateaux calcaires (la Côte et l'Arrière-Côte), les bassins sédimentaires (le Bazois, la Terre-Plaine, l'Auxois) et les plaines d'effondrement (la vallée de la Saône).

Coupe schématique du Morvan et de la Bourgogne.

NIVERNAIS — BAZOIS — MORVAN — AUXOIS — LA CÔTE

Nevers — St-Saulge — Château-Chinon — Bois du Roi — Lucenay-l'Évêque — Vée de l'Ouche — Dijon

Châtillon-en-B. — Arnay-le-Duc — Mont-Afrique

- Terrains primaires
- Terrains sédimentaires secondaires
- Dépôts tertiaires et quaternaires
- Principales failles

Un relief original : la Côte d'Or. — La Côte d'Or est un escarpement dû aux cassures provoquées par l'effondrement des plaines de la Saône. Cet escarpement est le dernier rebord d'une série de gradins formant l'Arrière-Côte encore appelée « Montagne ».

La Côte se caractérise par son tracé rectiligne, de direction grossièrement Nord-Sud ; par la vigueur de son tracé, la dénivellation atteignant parfois 200 m ; elle est échancrée par des « combes » terminées le plus souvent en « bouts du monde » ou en vallées encaissées.

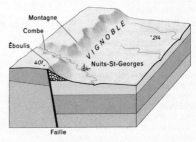

Montagne
Combe
Éboulis
VIGNOBLE
Nuits-St-Georges
Faille

La Côte d'Or.

LES PAYS BOURGUIGNONS

De l'Auxois au Beaujolais, de la Saône à la Loire, les pays très divers dont l'assemblage a formé la Bourgogne ont su conserver chacun leur aspect, leur économie, leurs modes de vie particuliers.

Les liens historiques qui les ont réunis au 15e s. ont été assez forts pour que, de nos jours encore, des caractères communs réapparaissent. Les divisions administratives, les besoins économiques actuels ont pu détourner vers Paris une part des activités régionales, sans que cessent pour autant les liens de parenté entre les membres d'une province dont Dijon reste la capitale à plus d'un titre.

Le Senonais. — Il constitue la bordure la plus septentrionale de la Bourgogne, aux confins de l'Ile-de-France et de la Champagne dont certains caractères apparaissent, notamment dans l'aspect physique et économique du pays.

Le Senonais, région plus fertile que la Champagne pouilleuse, rappelle la Brie. Sa principale ressource, l'agriculture, est riche et variée, grâce à la diversité des sols et à l'épaisseur des limons.

Le Gâtinais. — C'est le pays qui s'étend de Gien au Nord de Montargis, pays de sables et d'argiles, couvert de landes et de pins, coupé de cours d'eau et semé d'étangs, la plupart tributaires du Loing. Synonyme de « mauvaise terre », le Gâtinais est une région de chasse et de pêche fort appréciée des Parisiens. Près de Montargis, le paysage devient plus verdoyant et plus humide : aux couches d'argile correspond un bocage très morcelé.

Le Gâtinais, dont les ressources (élevage de vaches laitières) sont assez médiocres, se tourne vers la région parisienne beaucoup plus que vers la Bourgogne.

La Puisaye. — Elle est située au Sud-Est du Gâtinais avec lequel elle présente de nombreuses ressemblances : mêmes terres de sables et d'argiles, climat humide, terroir propre aux forêts et aux étangs. Mais c'est aussi une région qui se prête aux cultures fourragères et à l'élevage (les pâturages couvrent le tiers du pays) et dont le caractère bocager est l'aspect le plus frappant.

La dispersion de l'habitat est générale, la maison est noyée au milieu des haies. Les activités sont variées : élevage de bœufs charollais, de porcs et de volailles, poteries, fabriques d'ocre et de ciment, exploitation de la forêt, scieries.

Le Nivernais. — Succession de plateaux et de collines se rattachant à l'Est au massif du Morvan et descendant en pente douce jusqu'au val de Loire, le Nivernais est avant tout un carrefour.

A l'Ouest de Château-Chinon, s'étale le **Bazois,** riche pays formé de terres humides, partagées entre les cultures de céréales et de plantes fourragères sur les pentes, et les grasses prairies (prés d' « embouche ») dans les fonds. Là sont engraissés pour la boucherie les bœufs blancs des races charollaise et nivernaise qui alimentent le marché parisien.

Au Nord du Bazois, la région vallonnée (les collines atteignent parfois 450 m) de Clamecy et de Donzy, que parcourt un réseau de rivières assez dense — Nièvre, Beuvron, Yonne, Nohain —, est à la fois un pays d'élevage et de cultures. La présence d'importantes forêts, exploitées rationnellement, a permis l'installation à Leuglay et à Prémery de deux importantes usines de carbonisation du bois.

De Nevers à Bonny, la Loire marque la limite entre le Nivernais et le Berry ; les prairies d'élevage y alternent avec les éperons boisés.

Entre Sancoins et Decize la limite avec le Bourbonnais est assez imprécise. Le style de construction des fermes et des châteaux montre combien est forte l'influence de cette province.

De Pougues à la Charité, la rive droite du fleuve est assez abrupte et boisée, tandis que la rive gauche est plate et basse.

Pouilly est le centre d'un vignoble réputé qui s'étale sur les collines dominant la vallée de la Loire.

Au-delà de Pouilly, la vallée de la Loire se resserre, dominée à l'Ouest par les collines de Sancerre, puis s'élargit de nouveau à partir de Bonny.

Le Morvan. — Lors du contrecoup du plissement alpin, le massif granitique du Morvan a été disloqué sur ses bords : l'érosion, en usant les couches tendres du lias qui recouvraient la bordure du massif, a façonné une dépression qui l'entoure sur trois côtés ; cette dépression périphérique est dominée vers l'extérieur par des plateaux calcaires. Le Morvan se signale par la masse de ses forêts, la médiocrité de ses sols et la rudesse de ses paysages.

L'importance de la forêt ne doit pas cacher le caractère bocager du pays : les champs et les prés, cloisonnés de haies vives, apparaissent comme une mosaïque de tons verts, bruns ou jaunes, sans cesse renouvelés.

Le Morvan, qui compte peu de bourgs importants, se caractérise par la dispersion extraordinaire de ses hameaux et de ses « écarts ».

La maison morvandelle, restée longtemps une chaumière d'aspect misérable, est accolée le plus souvent aux bâtiments d'exploitation et à l'étable.

Isolé par la forêt autant que par le relief, le Morvan a vécu en économie fermée. Le progrès a fini par pénétrer dans les campagnes et les hameaux : les toits de chaume ont peu à peu été remplacés par les toits de tuiles ou d'ardoises, les cultures se sont améliorées grâce au chaulage et aux engrais : les forêts ont été défrichées et le reboisement par des résineux compense l'exploitation méthodique de la forêt.

Le Morvan et sa bordure.

L'élevage des bovins surtout s'est développé. L'ancienne race morvandelle à robe rouge a été supplantée par la race charollaise.

Le réseau hydrographique du Morvan alimente surtout le bassin de la Seine, mais les pluies abondantes provoquent parfois des perturbations dans le régime de ce grand fleuve. L'Yonne, la Cure et leurs affluents, longtemps utilisés pour le flottage des bois, ont vu leur cours régularisé par des barrages-réservoirs (Pannesière, Settons, Malassis, Chaumeçon, Crescent) doublés parfois d'une petite usine hydro-électrique. Toutefois, ce rôle de régulateur n'est pas suffisamment efficace lors des grandes crues de la Seine et de son bassin.

Le barrage de St-Agnan constitue pour les localités proches une réserve d'eau potable.

L'Auxois. — A l'Est du Morvan, l'Auxois est le pays du lias, pays de grasses et fortes terres burinées par les eaux. Là se sont installées les riches prairies d'élevage : la race charollaise — blanche — fournit la viande, tandis que la race tachetée de l'Est (race montbéliarde), que l'on trouve surtout dans le Haut-Auxois — région de Semur et de Montbard —, donne le lait. Les chevaux de trait de l'Auxois complètent cet important élevage.

Dominant les vallées verdoyantes, se dressent des éperons calcaires et des plateaux dénudés où, grâce au chaulage et aux engrais, ont pu se développer les cultures de céréales. Les buttes rocheuses portent des bourgs fortifiés, tels que Semur, Flavigny-sur-Ozerain et Mont-St-Jean, ou d'anciens oppidums comme Alésia sur le mont Auxois, sentinelles isolées surveillant les passages et les voies de communication.

Le Charollais. — De toutes les régions bordant le Morvan, le Charollais, qui, au Sud, forme le département de Saône-et-Loire, est la seule qui ne soit pas une véritable dépression. C'est une région de collines et de plateaux aux ondulations larges.

Les marnes donnant des prés excellents, l'élevage des bovins est la grande richesse du pays et la race charollaise s'est répandue jusqu'en Auxois, en Nivernais et en Puisaye. Engraissés dans les prés d'embouche pendant plusieurs mois, les bœufs blancs alimentent d'importantes foires et sont expédiés vers la région parisienne et dans plusieurs pays d'Europe.

Le bassin d'Autun. — Cette dépression a été, à l'époque primaire, un vaste lac peu à peu comblé par des dépôts houillers et des schistes bitumineux qui furent à l'origine du développement industriel de la région.

L'Autunois comprend : le bassin d'Autun proprement dit, drainé par l'Arroux, les croupes granitiques qui le dominent au Sud-Est et le sillon où coulent en sens inverse la Dheune vers la Saône et la Bourbince vers la Loire ; les vallées de ces rivières sont empruntées par le canal du Centre, qui dessert le bassin minier de Blanzy-Montceau-les-Mines et le centre métallurgique du Creusot ; longtemps utilisé par la batellerie comme voie navigable permettant de joindre Lyon et Paris *(voir p. 85)*, il connaît actuellement un moindre trafic. La dépression de la Dheune et de la Bourbince offre l'aspect d'une véritable rue de mines et d'usines.

Les plateaux bourguignons. — De la lisière septentrionale du Morvan au plateau de Langres *(voir le guide Vert Michelin Champagne Ardennes)* et d'Auxerre à Dijon, s'étend une zone de plateaux calcaires qui constituent le cœur même de la Bourgogne. C'est le seuil de Bourgogne, zone de contact entre le bassin de la Seine et celui de la Saône, et entre les Vosges et le Morvan : là, s'est constitué l'État bourguignon, au point de jonction de régions différentes qu'il était ainsi possible de contrôler.

D'une altitude généralement médiocre (400 à 500 m), ces plateaux s'inclinent lentement au Nord-Ouest, mais s'abaissent brusquement au Sud-Est. Leur aspect sec contraste avec celui beaucoup plus riche et verdoyant des vallées : Yonne, Serein, Armançon. On distingue d'Ouest en Est les plateaux de l'Auxerrois, du Tonnerrois et du Châtillonnais.

L'**Auxerrois** est une plate-forme rocailleuse, fissurée de nombreuses vallées, où apparaît le calcaire d'un blanc souvent éclatant. Les versants bien exposés ont permis de développer la culture de la vigne dans la région de Chablis, d'Auxerre et d'Irancy ainsi que celle des cerisiers.

Les plateaux du **Tonnerrois** présentent des caractères semblables à ceux du plateau de Langres, mais l'altitude est plus basse et le climat peu différent de celui du Bassin parisien.

Le **Châtillonnais** apparaît comme une suite de plateaux monotones, souvent dénudés, parfois surmontés de « tasselots » rocheux et creusés de vallées sèches. Des côtes se détachent des buttes-témoins (mont Lassois, signal de Bissey, Jumeaux de Massingy). C'est un pays pauvre, la sécheresse du sol ne permettant pas de grandes cultures. Les eaux s'infiltrent dans la croûte calcaire et réapparaissent sous forme de résurgences ou « douix » (telle la Seine à Châtillon), tandis qu'existe tout un réseau hydrographique souterrain.

Autrefois, la forêt couvrait presque tous ces plateaux. Les moines des abbayes de Molesmes, St-Seine, Fontenay, Clairvaux ont activement participé au défrichement. Plus tard, on a exploité le minerai de fer et de nombreuses forges, des fonderies, des clouteries existaient déjà au 18e s.

Actuellement, le reboisement est organisé d'une façon méthodique. Les forêts de résineux (mélèze, pin noir, épicéa, pin sylvestre, pin argenté) côtoient les forêts de feuillus (chêne, hêtre, charme, frêne) et l'industrie du bois tient une place importante.

Dans toute la région, l'exploitation des carrières *(voir p. 16)* est depuis longtemps une source traditionnelle de richesse : les « perrières » fournissent pierre de taille, pierre à moellons, pierre de rechargement.

Le Dijonnais. — C'est là que se trouvent réunis, en une synthèse saisissante, tous les caractères des pays bourguignons : zone de plateaux calcaires, buttes-témoins, grasses prairies, vaste plaine alluviale, « côte » couverte de vigne.

Dijon, ancienne capitale du duché et grande capitale régionale, voit se cristalliser autour d'elle l'activité économique du Châtillonnais, de la Haute-Bourgogne, de la Côte, des plaines de la Saône, du Morvan et d'une partie de la Bourgogne méridionale, mais le Charollais et le Mâconnais sont plutôt attirés vers Lyon.

La région dijonnaise fournit à Dijon les produits de son agriculture et de son élevage, tandis que la grande ville a développé diverses industries. Au croisement des grandes routes de la Méditerranée vers Paris, au contact de la plaine, de la Montagne et de la Côte, la région de Dijon est le centre d'un commerce très actif, desservi par des voies de communication nombreuses et variées.

La Côte. — C'est le rebord du dernier gradin de la **« Montagne »** *(voir p. 10)* dominant la plaine de la Saône. Cet escarpement est dû aux cassures (failles) ayant accompagné l'effondrement de la plaine alluviale de la Saône. Tandis que le plateau de l'Arrière-Côte est occupé par les cultures, les bois et les pâtures, le talus oriental est couvert de vigne. Les villages se sont installés en plein vignoble, au débouché des combes permettant de communiquer avec l'arrière-pays et suffisamment bas pour profiter des sources, toujours abondantes au pied des versants.

« Le vignoble, a écrit **Gaston Roupnel,** se cantonne sur les pentes basses et faciles. Il appuie son bord supérieur sur les premiers bancs calcaires. Il finit en bas dès que cesse toute pente et que la plaine commence sa lourde terre. Cette étroite et lente montée de pierrailles, c'est le vrai territoire du vignoble ».

Il ne faut donc pas s'étonner que les vignerons considèrent leur tâche comme la plus belle et la plus noble de toutes et, étant pour la plupart des propriétaires exploitants, qu'ils mènent une vie généralement plus large que celle des agriculteurs. Leur maison, vaste et confortable, est le type de la « maison en hauteur » : les cuveries et les celliers sont au rez-de-chaussée, tandis que, « comme soulevées par la cave », les pièces d'habitation, auxquelles on accède par un escalier extérieur protégé par un auvent, occupent le premier étage *(illustration p. 15).*

Le choix du sol relève de certaines conditions : terrains calcaires s'échauffant rapidement au printemps, pentes abritées et bien orientées bénéficiant d'un ensoleillement suffisant. L'industrie humaine s'ingénie à réunir les facteurs favorables : recherche du plant le mieux adapté au sol, recherche de la qualité au détriment du rendement (10 à 15 pièces de 228 litres par ha), relations permettant l'écoulement des produits.

Les essais d'extension du vignoble vers la plaine se sont soldés par des échecs sur le plan de la qualité. Par contre la partie supérieure du plateau, favorable aux vignobles des Hautes-Côtes *(voir p. 82)* est progressivement replantée.

Au pied de la Côte, on exploite les carrières de pierre de taille et de marbre de Comblanchien et de Corgoloin *(voir p. 16).*

Le Mâconnais. — C'est le prolongement, au Sud, de la zone montagneuse que forme la Côte d'Or. Mais la différence avec cette région provient de ce que l'abrupt des côtes est tourné vers l'intérieur, tandis que dans la Côte d'Or l'abrupt domine la plaine de la Saône ; c'est une région de collines couvertes de vignes ou de prairies d'élevage.

La zone de plaines est particulièrement bien développée au Sud de Chalon grâce à la vallée de la Grosne. Comme la Bresse, elle produit des céréales, des betteraves, des légumes et l'on y pratique l'élevage des volailles.

La vallée de la Saône. — Les pays de la Saône, voie de passage de premier ordre, s'étalent au pied des plateaux calcaires. Les terres alluviales des plaines de la Saône et de ses affluents — Ouche, Tille — , souvent inondées l'hiver, sont recouvertes de grasses prairies et de terres à cultures. La forêt y occupait aussi une place importante jusqu'au siècle dernier.

Actuellement, aux cultures de blé, de betteraves, de pommes de terre, s'ajoutent les cultures maraîchères, le maïs, le tabac, le houblon et les oléagineux.

Importée d'Alsace au 19ᵉ s., la culture du houblon s'est répandue en Bourgogne jusqu'à la crise économique de 1929. Actuellement, les houblonnières (en voie de disparition) couvrent moins de 62 ha dans la région dijonnaise.

L'élevage bovin s'est beaucoup développé ; la race tachetée de l'Est, appréciée pour ses qualités laitières et sa viande de boucherie, est de plus en plus concurrencée par la pie noire pour la production de lait et par la race charollaise pour la viande.

La vallée de la Saône est en pleine expansion économique. L'activité industrielle s'y manifeste principalement à Chalon, à Mâcon et à Tournus.

La Bresse. — Vallonnée, sillonnée de nombreux ruisseaux (les « caunes »), piquetée de boqueteaux, la plaine bressane s'étend de la Saône au Revermont jurassien. Bien que la brique et la tuile aient peu à peu remplacé le pisé et le chaume, les fermes, souvent isolées au milieu des champs, ont conservé leur aspect d'autrefois : constructions basses avec un large auvent pour le séchage du maïs, toits parfois encore coiffés de la cheminée sarrasine *(voir p. 155),* traditionnelle « chambre de four ». Le pays est principalement orienté vers l'élevage : vaches, porcs et surtout volaille, dont la qualité a fait le renom de la Bresse. Les poulets s'ébattent

(D'après photo Maisons paysannes de France)

Une résidence de ferme en Bresse.

en liberté durant leurs premiers mois, puis sont enfermés à « l'épinette » (cage étroite) et reçoivent une nourriture abondante à base de maïs et de sarrasin. Les chapons sont sacrifiés et plongés dans un bain de lait avant d'être présentés aux « concours de volailles mortes » de Louhans et Bourg-en-Bresse.

Actualisée en permanence
*la **carte Michelin** au **200 000ᵉ***
bannit l'inconnu de votre route.
*Équipez votre voiture de **cartes Michelin** à jour.*

LE VIGNOBLE

Si le nom de Bourgogne évoque pour l'amateur d'art les chefs-d'œuvre du Moyen Âge et de la Renaissance, il est pour tous les gourmets synonyme de bon vin. Le vignoble bourguignon est en effet l'un des plus beaux du monde et sa renommée universelle.

Le vin de Bourgogne dans l'histoire. — Introduite en Bourgogne dès la conquête romaine, la culture de la vigne se généralise rapidement. Dès cette époque, le vin de Bourgogne acquiert ses titres de noblesse ; les préfets de la Séquanaise l'apprécient hautement et le clos de la « Romanée », qui leur est attribué, rappelle ce fait historique.

Au 12e s., les moines de Cîteaux développent le vignoble et constituent le célèbre « Clos de Vougeot ». Courtépée rapporte qu'en 1359, Jean de Bussières, abbé de Cîteaux, fit don au Pape Grégoire XI de trente pièces de sa récolte du Clos de Vougeot. Le pape, reconnaissant, lui promit de se souvenir de ce présent. Quatre ans plus tard, Jean de Bussières recevait le chapeau de cardinal. Au 15e s., les ducs de Bourgogne s'intitulent « seigneur des meilleurs vins de la chrétienté » et font

présent de leur vin aux rois. On sait que Louis XIV a contribué à rendre célèbres les vins de Nuits, que Madame de Pompadour appréciait fort la « Romanée Conti » et que Napoléon Ier avait une préférence marquée pour le Chambertin.

Au 18e s., s'organise le commerce des vins : à Beaune, puis à Nuits-St-Georges et à Dijon s'ouvrent les premières maisons de négociants qui envoient, en France et à l'étranger (Angleterre, Belgique, Pays scandinaves, Suisse, Allemagne), des représentants chargés d'ouvrir de nouveaux marchés aux vins de Bourgogne.

(D'après photo Éd. La Cigogne)

Maison de vignerons.

Parmi les ennemis de la vigne, le phylloxera, petit insecte originaire d'Amérique, fait son apparition dans le département du Gard en 1863. En 1878, on le signale à Meursault et il ravage en peu de temps tout le vignoble bourguignon.

C'est la ruine de toute la population viticole. Heureusement, la greffe de plants français sur des porte-greffes américains permet de reconstituer le vignoble sans dommages pour la qualité des crus.

Il est certain que le vin de Bourgogne est pour le vin de Bordeaux un sérieux rival. Chacun a ses partisans : une vieille marquise demandait à un conseiller au Parlement lequel des deux il préférait : « Madame, répondit-il, c'est un procès dont j'ai tant de plaisir à visiter les pièces que j'ajourne toujours à huitaine la prononciation de l'arrêt. »

Répartition du vignoble. — 37 500 ha de vignes produisant des vins à appellations contrôlées sont répartis sur les départements de l'Yonne, de la Nièvre, de la Côte-d'Or, de la Saône-et-Loire et du Rhône.

La production moyenne annuelle de vins fins est d'environ 1 800 000 hl.

Dans l'Yonne, la région de Chablis offre d'excellents vins blancs, secs et légers, tandis que les coteaux proches d'Auxerre donnent d'agréables vins rosés et rouges (Irancy, Coulanges-la-Vineuse). Pouilly-sur-Loire, dans la Nièvre, fournit des vins blancs très réputés (Pouilly-Fumé) au goût de pierre à fusil qui les apparente aux vins de Sancerre, leurs proches voisins.

En Côte-d'Or, se déroule de Dijon à Santenay un prestigieux vignoble *(voir schéma, p. 83)*. La Côte de Nuits engendre presque exclusivement de très grands vins rouges, dont les plus célèbres sont produits dans les communes de Gevrey-Chambertin, Morey-St-Denis, Chambolle-Musigny, Vougeot, Vosne-Romanée, Nuits-St-Georges. La Côte de Beaune présente à la fois une gamme de très grands vins rouges, à Aloxe-Corton, Savigny-lès-Beaune, Pommard, Volnay, et de très grands vins blancs : Corton-Charlemagne, Meursault, Puligny-Montrachet, Chassagne-Montrachet.

En Saône-et-Loire, la région de Mercurey (Côte chalonnaise) a des vins rouges de qualité (Givry, Rully) mais aussi des vins blancs (Rully-Montagny), tandis que le Mâconnais *(voir schéma, p. 108)* s'enorgueillit de son Pouilly-Fuissé, vin blanc de grande classe.

Ce qui fait le bon vin. — La qualité d'un vin dépend essentiellement du cépage, c'est-à-dire de la variété de plant, du terroir, c'est-à-dire du sol sur lequel pousse la vigne, du climat enfin. Mais le travail du vigneron entre pour une bonne part dans la qualité des vins.

Le cépage. — Le pinot noir fut dès longtemps le plant noble producteur de tous les grands vins rouges de la Bourgogne. Il était déjà fort prisé à l'époque des Grands Ducs, puisqu'une ordonnance de Philippe le Hardi, prise en 1395, le défendait contre le gamay. Spécifiquement bourguignon, ce cépage a été implanté avec succès en Suisse et même en Afrique du Sud, dans la région du Cap. Le jus du pinot noir est incolore et une vinification spéciale permet de produire le vin de Champagne. Le chardonnay est aux vins blancs ce que le pinot est aux vins rouges. Il produit tous les grands vins blancs de la Côte-d'Or (Montrachet-Meursault), les crus réputés de la région de Mercurey (Rully), du Mâconnais (Pouilly-Fuissé) — dont c'est le terrain de prédilection —, ainsi que les vins de Chablis (le plant étant connu dans cette région sous le nom de « Beaunois »).

L'aligoté, cultivé en Bourgogne depuis très longtemps, produit un vin blanc mi-fin, répandu dans les terres ne convenant ni au pinot ni au chardonnay. Ce vin, associé à la liqueur de cassis, constitue le **« kir »**, apéritif inventé par un maire de Dijon, le chanoine Kir, et apprécié maintenant dans toute la France.

Le terroir. — C'est lui qui permet aux qualités du cépage de se développer, de s'affirmer et de se manifester pleinement. C'est dans les sols caillouteux et secs, laissant filtrer l'eau et s'échauffant facilement, que la vigne se plaît le mieux. Les terrains calcaires donnent des vins bouquetés, forts en alcool, et de longue conservation (Côte de Nuits, Côte de Beaune), les terrains composés de silice, de calcaire et d'argile, des vins légers (Chablis).

Le climat. — Les conditions générales de climat dues à la situation de la Bourgogne dans une zone tempérée, mais dont les gelées hivernales ne sont pas exclues, font place à de nombreux facteurs particuliers que le vigneron doit connaître pour obtenir les meilleurs résultats. Le vignoble bourguignon est généralement étagé sur des coteaux dont l'altitude varie entre 200 et 500 m. L'orientation la meilleure semble être le Sud-Est pour le vignoble de Chablis, le Sud-Ouest pour celui de Pouilly-sur-Loire, l'Est-Sud-Est pour le vignoble de la Côte-d'Or (Côte de Nuits, Côte de Beaune), l'Est et le Sud pour la région de Mercurey et le Mâconnais. Dans chaque village, le vignoble est divisé en « climats ». Le nom des climats les mieux situés, c'est-à-dire devant produire les meilleurs vins, possède le privilège d'être accolé au nom du village : ainsi « Beaune-Clos des Mouches ». Parmi ces climats, certains bénéficient depuis longtemps d'une grande renommée et leur nom seul suffit à les désigner : Chambertin, Musigny, Clos de Vougeot, Richebourg.

LA FORÊT

La forêt occupe en Bourgogne une superficie évaluée à environ 1 000 000 ha. Le taux de boisement, de l'ordre de 30 %, dépasse la moyenne française (24 %). Presque partout présente, la forêt est surtout importante au Nord sur les plateaux du Chatillonnais, du Tonnerrois, du Sénonais, au centre dans le Morvan et le plateau nivernais, au Sud dans la région de Cluny et le Charollais.

Les principaux massifs sont les forêts de Châtillon, de Cîteaux, de St-Prix, des Bertranges, de Fontenay-Jailly et de Montargis.

Dans le Morvan, la forêt couvre environ 137 000 ha. Dans certaines communes, elle occupe plus de 50 % du territoire. Les espèces de base sont le hêtre, le chêne, le charme, le bouleau. Les moines des abbayes exploitèrent les forêts du Morvan à partir du 10e s. Plus tard, aux 17e et 18e s., le bois fut expédié par flottage à Paris pour les besoins du chauffage *(voir p. 76 et 86)*, ou transformé sur place en charbon de bois.

Les alluvions le long de la Saône sont couvertes, par endroits, de forêts de chênes de belle qualité (régions d'Auxonne, de Seurre et de Chalon).

Les plus belles forêts de résineux sont celles de St-Prix, près du Haut-Folin.

La vaste chênaie du plateau nivernais, d'une grande beauté, produit des bois de choix. Enfin, des surfaces importantes de la côte ont été transformées en futaie feuillue (hêtraie de Châtillon) ou en plantations de pins noirs d'Autriche et de pins sylvestres.

D'importantes industries sont liées à la forêt : **distillation du bois** et **carbonisation** (usines à Leuglay et Prémery) pour la production de charbon de bois, acide acétique, méthylène et leurs dérivés ; **scieries ;** fabriques de placages et de panneaux (à Auxerre, St-Usage), etc. Par ailleurs de grandes pépinières (surtout région de St-Florentin dans l'Yonne et de Leuglay en Côte-d'Or) alimentent le marché français et européen des plants forestiers.

L'EXPLOITATION DES CARRIÈRES

La pierre de construction et de décoration est abondante en Bourgogne. Sur les collines calcaires de la rive droite de la Saône, les pierres les plus plates étaient même utilisées pour les couvertures : ce sont les **laves**, le terme lave évoquant peut-être l'expression « laver (ou lever) la pierre ». La pierre est maintenant extraite surtout en Côte-d'Or. La région calcaire des grands crus, entre Chagny et Dijon, est jalonnée de carrières et d'usines de sciage de pierre où le travail s'effectue avec des moyens mécaniques modernes. Prenant un beau poli, ces pierres marbrières sont connues sous le nom de « pierres de Comblanchien » et sont utilisées pour les dallages, marches d'escaliers, revêtements. Les carrières les plus connues sont celles de Comblanchien, de Prémeaux et de Corgoloin, entre Beaune et Nuits-St-Georges. Les pierres de Chamesson, Magny-Lambert dans le Châtillonnais et Ravières sont utilisées principalement pour le bâtiment.

Un autre matériau de construction, l'amiante-ciment, est fabriqué principalement à Vitry-en-Charollais.

La **céramique** qui occupe plus de 2 000 ouvriers en Saône-et-Loire est fort répandue en Bourgogne : les argiles sont d'une grande diversité et d'une qualité exceptionnelle, permettant d'obtenir les tonalités les plus variées, du blanc au brun presque noir, en passant par le jaune, l'ocre et le rouge.

Le Charollais et la vallée de la Bourbince sont des centres importants de céramique (faïences d'art, émaux, briques, tuiles, produits réfractaires, grès). Le Nivernais (Nevers, Clamecy, Châtillon-en-Bazois) et un peu plus au Nord, la Puisaye (St-Armand et St-Sauveur) sont également connus pour leurs faïences, poteries et grès, ainsi que Longchamp en Côte-d'Or.

(Photo Giraudon)

Faïence de Nevers, 17e s.

Aimer la nature,
c'est respecter la pureté des sources, la propreté des rivières,
des forêts, des montagnes...
c'est laisser les emplacements nets de toute trace de passage.

QUELQUES FAITS HISTORIQUES

AVANT J.-C.
Époque préhistorique

La Bourgogne a toujours été un lieu de passage et d'échanges entre le Bassin parisien et la vallée de la Saône, les pays du Nord et ceux du Midi méditerranéen.

De nombreux ossements mis au jour à Solutré *(voir p. 148)* attestent l'existence d'établissements humains 12 ou 15 000 ans avant l'ère chrétienne.

Des Romains aux Burgondes

59   César bat les Helvètes près de Bibracte, capitale des Éduens *(voir p. 54)*.

52   César contraint Vercingétorix à capituler dans Alésia *(voir p. 36)*.

APRÈS J.-C.

1er-3e s.   Autun, la « Ville d'Auguste », devient la capitale de toute la Gaule du Nord-Est.

fin 4e s.   Le christianisme pénètre peu à peu en Bourgogne.

5e s.   Originaires des rives de la Baltique, les Burgondes s'installent dans la plaine de la Saône et donnent leur nom à leur nouvelle patrie : Burgundia, qui deviendra Bourgogne.

534   Les Francs s'emparent du royaume burgonde.

841   Charles le Chauve bat son frère Lothaire à Fontanet (Fontenoy-en-Puisaye).

843   La Burgondie orientale (rive gauche de la Saône) est attribuée à l'empereur Lothaire : c'est la future Franche-Comté. La Burgondie occidentale revient à Charles le Chauve : c'est l'amorce du futur duché de Bourgogne.

fin 9e s.   La Bourgogne franque englobe Langres, Troyes, Sens, Nevers, Mâcon.

Le duché de Bourgogne

1016   Luttes entre le roi de France Robert II le Pieux et les héritiers du duc Henri le Vénérable : Dijon et « la comté » sont occupés par les troupes royales.

1031   Robert, second fils du roi, devient duc héréditaire de Bourgogne.

1031-1361   Sous les ducs capétiens, la Bourgogne est l'un des bastions de la Chrétienté : c'est l'époque du rayonnement de Cluny, puis de Cîteaux et de Clairvaux *(voir p. 20)*.

Mort du jeune duc Philippe de Rouvres et extinction de la race des ducs capétiens.

1364-1477   Sous les règnes successifs de quatre ducs de la dynastie des Valois *(p. 18, 19)*, la Bourgogne parvient à l'apogée de sa puissance et de son prestige.

1477   Marie de Bourgogne, fille du Téméraire, épouse Maximilien de Habsbourg, à qui elle apporte une partie du duché. Le reste des possessions bourguignonnes : Bourgogne, Mâconnais, Auxerrois, Charollais, est occupé par Louis XI.

1513   Dijon est assiégé par les Impériaux *(voir p. 88)*.

1601   Bien que rattachée à la couronne, la Bourgogne mène une existence indépendante et acquiert la Bresse, le Bugey et le Valromey.

1631-1789   Les princes de Condé se succèdent comme gouverneurs du duché.

Les 19e et 20e siècles

1814-1815   Congrès de Châtillon-sur-Seine et invasion de la Bourgogne par les Alliés.

1822   Invention de la photographie par Nicéphore Niepce à St-Loup-de-Varenne.

1914   A Châtillon-sur-Seine, Joffre lance l'ordre du jour du 6 septembre *(voir p. 74)*.

1940-1944   La Résistance est active en Bourgogne : Combat des Enfants de troupe d'Autun ; les forêts du Châtillonnais tiennent lieu de maquis.

14 sept. 1944   La division Leclerc et l'armée de Lattre de Tassigny opèrent leur jonction près de Châtillon-sur-Seine.

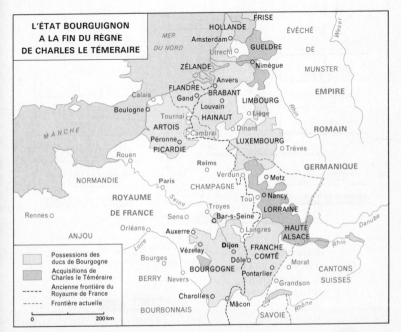

L'ÉTAT BOURGUIGNON
A LA FIN DU RÈGNE
DE CHARLES LE TÉMÉRAIRE

Possessions des ducs de Bourgogne
Acquisitions de Charles le Téméraire
Ancienne frontière du Royaume de France
Frontière actuelle

0   200 km

C'est sous cette dynastie que, durant plus d'un siècle, la Bourgogne fut un État véritablement indépendant et souverain.

Philippe le Hardi, le bien nommé (1364-1404). — Lors de la bataille de Poitiers (1356), Philippe n'est encore qu'un enfant. Il n'en combat pas moins héroïquement aux côtés de son père, le roi de France Jean II le Bon. Il se voit pour la première fois traiter de « hardi » le jour où, blessé et prisonnier, il assène un soufflet à un gentilhomme anglais qui tient des propos désobligeants pour le roi de France.

Lorsqu'il devient duc de Bourgogne (1364), Philippe est un superbe chevalier, aimant le jeu et les femmes et ne négligeant rien pour servir les intérêts de sa maison. En 1369, son mariage avec Marguerite de Flandre, la plus riche héritière d'Europe, fait de lui le prince le plus puissant de la chrétienté. Dans le palais qu'il a fait reconstruire, il attire, des Flandres, peintres et sculpteurs. Il est toujours luxueusement vêtu et son chapeau est garni de douze plumes d'autruche, de deux plumes de faisan et de deux plumes d'oiseaux des Indes. Un collier d'or avec un aigle et un lion portant sa devise « En loyauté », des rubis, des saphirs, des perles à profusion constituent sa parure habituelle.

Soucieux de s'assurer, ainsi qu'à ceux de sa dynastie, une nécropole royale, Philippe fonde à Dijon la Chartreuse de Champmol et, en 1384, charge le sculpteur **Jean de Marville** des plans de son tombeau. Les plus beaux marbres sont apportés de Liège, les pierres d'albâtre de Gènes. Après la mort de Jean de Marville, **Claus Sluter** est chargé de la partie décorative. Lorsque Philippe le Hardi meurt en 1404, il a tant dilapidé d'argent que ses fils doivent, pour payer ses funérailles, mettre en gage l'argenterie ducale. Et sa veuve, selon la coutume de Bourgogne, vient, en signe de renonciation à la succession mobilière de son époux, déposer sur le cercueil sa bourse, son trousseau de clefs et sa ceinture.

Jean sans Peur (1404-1419). — Il succède à son père Philippe le Hardi. C'est un petit homme chétif et laid, mais brave, intelligent et ambitieux, qui s'est illustré au cours de la croisade contre les Turcs. Devenu duc de Bourgogne, il entame la lutte au Conseil royal contre le parti de son cousin et ennemi Louis d'Orléans, frère du pauvre roi dément Charles VI. Comme Louis a pour emblème un bâton noueux, Jean adopte un rabot, signifiant par là qu'il saura bien un jour « planer ce bâton ». Il fera assassiner son rival en 1407.

Jean sans Peur se rend maître de Paris mais est violemment combattu par la faction d'Orléans que dirige désormais, à la place du nouveau duc Charles, captif des Anglais depuis Azincourt, le beau-père de celui-ci, Bernard d'Armagnac. Ce fameux conflit des Armagnacs et des Bourguignons dresse les Français les uns contre les autres, en pleine guerre de Cent Ans, pour le plus grand profit des envahisseurs anglais, et se révèle si funeste que Jean sans Peur recherche un accord avec le dauphin, le futur roi Charles VII. Il accepte, le 11 septembre 1419, une entrevue avec celui-ci au pont de Montereau, mais il y est « traytreusement occis et murdry ».

Philippe le Bon (1419-1467) et la Toison d'Or. — Par esprit de vengeance, Philippe le Bon, fils de Jean sans Peur, s'allie aux Anglais et leur livre, en 1430, pour l'énorme somme de 10 000 écus d'or, Jeanne d'Arc tombée en son pouvoir sous les remparts de Compiègne. Cependant, par le traité d'Arras, Philippe s'entend avec Charles VII et agrandit encore son domaine. Dijon est alors la capitale d'un puissant état qui comprend une grande partie de la Hollande, de la Belgique, le Luxembourg, la Flandre, l'Artois, le Hainaut, la Picardie et le territoire compris entre la Loire et le Jura *(voir carte p. 17)*.

Cinq grands officiers, le maréchal de Bourgogne, l'amiral de Flandre, le chambellan, le grand écuyer et le chancelier entourent le duc qui possède une des cours les plus fastueuses d'Europe.

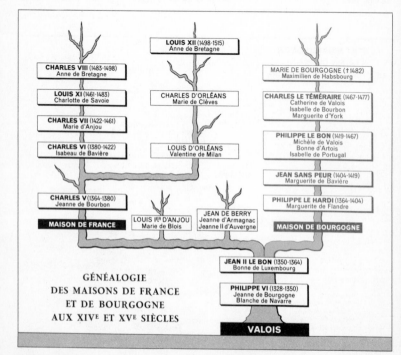

GÉNÉALOGIE
DES MAISONS DE FRANCE
ET DE BOURGOGNE
AUX XIVᵉ ET XVᵉ SIÈCLES

Le 14 janvier 1429, jour de son mariage avec Isabelle de Portugal, il fonde l'ordre souverain de la Toison d'Or. Créé en l'honneur de Dieu, de la Vierge et de saint André, cet ordre comporte à l'origine trente et un membres qui jurent de servir loyalement le Grand Maître, en l'espèce Philippe le Bon et ses successeurs. Ils se réunissent au moins tous les trois ans et revêtent alors le plus somptueux des costumes : sur une robe écarlate fourrée de petits gris repose un long manteau de la même teinte vermeille également fourré de petits gris. La devise ducale : « aultre n'auray » se détache d'un semis de briquets, silex, étincelles et toisons. Le collier de l'ordre est fait de briquets et de silex d'où jaillissent des étincelles.

Cet ordre est aujourd'hui encore l'un des plus insignes et des plus fermés. A la mort de l'un de ses membres, les héritiers renvoient au Grand Maître le collier et sa Toison.

Charles le Téméraire (1467-1477).

— C'est ce dernier et peut-être le plus célèbre des Valois, ducs de Bourgogne. Grand, fortement charpenté, vigoureux, il aime les exercices violents, la chasse en particulier ; mais c'est aussi un esprit cultivé qui consacre une grande partie de son temps à l'étude. L'histoire surtout le passionne. Il est orgueilleux et dévoré d'ambition et, comme dit de lui Commines « Il était fort pompeux en habillement et en toutes autres choses et un peu trop... Il désirait grand gloire ». Comme son père a porté le même nom que Philippe de Macédoine, il rêve de devenir un nouvel Alexandre. Il soutient des guerres continuelles, pour essayer de rattacher les moitiés Nord et Sud de ses États par l'annexion, d'ailleurs toute temporaire, en 1475, du duché de Lorraine, et pour lutter contre les nombreuses rebellions que suscite et entretient son rival Louis XI.

Il meurt en assiégeant Nancy défendue par René de Lorraine et son corps est retrouvé dans un étang glacé, à moitié dévoré par les loups. Louis XI met aussitôt

(Photo Musées Nationaux — détail)

Charles le Téméraire.

la main sur le duché et le réunit à la couronne royale ; frustrée de son héritage, Marie de Bourgogne, fille du Téméraire, épouse Maximilien de Habsbourg. De cette union naîtra Philippe le Beau dont le fils, Charles Quint, reprendra, face à François 1er, la lutte contre la maison de France.

VAUBAN *voir aussi p. 136*

Vauban « le plus honnête homme de son siècle ». — Resté orphelin de bonne heure et sans fortune, Sébastien le Prestre s'enrôla à 17 ans dans l'armée du prince de Condé, alors révolté contre la Cour, fut fait prisonnier par l'armée royale et s'attacha désormais au service du roi Louis XIV. Ingénieur militaire à 22 ans, il travailla, en cette qualité, à 300 places anciennes, en construisit 33 nouvelles, dirigea et mena à bien 53 sièges, justifiant le proverbe : « ville défendue par Vauban, ville imprenable ; ville assiégée par Vauban, ville prise ». Brigadier général des armées, puis Commissaire général des fortifications, il reçut en octobre 1704 le bâton de maréchal. Il couvrit les frontières de la France d'une ceinture de forteresses d'une conception absolument nouvelle, utilisant des procédés tels que les feux croisés, le tir à ricochet, les boulets creux, les parallèles, les cavaliers de tranchée et de nombreuses autres inventions d'une portée révolutionnaire pour l'époque.

Saint Simon, qui n'avait pas la plume tendre, a fait de lui ce portrait : « Un homme de taille médiocre, assez trapu, qui avait fort l'air de guerre, mais en même temps un extérieur rustre et grossier, pour ne pas dire brutal et féroce. Il n'était rien moins ; jamais homme ne fut plus doux, plus compatissant, plus obligeant, plus respectueux, sous mille politesses, et le plus avare ménager de la vie des hommes, avec une valeur qui prenait tout parfois et donnait tout aux autres... »

Les dernières années de la vie de cet homme qui n'avait jamais renié ses origines furent malheureuses. Ému par la misère du peuple, il adressa au roi son « Projet d'une dîme royale » dans lequel il proposait des remèdes pour améliorer le sort des basses classes de la société. L'ouvrage fut interdit et Vauban fut relégué par Louis XIV, dans une sorte de disgrâce. Il mourut le 30 mars 1707. En 1808, Napoléon 1er fit placer le cœur de Vauban aux Invalides. Le reste de son corps repose dans l'église de **Bazoches**, petit village du Morvan, à 20 km au Sud-Ouest d'Avallon.

LAMARTINE *voir aussi p. 105*

Un prince du romantisme. — Né en 1790 à Mâcon, Alphonse Prat de Lamartine se sent porté très jeune vers la littérature, s'imprégnant de Racine, de Rousseau, de Chateaubriand, d'Ossian et de la Bible. Un grand amour pour une jeune femme, Mme Charles, qu'il chante sous le nom d'Elvire, décide de sa vocation de poète : en 1820 paraissent les « Méditations ». C'est pour Lamartine le début d'une brillante carrière littéraire sur laquelle se greffe une non moins brillante carrière politique. D'une œuvre féconde, il faut extraire, pour la poésie, « Jocelyn » et « La Chute d'un ange », pour les romans, « Graziella », pour la partie historique, l'« Histoire des Girondins ».

Secrétaire d'ambassade de 1821 à 1830, Lamartine est élu député du Nord en 1833 et joue un rôle de premier plan comme ministre des Affaires étrangères lors des événements de juin 1848. Écarté de la vie politique en 1849, il se retire dans son Mâconnais natal. La fin de sa vie est attristée par des difficultés d'argent et des deuils de famille. Il meurt à Paris en 1869.

LA VIE MONACALE EN BOURGOGNE

Après les troubles de la décadence carolingienne, l'Église, forte de son influence et de sa culture solidement établies depuis plusieurs siècles, reprend une place prépondérante comme puissance dirigeante et l'on assiste dans toute l'Europe occidentale à un renouveau de la vie monacale.

Ce rôle, elle le doit avant tout à la place que tiennent les ordres religieux — en premier lieu l'ordre de saint Benoît — qui se multiplient à partir du 10e s. La France s'est alors trouvée à l'avant-garde de ce mouvement religieux et, en France, c'est de Bourgogne qu'est partie l'impulsion la plus vive.

Les premiers ordres religieux - Saint Benoît et sa règle. — Benoît de Nursie, installé en 529 au mont Cassin, en Italie, où il mène une existence de reclus, élabore ses « Constitutions » qui seront bientôt suivies par de nombreux monastères. Ces conseils, d'où sortira la fameuse « règle bénédictine », témoignent d'une grande modération : si les jeûnes, le silence et l'abstinence sont prescrits, les mortifications et les pénitences douloureuses sont sévèrement condamnées. Saint Benoît accorde au travail manuel une grande place dans l'emploi du temps des moines (6 à 8 heures, contre 4 à la lecture et 4 à l'office divin). Élu à vie, l'abbé a une autorité absolue. Les relations avec l'extérieur sont à éviter et la communauté doit subvenir à ses besoins par le travail.

La souplesse de cette règle explique le succès qu'elle remporte plus tard, en Italie, en Gaule, en Germanie, surtout à partir du 10e s.

Cluny et le triomphe de la règle bénédictine. — La fondation, en 910, d'un couvent sur les terres de son comté de Mâcon par le duc d'Aquitaine, Guillaume le Pieux, marque le début d'une importante réforme religieuse attachée au nom de Cluny. L'époque est en effet propice à une telle situation, le « climat » social — début de la féodalité, troubles politiques, instabilité du pouvoir royal — provoquant un mouvement mystique et un afflux d'hommes vers les cloîtres.

Le retour à l'esprit de la règle bénédictine est marqué par l'observance des grands principes — chasteté, obéissance, jeûnes — mais les offices divins occupent la plus grande partie du temps, réduisant et supprimant presque le travail manuel et le travail intellectuel.

La grande innovation consiste dans une indépendance complète de la nouvelle abbaye à l'égard de tout pouvoir politique. Cluny est, en vertu de la charte de fondation, directement rattachée au Saint-Siège, ce qui en fait lui assure, étant donné l'éloignement du pouvoir pontifical, une autonomie absolue. L'expansion de l'Ordre clunisien est extrêmement rapide, si l'on songe qu'au début du 12e s. 1 450 maisons comptant 10 000 moines dépendaient de Cluny, réparties en France, en Allemagne, en Espagne, en Italie, en Grande-Bretagne. Parmi ses filiales bourguignonnes, citons les abbayes ou prieurés de St-Germain d'Auxerre, de Paray-le-Monial, de St-Marcel de Châlon, de Vézelay, de Nevers (St-Sever et St-Étienne), de la Charité-sur-Loire.

Une telle expansion s'explique pour une grande part par la personnalité et aussi la longueur du « règne » des grands abbés de Cluny (tels saint Odon, saint Mayeul, saint Odilon, saint Hugues, Pierre le Vénérable), choisissant eux-mêmes leur successeur et secondés par des hommes d'une haute compétence. L'abbé est un personnage considérable, plus puissant parfois que le Pape dont il est le guide et le conseiller. Les rois le prennent pour trancher les différends, régler les litiges.

Durant deux ou trois générations, Cluny est le centre d'un véritable empire. Mais l'organisation étant basée sur une centralisation extrême, tout le poids du pouvoir repose sur l'abbé de Cluny. Le jour où ce pouvoir suprême n'est plus exercé d'une façon efficace, l'ensemble de l'édifice est menacé.

Cîteaux et saint Bernard. — Pour lutter contre le luxe et le relâchement des moines clunisiens, illustrés par la splendide abbatiale de Cluny, s'élève la voix de saint Bernard, « ce Français de Bourgogne qui fut, de beaucoup, la personnalité la plus forte, la plus rayonnante, la plus influente d'Occident ». Étrange destinée que celle de ce jeune noble, né au château de Fontaine près de Dijon, en 1112, âgé de 21 ans, se présente avec 32 compagnons au monastère de Cîteaux, cherchant la miséricorde de Dieu.

En 1115, quittant Cîteaux qu'il laisse en plein développement, il va s'installer aux limites de la Bourgogne et de la Champagne, dans un pays pauvre. La vallée de l'Absinthe devient « Clairvaux » (la claire vallée). Bernard, promu abbé, accomplit là une œuvre gigantesque. Dénué de tout, il se heurte au début à de grandes difficultés : rigueur du climat, maladies, souffrances physiques dues à une existence de renoncement. Il impose à ses moines, comme à lui-même, les plus durs travaux, « mangeant légumes à l'eau et buvant de l'eau claire, couchant sur un bat-flanc ou sur un pauvre grabat, ne se chauffant pas l'hiver, portant jour et nuit les mêmes vêtements d'humble laine ».

Les fondations monastiques. — Mais la récompense est proche. Le renom de Bernard attire bientôt à Clairvaux un grand nombre de vocations monastiques si bien qu'en 1121 est fondée dans la Marne l'abbaye de Trois-Fontaines. A sa mort, en 1153, Cîteaux compte 700 moines et son rayonnement est considérable : 350 abbayes lui sont attachées et, parmi elles, les 4 premières « Filles » : la Ferté, Pontigny, Morimond et surtout Clairvaux qui garde, grâce à saint Bernard, une place prépondérante au sein de l'Ordre de Cîteaux. Il est vrai que, sous son abbatiat, Clairvaux a connu une prospérité extraordinaire : dès 1135, 1 800 ha de forêts et 350 ha de prés et de champs dépendaient de l'abbaye où les bâtiments de pierre avaient remplacé les bâtisses de bois des premières années.

Pourtant, celui qui semblait destiné à mener une vie uniquement contemplative, ce mystique pénétré de la supériorité de la vie monastique, fut amené à jouer un rôle politique de première grandeur.

Lorsqu'il meurt, en 1153, son nom apparaît comme l'un des plus grands que l'Église ait produits. Écrivain, théologien, philosophe, moine, chef militaire, homme d'État, arbitre de l'Europe, saint Bernard est tout cela à la fois.

La règle cistercienne. — Saint Bernard a su définir d'une façon intransigeante et faire appliquer à la lettre la règle bénédictine promulguée avant lui. Il interdit de percevoir des dîmes, de recevoir ou d'acheter des terres et il impose à ses moines de Clairvaux — et par extension à tous les moines de l'Ordre cistercien — des conditions de vie rigoureuses. La nourriture est frugale. Le repos est de 7 heures : les moines couchent tout habillés dans un dortoir commun. L'emploi du temps d'une journée est réglé avec une précision rigoureuse : levés entre 1 h et 2 h du matin, les moines chantent matines, puis laudes, célèbrent les messes privées, récitent les heures canoniales (prime, tierce, sexte, none, vêpres, complies), assistent à la messe conventuelle. Les offices divins représentent ainsi 6 à 7 h et le reste du temps est partagé entre le travail manuel, le travail intellectuel et les lectures pieuses.

Chef de la communauté, l'abbé vit avec ses moines dont il partage les repas, préside aux offices, au chapitre, aux réunions ; il est assisté d'un prieur, qui le remplace lorsqu'il doit s'absenter.

L'Ordre cistercien au 20e s. — L'organisation de l'Ordre reste basée sur la « charte de charité », établie vers 1115, sorte de lien unissant les diverses abbayes, toutes égales entre elles.

Actuellement, 3 000 cisterciens réformés, gouvernés par un Abbé général portant le titre d'Archiabbé de Cîteaux et résidant à Rome, sont répartis à travers le monde dans 89 abbayes ou prieurés, dont 15 en France. Périodiquement, les Abbés de l'Ordre se réunissent en Chapitre général. En 1984, on dénombre en outre environ 2 000 moniales dans 55 abbayes ou prieurés, dont 12 en France, conduites par le même Abbé général, mais dont le Chapitre général est distinct.

LA VIE INTELLECTUELLE ET LITTÉRAIRE

Moyen Âge et Renaissance. — Au Moyen Âge, la vie intellectuelle se cristallise autour des églises et des monastères : l'abbaye de St-Germain d'Auxerre a joué un rôle d'une véritable Université au temps de Charlemagne et, un peu plus tard, c'est de l'Abbaye de Cluny que rayonne la vie intellectuelle.

Saint Bernard domine le 12e s. de sa personnalité et de son génie : il réunit à Clairvaux une bibliothèque remarquable et nous apparaît lui-même comme l'un des plus grands écrivains de son temps. Mais le 12e s. est aussi l'époque de la chevalerie et les traditions légendaires inspirent des épopées mêlées de merveilleux : un peu partout éclosent les chansons de gestes. Avec **« Girart de Roussillon »**, la Bourgogne revendique l'une des plus belles. Ce chef-d'œuvre littéraire est, avec le conte de « La châtelaine de Vergy », directement issu de l'histoire de la province. Les Mystères et les Passions — forme populaire du théâtre — appartiennent encore à la littérature médiévale : Passion d'Autun, Passion de Semur ont connu un vif succès.

Au 15e s., les ducs de Bourgogne aiment à s'entourer de chroniqueurs qui relatent, en les embellissant, les événements marquants de leur règne : Commynes et Olivier de la Marche sont les plus célèbres de ces « historiens ».

Tout imprégné d'humanisme, le 16e s. a connu avec **Pontus de Thiard**, né au château de Bissy-sur-Fley en Mâconnais, un grand philosophe et théologien, membre de la Pléiade, et en **Guy Coquille**, né à Decize, un célèbre jurisconsulte qui écrivit les Coutumes du pays et duché de Nivernais. **Théodore de Bèze**, leur contemporain, originaire de Vézelay, fut un humaniste d'une vaste culture : ayant embrassé le protestantisme et successeur de Calvin à Genève, il publia de nombreux ouvrages dogmatiques et théologiques. Quant à **Bonaventure des Périers**, d'Arnay-le-Duc, c'est un conteur spirituel et malicieux, souvent mordant et satirique.

17e et 18e s. — Le 17e s. est dominé en Bourgogne par la grande figure de **Bossuet**, Dijonnais de naissance. Mais on peut lui associer **Mme de Sévigné** qui fit, durant sa jeunesse, quelques séjours au château de Bourbilly, et son cousin Bussy-Rabutin *(voir p. 63)*. L'un et l'autre eurent de fortes attaches en Bourgogne.

Vauban *(voir p. 19)* a été non seulement un grand ingénieur militaire, mais aussi un écrivain de talent, en témoignent ses Oisivetés et son Projet d'une dîme royale.

Au 18e s., Jean Bouhier, Président au Parlement, écrit La coutume de Bourgogne. Plus tard, Charles de Brosses, Premier Président au Parlement de Bourgogne, se révèle humaniste de valeur et conteur plein de vie et d'humour dans ses Lettres familières sur l'Italie.

Bourguignon par ses origines et ses relations, **Buffon** a joué un rôle de premier plan dans le rayonnement de la science française *(voir p. 112)*.

Alexis Piron *(voir p. 50)* s'est illustré par ses épigrammes et ses comédies satiriques.

Rétif de la Bretonne, romancier fécond, philosophe à ses heures, est né à Sacy, près de Vermenton ; son œuvre, souvent licencieuse mais basée sur la réalité, est une précieuse source de renseignements sur la société à la fin du 18e s.

Romantisme et époque contemporaine. — **Lamartine** *(voir p. 19)*, originaire de Mâcon, a été l'un des plus grands noms du romantisme français et son influence littéraire a été considérable au 19e s. ; dans les Méditations, il exalte la beauté de St-Point et de Milly, sa terre natale. **Lacordaire**, célèbre prédicateur et écrivain du 19e s. qui s'associa à Lamennais pour créer un mouvement catholique libéral, est né à Recey-sur-Ource. C'est lui qui rétablit en France l'ordre des dominicains *(voir p. 99)*.

Parmi les romanciers et les poètes de notre époque, nombreux sont ceux qui se sont attachés à décrire les aspects les plus typiques de la province.

Colette, Marie Noël, Gaston Roupnel ont été les fidèles interprètes du terroir et de la pensée bourguignonne. Jacques Copeau, abandonnant son théâtre du Vieux Colombier, a puisé là les meilleures sources de son inspiration littéraire.

Le poète Achille Millien a chanté la terre nivernaise et recueilli les traditions morvandelles. Après Claude Tillier, auteur de Mon Oncle Benjamin, Clamecy a vu naître **Romain Rolland** à qui l'on doit Jean-Christophe et Colas Breugnon.

Franc Nohain et **Maurice Genevoix**, d'origine nivernaise, ont eux aussi décrit les paysages qu'ils ont connus et aimés.

Le romancier **Henri Vincenot**, né à Dijon en 1912, a évoqué la vie des paysans bourguignons à l'époque de Lamartine et, dans La Billebaude, entre les deux guerres mondiales.

L'ART

ABC D'ARCHITECTURE

A l'intention des lecteurs peu familiarisés avec la terminologie employée en architecture, nous donnons ci-après quelques indications générales sur l'architecture religieuse et militaire, suivies d'une liste alphabétique des termes d'art employés pour la description des monuments dans ce guide.

Architecture religieuse

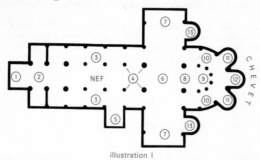

illustration I

Plan-type d'une église : il est en forme de croix latine, les deux bras de la croix formant le transept.
① Porche – ② Narthex – ③ Collatéraux ou bas-côtés (parfois doubles) – ④ Travée (division transversale de la nef comprise entre deux piliers) – ⑤ Chapelle latérale (souvent postérieure à l'ensemble de l'édifice) – ⑥ Croisée du transept – ⑦ Croisillons ou bras de transept, saillants ou non, comportant souvent un portail latéral – ⑧ Chœur, presque toujours « orienté » c'est-à-dire tourné vers l'Est ; très vaste et réservé aux moines dans les églises abbatiales – ⑨ Rond-point du chœur – ⑩ Déambulatoire : prolongement des bas-côtés autour du chœur permettant de défiler devant les reliques dans les églises de pèlerinage – ⑪ Chapelles rayonnantes ou absidioles – ⑫ Chapelle absidale ou axiale. Dans les églises non dédiées à la Vierge, cette chapelle, dans l'axe du monument, lui est souvent consacrée – ⑬ Chapelle orientée.

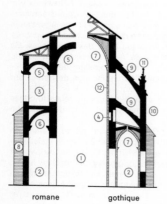

romane   gothique

◄ illustration II

Coupe d'une église : ① Nef – ② Bas-côté – ③ Tribune – ④ Triforium – ⑤ Voûte en berceau – ⑥ Voûte en demi-berceau – ⑦ Voûte d'ogive – ⑧ Contrefort étayant la base du mur – ⑨ Arc-boutant – ⑩ Culée d'arc-boutant – ⑪ Pinacle équilibrant la culée – ⑫ Fenêtre haute.

illustration III ►

Cathédrale gothique : ① Portail – ② Galerie – ③ Grande rose – ④ Tour-clocher quelquefois terminée par une flèche – ⑤ Gargouille servant à l'écoulement des eaux de pluie – ⑥ Contrefort – ⑦ Culée d'arc-boutant – ⑧ Volée d'arc-boutant – ⑨ Arc-boutant à double volée – ⑩ Pinacle – ⑪ Chapelle latérale – ⑫ Chapelle rayonnante – ⑬ Fenêtre haute – ⑭ Portail latéral – ⑮ Gâble – ⑯ Clocheton – ⑰ Flèche (ici, placée sur la croisée du transept).

illustration IV
Voûte d'arêtes :
① Grande arcade –
② Arête – ③ Doubleau.

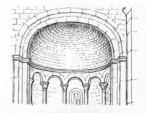

illustration V
Voûte en cul de four :
elle termine les abside des nefs
voûtées en berceau.

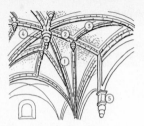

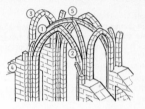

illustration VI

Voûte à clef pendante :
① Ogive – ② Lierne –
③ Tierceron – ④ Clef pendante –
⑤ Cul de lampe.

illustration VII

Voûte sur croisée d'ogives
① Arc diagonal – ② Doubleau –
③ Formeret – ④ Arc-boutant –
⑤ Clef de voûte.

▼ illustration VIII

Portail : ① Archivolte ; elle peut être en plein cintre, en arc brisé, en anse de panier, en accolade, quelquefois ornée d'un gâble – ② Voussures (en cordons, moulurées, sculptées ou ornées de statues) formant l'archivolte – ③ Tympan – ④ Linteau – ⑤ Piédroit ou jambage – ⑥ Ébrasements, quelquefois ornés de statues – ⑦ Trumeau (auquel est généralement adossé une statue) – ⑧ Pentures.

illustration IX ▶

Arcs et piliers : ① Nervures – ② Tailloir ou abaque – ③ Chapiteau – ④ Fût ou colonne – ⑤ Base – ⑥ Colonne engagée – ⑦ Dosseret – ⑧ Linteau – ⑨ Arc de décharge – ⑩ Frise.

Architecture militaire

illustration X

Enceinte fortifiée : ① Hourd (galerie en bois) – ② Mâchicoulis (créneaux en encorbellement) – ③ Bretèche – ④ Donjon – ⑤ Chemin de ronde couvert – ⑥ Courtine – ⑦ Enceinte extérieure – ⑧ Poterne.

illustration XI

Tours et courtines : ① Hourd – ② Créneau – ③ Merlon – ④ Meurtrière ou archère – ⑤ Courtine – ⑥ Pont dit « dormant » (fixe) par opposition au pont-levis (mobile).

◀ illustration XII

Porte fortifiée : ① Mâchicoulis – ② Échauguette (pour le guet) – ③ Logement des bras du pontlevis – ④ Poterne : petite porte dérobée, facile à défendre en cas de siège.

illustration XIII ▶

Fortifications classiques :
1 Entrée – 2 Pont-levis – 3 Glacis – 4 Demi-lune – 5 Fossé – 6 Bastion – 7 Tourelle de guet – 8 Ville – 9 Place d'Armes.

TERMES D'ART EMPLOYÉS DANS CE GUIDE

Absidiole : illustration I.
Anse de panier : arc aplati, très utilisé à la fin du Moyen Âge et à la Renaissance.
Arcature lombarde : décoration en faible saillie, faite de petites arcades aveugles reliant des bandes verticales, caractéristiques de l'art roman de Lombardie.
Archère : illustration XI.
Archivolte : illustration VIII.

Bas-côté : illustration I.
Bas-relief : sculpture en faible saillie sur un fond.
Berceau (voûte en) : illustration II.

Caisson : compartiment creux ménagé comme motif de décoration (plafond ou voûte).
Chapelle absidale ou axiale : dans l'axe de l'église ; illustration I.
Chapiteau : illustration IX.
Chemin de ronde : illustration X.
Chevet : illustration I.
Ciborium : baldaquin surmontant un autel.
Claveau : l'une des pierres formant un arc ou une voûte.
Clef de voûte : illustration VII.
Clôture : dans une église, enceinte fermant le chœur.
Collatéral : illustration I.
Colombage : petits poteaux (colombes) structurant la façade d'une maison à pans de bois.
Contrefort : illustration II.
Corbeau : pierre ou pièce de bois partiellement engagée dans le mur et portant sur sa partie saillante une poutre ou une corniche.
Coupole : illustrations XIV et XV.
Courtine : illustration X.
Crédence : dans une église, niche aménagée dans le mur.
Croisée d'ogives : illustration VII.
Crypte : église souterraine.
Cul-de-four : illustration V.
Cul-de-lampe : illustration VI.

Déambulatoire : illustration I.
Donjon : illustration X.
Douve : fossé, généralement rempli d'eau, protégeant un château fort.

Encorbellement : construction en porte à faux.

Flamboyant : style décoratif de la fin de l'époque gothique (15ᵉ s.), ainsi nommé pour ses découpures en forme de flammèches aux remplages des baies.
Flèche : illustration III.
Fresque : peinture murale appliquée sur l'enduit frais.

Gâble : illustration III.
Gargouille : illustration III.
Géminé : groupé par deux (arcs géminés, colonnes géminées).
Gloire : auréole entourant un personnage ; en amande, elle est appelée aussi mandorle (de l'italien « mandorla », amande).

Haut-relief : sculpture au relief très saillant, sans toutefois se détacher du fond (intermédiaire entre le bas-relief et la ronde-bosse).

Jubé : illustration XIX.

Linteau : illustrations VIII et IX.

Mâchicoulis : illustration X.
Mandorle : voir Gloire.
Meneau : traverse de pierre compartimentant une baie ou une lucarne.
Meurtrière : illustration XI.
Miséricorde : illustration XX.
Modillon : petite console soutenant une corniche.

Ogive : arc diagonal soutenant une voûte ; illustrations VI et VII.
Orgues : illustration XVII.

Pietà : mot italien désignant le groupe de la Vierge tenant sur ses genoux le Christ mort ; on dit aussi Vierge de Pitié.
Pignon : partie supérieure, en forme de triangle, du mur qui soutient les deux pentes du toit.
Pilastre : pilier plat engagé dans un mur.
Pinacle : illustrations II et III.
Piscine : dans une église, cuve baptismale ou fontaine d'ablutions à l'usage du prêtre qui célèbre la messe.
Plein cintre : en demi-circonférence, en demi-cercle.
En poivrière : à toiture cônique.
Porche : lieu couvert en avant de la porte d'entrée d'un édifice.
Poterne : illustrations X et XII.
Poutre de gloire : illustration XVIII.

Remplage : réseau léger de pierre découpée garnissant tout ou partie d'une baie, une rose ou la partie haute d'une fenêtre.
Retable : illustration XVI.
Rose : illustration III.

Stalle : illustration XX.

Tiers-point (arc en) : arc brisé dans lequel s'inscrit un triangle équilatéral.
Transept : illustration II.
Travée : illustration I.
Tribune : illustration II.
Triforium : petite galerie aménagée au-dessus des bas-côtés d'une église ; illustration II.
Triptyque : ouvrage de peinture ou de sculpture composé de trois panneaux articulés pouvant se refermer.
Trumeau : illustration VIII.
Tympan : illustration VIII.

Voussures : illustration VIII.
Voûte d'arêtes : illustration IV.
Voûte sexpartite : à six compartiments déterminés par une croisée de trois ogives.

◀ illustration XIV

Coupole sur trompes :
① Coupole octogonale —
② Trompe — ③ Arcade du
carré du transept.

illustration XV ▶

Coupole sur pendentifs :
① Coupole circulaire —
② Pendentif — ③ Arcade du
carré du transept.

◀ illustration XVI

Autel avec retable.
① Retable — ② Prédelle —
③ Couronne — ④ Table
d'autel — ⑤ Devant d'autel.
Certains retables baroques englobaient plusieurs autels ; la liturgie
contemporaine tend à les
faire disparaître.

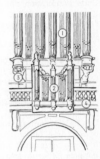

illustration XVII ▶

Orgues — ① Grand buffet
— ② Petit buffet —
③ Cariatide — ④ Tribune.

◀ illustration XVIII

Poutre de gloire, ou tref : elle tend l'arc triomphal à
l'entrée du chœur. Elle porte le Christ en croix,
la Vierge, saint Jean et parfois d'autres personnages du calvaire.

illustration XX ▼

Stalles : ① Dossier haut — ② Pare-close —
③ Jouée — ④ Miséricorde.

illustration XIX

Jubé : remplaçant la poutre de gloire dans les
églises importantes, il servait à la lecture de
l'épître et de l'évangile. La plupart ont disparu à
partir du 17ᵉ s. : ils cachaient l'autel.

LES PLUS BELLES ÉGLISES ROMANES DE BOURGOGNE

★★★

Vézelay	basilique Ste-Madeleine

★★

la Charité-sur-Loire	église Notre-Dame
l'ancienne abbaye de Fontenay	abbatiale
Paray-le-Monial	basilique du Sacré-Cœur
Tournus	église St-Philibert

★

Anzy-le-Duc	église du village
Beaune	collégiale Notre-Dame
Chapaize	église St-Martin
Cluny	abbatiale St-Pierre-et-St-Paul
Nevers	église St-Étienne
Saulieu	basilique St-Andoche
Semur-en-Brionnais	église du village

Autres églises romanes décrites dans ce guide

Avallon (église St-Lazare), Bard-le-Régulier, Blanot, Bois-Ste-Marie, Brancion, la Bussière-sur-Ouche, Bussy-le-Grand, Champvoux, Châteauneuf (S.-et-L.), Châtillon-sur-Seine, Chissey-lès-Mâcon, Clessé, Combertault, Decize, Druyes-les-Belles-Fontaines, Échannay, Farges, Gourdon, Iguerande, Jailly, Lancharre, Malay, Mars-sur-Allier, Metz-le-Comte, Montceaux-l'Étoile, Marzy, Mont-St-Vincent, Nuits-St-Georges, Perrecy-les-Forges, Pontaubert, la Rochepot, Rouy, St-Hippolyte, St-Julien-de-Jonzy, St-Point, St-Révérien, St-Seine-sur-Vingeanne, St-Vincent-des-Prés, Taizé, Til-Châtel, Varenne-l'Arconce, le Villars.

L'ART EN BOURGOGNE

Que la Bourgogne ait été de tous temps un incomparable foyer d'art ne saurait étonner si l'on songe qu'étaient réunies là les conditions les plus favorables à un tel développement. Carrefour de routes, elle a connu depuis la plus haute antiquité les migrations de peuples et les influences les plus diverses s'y sont rencontrées. La découverte du trésor de Vix témoigne des importants courants dont la région de Châtillon-sur-Seine *(p. 74)* fut le théâtre vers le 6ᵉ s. avant J.-C.

Au 15ᵉ s., sur l'initiative des Grands Ducs, de nombreuses équipes d'artistes, venues de Paris ou des Flandres, se sont installées à Dijon dont ils ont fait l'un des plus importants centres artistiques de l'Europe.

Cette pénétration des influences étrangères, la persistance de la civilisation romaine et d'anciennes traditions, ajoutées à l'expression d'un tempérament bourguignon, ont amené l'apparition d'un art régional qui occupe une place de choix dans l'histoire de l'art de notre pays.

L'ART GALLO-ROMAIN

L'occupation romaine vit éclore en Bourgogne de nombreux monuments. Autun *(p. 39),* construite sur l'ordre d'Auguste pour remplacer Bibracte, ancienne capitale du pays éduen, évoque encore la civilisation romaine par ses deux portes monumentales et son vaste théâtre.

Des fouilles, entreprises à Alésia à l'emplacement présumé de l'oppidum où Vercingétorix opposa une ultime résistance aux légions de César, en 52 avant J.-C., ont amené la découverte de toute une ville édifiée un peu plus tard : une rue pavée, des substructions de temples, de forum ainsi que de nombreuses demeures ont été exhumées.

D'autres fouilles exécutées aux sources de la Seine ont mis au jour les ruines d'un temple, plusieurs statuettes de bronze et des sculptures en bois.

D'innombrables poteries d'époque gallo-romaine ainsi que des pièces d'orfèvrerie de grande valeur ont été découvertes depuis plus d'un demi-siècle à Vertault, non loin de Châtillon-sur-Seine.

A Dijon, les restes du camp retranché (Castrum divionense) construit vers l'an 273 ont été dégagés.

Aux environs de St-Père, enfin, les fouilles des Fontaines-Salées révélèrent les vestiges de thermes gallo-romains particulièrement importants.

L'ART ROMAN

La période pré-romane

Après la période d'éclipse artistique du haut Moyen Âge, l'époque carolingienne (8ᵉ-9ᵉ s.) connaît un renouveau de l'architecture. Les plans des édifices religieux sont simples et la construction, faite de pierres mal taillées, très rudimentaire. Une partie de l'ancienne crypte de St-Bénigne de Dijon, les cryptes de Flavigny-sur-Ozerain et de St-Germain d'Auxerre comptent parmi les monuments les plus anciens.

La sculpture s'exprime alors très maladroitement : la crypte de Flavigny-sur-Ozerain, vestige de la basilique construite au milieu du 8ᵉ s., conserve quatre fûts de colonnes dont trois semblent être romains et le quatrième carolingien. Les chapiteaux présentent un grand intérêt : ils portent un décor de feuilles plates, d'une facture très rudimentaire. Deux chapiteaux de la crypte de St-Bénigne de Dijon représentent, sur chaque face, un homme en prière, les mains levées vers le ciel. Travaillée sur place, la pierre témoigne des tâtonnements du sculpteur ; certaines faces sont restées à l'état linéaire *(illustration ci-contre).*

(Photo Lauros/Giraudon)

Dijon
Chapiteau de la crypte de St-Bénigne.

A la même époque, fresques et enduits ont été employés dans la décoration des édifices religieux.

En 1927, ont été mises au jour, dans la crypte de l'abbaye bénédictine de St-Germain d'Auxerre *(p. 45),* d'admirables fresques représentent entre autres la lapidation de saint Étienne.

L'architecture romane

Bénéficiant de conditions particulièrement favorables à son expansion — villes nombreuses, riches abbayes, matériaux de construction abondants —, l'école romane bourguignonne s'est manifestée avec une extraordinaire vitalité aux 11ᵉ et 12ᵉ s. aussi bien en architecture qu'en sculpture ou en peinture et son rayonnement fut considérable.

L'an mille correspond à un élan nouveau dans le désir de bâtir qu'expliquent la fin des invasions, l'affermissement du pouvoir royal et la découverte de nouveaux procédés de construction.

Raoul Glaber, moine de St-Bénigne de Dijon, rapporte ainsi cette envolée des bâtisseurs : « Au moment où allait s'ouvrir la troisième année après le millénaire, on se mit dans toute la chrétienté et particulièrement en Italie et dans les Gaules à renouveler les églises… même celles qui n'avaient pas besoin d'être remplacées, les chrétiens les remplaçaient par d'autres plus belles… Il semblait que le monde eût secoué la poussière de son vieux vêtement pour revêtir partout la robe blanche de ses jeunes églises… ».

Les premières églises romanes. — Parmi les grands constructeurs de cette époque, l'abbé **Guillaume de Volpiano,** d'origine italienne et apparenté aux plus grandes familles de son temps, édifia à Dijon, sur l'emplacement du tombeau de saint Bénigne, une nouvelle basilique.

Commencée en 1001, elle était consacrée en 1018. Si cette église abbatiale a complètement disparu dès le 12e s. par suite d'un incendie, l'église St-Vorles de Châtillon-sur-Seine —

profondément modifiée dans les premières années du 11e s. par un parent de Guillaume de Volpiano, l'évêque de Langres Brun de Roucy — permet de définir les caractères de l'art roman de cette époque : construction sommaire faite de pierres plates mal assemblées, piliers massifs, décoration très rudimentaire de niches creusées dans les murs et de corniches à bandes lombardes.

L'exemple le plus saisissant de l'architecture de cette période nous est offert par **St-Philibert de Tournus.** Le narthex et l'étage du narthex, édifiés au début du 11e s., sont les parties les plus anciennes actuellement connues. On est frappé par la sobriété poussée jusqu'à l'austérité de cette architecture puissante.

Cluny et son école. — Si l'art roman à ses débuts doit beaucoup aux influences étrangères, la période suivante voit avec Cluny le triomphe d'une formule nouvelle, dont les caractères vont se répandre à travers toute la Bourgogne et même jusqu'en Suisse.

C'est à Cluny que pour la première fois se sont trouvés réunis les principaux traits de l'architecture romane bourguignonne.

Jusqu'à la construction de St-Pierre de Rome, au 16e s., l'abbatiale de Cluny a été la plus grande

(D'après photo Monuments Historiques)

Tournus. — Intérieur de l'église St-Philibert.

église de toute la chrétienté ; sa longueur intérieure dépassait de beaucoup celle des cathédrales gothiques que l'on se mit à élever à partir du 13e s. En 1247, un religieux italien passant par Cluny observait « que l'abbaye de Cluny est le plus noble couvent de moines noirs de l'ordre des Bénédictins de Bourgogne. Les bâtiments en sont si considérables que le pape avec ses cardinaux, toute sa cour, celle du roi et de sa suite peuvent y loger simultanément, sans que les religieux en éprouvent aucun dérangement et soient obligés de quitter leur cellule ».

Les fragments qui subsistent de l'abbatiale commencée par saint Hugues en 1088 et achevée vers 1130 *(voir reconstitution de l'abbaye, p. 79),* encore impressionnants par leur ampleur et leurs dimensions exceptionnelles, permettent de dégager les caractères généraux de cette « école de Cluny » : la voûte est en berceau brisé, véritable innovation pour l'époque.

Les architectes bourguignons ont évité le plus possible l'emploi de la voûte en plein cintre et lui ont substitué la voûte en berceau brisé, dont la structure était d'une efficacité plus grande pour lutter contre la poussée. Cette voûte comporte à chaque travée un arc doubleau : en diminuant les poussées, l'utilisation d'arcs brisés permettait d'alléger les murs et ainsi d'élever les voûtes à une très grande hauteur. Les piliers sont cantonnés de pilastres cannelés à l'antique ; les grandes arcades aiguës sont surmontées d'un faux triforium aux baies accostées de pilastres. Cette ordonnance — division en 3 étages, nef voûtée en berceau brisé, triforium aveugle surmonté de fenêtres hautes — se retrouve dans de nombreux édifices de la région.

La réalisation d'un monument d'une telle importance, auquel avaient travaillé une foule d'architectes et d'artistes, allait avoir une répercussion profonde sur la construction d'autres églises du Mâconnais, du Charollais et du Brionnais.

L'église du prieuré de **Paray-le-Monial,** elle aussi conçue par saint Hugues, apparaît comme une réplique de la grande abbatiale de Cluny.

A **La Charité-sur-Loire,** autre prieuré dépendant de la grande abbaye, se retrouve l'influence clunisienne. D'autres monuments bourguignons dérivent plus ou moins directement de l'abbatiale de Cluny.

A St-Lazare d'**Autun,** consacrée en 1130, se retrouve le plan clunisien, très simplifié ; par contre la tradition « romaine » l'emporte très souvent : sur les piliers, les pilastres cannelés imités de l'antique remplacent les colonnes engagées ; sur l'arcature du triforium, on remarque le décor de la porte d'Arroux et cette ornementation n'est pas sans lourdeur *(illustration ci-contre).*

A **Semur-en-Brionnais,** berceau de la famille de saint Hugues, l'église a une élévation qui se rapproche de celle de Cluny. Au revers de la façade, la tribune en surplomb rappelle la tribune St-Michel, qui se trouvait au revers de la façade de Cluny.

(D'après photo Trincano/Arthaud)

Autun. — Intérieur de la cathédrale.

Par contre si la collégiale St-Andoche de Saulieu peut encore être rattachée à la grande famille des églises clunisiennes, Notre-Dame de Beaune a davantage de points communs avec St-Lazare d'Autun.

Parmi les églises de village construites sous l'inspiration de Cluny et plus particulièrement dans la région du Brionnais *(voir schéma p. 62)*, celles de Bois-Ste-Marie, Blanot, Monceaux-l'Étoile, Varenne-l'Arconce, Vareilles, Châteauneuf, Iguerande sont remarquables.

Vézelay et son rayonnement. — A cette école clunisienne s'oppose toute une famille d'églises aux caractères différents, dont le type le plus pur est la basilique de la Madeleine à Vézelay.

Construite au début du 12e s. sur une butte dominant la vallée de la Cure, elle constitue la synthèse de la véritable architecture romane bourguignonne.

Différence essentielle avec les édifices romans antérieurs, la nef est voûtée d'arêtes alors que jusque-là seuls les collatéraux l'étaient, leurs faibles dimensions les mettant à l'abri du risque d'un effondrement de la voûte par suite de trop fortes pressions latérales. Cette solution téméraire, véritable nouveauté pour l'époque, marque une évolution considérable de l'architecture.

Les grandes arcades sont surmontées directement par des fenêtres hautes qui, s'ouvrant dans l'axe de chaque travée, distribuent la lumière dans la nef. Les pilastres sont remplacés par des colonnes engagées, à l'encontre des édifices de type clunisien. Les arcs-doubleaux qui soutiennent la voûte sont en plein cintre.

Pour rompre la monotonie de cette architecture, on a recours à l'emploi de matériaux polychromes : calcaires de teintes variées, claveaux alternativement blancs et bruns.

C'est l'église d'Anzy-le-Duc qui aurait servi de modèle pour la construction de Vézelay ; il est probable que Renaud de Semur — originaire du Brionnais — voulut réagir contre la toute-puissance de Cluny et prit pour modèle l'église d'Anzy-le-Duc qui était alors l'ensemble le plus parfait de l'architecture de la région. Les points de comparaison entre ces deux édifices ne manquent pas : même élévation à deux étages, même fenêtre unique au-dessus des grandes arcades, même aspect des arcs en plein cintre, même profil des piliers à demi-colonnes.

Cette formule, créée à Anzy-le-Duc et perfectionnée à Vézelay, a été reprise à St-Lazare d'Avallon et à St-Philibert de Dijon.

Fontenay et l'école cistercienne. — En Bourgogne, dans la première moitié du 12e s., le plan cistercien fait son apparition (cistercium est le nom latin de Cîteaux). Il est caractérisé par un esprit de simplicité qui apparaît comme l'expression de la volonté de saint Bernard, dont l'influence a été considérable sur son époque. Il s'efforce de lutter contre le luxe déployé dans certaines églises conventuelles. A la théorie des grands constructeurs des 11e et 12e s., comme saint Hugues, Pierre le Vénérable, Suger, qui estiment que rien n'est trop riche pour le culte de Dieu, il s'oppose avec une violence et une passion extraordinaire : « Pourquoi — écrit-il à Guillaume, abbé de St-Thierry, — cette hauteur excessive des églises, cette longueur démesurée, cette largeur superflue, ces ornements somptueux, ces peintures curieuses qui attirent les yeux et troublent l'attention et le recueillement ?… nous les moines, qui avons quitté les rangs du peuple, qui avons renoncé aux richesses et à l'éclat du monde pour l'amour du Christ…, de qui prétendons-nous réveiller la dévotion par ces ornements ? ».

(D'après photo Archives Phot.)

Fontenay. — Intérieur de l'église abbatiale.

La sobriété et l'austérité qu'il préconise ne manquent d'ailleurs pas de grandeur. Cette architecture dépouillée et d'un aspect sévère reflète bien les principes mêmes de la règle cistercienne *(voir p. 20)*, qui considère comme nuisible tout ce qui n'est pas indispensable au développement et au rayonnement de la vie monacale.

Les Cisterciens imposent un plan presque toujours identique à toutes les constructions de l'Ordre, dirigeant eux-mêmes les travaux des nouvelles abbayes.

Le plan de l'abbaye de Fontenay *(p. 101)* montre la disposition habituelle des différents bâtiments composant une telle abbaye. On retrouve ce plan et ces méthodes architecturales à travers toute l'Europe, de la Sicile à la Suède.

Les églises cisterciennes. — La nef aveugle est couverte d'un berceau brisé comme dans l'architecture clunisienne *(illustration ci-dessus)* ; les bas-côtés sont généralement voûtés de berceaux transversaux et leur grande hauteur leur permet de contrebuter la nef principale. Cette disposition se retrouve dans de nombreuses églises bourguignonnes du 12e s. Le transept, également voûté en berceau brisé, déborde largement et deux chapelles carrées s'ouvrent à chaque croisillon.

Le chœur, voûté en berceau brisé, de forme carrée et peu profond, se termine par un chevet plat, éclairé par deux rangées de fenêtres, en triplet. Cinq fenêtres sont percées au-dessus de l'arc triomphal et chaque travée des bas-côtés est également éclairée par une fenêtre.

Bien souvent l'absence de tout clocher de pierre témoigne de la volonté de saint Bernard de maintenir la pauvreté, l'humilité et la simplicité. Vivant loin des hommes, à l'écart des routes fréquentées, les communautés religieuses ne désiraient pas attirer les fidèles. C'est pourquoi les clochers, signalant au loin la présence d'une église par leur silhouette et par le bruit des cloches, étaient également proscrits.

En évitant tout décor peint et sculpté, en éliminant pratiquement tout motif d'ornementation superflu (vitraux de couleur, pavements historiés), les cisterciens parviennent à exécuter des monuments d'une remarquable pureté.

Sculpture

Les ateliers du 11ᵉ s. — Au 11ᵉ s. apparaissent plusieurs écoles à la technique plus souple que celle des œuvres primitives de l'époque pré-romane, comme en témoignent certains chapiteaux du chœur et de la nef de l'église d'Anzy-le-Duc ainsi que le linteau et le tympan du portail occidental de l'ancien prieuré.

L'exemple de Cluny. — Mais c'est à Cluny, à la fin du 11ᵉ s., que s'affirme sur les chantiers de l'abbatiale une technique très évoluée qui produit un ensemble de chefs-d'œuvre. Les artistes et « maîtres imagiers » venus de régions très différentes et rassemblés à Cluny exécutèrent là, entre 1095 et 1115, des chapiteaux qui comptent parmi les œuvres les plus parfaites de la sculpture romane, qui n'avait jamais encore produit d'œuvres aussi achevées où l'expression et le mouvement témoignent d'un tel talent d'observation.

(D'après photo Arthaud)

Cluny. — Chapiteau du chœur.

L'influence de Cluny se répandit rapidement à travers le Brionnais : l'un des traits les plus caractéristiques de cette école réside dans l'extrême allongement des figures des personnages. Cette disproportion apparaît surtout dans les grandes compositions telles que les portails (tympans et linteaux). Au 12ᵉ s., de nombreux ateliers bourguignons conservent ce goût pour les proportions allongées qui, s'il n'est pas exagéré, donne beaucoup d'élégance aux figures. C'est le cas à St-Julien-de-Jonzy, Montceaux-l'Étoile, Anzy-le-Duc et Perrecy-les-Forges. Cette influence se retrouve, à des degrés divers, à Saulieu, à Autun et à Vézelay.

St-Andoche de Saulieu s'enorgueillit à juste titre de ses chapiteaux qui, aux yeux de certains, sont les plus beaux de la Bourgogne. Quelques-uns copient la flore de la région, la plupart sont historiés, représentant la Fuite en Égypte, la Pendaison de Judas, le faux prophète Balaam.

St-Lazare d'Autun possède une intéressante suite de chapiteaux aux mêmes thèmes que ceux de Saulieu, mais c'est au portail occidental que s'inscrit l'un des chefs-d'œuvre de la sculpture romane : le Jugement dernier.

L'allongement des figures, la disproportion voulue entre les personnages d'après l'importance du rôle qu'ils jouent font de cette composition qui couvre le tympan et le linteau de ce portail une œuvre extraordinaire qui n'a son égal qu'à Vézelay.

La Madeleine de Vézelay, outre ses chapiteaux rapportant des scènes empruntées à l'Ancien et au Nouveau Testament et à la Vie des saints, possède, à l'intérieur du narthex, un portail sculpté de la plus grande valeur : le tympan représente le Christ envoyant ses apôtres à la conquête du monde *(illustration ci-contre)*.

Cette œuvre, effectuée dans le second quart du 12ᵉ s., présente plus d'un point commun avec le portail d'Autun.

Malgré certains défauts de technique — absence de perspective, raideur des gestes —, on est frappé par l'intensité de vie et l'expression dramatique qui se dégagent de cet ensemble magistralement traité.

A la même époque une autre école de sculpture donne au contraire aux person-

(D'après photo Monuments Historiques)

Vézelay. — Tympan du narthex.
Le Christ en gloire.

nages des proportions courtes et ramassées : c'est le cas en particulier du portail de la façade de Semur-en-Brionnais, où le Christ apparaît entre les symboles des évangélistes.

Malgré cette diversité dans l'interprétation, l'école bourguignonne de sculpture frappe par le goût de la richesse et de l'exubérance, la recherche de l'élégance des formes, de l'expression et du mouvement, qui ne va pas toujours sans une certaine mièvrerie ou sans maladresse d'exécution.

Peinture

A Auxerre, la crypte de la cathédrale renferme des fresques du 11ᵉ s., où l'on peut voir le Christ à cheval, tenant à la main droite une verge de fer.

A Anzy-le-Duc, des travaux exécutés au milieu du 19ᵉ s. ont amené la découverte, dans le chœur, d'un important ensemble de peintures murales où se retrouvent des caractères tout autres qu'à Auxerre : teintes mates, très atténuées, dessins au trait sombre recouvrant un fond composé de bandes parallèles.

Une autre tradition (fonds bleus) apparaît à Cluny, reprise à Berz-la-Ville, dans la chapelle du « château des Moines », où l'on peut admirer un très bel ensemble de peintures murales romanes *(description p. 54)*. Ces compositions, exécutées dans les premières années du 12ᵉ s., ont été découvertes à la fin du 19ᵉ s. sous le badigeon qui les recouvrait mais qui en a en même temps sauvegardé la fraîcheur.

L'emploi de peinture brillante — et non mate comme à Anzy-le-Duc — est la caractéristique d'une technique différente de celle employée jusque-là. Berzé-la-Ville étant l'une des résidences des abbés de Cluny et saint Hugues étant venu s'y reposer à maintes reprises, il semble certain que ces œuvres aient eu pour auteurs les artistes employés à la construction de la grande abbatiale de Cluny. Le gigantesque Christ en majesté, entouré de six apôtres et de nombreux autres personnages, est d'inspiration byzantine et semble copié des mosaïques de l'impératrice Théodora à Saint Vital de Ravenne.

Cette correspondance entre l'art clunisien et l'art byzantin s'explique par l'action prépondérante de saint Hugues qui a utilisé les exemples fournis par les basiliques romaines et carolingiennes, dans lesquelles l'art d'origine byzantine avait fortement pénétré. Ainsi, en architecture, en sculpture ou en peinture, l'influence de Cluny a été déterminante sur l'art du 12e s. et la destruction de la majeure partie de la grande abbatiale à la fin du 18e s. peut être considérée comme une perte irréparable, les vestiges qui nous en sont parvenus ne donnant qu'une idée fort incomplète de ce qui était sans doute la synthèse de l'art roman.

L'ART GOTHIQUE

Dès le milieu du 12e s. et peut-être même auparavant, la croisée d'ogives apparaît en Bourgogne, prélude à une orientation nouvelle de l'architecture. Le style gothique — originaire de l'Ile-de-France — pénètre peu à peu en Bourgogne où il s'adapte selon les circonstances et selon les tendances.

Architecture

La période de transition. — En 1140, la tribune du narthex de Vézelay est voûtée d'ogives. Les cisterciens sont parmi les premiers à adopter cette formule architecturale et l'utilisent vers 1150 à Pontigny. Le chœur de la Madeleine de Vézelay, œuvre de l'abbé Gérard d'Arcy, a été commencé à la fin du 12e s. ; les arcs-boutants furent ajoutés au siècle suivant.

Les édifices religieux. — C'est au 13e s. que se précise un style « bourguignon ».

1re moitié du 13e s. — L'église Notre-Dame de Dijon, construite d'un seul jet de 1230 à 1251, en représente le type le plus parfait, et aussi le plus répandu. Ses caractéristiques se retrouvent en Bourgogne dans nombre d'édifices religieux de cette époque : au-delà du transept, le chœur, assez profond, est flanqué d'absidioles — deux généralement — et terminé par une haute abside. L'emploi de voûtes sexpartites permet de remplacer les piles uniformes par une alternance de piles fortes et de piles faibles. Un triforium court au-dessus des grandes arcades, tandis qu'au niveau des fenêtres hautes le mur de clôture de la nef, un peu en retrait, permet l'établissement d'une galerie de circulation se superposant à celle du triforium.

Dans l'ornementation extérieure, la présence d'une corniche — dont la forme varie d'un monument à l'autre — se développant autour du chœur, de la nef, de l'abside ou du clocher, est un mode de décoration typiquement bourguignon.

Parmi les édifices levés selon ces principes, les plus importants sont : la cathédrale d'Auxerre, la collégiale St-Martin de Clamecy, l'église Notre-Dame de Semur-en-Auxois. Dans cette dernière, l'absence de triforium ajoute encore à l'impression de hauteur vertigineuse qui se dégage d'une nef étroite.

Fin du 13e s. — L'architecture devient alors de plus en plus légère et d'une hardiesse qui défie les lois de l'équilibre.

Tel apparaît le chœur de l'église de St-Thibault en Auxois, dont la clef de voûte s'élève à 27 mètres. Au-dessous de la verrière couvrant toute la partie supérieure, une claire-voie descendant jusqu'au sol se compose de trois parties : en haut, une galerie de circulation ; au milieu, un mur de pierre percé dans chaque travée de deux baies rayonnantes ; en bas, des arcatures aveugles *(illustration ci-contre)*.

(D'après photo H. Veiller/Explorer)

St-Thibault. — Chœur de l'église.

L'église de St-Père présente certaines ressemblances avec Notre-Dame de Dijon. Mais elle en diffère par son élévation qui est à deux étages avec une galerie devant les fenêtres.

14e s. — C'est alors qu'apparaît le gothique flamboyant, caractérisé par l'arc en accolade ; les nervures des voûtes se multiplient, les chapiteaux sont réduits à un simple rôle décoratif et parfois même disparaissent.

Cette époque n'a pas produit, en Bourgogne, de monuments de premier plan. L'église St-Jean de Dijon a une nef unique entourée de nombreuses chapelles logées entre des contreforts non saillants.

L'architecture civile. — Dijon et un certain nombre de villes ont conservé des hôtels particuliers ou des maisons édifiés au 15e s. par de riches bourgeois ; ainsi à Flavigny-sur-Ozerain et à Châteauneuf.

C'est également de cette époque que datent une partie du palais des Ducs de Bourgogne à Dijon (tour de la Terrasse, cuisines ducales), le palais synodal à Sens et l'Hôtel-Dieu de Beaune, triomphe de l'architecture de bois. Parmi les châteaux, dont beaucoup ont gardé l'allure des châteaux forts du 13e s., signalons ceux de Châteauneuf, construit par Philippe Pot, sénéchal de Bourgogne, de Posanges et le Palais ducal de Nevers.

Sculpture

Elle ne le cède en rien en éclat et en qualité à la sculpture romane.

La sculpture au 13e s. — Elle hérite de l'influence de l'Ile-de-France et de la Champagne en ce qui concerne la composition et l'ordonnance des sujets traités. Mais le tempérament bourguignon apparaît dans l'interprétation même de certaines scènes, où les artistes locaux ont donné libre cours à leur truculence et à leur fantaisie.

Parmi la statuaire de cette époque épargnée par la Révolution, il nous reste heureusement à Vézelay, à St-Père, à Semur-en-Auxois, à St-Thibault, à Notre-Dame de Dijon, à Auxerre, quelques exemples remarquables de cet art du 13e s.

A Notre-Dame de Dijon, certains masques et figures sont traités avec un réalisme très poussé, d'autres avec une vérité et une expression empreintes d'une bonhomie qui laissent à penser que ce sont là des portraits de Bourguignons faits d'après nature.

Le portail de St-Thibault en Auxois nous présente plusieurs scènes consacrées à la Vierge mais surtout cinq grandes statues figurant entre autres le duc Robert II et sa famille. Cet exemple, d'ailleurs fort rare, de personnages « civils » représentés à un portail s'explique par le rôle important joué par le duc dans la construction de l'église.

A St-Père, le décor sculpté du pignon de la façade — qui a probablement inspiré celui de Vézelay par sa composition — se double d'une intéressante décoration florale sur les chapiteaux.

Le tympan de la Porte des Bleds, à Semur-en-Auxois, rapporte la légende de saint Thomas, interprétée avec lourdeur et inélégance. Ce style se modifie et s'assouplit à la fin du 13e s. : les bas-reliefs des soubassements des portails de la façade occidentale de la cathédrale d'Auxerre sont d'une délicatesse d'exécution et d'une grâce qui ouvrent la voie au maniérisme.

La sculpture au 14e s. — L'avènement des Grands Ducs Valois, en 1364, correspond pour le duché de Bourgogne à une époque d'expansion politique et de grand rayonnement artistique.

Pour décorer la Chartreuse de Champmol, Philippe le Hardi dépense sans compter, attirant à Dijon un grand nombre d'artistes dont beaucoup sont originaires des Flandres.

Des artistes ayant successivement travaillé à la réalisation du magnifique tombeau actuellement exposé dans la salle des Gardes au musée de Dijon *(voir p. 90)*, **Claus Sluter** (vers 1345-1405) est incontestablement le plus grand. Il a su donner aux personnages qu'il a créés une allure, un mouvement, une expression d'une grande originalité. **Claus de Werve,** neveu de Sluter, continue l'œuvre de son maître mais il tempère par une plus grande douceur le réalisme souvent brutal de Sluter.

C'est Claus Sluter qui a exécuté au portail de la Chartreuse de Champmol les statues de Philippe le Hardi et de Marguerite de Flandre, qui passent pour être des portraits authentiques : les draperies et les vêtements sont traités avec un art consommé, les expressions des personnages sont d'un réalisme saisissant. La sculpture s'oriente là

(D'après photo Trincano/Arthaud)

Puits de Moïse. Buste du Christ.

vers une interprétation toute nouvelle : les statues cessent désormais de faire corps avec les piliers des portails ; les expressions des personnages sont traitées avec réalisme et l'artiste, cherchant avant tout la ressemblance, n'hésite pas à accuser les aspects de la laideur ou de la souffrance. Claus Sluter est aussi l'auteur de la grande croix qui devait surmonter le puits du cloître de la Chartreuse *(Puits de Moïse, voir p. 93)*. L'admirable buste du Christ *(illustration ci-dessus)*, échappé à la destruction, est conservé au musée archéologique de Dijon. Les visages de Moïse et des cinq prophètes représentés sur le socle du Calvaire, saisissants de vérité, les costumes — amples draperies aux plis cassés — étudiés avec une minutie extraordinaire, font de cette composition l'un des chefs-d'œuvre de la sculpture du 14e s.

La sculpture au 15e s. — Le tombeau de Philippe le Hardi a suscité de nombreuses imitations : le mausolée de Jean sans Peur et de Marguerite de Bavière en est la fidèle réplique ; le tombeau de Philippe Pot, sénéchal de Bourgogne, fait preuve de plus d'originalité : ce sont les pleurants qui soutiennent la dalle funéraire sur laquelle est étendu le gisant. Le style spécifiquement bourguignon apparaît, aux proportions plus harmonieuses et aux draperies plus sobres. La Vierge du musée Rolin à Auxerre en est un bon exemple.

Les Mises au tombeau ou Saints sépulcres se multiplient. Parmi les compositions groupant autour du Christ mort sept personnages, le Saint sépulcre de l'hôpital de Tonnerre, celui de l'église Notre-Dame de Semur-en-Auxois, celui de l'hôpital de Dijon sont remarquables.

Des retables en bois sculpté et doré ont été exécutés par Jacques de Baerze : celui de la Crucifixion et celui des Saints et Martyrs sont exposés au musée de Dijon.

Peinture

Les Grands Ducs Valois s'entourent de peintres et d'enlumineurs qu'ils font venir de Paris ou de leurs possessions des Flandres. Originaires du Nord, Jean Malouel, Jean de Beaumetz, André Bellechose créent à Dijon un art remarquable par la richesse des coloris et la précision du dessin, synthèse de l'art flamand et de l'art bourguignon. Parmi les œuvres les plus célèbres, le polyptyque de l'Hôtel-Dieu de Beaune, dû à Roger Van der Weyden, et les peintures conservées au musée de Dijon présentent un grand intérêt.

La fresque a connu à l'époque gothique un regain de faveur : outre les fresques de l'église Notre-Dame de Beaune, dues à **Pierre Spicre**, peintre dijonnais, citons la curieuse « Danse Macabre » de la petite église de la Ferté-Loupière *(illustration p. 98)*.

Pierre Spicre est aussi l'auteur des cartons d'après lesquels ont été exécutées les admirables tapisseries de l'église Notre-Dame de Beaune, d'une fraîcheur de tons remarquable.

Les tapisseries de l'Hôtel-Dieu de Beaune, commandées au 15e s. par le chancelier Nicolas Rolin, comptent parmi les plus belles de cette époque.

L'ART DE LA RENAISSANCE

Sous l'influence de l'Italie, l'art bourguignon suit au 16e s. une orientation nouvelle marquée par un retour aux formes antiques.

En architecture, le passage de l'art gothique à l'art italianisant ne s'effectue pas sans quelque résistance. L'église St-Michel de Dijon le prouve : tandis que la nef — bien que commencée au début du 16e s. — est une imitation de l'art gothique, la façade, dont la construction s'échelonne entre 1537 et 1570, est un exemple parfait du style de la Renaissance : les deux tours sont divisées en quatre étages où les ordres ionique et corinthien se superposent régulièrement ; mais les trois portails en plein cintre et le porche, dont les berceaux en caissons sont abondamment sculptés, témoignent d'une très nette influence italienne.

Si l'architecture est caractérisée par le triomphe des lignes horizontales et des arcs en plein cintre, la sculpture utilise les médaillons à l'antique, les bustes en haut-relief, tandis que les sujets religieux font place à des sujets profanes.

Dans la seconde moitié du 16e s., triomphe à Dijon la décoration ornementale telle que la conçoit Hugues Sambin, auteur de la porte du Palais de Justice et vraisemblablement d'un grand nombre d'hôtels particuliers.

La Bourgogne, qui n'a pas connu, comme le val de Loire, une floraison de châteaux de plaisance, s'enorgueillit cependant des magnifiques demeures d'Ancy-le-Franc, de Tanlay et de Sully.

Le travail du bois — vantaux de portes, plafonds à caissons, stalles — prend au 16e s. une grande importance. C'est en 1522 que sont sculptées les 26 stalles de l'église de Montréal, œuvre d'inspiration locale, où se révèle l'esprit bourguignon.

L'ART CLASSIQUE

L'art classique, imité de Paris et plus tard de Versailles, est marqué à Dijon par l'aménagement de la place Royale, par la transformation de l'ancien Palais des Ducs, la construction du Palais des États de Bourgogne. De nombreux hôtels particuliers sont édifiés par les familles de parlementaires : bien qu'ayant gardé les caractères de l'époque Renaissance, l'hôtel de Vogüé (1607-1614) présente l'aspect nouveau d'un corps de logis retiré au fond d'une cour, n'ayant accès à la rue que par une porte cochère, l'autre façade s'ouvrant sur des jardins.

Parmi les nombreux châteaux édifiés aux 17e et 18e s., il faut citer ceux de Bussy-Rabutin *(illustration p. 63)*, Commarin, Grancey, Beaumont-sur-Vingeanne, Menou, Talmay. Les sculpteurs Dubois, au 17e s., Bourchardon et Attiret au 18e s. ont eu une grande influence sur leur temps. Il en est de même pour Greuze et François Devosge en dessin et en peinture, et surtout Mignard, premier peintre de Louis XIV.

Dans le domaine musical, la Bourgogne s'enorgueillit d'avoir donné le jour à **Jean-Philippe Rameau,** né à Dijon, à la fin du 17e s. Contemporain de Bach et de Haendel, c'est l'un des grands musiciens français classiques. Outre de nombreuses pièces pour clavecin, il a composé des opéras, dont Les Indes Galantes.

L'ART DU 19e S. AU 20e S.

La transition du 18e s. au 19e s. est assurée par le peintre Girodet, gloire de Montargis. Élèves de Devosge, Prud'hon et Rude ont illustré la peinture et la sculpture au début du 19e s. Après eux, Cabet, Jouffroy et plus près de nous **François Pompon,** sculpteur animalier *(illustration d'une de ses œuvres p. 90),* ont contribué à maintenir le renom artistique de la Bourgogne. Et, en ce qui concerne l'architecture, qui pourrait de nos jours dénier la qualité d'artiste à l'ingénieur dijonnais **Gustave Eiffel** (1832-1923) ?

(Photo Petzold/Pitch)

Ancienne abbaye. Clocher de l'Eau-Bénite.

LA TABLE

« Par la gloire de son vignoble, a écrit l'un de nos plus éminents gastronomes, par la richesse de son sol, par l'excellence et la qualité de ses produits naturels aussi bien que par le talent et le goût de ses chefs et de ses cordons bleus qui, depuis des siècles, ont su maintenir les plus belles traditions, la somptueuse Bourgogne est un paradis de la gastronomie ». Cette réputation est solidement établie depuis l'époque gallo-romaine, si l'on en juge par les inscriptions et les enseignes culinaires gravées dans la pierre, actuellement conservées au musée archéologique de Dijon. Au 6e s., Grégoire de Tours vante la qualité des vins de Bourgogne et le roi Charles VI, encore sain d'esprit, proclame la renommée de Dijon, tant pour ses vins que pour ses mets. Au temps des Grands Ducs d'Occident, la cuisine tient une place importante au Palais de Dijon. De nos jours, les États Généraux de Bourgogne et la Foire gastronomique de Dijon perpétuent la tradition du bien-boire et du bien-manger.

La matière première. — Heureuse province, la Bourgogne dispose pour ses viandes de l'excellent élevage de l'Auxois, du Bazois et du Charollais et d'un gibier parmi les plus réputés de France, elle produit des légumes incomparables, les poissons blancs de la Loire et de la Saône, les truites et écrevisses des rivières aux eaux vives du Morvan, de délicieux champignons — mousserons, cèpes, morilles, girolles —, des escargots de renommée mondiale et des fruits succulents (cerises de la région d'Auxerre).

La cuisine bourguignonne. — Plantureuse et substantielle, elle reflète le tempérament de fort mangeur — à la fois gourmet et gourmand — du Bourguignon. Le vin, gloire de la province, y joue naturellement un rôle de premier plan : les sauces au vin, orgueil de la cuisine bourguignonne, sont appelées des « meurettes » ; elles sont à base de vin aromatisé et épicé, lié avec du beurre et de la farine. Les meurettes accompagnent avec bonheur les poissons — carpes, tanches, anguilles —, les cervelles, les œufs pochés, le bœuf (dit « bœuf bourguignon »).
Quant à la crème, elle entre dans la préparation de nombreux plats : jambon à la crème, champignons à la crème, et aussi du saupiquet (sauce piquante au vin et à la crème accompagnant le jambon) dont la création remonte au 15e s. et dont le nom dérive du vieux verbe « saupiquer » (piquer le sel).
Les **spécialités** abondent : escargots (cuits dans leurs coquilles), jambon persillé, andouillette, saupiquet, coq au vin, pochouse (sorte de matelote de poissons variés faite avec du vin blanc), poulet « en sauce » (moitié crème, moitié vin blanc) constituent les éléments de base de la cuisine bourguignonne.
En Nivernais et en Morvan, jambon et saucisson « de ménage », œufs au jambon, tête de veau ou « sansiot », œufs au vin, grenadins de veau, « jau » au sang (jeune poulet de l'année au lard et aux petits oignons), figurent parmi les plats traditionnels d'un repas bien conduit.
Et pour accompagner et mettre en valeur ces plats délicieux, la Bourgogne offre une gamme incomparable de grands vins blancs et rouges *(voir p. 15 et 16)*.

Les fromages. — Les fromages bourguignons ne sont pas négligeables. Les pays de l'Yonne produisent le St-Florentin, qui doit être consommé quand la pâte est blanche et encore humide. Époisses a donné son nom à un fromage à pâte molle, qui au bout de deux à trois mois présente une surface rouge-orangé, lisse, et une pâte de teinte beurrée, très homogène et très onctueuse, à saveur très prononcée. Les fromages de chèvre du Morvan sont de très petit format. Ils accompagnent les vins blancs secs de Pouilly-sur-Loire.

Friandises et digestifs. — Parmi les douceurs les plus connues, citons les pains d'épices et cassissines (bonbons au cassis) de Dijon, les anis de Flavigny, les nougatines de Nevers. Pour terminer un bon repas, la dégustation de cassis de Dijon ou d'un marc de Bourgogne longuement vieilli en fût de chêne est particulièrement agréable.

JOYEUX ENFANT DE LA BOURGOGNE, JE N'AI JAMAIS EU DE GUIGNON

Chaque année,
le **guide Michelin France**
propose un choix révisé
d'hôtels et de restaurants servant des
repas soignés à prix modérés.

Légende

Curiosités

★★★ **Vaut le voyage**
★★ **Mérite un détour**
★ **Intéressant**

Itinéraire décrit, point de départ de la visite

sur la route   en ville

✕ ∴	Château - Ruines	🛆‡ 🛆‡ Édifice religieux : catholique - protestant
⊥ ◎	Calvaire - Fontaine	▭ Bâtiment (avec entrée principale)
☀ ♈	Panorama - Vue	↗● Remparts - Tour
⌐ ⚐	Phare - Moulin	━┿━ Porte de ville
⌣ ✿	Barrage - Usine	▪ Statue - Petit bâtiment
☆ ∪	Fort - Carrière	▨ Jardin, parc, bois
▲	Curiosités diverses	**B** Lettre identifiant une curiosité

Autres symboles

▤	Autoroute (ou assimilée)	⌐⌐ Bâtiment public
◂▸ ▸ ❶ ❷	Échangeur complet, partiel, numéro	⊞ ⊠ Hôpital - Marché couvert
▬	Grand axe de circulation	▣ ⚔ Gendarmerie - Caserne
▤	Voie à chaussées séparées	† † † † Cimetière
▱▱▱- - -	Voie en escalier - Sentier	▨ Synagogue
╫═╪═	Voie piétonne - impraticable	⛐ ⚑ Hippodrome - Golf
1429 →✕→	Col - Altitude	≋ ≋ Piscine de plein air, couverte
🚃 🚐	Gare - Gare routière	⛸ ▼ Patinoire - Table d'orientation
⛴ ⟶	Transport maritime : Voitures et passagers Passagers seulement	⚓ Port de plaisance
✈	Aéroport	⚲ ⚲ Tour, pylône de télécommunications
③	Numéro de sortie de ville, identique sur les plans et les cartes MICHELIN	⬭ ⛫ Stade - Château d'eau
		B △ Bac - Pont mobile
		✉ Bureau principal de poste restante
		i Information touristique
		P Parc de stationnement

Dans les guides MICHELIN, sur les plans de villes et les cartes, le Nord est toujours en haut. Les voies commerçantes sont imprimées en couleur dans les listes de rues.

Abréviations

A	Chambre d'Agriculture	**J**	Palais de Justice	**POL.**	Police
C	Chambre de Commerce	**M**	Musée	**T**	Théâtre
H	Hôtel de ville	**P**	Préfecture, Sous-préfecture	**U**	Université

cv **Sigle concernant les conditions de visite** : voir nos explications p. 9, 106 et 156.

Signes particuliers à ce guide

Plans de monuments :   ▬ Parties existantes   ▬ Parties disparues

Dans ce guide les plans de ville indiquent essentiellement les rues principales et les accès aux curiosités, les schémas mettent en évidence les grandes routes et l'itinéraire de visite.

CURIOSITÉS

description
par ordre alphabétique

(Photo A. Gaël)

Le château de Tanlay.

ALISE-STE-REINE
717 h.

Carte Michelin nº 65 Nord du pli 18 — 16 km au Nord-Est de Semur-en-Auxois.

Adossée au mont Auxois, butte de 407 m aux versants abrupts, qui sépare les vallées de l'Oze et de l'Ozerain et domine la plaine des Laumes, Alise-Ste-Reine tire la première partie de son nom d'Alésia (1), célèbre oppidum qui, en 52 avant J.-C., vit César et ses légions triompher, après un siège resté fameux, de l'héroïque résistance de l'armée gauloise commandée par Vercingétorix et des assauts d'une puissante armée de secours.

Elle doit l'autre partie de son nom à une jeune chrétienne martyrisée en cet endroit (voir p. 37), au 3e s. dit-on, et dont la fête, en septembre, attire les pèlerins.

Le siège d'Alésia. — Après son échec devant Gergovie près de Clermont-Ferrand au printemps de 52 (voir le guide Vert Michelin Auvergne), **César** bat en retraite vers le Nord, afin de rallier, près de Sens, les légions de son lieutenant Labienus. Cette jonction opérée, et alors qu'il se dirigeait vers ses bases romaines, il est rejoint et attaqué, près d'Alésia, par l'armée gauloise de **Vercingétorix**. Malgré l'effet de surprise et l'avantage du nombre, les Gaulois subissent un cuisant échec et Vercingétorix, poursuivi à son tour par César, décide de ramener ses troupes dans l'oppidum d'Alésia. Alors commence un siège mémorable. Maniant la pelle et la pioche, l'armée de César entoure la place d'une double ligne de tranchées, murs, palissades de pieux, tours ; la contrevallation, première ligne de fortifications, face à Alésia, doit interdire toute tentative de sortie des assiégés, la seconde, la circonvallation, tournée vers l'extérieur, contenir les assauts de l'armée gauloise de secours.

Pendant six semaines, Vercingétorix essaie en vain de briser les lignes romaines. L'armée gauloise de secours, forte de plus de 250 000 hommes, ne parvient pas davantage à forcer le barrage et bat en retraite. Affamés, les assiégés capitulent. Pour sauver ses soldats, Vercingétorix se livre à son rival. Celui-ci le fera figurer dans son « triomphe » six ans plus tard et étrangler au fond du Tullianum, cachot de la prison de Rome.

Une bataille d'érudits. — L'emplacement d'Alésia a été vivement contesté sous le Second Empire par quelques érudits qui situaient à Alaise, petit village du Doubs, le lieu du fameux combat.

Pour mettre fin à ces controverses, Napoléon III fit exécuter des fouilles autour d'Alise-Ste-Reine de 1861 à 1865. Ces recherches permirent de dé-

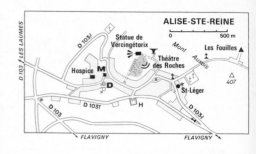

couvrir de nombreux vestiges d'ouvrages militaires attribués à l'armée de César, des ossements d'hommes et de chevaux, des armes ou débris d'armes, des meules à grain, des pièces de monnaie. L'érection, sur le plateau, en 1865, d'une statue de Vercingétorix n'a pas mis un terme aux polémiques.

La thèse comtoise retrouva un ardent défenseur en **Georges Colomb** (1856-1945) qui fut aussi, sous le pseudonyme de Christophe, le spirituel auteur de livres pour la jeunesse, « la Famille Fenouillard » et « l'Idée fixe du savant Cosinus ».

Plus récemment, c'est à Chaux-des-Crotenay, au Sud-Est de Champagnole (Jura), qu'une équipe d'archéologues a pensé pouvoir identifier le site d'Alésia (voir le guide Vert Michelin Jura).

Des photographies aériennes et des sondages ont été effectués à l'appui de la thèse bourguignonne ; des bornes et plaques posées le long des routes qui entourent le mont Auxois signalent au passage des fossés reconnus par les uns comme d'anciennes tranchées romaines, considérés par d'autres comme des canaux de drainage creusés au Moyen Âge par les moines de Flavigny.

★LE MONT AUXOIS visite : 1 h

★**Panorama.** — A l'Ouest du plateau, à proximité de la colossale statue en bronze de Vercingétorix, œuvre de Millet, le panorama s'étend (table d'orientation) sur la plaine des Laumes et les sites occupés par l'armée romaine lors du siège d'Alésia ; au loin, la région de Saulieu.

cv **Les fouilles.** — Au sommet de l'oppidum s'étendait une ville prospère à l'époque gallo-romaine. Les fouilles qui s'y poursuivent en révèlent peu à peu l'extension et l'ordonnance et dégagent ses vestiges.

Au cours de la visite (itinéraire fléché, vestiges numérotés), on observera particulièrement la basilique mérovingienne Ste-Reine ; le théâtre datant du début du 2e s. avec la disposition de ses gradins, de sa scène et de son orchestre ; une basilique civile ; la maison de la « Cave à la Mater » avec son hypocauste (système antique de chauffage souterrain), son sous-sol et les bases de son portique ; les installations utilisées par les bronziers gallo-romains et enfin un ensemble de boutiques.

Les objets découverts au cours des fouilles sont exposés au musée Alésia.

cv **Musée Alésia (M).** — Propriété de la Société des Sciences de Semur-en-Auxois, ce musée renferme les objets découverts au cours des fouilles de la ville gallo-romaine : statues et statuettes, fragments d'architecture, monnaies, céramiques, objets en bronze, en fer, en os ; service eucharistique du 4e s. dédié à sainte Reine ; évocations du siège d'Alésia (coupes des fossés romains, etc.).

_____

(1) Pour plus de détails, lire : « Alésia, archéologie et histoire », par J. Le Gall (Paris, Fayard).

AUTRES CURIOSITÉS

Fontaine Ste-Reine (D). — On rapporte qu'une fontaine miraculeuse aurait jailli sur le lieu où fut décapitée sainte Reine, jeune chrétienne qui refusa d'épouser le gouverneur romain Olibrius. Jusqu'au 18e s., la vertu curative de ses eaux fut renommée. Près de la fontaine, fréquentée par les pèlerins depuis le Moyen Âge, une chapelle abrite une statue vénérée de la sainte (15e s.).

Hospice Ste-Reine. — Fondé en 1660 par saint Vincent de Paul, il a été conçu pour loger les malades venus en pèlerinage. Il a gardé sa fonction hospitalière, mais a subi des transformations à partir de 1975, une partie des anciens bâtiments ayant été
CV démolie au bénéfice d'une construction neuve. Dans la **chapelle,** grille du chœur, en fer forgé, et suite de tableaux offerts par Anne d'Autriche relatant la vie et le martyre de sainte Reine.

Église St-Léger. — Cette église des 7e et 10e s., restaurée dans son état primitif, a été construite sur le plan des anciennes basiliques chrétiennes avec une nef couverte en charpente et une abside en cul-de-four. Le mur Sud est mérovingien, le mur Nord carolingien.

Théâtre des Roches. — Créé en 1945, sur le modèle des théâtres antiques, pour les représentations du Mystère de sainte Reine *(voir p. 168)*, il peut contenir 4 000 personnes.

Pour trouver la description d'une ville ou d'une curiosité isolée, consultez l'index.

★★ ANCY-LE-FRANC (Château d')

Carte Michelin n° 🔲🔲 pli 7 — 18 km au Sud-Est de Tonnerre.

CV Le château d'Ancy-le-Franc compte parmi les plus belles demeures Renaissance de Bourgogne ; sa décoration intérieure, restaurée au 19e s., vaut par son unité.
Antoine III de Clermont-Tonnerre, Grand-Maître des Eaux et Forêts et époux d'Anne-Françoise de Poitiers, sœur de la célèbre Diane, fit construire le château en 1546 sur les plans de Sébastien Serlio, architecte italien venu à la cour de François Ier, et en confia la décoration intérieure au Primatice. En 1684, le domaine fut vendu à Louvois et conservé par ses descendants. Au milieu du siècle dernier, la famille de Clermont-Tonnerre en redevint propriétaire ; à la mort du dernier duc, le château revint à ses neveux, les princes de Mérode.
Il appartient de nos jours à MM. Guyot, également propriétaires du château de St-Fargeau *(p. 134)*.

Extérieur. — Par une belle allée, on accède à la cour d'entrée. Le château se compose de 4 corps de bâtiments reliés par des pavillons d'angle. Les quatre façades sont semblables.
Cette architecture est le premier modèle de la Renaissance classique en France ; son caractère simple, presque austère, ne laisse pas prévoir le décor raffiné de la cour intérieure ; le vaste quadrilatère a ici l'ampleur d'un véritable palais. Les façades Nord et Sud comportent une longue galerie ouvrant par trois arcades. Entre les pilastres du rez-de-chaussée, la devise des Clermont-Tonnerre « Si omnes ego non » : « si tous t'ont renié, moi pas » rappelle que jadis un comte de Clermont aida à rétablir sur le siège de saint Pierre le pape bourguignon Calixte II, élu à Cluny lors de la querelle des Investitures (12e s.).

Intérieur. — La visite des galeries et appartements — 25 pièces au total — permet d'admirer la somptueuse décoration réalisée par Niccolo dell' Abbate et d'autres élèves du Primatice. Un important mobilier du 16e au 19e s., provenant en majeure partie de l'ameublement initial du château, contribue à l'harmonie de l'ensemble.
On parcourt d'abord, au rez-de-chaussée des ailes Est et Nord, les salles des Césars, du Zodiaque, de Diane (belle voûte peinte à l'antique, datée de 1578), la chambre de Vénus et les monumentales cuisines.
Au 1er étage, à partir de l'aile Nord, on découvre successivement : la galerie des Sacrifices décorée de panneaux en grisaille du 19e s., la salle de Judith et Holopherne (montrés ici sous les traits de Diane de Poitiers et François Ier...), le **« cabinet du Pastor Fido »** lambrissé de chêne sculpté et orné de scènes pastorales du 17e s., qui conserve un bureau ayant servi à Mme de Sévigné ; la bibliothèque, plusieurs salons dont le salon Bleu où logea Louis XIV, la salle à manger et la vaste salle des Gardes (aile Ouest) avec sa cheminée surmontée d'un portrait équestre de Henri III, puis la **chapelle** avec ses boiseries ornementées et ses fresques (1596) dues au peintre bourguignon André Ménassier.
Passant dans l'aile Sud, on détaille dans la **galerie de Pharsale** les étonnantes peintures murales en camaïeu ocre qui retracent, dans l'optique du 16e s., la victoire de César sur Pompée. On visite ensuite la chambre des Fleurs avec le portrait d'une Clermont-Tonnerre en Diane chasseresse, la galerie de Médée (aile Est) et surtout la magnifique **chambre des Arts** ornée de médaillons ovales figurant les arts libéraux et d'un plafond Henri II à caissons, ciselé d'arabesques.
On peut voir enfin, dans les combles, des ateliers et ustensiles évoquant différents métiers disparus depuis le 19e s.

Musée automobile. — Installé dans une aile des communs à droite de la cour d'entrée —, il expose une vingtaine de voitures du début du siècle (Truffault 1900, Niclaux 1903, Renault et de Dion Bouton 1905) ainsi que des motos et cycles anciens et une affiche Michelin de 1926...

★ ANZY-LE-DUC

Carte Michelin n° 🔢 pli 17 — 20 km au Sud de Paray-le-Monial — Schéma p. 62.

Ce village du Brionnais possède l'une des plus belles églises romanes de la région.

★Église. — Sa construction aurait été entreprise au début du 11e s. La beauté de l'édifice est encore rehaussée par les tons dorés de la pierre.

L'église, que précédait autrefois un admirable portail, exposé au musée du Hiéron, à Paray-le-Monial *(voir p. 127)*, est surmontée d'un magnifique clocher roman, tour polygonale à trois étages de baies. Contourner la ferme qui occupe les dépendances de l'ancien prieuré dont une tour carrée forme l'élément principal. Un **portail** très primitif percé dans le mur d'enceinte comporte un tympan représentant à gauche l'Adoration des Mages, à droite le Péché originel. Le linteau figure la séparation des élus et des damnés au Jugement dernier.

Revenir à l'entrée de l'église. Bien que sa décoration ait été mutilée, son portail est encore très beau : il figure le Christ en gloire de l'Apocalypse.

La nef, couverte de voûtes d'arêtes et directement éclairée par des fenêtres hautes est très pure et remarquable par l'harmonie de ses lignes. Les chapiteaux sont fort bien conservés : ils représentent, dans la nef, des scènes bibliques et des allégories. Les fresques du chevet, en assez mauvais état, évoquent la vie des saints Jean-Baptiste et Hugues d'Anzy, celles du chœur représentent l'Ascension du Christ. L'une d'elles fait allusion à Letbaldus, viguier de Semur qui, au 9e s., fit don de sa villa d'Anzy-le-Duc pour y établir une colonie bénédictine.

ARCHÉODROME

Carte Michelin n° 🔢 pli 9 — 6 km au Sud de Beaune.

Accès par l'autoroute A6 : aires de stationnement de Beaune-Tailly dans le sens Paris-Lyon et de Beaune-Merceuil dans le sens inverse. Accès au départ de Beaune (voir p. 54).

cv En bordure de l'autoroute A6, l'archéodrome, dont le nom manifeste la destination culturelle, offre un panorama de l'histoire de la Bourgogne, de l'époque paléolithique à la période gallo-romaine, à l'aide de reconstitutions archéologiques.

La salle d'exposition présente des moulages, des maquettes, des photographies, à l'appui de rétrospectives de la vie au temps préhistorique, et dans le patio, un habitat gaulois. Le parcours longe des huttes évoquant l'âge de la pierre, une sépulture antique sous tumulus, puis la reconstitution sur près de 100 m de long de la ligne fortifiée (fossés, pièges et tours de défense) aménagée par César devant Alésia *(p. 36)*. L'époque gallo-romaine est illustrée par un petit sanctuaire (fanum), une nécropole (avec 15 stèles sculptées, du 1er s.) et, le long d'une voie romaine, un atelier de potier et son four, une villa romaine avec ses dépendances.

Les villes, sites et curiosités décrits dans ce guide
*sont indiqués en caractères **noirs** sur les schémas.*

ARCY-SUR-CURE (Grottes d')

Carte Michelin n° 🔢 Sud des plis 5, 6.

En amont du village d'Arcy, la rive gauche de la Cure est dominée par de hautes falaises calcaires percées de nombreuses grottes.

Une route se détachant de la N 6, à proximité du tunnel routier, conduit à la Grande Grotte mais on y accède de façon plus attrayante par l'étroit chemin de Val Ste-Marie (voir p. 87).

cv **La Grande Grotte.** — La Grande Grotte se ramifie, sur 2,5 km, en une succession de salles et galeries décorées de draperies, stalactites et stalagmites, que l'on peut visiter sur 900 m. Les plafonds plats alternent avec les concrétions de formes curieuses, se transforment au gré de l'imagination en bêtes et fleurs étranges ou en décor fantastique. Au retour, se voient deux petits lacs, le premier à l'eau figée sous une fine couche calcaire.

Les bords de la Cure. — *1/2 h à pied AR.* Suivre, au départ de la Grande Grotte, un agréable chemin ombragé remontant la rive gauche de la Cure au pied d'escarpements calcaires, forés d'une vingtaine de grottes non aménagées. Parmi elles on peut citer, dans l'ordre, les grottes préhistoriques du Cheval ou du Mammouth, de l'Hyène, des Fées. Buffon les visita en 1740 et 1759.

Le Grand Abri est une roche qui surplombe le terrain sur plus de 20 m de longueur et 10 m de profondeur. Sa masse est imposante.

ARNAY-LE-DUC

Carte Michelin n° 🔢 Sud du pli 18 — Lieu de séjour p. 8.

Cette petite ville ancienne aux toits pointus dominant la vallée de l'Arroux (étang avec baignade aménagée) évoque les premières armes (1570) du jeune Henri de Navarre le futur Henri IV — aux côtés de Coligny, contre les troupes de Mayenne, commandées par le maréchal de Cossé-Brissac, au cours de la guerre entre protestants et catholiques. C'est à Arnay — relais de la poste — que Mesdames Adélaïde et Victoire, tantes de Louis XVI, émigrant vers l'Italie, furent arrêtées ; après le passage des royales voyageuses, leurs deux prénoms firent fureur dans le pays.

CURIOSITÉS

Église St-Laurent. — Elle date des 15e et 16e s. Une de ses chapelles (1re à gauche) possède un intéressant plafond Renaissance à caissons. Un vestibule avec dôme du 18e s. précède la nef du 15e s. dont la voûte a été refaite « à la Philibert Delorme » en 1859. Dans la 1re chapelle à droite, Pietà polychrome du 16e s.

Tour de la Motte-Forte. — Derrière le chevet de l'église, cette grosse tour du 15e s., couronnée de mâchicoulis, est le seul vestige d'un important château féodal détruit pendant les guerres de Religion.

cv **Maison régionale des Arts de la table.** — *Au syndicat d'initiative, 15 rue St-Jacques.* L'ancien hospice St-Pierre (17e s.), rénové, présente chaque année une exposition nouvelle sur le thème de la table en Bourgogne : faïences, cristallerie, argenterie, étains… Les cuisines conservent un imposant vaisselier du 18e s. et des céramiques d'antan, dont deux plats créés par Bernard Palissy.

EXCURSIONS

cv **Bard-le-Régulier.** — *105 h. 17 km à l'Ouest.* Le hameau est doté d'une **église** qui appartenait à un prieuré de chanoines augustins. Surmontée par une élégante tour octogonale, elle date de la fin du 12e s. malgré certains aspects archaïques à l'intérieur (voûtes en plein cintre dominantes, baies étroites, piles sans chapiteaux), où le sol présente aussi la particularité de s'élever par trois fois jusqu'à l'autel, pour racheter une déclivité accentuée. Elle renferme, en plus d'un gisant du 13e s., quelques statues du 15e s. au 17e s. dont une très élaborée, de saint Jean l'Évangéliste, en pierre (fin 15e s.), et surtout d'intéressantes **stalles.**
Sculptées à la fin du 14e s., elles sont au nombre d'une trentaine (plus neuf stalles hautes) distribuées sur quatre rangs (deux à droite, deux à gauche, en vis-à-vis) dans la dernière travée précédant le chœur. Sur les accoudoirs sont représentées des figurines du bestiaire de l'Apocalypse de saint Jean, sur les faces latérales, l'Annonciation, la Visitation, la Nativité, la Cène, le martyre de saint Jean l'Évangéliste, patron de l'église.

Signal de Bard. — *De Bard, 1 km à l'Est, plus 1 h 1/2 à pied AR.* Du signal (554 m), vue étendue, au Nord-Est sur l'Auxois, au Sud-Ouest sur le Morvan.

Église de Manlay. — *12 km à l'Ouest.* Église fortifiée du 14e s. Sa façade est flanquée de deux tours rondes percées de meurtrières et son chœur est situé dans un donjon carré. L'ensemble a été restauré en 1962.

★★ AUTUN   16 320 h. (les Autunois)

Carte Michelin n° 🆖🆖 pli 7 — Schéma p. 119.

La ville d'Autun est adossée à des collines boisées, dominant la vallée de l'Arroux et la vaste dépression qui s'étend au-delà. Cette calme cité a eu un passé prestigieux ; ses vestiges romains, sa cathédrale, les collections de ses musées en témoignent.
Grâce aux forêts de l'Autunois (forêt des Battées, et celle de Planoise où dominent les hêtres), Autun a développé une industrie réputée du meuble.

UN PEU D'HISTOIRE

La Rome des Gaules. — « Sœur et émule de Rome » au temps de sa splendeur, Autun doit son nom à l'empereur Auguste qui, afin de mieux lutter contre les Eduens et ruiner Bibracte, leur place forte installée au sommet du mont Beuvray *(p. 54),* décida de fonder « Augustodunum ». Une grande route commerciale et stratégique Lyon-Boulogne, via Autun, allait faire de la ville une cité très riche et florissante. De l'enceinte fortifiée ne restent que deux portes et les vestiges d'un théâtre romain.
Après avoir exercé un extraordinaire rayonnement dans tout le monde gallo-romain, Autun, victime de nombreuses convoitises, subit invasions et pillages.

Le siècle des Rolin. — Autun allait connaître au Moyen Âge un regain de prospérité. Elle le doit en grande partie au rôle important joué par Nicolas Rolin et l'un de ses fils. Né à Autun en 1376, **Nicolas Rolin,** dont le nom est lié à la fondation de l'Hôtel-Dieu de Beaune *(description p. 50),* devint un des avocats les plus célèbres de son temps. Remarqué par le duc de Bourgogne, il reçut de lui la charge de chancelier. Parvenu au faîte des honneurs, il n'oublia jamais sa ville natale. L'un de ses fils, le **cardinal Rolin,** devenu évêque d'Autun, fit de la ville un grand centre religieux. De cette époque datent l'achèvement de la cathédrale St-Lazare, l'édification de remparts au Sud et la construction de nombreux hôtels particuliers.

★★ CATHÉDRALE ST-LAZARE (BZ) *visite : 1/2 h*

L'édifice, construit presque entièrement en grès du pays, de 1120 à 1146, fut consacré par le pape Innocent II en 1130.
Destinée à recevoir les précieuses reliques de saint Lazare ramenées de Marseille par Gérard de Roussillon en 1079, l'église St-Lazare, promue cathédrale à la fin du 13e s., fut aussi conçue pour accueillir la multitude des pèlerins.
Extérieurement, la cathédrale a perdu son caractère roman : le clocher et la haute flèche de style flamboyant datent de la fin du 15e s. ainsi que la partie supérieure du chœur et les chapelles du bas-côté droit ; les chapelles du bas-côté gauche sont du 16e s. Quant aux deux tours du grand portail — inspirées de celles de Paray-le-Monial — elles datent du siècle dernier.

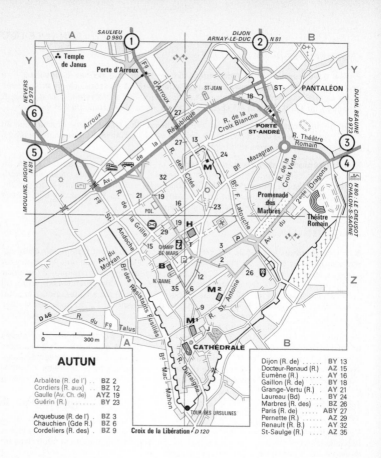

AUTUN

Arbalète (R. de l') .. BZ 2
Cordiers (R. aux) .. BZ 12
Gaulle (Av. Ch. de) AYZ 19
Guérin (R.) ...... BY 23

Arquebuse (R. de l') . BZ 3
Chauchien (Gde R.) . BZ 6
Cordeliers (R. des) . BZ 9

Croix de la Libération / D 120

Dijon (R. de) ...... BY 13
Docteur-Renaud (R.) . AZ 15
Eumène (R.) ...... AY 16
Gaillon (R. de) .... BY 18
Grange-Vertu (R.) .. AY 21
Laureau (Bd) ..... BY 24
Marbres (R. des) ... BZ 26
Paris (R. de) ..... ABY 27
Pernette (R.) ..... AZ 29
Renault (R. B.) .... AY 32
St-Saulge (R.) .... AZ 35

★★★ Tympan du portail central. — Représentant le Jugement dernier, il compte parmi les chefs-d'œuvre de la sculpture romane.

Œuvre du sculpteur Gislebertus *(1)* dont le nom figure à la partie supérieure du linteau, sous les pieds du Christ, ce tympan a été exécuté entre 1130 et 1135, dans une pierre calcaire demi-dure assez blanche, qui ne provient pas des carrières locales.

L'inscription figurant sur les bords de la « gloire » entourant le Christ nous aide à le déchiffrer : les élus sont représentés à gauche, les damnés à droite. Il faut remarquer cependant qu'en fait la place occupée par l'Enfer est réduite à l'extrême droite du tympan, le ciel dominant dans le registre supérieur. La technique est d'une grande hardiesse : les disproportions, voulues, mettent en valeur une hiérarchie indiscutée : le Christ est immense, tandis que, parmi les apôtres, saint Pierre l'emporte par la taille sur tous les autres.

Malgré une apparence confuse, la composition est très ordonnée :

1) Le « Christ en majesté » siège entouré de la « gloire » soutenue par quatre anges dont deux s'envolent la tête en bas.

En 1766, les chanoines du chapitre de la cathédrale firent plâtrer le tympan, supprimant la tête du Christ trop en relief ; dégagé en 1837, il fut restauré en 1858 par Viollet-le-Duc. Identifiée parmi les collections léguées au musée Rolin, l'admirable tête a repris sa place en novembre 1948. A l'annonce du Jugement dernier proclamé par quatre anges soufflant dans de longues trompettes (4, 7, 8, 9), les morts sortent de leurs tombeaux. Un ange situé sous les pieds du Christ sépare les élus des damnés :

2) Les élus. Parmi eux figurent deux évêques tenant la crosse ; à leur droite, trois enfants s'agrippent à un ange ; un peu plus loin deux pèlerins de Compostelle et de Jérusalem, reconnaissables à la coquille de saint Jacques et à la croix inscrite sur leur sacoche, portent le bâton sur l'épaule.

3) Les damnés. Ils donnent tous les signes d'une vive terreur.

Remarquer la femme dont les seins sont dévorés par des serpents (symbole de luxure), l'avare, sac au cou, à côté d'un damné happé par les pattes du diable.

---

(1) Lire « La sculpture du 12ᵉ s. de la cathédrale d'Autun », par D. Grivot (SAEP Colmar).

4) Les élus franchissent la « porte étroite » du ciel, figuré par trois rangées d'arcades superposées. Saint Pierre, reconnaissable à sa clef, prête main-forte à un bienheureux ; à gauche, une âme tente de s'envoler en s'accrochant au manteau d'un ange à la trompette.

5) Les apôtres, serrés les uns contre les autres, assistent à la Pesée des âmes.

6) La Pesée des âmes : une main sortant des nuages tient la balance. L'archange saint Michel s'oppose à Satan qui, les jambes enroulées d'un serpent à trois têtes, appuie sur le fléau pour fausser la pesée, aidé par un démon accroupi dans le plateau.

7) L'enfer. D'une chaudière léchée par les flammes émergent des jambes. Un diable grimaçant s'apprête à jeter dans la fournaise un couple de damnés enlacés.

8) et) Le ciel. A gauche, la Vierge assise ; à droite deux personnages, peut-être des apôtres ou bien Élie et Enoch transportés vivants au ciel.

La voussure extérieure (A) du portail est ornée de médaillons représentant, alternés, les travaux des mois et les signes du zodiaque. Au centre, entre les Gémeaux et le Cancer, le personnage accroupi symbolise l'année. Chaque médaillon a été sculpté à part ; à la pose, le dernier à droite a dû être amputé de moitié.

Sur la voussure centrale (B) serpente une guirlande de fleurs et de feuillage. La voussure intérieure est nue : les personnages qui l'ornaient ont disparu lors des plâtrages de 1766.

Sur le trumeau (C), les statues de saint Lazare et de ses deux sœurs datent du 19e s. De chaque côté du portail, intéressants chapiteaux : sur le côté droit sont figurés la purification de la Vierge et la Présentation de Jésus au Temple (D), la légende de saint Eustache (E), saint Jérôme tirant une épine de la patte d'un lion (F) ; sur le côté gauche, 6 Vieillards de l'Apocalypse (G) munis de leur viole, Abraham qui renvoie sa servante dans le désert (H), enfin, la fable d'Ésope reprise plus tard par La Fontaine : le loup et la cigogne (I).

Intérieur. — Se placer sous le grand orgue pour avoir une vue d'ensemble du vaisseau *(illustration p. 27 — plan ci-dessous).*

Les piliers et les voûtes datent de la première moitié du 12e s. Le caractère roman clunisien *(voir p. 27)* subsiste malgré de nombreux remaniements.

A la fin du 15e s., le cardinal Rolin éclaira par de hautes fenêtres le chœur alors voûté en cul-de-four.

L'abside et le chœur furent recouverts de marbre en 1766 par les chanoines, quand le tombeau de saint Lazare, mausolée monumental dû au talent de sculpteurs bourguignons et viennois, fut mutilé et dispersé (on en verra des fragments au musée Rolin — p. 42) ; ce marbre fut enlevé en 1939.

Les vitraux des baies gothiques datent du 19e s. ; ceux des baies romanes ont été mis en place en 1939.

En remontant la cathédrale par le côté droit, on pourra examiner les chapiteaux les plus intéressants — la plupart sculptés dans le même calcaire que celui du tympan — et admirer les curiosités essentielles en utilisant le plan ci-dessous :

1) et 2) Simon le magicien tente de monter au Ciel en présence de saint Pierre, clef en main, et de saint Paul. Simon tombe, la tête la première, sous le regard satisfait de saint Pierre. Le diable, que l'on peut voir en se plaçant dans la grande nef, ne manque pas de pittoresque.

3) Lapidation de saint Étienne.

4) Samson renverse le temple, représenté de façon symbolique.

5) Chargement de l'arche de Noé. Noé, à la fenêtre supérieure, surveille les travaux.

6) Porte de la sacristie du 16e s.

7) Statues funéraires de Pierre Jeannin, Président du Parlement de Bourgogne et ministre de Henri IV, mort en 1623, et de sa femme.

8) Les reliques de saint Lazare sont placées sous le maître-autel.

9) La **Vierge et l'Enfant**★, en marbre blanc, de la fin du 15e s.

10) Apparition de Jésus à sainte Madeleine. Admirer les volutes du feuillage à l'arrière-plan.

11) Seconde tentation du Christ. Assez curieusement, le diable seul est juché au sommet du temple.

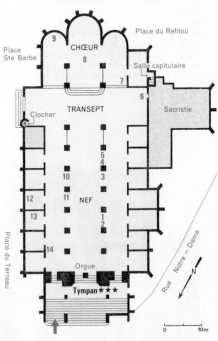

CATHÉDRALE ST-LAZARE

12) Dans la chapelle de sépulture des évêques d'Autun, vitrail du 16e s., représentant l'arbre de Jessé.

13) Tableau d'Ingres (1834) représentant le martyre de saint Symphorien à la porte St-André.

14) La Nativité. Saint Joseph médite, assis sur une curieuse chaise à arcades.

Salle capitulaire. — Elle abrite de beaux **chapiteaux**★★ en pierre grenée contenant du mica, qui ornaient à l'origine les piliers du chœur. Les plus remarquables sont groupés à droite de l'entrée :

— Pendaison de Judas entre deux démons qui tirent les cordes.
— La Fuite en Égypte. On ne manquera pas de rapprocher ce chapiteau de celui de Saulieu, qui traite du même sujet mais avec moins de bonheur.
— Le Sommeil des Mages. Les Mages, couronnés, sont couchés dans le même lit. Un ange montrant l'étoile en forme de marguerite touche la main du plus proche qui ouvre les yeux : la scène est traitée avec une naïveté charmante.
— L'Adoration des Mages ; Joseph, relégué à droite, semble attendre la fin de la cérémonie.

cv **Clocher.** — Frappé par la foudre, il fut refait en 1462, à 80 m au-dessus du sol, par l'évêque Jean Rolin. On y accède par 230 marches. Au sommet une belle **vue**★ se déploie sur les vieux toits de la ville, l'évêché, la curieuse silhouette conique des deux terrils des Télots (vestiges d'une exploitation de schistes bitumineux, naguère importante pour l'économie autunoise) et, à l'Est, les confins bleutés du Morvan.

Fontaine St-Lazare. — Elle se dresse près de la cathédrale. Ce charmant édifice à coupole et lanternon a été construit en 1543 par le chapitre de la cathédrale. Un premier dôme, d'ordre ionique, en supporte un autre plus petit, d'ordre corinthien, coiffé d'un pélican dont l'original est déposé dans les réserves du musée Rolin.

AUTRES CURIOSITÉS

★**Musée Rolin** (BZ **M**[1]). — Le musée est installé dans une aile de l'ancien hôtel *cv* construit au 15ᵉ s. pour le chancelier Nicolas Rolin et dans l'hôtel Lacomme établi au 19ᵉ s. à l'emplacement du corps principal de l'hôtel Rolin.

Au rez-de-chaussée de l'hôtel Lacomme, sept salles abritent les collections gallo-romaines ; remarquer dans la 3ᵉ un petit taureau tricorne sur un autel de pierre, un casque d'apparat romain à face humaine, orné de lauriers, des divinités gauloises ; dans la 5ᵉ, deux mosaïques polychromes des fibules, bijoux et statuettes montrant les variations de la mode ; dans la 7ᵉ, les belles mosaïques dites du Triomphe marin.

Traverser la cour pour accéder au rez-de-chaussée de l'hôtel Rolin.

Deux salles abritent des chefs-d'œuvre de la **statuaire romane**★★ : notamment la face du Christ de St-Odon, provenant du monastère de St-Martin-lès-Autun, la **Tentation d'Ève** due au ciseau de Gislebertus et qui ornait le linteau du portail latéral de la cathédrale avant 1766 ; les longues statues, poignantes, du **tombeau de saint Lazare :** saint André, les sœurs du ressuscité, Marthe se bouchant le nez et Madeleine. Une maquette et un schéma du monument qui recouvrait autrefois la crypte funéraire de saint Lazare dans le chœur de la cathédrale permettent de situer l'emplacement des fragments lapidaires exposés.

Au 1ᵉʳ étage de cet hôtel sont rassemblées des sculptures des 14ᵉ et 15ᵉ s., provenant des ateliers d'Autun, et des peintures de primitifs français et flamands. Une salle abrite la Résurrection de Lazare, en pierre polychromée du 15ᵉ s. La salle consacrée aux Rolin renferme en particulier le célèbre tableau de la **Nativité**★★ par le Maître de Moulins (15ᵉ s.), œuvre remarquablement équilibrée dont la Vierge est le personnage central et où le cardinal Rolin *(voir p. 39)* est présenté en donateur, puis la **Vierge**★★ d'Autun, pierre polychromée, ainsi que **sainte Catherine,** chefs-d'œuvre de la statuaire bourguignonne du 15ᵉ s.

Revenir au 1ᵉʳ étage de l'hôtel Lacomme où sont exposés des peintures, sculptures et meubles de la Renaissance à nos jours. Une salle présente le produit des fouilles de Bibracte : objets gaulois et romains, monnaies éduennes.

(Photo Lauros/Giraudon)

Autun. — La porte St-André.

★**Porte St-André** (BY). — C'est là qu'aboutissaient les routes du pays des Lingons venant de Langres et de Besançon. La porte St-André est l'une des 4 portes qui, avec 62 tours demi-circulaires, formaient l'enceinte gallo-romaine. Elle présente deux grandes arcades pour le passage des voitures et deux plus petites pour le passage des piétons. Elle est surmontée d'une galerie de dix arcades. Un des corps de garde qui la flanquaient est resté intact grâce à sa conversion en église àu Moyen Âge.
C'est près de cette porte que la tradition place le martyre de saint Symphorien.

Lycée Bonaparte (AZ B). — Cet ancien collège de jésuites, construit en 1709, termine noblement la perspective de la place du Champ-de-Mars. Ses grilles★ élégantes, forgées en 1772, sont rehaussées de motifs dorés : médaillons, mappemondes, astrolabes, lyres.
Sur la gauche, l'église Notre-Dame (17ᵉ s.) servit de chapelle à ce collège qui abrita le fantasque Bussy-Rabutin, puis Napoléon, Joseph et Lucien Bonaparte. Napoléon lui-même n'y resta que quelques mois en 1779, avant d'entrer à l'école de Brienne.

CV **Hôtel de ville** (BZ H). — Il abrite une importante **bibliothèque** contenant une riche collection de **manuscrits★** et d'incunables.

Théâtre romain (BYZ). — Dans un site agréable, le touriste admirera les vestiges de ce théâtre, le plus vaste de toute la Gaule. Il pouvait contenir 15 000 spectateurs. Remarquer, encastrés dans les murs de la buvette du stade, des sculptures et bas-reliefs gallo-romains.

Porte d'Arroux (AY). — C'était la porta Senonica (porte de Sens) donnant accès à la voie d'Agrippa qui reliait Lyon à Boulogne-sur-Mer.
La porte d'Arroux est de belles proportions, moins massive mais aussi moins bien conservée que la porte St-André. Comme celle-ci, elle possède deux grandes arcades pour le passage des voitures et deux plus petites pour les piétons. La galerie qui surmonte les arcades, ornée d'élégants pilastres cannelés aux chapiteaux corinthiens, a été édifiée à l'époque constantinienne. Les architectes clunisiens s'en inspirèrent et généralisèrent son emploi dans toute la Bourgogne.

CV **Musée lapidaire** (BY M). — L'ancienne chapelle St-Nicolas, édifice roman du 12ᵉ s. (dans l'abside, Christ peint en majesté), les galeries de son cloître et le jardin qu'elles enserrent, abritent maints vestiges romains (stèles, fragments de mosaïques, colonnes — certaines énormes...) et médiévaux (sarcophages, piscines, chapiteaux, barque « fossilisée »...), ainsi que des moulages de statues anciennes ou modernes.

Temple de Janus (AY). — Cette tour quadrangulaire, haute de 24 m, dont il ne reste que deux pans, se dresse solitaire au milieu de la plaine, au-delà de l'Arroux. Il s'agit de la « cella » d'un temple dédié à une divinité inconnue.

Promenade des Marbres (BY). — Près de cette promenade, s'élève un bel édifice du 17ᵉ s. précédé d'un jardin à la française. Construit par Daniel Gitard, architecte d'Anne d'Autriche, c'est l'ancien séminaire, devenu l'École militaire préparatoire.

Le tour des remparts. — C'est une promenade très recommandée en partant du boulevard des Résistants-Fusillés, à l'Ouest de la ville. Longer les remparts en direction du Sud jusqu'à la tour des Ursulines (BZ), ancien donjon du 12ᵉ s.

CV **Museum d'histoire naturelle** (BZ M²). — Axé sur l'évolution de la région (bassin d'Autun), du Morvan et de la Bourgogne au cours des grandes ères géologiques, ce musée présente, dans leur contexte d'époque magistralement évoqué, au rez-de-chaussée divers échantillons minéralogiques (beaux quartz) et blocs de houille conservant l'empreinte de plantes ou d'animaux (Actinodon) de l'ère primaire ; à l'étage, des vestiges fossiles du secondaire et des ossements du quarternaire (aurochs, mammouth, etc.) ainsi que des collections d'insectes (papillons) et d'oiseaux naturalisés de la Bourgogne actuelle.

EXCURSIONS

★**Croix de la Libération.** — *6 km. Quitter Autun par le D 120, Sud du plan, et prendre à droite le D 256.* Au cours de la montée en lacet on jouit d'une excellente vue sur la cathédrale, la vieille ville, les cônes des terrils des Télots (*voir p. 42, Clocher*), le Morvan à l'horizon.
50 m au-delà du pavillon d'entrée du château de **Montjeu**, à droite, un chemin en forte montée (20 %) conduit à la Croix de la Libération, croix de granit édifiée en 1945 pour commémorer la libération d'Autun. De la croix, **vue★** sur la dépression d'Autun et la vallée de l'Arroux. Plus loin, de gauche à droite, on découvre les monts du Morvan, la forêt d'Anost et le revers de la côte.

Cascade de Brisecou. — *2 km, plus 3/4 h à pied AR. Quitter Autun par le D 120, Sud du plan. Laisser la voiture à Couhard près de l'église.*
Un sentier longeant un ruisseau conduit à la cascade de Brisecou qui coule dans un joli **site★** d'arbres et de rochers. Au retour, vue sur la **Pierre de Couhard,** (curieuse pyramide très dégradée édifiée, croit-on, à l'époque romaine) que l'on peut gagner par le sentier partant du parking.

★★**Château de Sully.** — *15 km au Nord-Est. Description p. 149.*

★★**Signal d'Uchon.** — *24 km au Sud. Quitter Autun par l'itinéraire de la Croix de la Libération (ci-dessus), mais laisser à droite le chemin d'accès à la croix. Accès du signal d'Uchon à partir d'Uchon et description du panorama : voir p. 156.*

*Les **guides Rouges**, les **guides Verts** et les **cartes Michelin**
composent un tout.
Ils vont bien ensemble, ne les séparez pas.*

★★ **AUXERRE** 40 698 h. (les Auxerrois)

Carte Michelin n° 65 pli 5 — Plan d'agglomération dans le guide Michelin France.

Capitale de la Basse-Bourgogne, Auxerre (prononcer Ausserre), point de départ du canal du Nivernais *(p. 87)*, s'étage harmonieusement sur une colline, au bord de l'Yonne ; elle doit à sa situation privilégiée la création d'un port de plaisance. Ses beaux monuments, témoins d'un grand passé, ses boulevards ombragés, ses rues animées et accidentées, ses maisons anciennes, forment un ensemble d'un incontestable intérêt.

Des ponts et de la rive droite de l'Yonne, on a sur la ville de très belles **vues d'ensemble,** d'autant plus remarquables que les chevets de toutes les églises se dressent perpendiculairement à la rivière.

La ville est au centre d'un vignoble dont le cru le plus renommé est le Chablis.

Auxerre a donné le jour à **Paul Bert** (1833-1886), savant physiologiste et homme d'État éminent de la IIIe République, et à **Marie Noël** (1883-1967), poète dont les œuvres (Les chansons et les heures, Chants et psaumes d'automne, L'âme en peine, Le cru d'Auxerre, Chants d'arrière-saison) sont empreintes de sérénité et d'espérance.

UN PEU D'HISTOIRE

A proximité d'une simple bourgade gauloise (Autricum), les conquérants romains établirent la ville d'Autessiodurum, située sur la grande voie de Lyon à Boulogne-sur-Mer. Vers la fin du 4e s., c'était déjà une ville importante.

Au Moyen Âge, ce sont les évêques qui administrèrent la ville et en organisèrent la protection, méritant le titre de « défenseurs de la cité ».

A quelques siècles d'intervalle, Auxerre accueille deux grandes figures de notre histoire : en 1429, **Jeanne d'Arc** y passe deux fois, d'abord avec la poignée de hardis compagnons qui l'accompagnent de Vaucouleurs à Chinon, puis, quelques mois plus tard, à la tête d'une armée de 12 000 hommes et en compagnie de Charles VII qu'elle conduit à Reims pour le faire couronner.

Le 17 mars 1815, **Napoléon**, au retour de l'île d'Elbe, arrive à Auxerre ; le maréchal Ney, envoyé pour le combattre, tombe dans ses bras, et ses troupes renforcent la petite armée de l'Empereur.

★★CATHÉDRALE ST-ÉTIENNE (BY) *visite : 3/4 h*

cv Ce bel édifice gothique a été construit du 13e au 16e s. À cet emplacement, un sanctuaire, fondé vers 400 par saint Amâtre et embelli au cours des siècles suivants, fut incendié en 1023. Hugues de Châlon entreprit aussitôt la construction d'une cathédrale romane.

En 1215, Guillaume de Seignelay fit reprendre l'œuvre de fond en comble. En 1400, le chœur, la nef, les collatéraux, les chapelles et le croisillon Sud s'achevaient. L'édifice était pratiquement terminé vers 1560.

Façade. — De style flamboyant, la façade est encadrée de deux tours aux contreforts ouvragés ; la tour Sud reste inachevée. La façade est ornée de 4 étages d'arcatures surmontées de gâbles. Au-dessus du portail central, légèrement en retrait, une rosace de 7 m de diamètre s'inscrit entre les contreforts. Les célèbres sculptures des 13e et 14e s. ont été mutilées au 16e s. lors des guerres de Religion et la tendre pierre calcaire a souffert des intempéries.

Au portail central, le Christ trône au tympan, entre la Vierge et saint Jean. Le linteau évoque le Jugement dernier. Le Christ préside, ayant à sa droite les Vierges sages et à sa gauche les Vierges folles (tenant leur lampe renversée). Ces 12 statuettes s'étagent au long des piédroits. Sous les niches des soubassements abritant des personnages assis, des bas-reliefs illustrent, à gauche sur deux registres, la vie de Joseph (à lire de droite à gauche) et à droite la parabole de l'Enfant prodigue (se lit de gauche à droite).

(D'après photo A. Gaël)

Auxerre. — La cathédrale.

Au portail de gauche, les sculptures des voussures retracent la vie de la Vierge, de saint Joachim et de sainte Anne. Au tympan, le couronnement de la Vierge. Les médaillons du soubassement traitent différentes scènes de la Genèse.

Le portail de droite est du 13e s. Le tympan, divisé en 3 registres, et les voussures sont consacrés à l'enfance du Christ et à la vie de saint Jean-Baptiste. Au registre supérieur des soubassements, sont représentées 6 scènes des amours de David et de Bethsabée — 8 statuettes placées entre les pignons symbolisent la Philosophie (à droite avec une couronne) et les 7 Arts Libéraux.

A droite du portail, un haut-relief représente le Jugement de Salomon.

Des deux portails latéraux, celui du Sud, du 14e s., consacré à saint Étienne, est le plus intéressant. Le portail Nord est dédié à saint Germain.

Intérieur. — La nef, construite au 14e s., a été voûtée au 15e s.

Au mur du fond du croisillon droit, on remarque 4 consoles dont les figures sont d'un réalisme étonnant. Au-dessus, les verrières de la rosace, datant de 1550, montrent Dieu le Père entouré des Puissances célestes. La rosace du croisillon Nord du transept (1530) représente la Vierge entourée d'anges et d'emblèmes de Notre-Dame.

Le chœur et le déambulatoire datent du début du 13e s. En 1215, Guillaume de Seignelay, évêque d'Auxerre, grand admirateur de l'art nouveau appelé alors « style français » (le terme gothique n'a été employé qu'à partir du 16e s.), décida de raser le chœur roman et, sur la crypte du 11e s., fit élever ce beau morceau d'architecture, achevé en 1234.

Tout autour du déambulatoire, se déroule un magnifique ensemble de **vitraux**★★ à médaillons du 13e s., où dominent les tons bleus et rouges. Ils représentent des scènes de la Genèse, l'histoire de David, celle de Joseph, celle de l'Enfant prodigue et de nombreuses légendes de saints. Le soubassement est souligné par une arcature aveugle ornée de têtes sculptées, figurant surtout prophètes et sibylles.

Dans la partie gauche du déambulatoire, un tableau sur bois, du 16e s., représente la Lapidation de saint Étienne. Le beau vitrail de la grande rosace est du 16e s.

★ **Crypte romane.** — Ce seul vestige de la cathédrale romane du 11e s. qui constitue un bel ensemble architectural abrite des fresques réputées, du 11e au 13e s. A la voûte, celle représentant le Christ monté sur un cheval blanc et entouré de 4 anges équestres est le seul exemple d'une telle figuration connu en France. L'autre fresque, dans le cul-de-four, montre le Christ en majesté entouré des symboles des 4 Évangélistes et de deux chandeliers à sept branches.

★ **Trésor.** — Il renferme, entre autres pièces intéressantes, des émaux champlevés des 12e et 13e s., des manuscrits, livres d'heures, miniatures et ivoires.

Montée à la tour. — Du sommet, on découvre une belle vue sur la ville.

AUTRES CURIOSITÉS

Tour de l'Horloge (AZ B). — De style flamboyant, cette tour, construite au 15e s. sur les fondations de l'enceinte gallo-romaine, était appelée aussi tour Gaillarde (du nom de la porte qu'elle défendait) et faisait partie des fortifications ; le beffroi et l'horloge symbolisaient les libertés communales accordées par le duc de Bourgogne. L'horloge (17e s.) présente un double cadran indiquant sur une face les mouvements apparents du soleil et de la lune et, sur la face opposée, les heures. Le cadran astronomique fut célébré par Restif de la Bretonne, qui a vécu plusieurs années de sa jeunesse dans un atelier d'imprimeur au pied de cette tour.

Un passage voûté, attenant à la tour de l'Horloge, donne accès à la place du Maréchal-Leclerc ; sous la voûte, une plaque rappelle la mémoire de **Cadet Roussel** (1743-1807), huissier à Auxerre, dont les déboires inspirèrent l'auteur de la célèbre chanson.

cv ★**Ancienne abbaye St-Germain** (BY). — Cette célèbre abbaye bénédictine fut fondée au 6e s. par la reine Clothilde à l'emplacement d'un oratoire où saint Germain, évêque d'Auxerre au 5e s., avait été inhumé. Au temps de Charles le Chauve, l'abbaye possédait une école célèbre où enseignèrent des maîtres réputés comme Héric et Rémi d'Auxerre, qui fut le maître de saint Odon de Cluny.

Église abbatiale. — L'église supérieure, de style gothique, a été édifiée du 13e au 15e s. ; l'unique chapelle axiale à sept pans date de 1277 : elle est reliée par un beau passage au déambulatoire et repose sur les solides assises des chapelles semi-souterraines *(ci-dessous)* construites à la même époque. La démolition, en 1811, des travées occidentales de l'édifice a isolé de ce dernier le beau clocher du 12e s., de construction romane, haut de 51 m : sa base, de plan carré, surmontée du beffroi, ses gables étagés, donnent un puissant relief à l'élan de sa flèche de pierre.

L'intérieur de l'église est de belles proportions.

cv ★ **Crypte.** — Elle comprend une véritable église semi-souterraine, à trois nefs voûtées en berceau remontant à l'époque carolingienne.

Au centre de la crypte, la « confession » offre, du haut de ses trois marches, une belle perspective sur la succession des voûtes carolingiennes, romanes et gothiques ; quatre colonnes gallo-romaines aux chapiteaux composites (feuilles d'acanthe et crochets) soutiennent deux poutres millénaires en cœur de chêne.

Dans le couloir de circulation, des fresques de 850, comptant parmi les plus anciennes de France, représentent la vie et la mort de saint Étienne, deux évêques et une adoration des Mages, aux tons rouges et ocre.

Le caveau, profond de 5 m, où le corps de saint Germain fut déposé, est surmonté d'une voûte étoilée de soleils peints (symbole de l'éternité), rappelant les mosaïques de Ravenne où saint Germain est mort.

La chapelle d'axe, ou chapelle Ste-Maxime, reconstruite au 13e s. à l'emplacement qu'occupait autrefois la rotonde de la crypte carolingienne, comporte une belle voûte d'ogives à dix pans. Elle se superpose à la chapelle St-Clément, à laquelle on accède par un escalier étroit *(à droite en sortant de la chapelle Ste-Maxime)* ; une cheminée a été ménagée dans le mur. Les deux chapelles, bénéficiant de la déclivité du terrain, sont semi-souterraines : des ouvertures procurent quelques vues sur la vallée.

Bâtiments conventuels (E). — Ils comprennent notamment la sacristie et la salle capitulaire, du 12e s., et le **cellier** (14e s.) de l'ancienne abbaye. Les collections du musée d'art et d'histoire doivent y être installées.

cv **Église St-Eusèbe** (AZ). — L'édifice, vestige d'un ancien prieuré, conserve une belle tour du 12e s. décorée d'arcs polylobés. La flèche de pierre est du 15e s.

A l'intérieur, remarquer le chœur Renaissance surmonté d'une coupole à étages, la belle chapelle axiale et des vitraux du 16e s. Une magnifique étoffe byzantine du 9e s., dite « suaire de saint Germain », est conservée dans la chapelle de la 4e travée du bas-côté Sud.

AUXERRE

Coche-d'Eau (Pl. du)	BY 5	Leclerc
Cordeliers (Pl. des)	AY 6	(Pl. du Mar.)	AZ 24
Dr-Labosse (R.)	BY 8	Lepère (Pl. Ch.)	AZ 25
Paris (R. de)	AY	Draperie (R. de la)	AY 10	Marine (R. de la)	BY 26
Surugue		Fécauderie (R.)	AZ 12	Preuilly (R. de)	BZ 28
(Pl. Ch.)	AZ 32	Horloge (R. de l')	AZ 16	St-Nicolas (Pl.)	BY 30
Temple (R. du)	AZ	Hôtel-de-Ville		Tournelle
		(Pl. de l')	AZ 17	(Av. de la)	BY 33
Bourbotte (Av.)	BY 3	Jaurès (Av. Jean)	BY 18	24-Août (R. du)	AZ 34

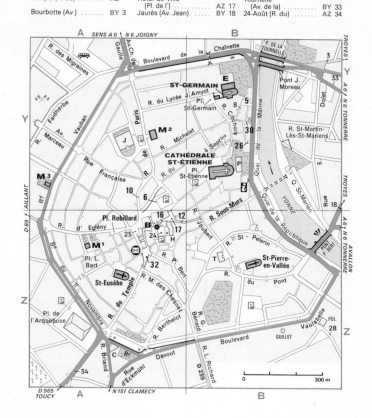

Église St-Pierre-en-Vallée (BZ). — Rue Joubert, un portail Renaissance, encastré entre deux immeubles modernes, s'ouvre sur une place où s'élève l'église St-Pierre. C'est un édifice de style classique où subsistent des éléments décoratifs de la Renaissance. Les trois ordres architecturaux se superposent régulièrement.
La tour, très ouvragée, est de style flamboyant.

℅ **Musée Leblanc-Duvernoy** (AZ M¹). — Aménagé dans une demeure ancienne, ce musée renferme une série de magnifiques tapisseries de Beauvais du 18ᵉ s., figurant entre autres des scènes chinoises, une importante collection de faïences de l'Auxerrois (2ᵉ étage) et d'autres régions, des poteries étrusques, une iconographie de la famille de Louvois par Girardon et Coysevox.

℅ **Musée lapidaire** (AY M²). — Cette ancienne chapelle des visitandines de la première moitié du 18ᵉ s. est devenue dépôt archéologique.

℅ **Musée d'histoire naturelle** (AY M³). — Ou : Conservatoire de la Nature Paul-Bert. Dédié à la mémoire de Paul Bert *(voir p. 44)*, ce musée — pavillon entouré d'un petit parc botanique — se consacre à des expositions organisées sur des sujets relevant des sciences naturelles du monde entier.

Maisons anciennes. — Le centre-ville conserve nombre d'intéressantes vieilles demeures, la plupart du 16ᵉ s., à colombages. On en trouve **place de l'Hôtel-de-Ville** (**AZ** 17) (nᵒˢ 4, 6, 16, 17, 18), **rue Fécauderie (12)** (nᵒˢ 23 et 28), **rue de l'Horloge (16)** (nᵒ 6, et quatre maisons accolées en face), **rue de la Draperie** (**AY** 10) (celles occupées par une banque et une bijouterie), **rue du Temple** (**AZ**) (nᵒ 5), **place Charles-Surugue** (**AZ** 32) (où s'élève une fontaine à l'effigie de Cadet Roussel ; maisons nᵒˢ 3, 4, 5 et 18), **rue de Paris** (**AY**) (nᵒˢ 37, et 67 : bel hôtel Renaissance à lucarnes et corniche sculptées), **place des Cordeliers** (**AY** 6) (maison d'angle à galeries), **place Robillard** (**AZ**) (nᵒ 5, des 14ᵉ et 15ᵉ s., la plus ancienne d'Auxerre), **rue Sous-Murs** (**BYZ**) (qui tire son nom des murailles de la cité gallo-romaine qui la bordaient ; maisons nᵒˢ 14 et 16), **place St-Nicolas** (**BY** 30), **rue de la Marine** (**BY** 26) et **place du Coche-d'Eau** (**BY** 5) (nᵒ 3, abritant les expositions temporaires du musée d'Art et d'Histoire, et maison à droite nᵒ 6).

EXCURSIONS

L'Auxerrois. — *Circuit de 40 km — environ 1 h 1/2.*

Cette excursion dans les environs immédiats d'Auxerre présente un intérêt tout particulier en avril, à l'époque des cerisiers en fleurs. Le vignoble alterne avec les vergers et ajoute à l'attrait du paysage souvent vallonné. Autour de jolis villages, de vastes cerisaies recouvrent les coteaux bordant la vallée de l'Yonne et descendent jusqu'au creux de la vallée même.

Quitter Auxerre par la N 6. A 4,5 km d'Auxerre, prendre à gauche le D 956.

La route s'élève le long des coteaux qui prennent l'aspect d'un immense jardin coupé de petits bois.

cv **St-Bris-le-Vineux.** — 954 h. Ce joli village (quelques maisons des 14e et 15e s.) du vignoble d'Auxerre possède une **église** gothique du 13e s., avec voûte du chœur et du bas-côté gauche de la Renaissance. Remarquer les vitraux Renaissance, la chaire sculptée, une fresque immense de l'Arbre de Jessé (généalogie du Christ), datant de 1500, dans la 1re travée droite du chœur. Dans le collatéral droit, une petite chapelle abritant le sarcophage de saint Cot montre une clef pendante très basse, portant un blason sculpté aux armoiries des Coligny et des Dreux de Mello.

A 1,5 km de St-Bris-le-Vineux, prendre à droite la route qui rejoint le D 38. Pittoresque, elle offre de nombreuses échappées sur la vallée de l'Yonne.

Irancy. — 370 h. Au creux d'un vallon couvert d'arbres fruitiers, ce village, patrie de l'architecte Soufflot, produit le vin (rouge et rosé) le plus réputé du vignoble auxerrois.

*Dans la traversée d'Irancy, prendre à gauche un chemin goudronné traversant les vignes jusqu'à **Cravant** (description p. 86). A partir de Cravant, suivre la rive droite de l'Yonne jusqu'à Vincelottes. Traverser la rivière. Prendre la N 6 sur la droite.*

Escolives-Ste-Camille. — 424 h. Située à flanc de coteau, l'**église**, charmante et précédée d'un joli porche ajouré à arcades, possède une flèche octogonale recouverte de briques à plat. Rue des Fouilles (D 563), on remarque les vestiges, sous abri, d'une villa gallo-romaine des 2e et 3e s., objet de fouilles en cours.

Regagner Auxerre par le D 563 qui rejoint la N 6 puis le D 163 qui longe la rive gauche de l'Yonne (décrite en sens inverse p. 162).

Gy-l'Évêque. — 355 h. *9,5 km au Sud par N 151.* Petite commune rurale animée par la circulation de la route Auxerre-Clamecy. Un clocher massif du 12e s. émerge des ruines de l'église située en bordure de la nationale.

Dans le village, prendre le chemin d'Escamps qui conduit à la chapelle provisoire (croix en fer sur la façade) où est exposé le magnifique **Christ aux Orties**★ en bois (13e s.), qui était autrefois dans l'église.

AUXONNE
7 868 h. (les Auxonnais)

Carte Michelin n° 🔲🔲 pli 13.

Cette ancienne place forte, longtemps ville frontière où Bonaparte, alors lieutenant, tint garnison de 1788 à 1791, a encore fière allure grâce à son château édifié par Louis XI et à ses remparts sur la Saône majestueuse bordée d'allées ombragées.

Le lieutenant Bonaparte. — Le régiment d'artillerie de la Fère est en garnison à Auxonne (prononcer : Aussonne) depuis le 19 décembre 1787 quand Bonaparte y arrive, au début de juin 1788, en qualité de lieutenant en second. Il a alors 18 ans. Comme à Valence, où il avait tenu garnison auparavant, il se fait remarquer par son sérieux, son désir le plus vif de s'instruire, consacrant à l'étude le temps que ses camarades passent à se divertir.

Épuisé par ses veilles et par les privations auxquelles sa maigre solde le contraignait, il quitte Auxonne le 1er septembre 1789 pour sa Corse natale. A la fin de février 1791, il est de retour, accompagné de son frère Louis dont il devient le mentor. La Révolution marche à grands pas, les événements se précipitent et le jeune Bonaparte assiste en spectateur attentif à ces remous politiques, d'où surgira quelques années plus tard un régime nouveau, le sien.

En avril 1791, il quitte définitivement Auxonne pour Valence, où il rejoint le régiment de Grenoble en qualité de lieutenant en premier. C'est le début d'une prodigieuse destinée.

CURIOSITÉS

Église Notre-Dame. — C'est un édifice construit du 13e s. au 16e s. et remanié au 19e s., hérissé de gargouilles et de statues. Le transept est flanqué à droite d'une tour romane du 12e s. Le porche, du 16e s., abrite les statues des prophètes reconstruites en 1853 par le sculpteur Buffet ; six d'entre elles sont les copies fort libres du puits de Moïse (*voir p. 93*).

Remarquer dans l'absidiole droite une belle Vierge bourguignonne au raisin, de la fin du 15e s., de l'école de Claus Sluter ; dans la 1re chapelle du bas-côté gauche, un Christ aux liens du 16e s. et un Saint Antoine ermite ; dans le chœur, un aigle en cuivre servant de lutrin, datant de 1652, des stalles du 16e s. ; sur le 4e pilier de la nef, à droite, une Chasse de saint Hubert, polychrome, peinte au 15e s.

Près de l'église, au centre de la place d'Armes et face à l'**hôtel de ville,** édifice en brique du 15e s., s'élève la **statue du « Lieutenant Napoléon Bonaparte »** par Jouffroy.

cv **Musée Bonaparte.** — Dans la plus grosse tour du château (forteresse remaniée plusieurs fois remaniée du 15e au 19e s.). Trois salles seront installées. L'une d'elles présente d'intéressants souvenirs napoléoniens (dont une statue de Bonaparte, en marbre de Carrare, de 1,35 m de hauteur, due au sculpteur Pietreli de Florence) ; une autre est consacrée à l'archéologie préhistorique et gallo-romaine, la troisième, au folklore et à l'histoire locale.

Gourmets...
La page 33 de ce guide vous documente sur les spécialités gastronomiques les plus appréciées.
*Et chaque année le **guide Michelin France***
vous propose un choix révisé de bonnes tables.

Carte Michelin n° 🟦🟦 pli 16 — Schéma p. 118.

Avallon, perché sur un promontoire granitique isolé entre deux ravins, occupe un **site**★
pittoresque au-dessus de la vallée du Cousin. Puissamment fortifié, Avallon devint au
Moyen Âge une des « clés » de la Bourgogne, mais, son rôle militaire terminé, Louis XIV
vendit à la municipalité les remparts devenus inutiles. La ville ne manque pas d'attraits
avec sa ceinture de fortifications, ses jardins et ses maisons anciennes. C'est aussi un
excellent point de départ pour la visite de l'Avallonnais et du Morvan.

Un fameux aventurier. — En 1432, alors que Philippe le Bon se trouve en Flandre,
Jacques d'Espailly, surnommé Fortépice, parvient, à la tête d'une bande d'aventuriers, à
se rendre maître des châteaux de la Basse-Bourgogne. Il va même jusqu'à menacer
Dijon. Les Avallonnais, fiers de leurs murailles, dorment sans inquiétude. Par une nuit
de décembre, Fortépice surprend la garde, escalade les remparts, enlève la ville et
organise sa résistance.
Philippe le Bon, alerté, revient en hâte. Il fait diriger contre Avallon une « bombarde » :
les boulets de pierre ouvrent dans la muraille une large brèche par laquelle se précipite
l'armée bourguignonne. Mais l'assaut est repoussé. Exaspéré, Philippe le Bon envoie
chercher chevaliers et arbalétriers. Alors, Fortépice s'affole et disparaît dans la nuit
par une des poternes qui ouvrent sur la rivière, abandonnant dans sa fuite ses
compagnons.

★**LA VILLE FORTIFIÉE** *visite : 2 h*

Le tour des remparts. — On peut y flâner à loisir. A l'Ouest, l'enceinte domine le
ravin du ru Potot. Depuis l'hôpital, bâtiment du 18ᵉ s., face au bastion de la porte
Auxerroise (1590) flanqué d'une échauguette, suivre la rue Fontaine-Neuve dominée
par la tour des Vaudois ; le bastion de la Côte Gally surplombe une petite promenade.
Par la rue du Fort-Mahon on gagne la promenade de la Petite-Porte où se trouvent la
tour du Chapitre et la tour Gaujard. Il est possible de poursuivre à l'Est ce tour des
remparts. En suivant en contre-haut le ravin des Minimes, on voit la tour de l'Escharguet
— bien conservée — puis la tour Beurdelaine, la plus ancienne, construite en 1404
par Jean sans Peur, renforcée en 1590 par un bastion couronné d'une échauguette en
encorbellement.

cv **Église St-Lazare.** — Au 4ᵉ s., un édifice fut fondé ici sous le vocable de sainte
Marie. De ce premier sanctuaire subsiste une crypte sous le chœur actuel. Au début
du 11ᵉ s., l'église reçut du duc de Bourgogne, Henri le Grand, le chef de saint Lazare,
insigne relique qui est à l'origine du développement de ce culte.

Dès la fin du 11ᵉ s., l'af-
fluence des pèlerins était
telle qu'il fut décidé, en
accord avec les moines
constructeurs de Cluny,
d'agrandir l'église. Le
chœur, les absidioles en
cul-de-four et les por-
tails de l'ancien édifice
tel que nous le voyons
ont été remaniés.
Consacré en 1106 par le
pape Pascal II, le sanc-
tuaire fut vite trop petit
et on reporta la façade à
une vingtaine de mètres
en avant pour allonger
la nef.

★**Les portails.** — La façade
était autrefois flanquée
au Nord d'une tour-clo-
cher au pied de laquelle
était percé le portail
Nord ; le clocher, incen-
dié puis ruiné plusieurs
fois, s'écroula à nouveau
en 1633, écrasant dans
sa chute ce petit portail
et une partie de la fa-
çade. Il fut remplacé en
1670 par la tour actuelle.
L'intérêt de la façade réside dans les deux por-
tails qui subsistent.
Les voussures du grand
portail, composées de

AVALLON

Gde-Rue A.-Briand	5
Paris (R. de)	
Vauban (Pl.)	
Belgrand (R.)	2
Collège (R. du)	3
Terreaux (Prom. des)	7

5 cordons sculptés, sont particulièrement remarquables : angelots, vieillards musiciens
de l'Apocalypse, signes du Zodiaque et travaux des mois, feuilles d'acanthe et feuilles
de vigne y apparaissent, tandis que le décor des voussures du petit portail latéral Sud
est uniquement d'inspiration végétale : guirlandes de roses épanouies, giroflées, arums
stylisés. Une seule statue-colonne aux fines draperies rigides se trouve contre le
piédroit du grand portail, à un emplacement qui n'est pas celui d'origine ; admirer les
élégantes colonnettes à cannelures en hélice et les colonnes torses alternant avec les
colonnes droites. Les soubassements aux chapiteaux historiés du portail de droite
sont délicatement ouvragés.

Le tympan et le linteau du grand portail sont dépourvus de leurs anciennes sculptures. Ceux du petit portail portent encore leurs sculptures mais mutilées ; on croit reconnaître l'Adoration des Mages, la Présentation au Temple, la Descente aux Limbes.

A droite, dans le prolongement de la façade, vestiges de l'ancienne église St-Pierre qui servit d'église paroissiale jusqu'à la Révolution. Sa nef, badigeonnée, abrite des expositions temporaires.

A gauche du chevet, une terrasse permet d'en détailler les sculptures et de dominer la vallée du Cousin, par-delà le parc des Chaumes.

Intérieur. — La façade, lors de son déplacement, s'est trouvée orientée en biais par rapport à l'axe de la nef qui suit, par paliers successifs, la déclivité du sol (le chœur se trouve 3 m plus bas que le seuil). Dans le bas-côté Sud : statues en bois peint (17e s.), Sainte Anne et la Vierge (15e s.) et un Saint Michel terrassant le dragon, en pierre (14e s.). La chapelle en rotonde à droite du chœur est entièrement revêtue de peintures en trompe-l'œil, du 18e s.

Tour de l'Horloge (D). — Édifiée au 15e s., sur la porte de la Boucherie, cette belle tour, flanquée d'une tourelle coiffée d'ardoise et surmontée d'un campanile qui abritait le guetteur, se dresse au point culminant de la ville.

Promenade de la Petite-Porte. — De cette terrasse plantée de tilleuls et aménagée le long des anciens remparts, on a une belle vue sur la vallée du Cousin, à 100 m en contrebas, et sur les monts du Morvan.

Maisons anciennes. — Avallon conserve un certain nombre de demeures du 15e s., avec tourelle en encorbellement, et des 16e et 18e s. Le touriste aura plaisir à les découvrir, au hasard de ses flâneries à travers la vieille ville.

AUTRES CURIOSITÉS

cv **Musée de l'Avallonnais (M).** — Ce musée assez éclectique réserve la surprise de quelques œuvres ou ensembles d'œuvres sortant de l'ordinaire. Ainsi, au rez-de-chaussée, des bijoux, couverts, livres et bibelots, en métal, réalisés de 1919 à 1971 par l'artisan-décorateur Jean Desprès ; au 2e étage, deux albâtres sculptés anglais du 15e s. (Mise au tombeau) et du 16e s. (Saint Jean l'Évangéliste), deux séries de 24 et 25 gravures de Jacques Callot (études de Bohémiens), une étude de Girodet (Révolte au Caire), la célèbre série expressionniste du **Miserere★** — 58 planches en noir et blanc — de Georges Rouault et les premiers tableaux peints par lui, en 1895 (Stella Matutina, Stella Vespertina).

Citons encore, pour la section d'antiquités : la belle mosaïque romaine polychrome dite de Vénus (fin 2e s.), les grandes statues (reconstituées) d'un temple gallo-romain, une exceptionnelle collection de monnaies romaines et médiévales ; pour les autres sections (géologie, histoire, art populaire, peinture du 19e s.) : des armes (dont deux bombardes) du 15e au 19e s., des statues religieuses du 14e s. au 18e s., des œuvres de Forain, Toulouse-Lautrec, Marguerite Monnot... Enfin, une salle est consacrée au souvenir d'Etienne et de Pierre-Etienne Flandin, hommes politiques français, père et fils, de la IIIe République et qui furent tous deux députés de l'Yonne.

Parc des Chaumes. — *2 km par ③, N 6 (rue de Lyon), puis à droite la rue des Minimes, le chemin de la Goulotte et l'avenue du Parc. Laisser la voiture à l'entrée du parc.*
De l'extrémité du parc opposée à l'entrée, la vue sur Avallon est remarquable : la ville surplombe les jardins étagés en terrasses, et l'on distingue les remparts, l'abside de St-Lazare et la tour de l'Horloge.

EXCURSION

★**Vallée du Cousin.** — *Circuit de 33 km — environ 1 h — schéma p. 118. Quitter Avallon par ⑥, N 6 ; à 4 km prendre à gauche le D 128 vers la vallée du Cousin.*

Vault-de-Lugny. — *Page 157.*

Le D 427 suit une boucle du Cousin et laisse sur la gauche un château entouré de douves.

Pontaubert. — 243 h. La localité, qui s'étage sur la rive gauche du Cousin, possède une église de style roman bourguignon.

Moulin des Ruats. — La route, qui longe le cours du Cousin dans une gorge granitique et boisée, serpente dans un charmant décor de verdure. D'anciens moulins ont été aménagés en hostelleries, dans un site agréable. La route passe au pied de l'éperon que domine Avallon et continue à remonter la rive droite du Cousin.

Méluzien. — Site charmant au confluent du ru des Vaux et du Cousin dont on quitte la vallée. La route s'élève à travers bois jusqu'à Magny ; on emprunte, à partir de là, le D 75 descendant, sinueux, vers le Cousin.

Moulin-Cadoux. — Un vieux pont, avec parapet en dos d'âne, franchit la rivière dans un joli site.

Marrault. — On aperçoit, à droite, un château du 18e s. où Pasteur fit plusieurs séjours et, aussitôt après, à gauche, l'étang du Moulin.

Revenir à Avallon par le D 10.
La route traverse un vallon boisé et offre une jolie vue sur la ville.

Avec ce guide, utilisez les cartes Michelin à 1/200 000 indiquées sur le schéma p. 3. Les références communes faciliteront votre voyage.

BEAUMONT-SUR-VINGEANNE (Château de)

Carte Michelin n° 66 Nord du pli 13.

Le petit village de Beaumont-sur-Vingeanne possède un charmant édifice du 18e s., type même de ce que l'on appelait alors architecture « de Folie » et l'un des très rares exemples existant encore en France. Ce château, de dimensions réduites mais de proportions parfaites, aurait été construit aux environs de 1724 par l'abbé Claude Jolyot, chapelain du Roi, qui vint y faire de nombreux séjours pour y goûter le repos, loin de Versailles et de la cour.

cv **Château.** — Dans un parc de 6 ha, c'est une demeure fort agréable dont la façade harmonieuse est ornée de fenêtres cintrées couronnées de masques. Ce paisible décor évoque bien la douceur de vivre, telle qu'on l'entendait au 18e s.
A l'intérieur, on visite deux salles lambrissées du rez-de-chaussée et la galerie voûtée en sous-sol supportant la terrasse de la façade arrière.

★★ BEAUNE   21 127 h. (les Beaunois)

Carte Michelin n° 69 pli 9 — Schéma p. 83.

Au cœur du vignoble bourguignon, Beaune, prestigieuse cité du vin, est aussi une incomparable ville d'art. Son Hôtel-Dieu, ses musées, son église Notre-Dame, sa ceinture de remparts dont les bastions abritent les caves les plus importantes, ses jardins, ses maisons anciennes, constituent un des plus beaux ensembles de Bourgogne.
La visite de la Côte et du vignoble *(voir p. 82)* est le complément indispensable de la visite de Beaune : les amateurs d'art et de bons vins sont également comblés.

UN PEU D'HISTOIRE

La naissance d'une ville. — Sanctuaire gaulois, puis romain, Beaune a été jusqu'au 14e s. la résidence habituelle des ducs de Bourgogne, avant qu'ils ne se fixent définitivement à Dijon. Les archives de la ville possèdent la charte originale des libertés communales accordées par le duc Eudes, en 1203.
C'est à partir du 15e s. qu'ont été édifiées l'enceinte et les tours qui existent encore. Après la mort, en 1477, du dernier duc de Bourgogne, Charles le Téméraire, la ville résiste avec opiniâtreté à son annexion par Louis XI et ne se rend qu'après un siège de cinq semaines.

Une querelle de clochers. — L'animosité des habitants de Dijon contre les Beaunois a fait, au 18e s., couler des flots d'encre sous la plume du poète dijonnais **Alexis Piron** (1689-1773).
A la suite d'un concours d'arquebusiers où ses concitoyens avaient été battus par les Beaunois, Piron compose une ode vengeresse, intitulée « Voyage à Beaune », dans laquelle il compare les Beaunois aux ânes de leur pays — les frères Lasnes, commerçants du lieu, n'avaient-ils pas pris pour enseigne cet animal, provoquant les quolibets de leurs compatriotes — et prétend leur couper les vivres en tranchant les chardons de tous les talus des environs. Ce poème lui vaut d'être interdit de séjour à Beaune. Néanmoins, il a la témérité de s'y aventurer un dimanche, se rendant tout d'abord à la messe, où, déclare-t-il : « tel qui y vient pour lorgner les femmes est obligé d'y prier Dieu, car, en vérité, ces dames auraient effrayé Jean sans Peur ».
Il se rend ensuite au spectacle. Bientôt les gens le reconnaissent et manifestent si bruyamment leur haine et leur courroux qu'un jeune spectateur, soucieux de ne rien perdre de la pièce, s'écrie : « Paix donc ! on n'entend rien ! » — « Ce n'est pas faute d'oreilles » réplique audacieusement Piron. Les spectateurs se ruent sur lui et cette nouvelle plaisanterie lui aurait coûté cher si un Beaunois compatissant ne lui avait donné asile et fait quitter la ville nuitamment.

Une grande cérémonie. — Chaque année a lieu l'importante et célèbre vente aux enchères des Vins des Hospices de Beaune, qui attire une foule considérable. *Voir p. 168.*
Les Hospices de Beaune (ce terme englobe l'Hôtel-Dieu et l'hospice de la Charité) possèdent notamment un magnifique vignoble de 58 ha entre Aloxe-Corton et Meursault comptant des crus universellement réputés. C'est un titre de gloire que de figurer parmi les « vignerons des hospices ».
Le produit de la vente aux enchères, qu'on a appelée « la plus grande vente de charité du monde », est consacré à la modernisation des installations chirurgicales et médicales ainsi qu'à l'entretien de l'Hôtel-Dieu.

★★ HÔTEL-DIEU (AZ) *visite : 1 h*

cv Merveille de l'art burgondo-flamand, l'Hôtel-Dieu de Beaune fut fondé en 1443 par le chancelier Nicolas Rolin *(p. 39)*.
Dans cet édifice, parvenu intact jusqu'à nous, a fonctionné jusqu'en 1971, dans un pur décor médiéval, un service hospitalier moderne. Transformé en hôpital de long séjour, il est affecté maintenant aux personnes âgées.

Façade extérieure. — La vaste et haute toiture d'ardoises est le principal élément décoratif de cette sobre façade. Avec ses lucarnes, ses girouettes, ses fins pinacles et sa dentelle de plomb, elle est d'une parfaite élégance.
Au centre, une flèche aiguë de 30 m de hauteur fuse vers le ciel.
Le porche d'entrée est surmonté d'un auvent d'une grande légèreté. Les trois pignons d'ardoise à pendentifs se terminent en pinacles ouvragés. Les girouettes portent différents blasons. Sur la porte aux beaux vantaux, remarquer le guichet de fer forgé aux pointes acérées et le heurtoir, magnifique pièce ciselée.

(Photo J. D. Sudres/Scope)

Beaune. — Cour d'honneur de l'Hôtel-Dieu.

Cour d'honneur. — Les bâtiments qui l'entourent forment un charmant ensemble à la fois gai, intime et cossu, « plutost logis de prince qu'hospital de pauvres ». Les ailes de gauche et du fond ont une magnifique toiture de tuiles vernissées multicolores, ponctuée de tourelles, percée d'une double rangée de lucarnes, hérissée de girouettes armoriées et d'épis de plomb ouvragés.

Une galerie à pans de bois, desservant le premier étage, repose sur de légères colonnettes de pierre formant cloître au rez-de-chaussée. Le bâtiment de droite, construit au 17e s., sur des dépendances, ne dépare pas l'ensemble. Au revers de la façade, les pavillons qui encadrent la porte d'entrée datent du siècle dernier.

Le vieux puits, avec son armature de fer forgé et sa margelle de pierre, est du plus gracieux effet. Aucune fausse note n'altère ce cadre archaïque.

Grand'Salle ou chambre des pauvres. — Cette immense salle de 52 m de long, 15 m de large et 16 m de haut, conserve une magnifique charpente en carène renversée, entièrement polychromée, de même que ses longues poutres transversales « avalées » à chaque extrémité par une gueule de monstre marin. Le pavage est la reproduction du dallage primitif. Tout le mobilier est d'époque ou refait sur les modèles d'origine.

Autrefois, « ès fêtes solennelles », les 28 lits à colonnes, alignés dans la pièce, étaient couverts par d'admirables tapisseries. Ces tapisseries sont maintenant exposées au musée, mais l'ordonnance des ciels de lits, des courtines et de la literie, dans leur harmonie de tons blanc et rouge, est frappante. A droite de l'entrée se dresse la statue grandeur nature, en bois polychrome, d'un émouvant **Christ de pitié★** (15e s.) ; une tête de mort apparaît sous sa tunique qu'il foule aux pieds.

La cloison de style flamboyant séparant la grand'salle de la chapelle (restaurée au 19e s.) est moderne, ainsi que le grand vitrail. Le fameux polyptyque de Roger Van der Weyden, commandé pour cette chapelle par Nicolas Rolin et aujourd'hui exposé au musée, prenait place au-dessus de l'autel.

Dans la chapelle, une plaque funéraire en cuivre rappelle la mémoire de Guigone de Salins, épouse de Nicolas Rolin et fondatrice de l'Hôtel-Dieu.

Salle St-François. — Les robes portées par les Dames Hospitalières jusqu'en 1961, présentées sur des mannequins, ne sont visibles que par les fenêtres, côté cour.

Cuisine. — On ne la visite pas, mais on peut y jeter un coup d'œil de l'extérieur pour en admirer les cuivres étincelants et, surtout, la vaste cheminée à double foyer avec son tournebroche à automate.

Pharmacie. — On a réuni là une collection de vases d'étain, de mortiers de bronze et de faïences de Nevers du 18e s.

Par l'ancienne salle du coffre-fort, on peut passer dans une seconde cour où se trouvent les statues de Nicolas Rolin et de Guigone de Salins par Henri Bouchard.

Salle St-Louis. — Libérée par les malades, elle donne accès au musée proprement dit. Elle abrite des tapisseries de Tournai (début 16e s.) figurant la parabole de l'Enfant prodigue, et d'autres, tissées à Bruxelles (début 17e s.), retraçant l'histoire de Jacob.

★Musée. — Dans une salle construite à cet effet est exposée la pièce-maîtresse du
cv musée, le célèbre **polyptyque du Jugement dernier★★★** de Roger Van der Weyden (Roger de la Pasture). Ce chef-d'œuvre de l'art flamand avait été commandé à l'artiste par Nicolas Rolin en 1443 pour surmonter l'autel de la Grand'Chambre des pauvres. Il a été fort bien restauré et une grosse loupe mobile fait ressortir les détails de cette admirable composition, qui sont d'une vérité et d'une expression poignantes, et peints avec une extraordinaire minutie.

Dans le panneau central, le Christ, trônant majestueux sur l'arc-en-ciel au milieu des nuées, préside le Jugement dernier. Encadré par les anges sonnant de la trompette, saint Michel pèse les âmes. Entourant ces figures centrales, la Vierge et saint Jean-Baptiste implorent la clémence du Seigneur. Derrière eux, prennent place les Apôtres et différents personnages intercédant en faveur de l'humanité.

BEAUNE

	Carnot (Pl.) .... AZ 4	Monge (R.) .... AZ 14
	Château (R. du) ...... BY 6	Perpreuil (Bd) ...... AZ 16
	Fleury (Pl.) .... AZ 7	Poterne (R.) .... AZ 17
Carnot (R.) .... AZ 3	Fraysse (R. E.) ...... AZ 8	Rousseau-
Lorraine (R. de) .... AY	Halle (Pl. de la) ..... AZ 10	Deslandes (R.) ..... BY 18
	Maufoux (R.) .... AZ 12	St-Nicolas (R. du fg) ... AY 20
Alsace (R. d') .... AZ 2	Monge (Pl.) .... AY 13	Tonneliers (R. des) ..... AY 22

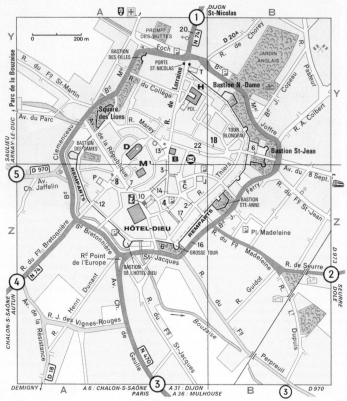

Au bas des panneaux, les morts sortent de terre : les justes s'acheminent vers le Paradis, cathédrale étincelante d'or, tandis que les réprouvés se contorsionnent aux approches de l'Enfer. Cette multitude de petits personnages compose une fresque étonnante.

Sur deux panneaux placés à la partie supérieure, quatre anges portent les instruments de la Passion.

Sur le mur latéral de droite, on voit le retable tel qu'il se présentait lorsqu'il était fermé (il n'était ouvert que les dimanches et jours de fêtes solennelles). Les admirables portraits de Nicolas Rolin (déjà immortalisé par Van Eyck dans le tableau de la Vierge d'Autun aujourd'hui au Louvre) et de sa femme sont accompagnés de grisailles représentant saint Sébastien et saint Antoine, premiers patrons de l'Hôtel-Dieu, et la scène de l'Annonciation.

Sur le mur latéral de gauche est exposée la belle tenture à mille fleurs (début 16e s.) racontant la légende de saint Éloy.

Face au polyptyque, ont été placées les tapisseries à fond framboise de Guigone de Salins, semées de tourterelles, portant les armes des fondateurs, les initiales G et N entrelacées et la devise « Seulle », preuve du fidèle attachement de Nicolas Rolin à son épouse. Au centre est représenté saint Antoine Ermite, patron de Guigone de Salins.

La deuxième et dernière salle abrite la collection particulière des Hospices (clystères, etc...). Remarquer également un autel de marbre et deux tapisseries (ronde de nains et verdure).

★ COLLÉGIALE NOTRE-DAME (AY D) *visite : 1/2 h*

Cette « fille de Cluny », commencée vers 1120, reste, malgré des adjonctions successives, un bel exemple de l'art roman bourguignon.

Extérieur. — Un large porche à trois nefs du 14e s. dissimule la façade. Le décor sculpté a été détruit pendant la Révolution, mais les vantaux aux panneaux sculptés (15e s.) subsistent.

Pour avoir la vue la plus intéressante du chevet, contourner l'édifice par la gauche. Dans cet ensemble de belles proportions, on reconnaît les différentes phases de construction : déambulatoire et absidioles de pur style roman, chœur remanié au 13e s. et beaux arcs-boutants du 14e s.

La tour de la croisée du transept, où les baies en tiers-points se superposent aux arcatures romanes, est coiffée d'un dôme galbé avec lanternon du 16e s.

Intérieur. — La haute nef, voûtée en berceau brisé, est flanquée d'étroits bas-côtés voûtés d'arêtes. Un triforium aux baies partiellement aveugles entoure l'édifice qui offre un décor d'arcatures et de pilastres, cannelés dans le chœur, d'inspiration bien clunisienne.

La croisée du transept est couverte d'une coupole octogonale sur trompes. Le chœur, entouré d'un déambulatoire sur lequel s'ouvrent trois absidioles en cul-de-four, est remarquable par ses proportions.

Outre la décoration des pilastres des croisillons, il faut remarquer le bandeau de rosaces sous le triforium simulé et les sculptures de certains chapiteaux figurant l'Arche de Noé, la lapidation de saint Étienne et l'Arbre de Jessé.

En remontant le bas-côté gauche, regarder dans la seconde chapelle les fresques du 15e s. représentant la Résurrection de Lazare, attribuées à l'artiste bourguignon Pierre Spicre, une Pietà du 16e s., et, dans la troisième chapelle, deux retables du 15e s.

Dans le bas-côté Sud au niveau de la première travée, chapelle Renaissance au beau plafond à caissons.

★★Tapisseries. — Il est indispensable de voir, dans le chœur, derrière le maître-autel, un magnifique ensemble de tapisseries, dites « de la Vie de la Vierge », marquant le passage de l'art du Moyen Âge à la Renaissance.

Cinq panneaux aux riches couleurs, tissés en laine et soie, retracent toute la vie de la Vierge en une suite de charmants tableaux. Ils furent commandés en 1474, puis exécutés d'après les cartons de Spicre, sur les indications du cardinal Rolin, et offerts à l'église en 1500 par le chanoine Hugues le Coq.

Bâtiments capitulaires. — On peut y accéder par une porte romane ouvrant dans le transept ; une partie de l'ancien cloître, qui date du 13e s., et la salle capitulaire ont été restaurées.

AUTRES CURIOSITÉS

★Musée du vin de Bourgogne (AYZ M1). — Il est installé dans l'ancien hôtel des cv ducs de Bourgogne, bâtiment des 15e et 16e s., où la pierre et le bois se complètent harmonieusement. La cour intérieure évoque un délicieux décor de théâtre. Une maquette au 1/200e des remparts de Beaune y a été construite. La Porterie, bâtiment du 15e s. situé à droite de la porte d'entrée, est intéressante. La cuverie (14e s.), à laquelle on accède par un vaste portail, abrite une impressionnante collection de pressoirs et de cuves.

L'histoire du vignoble bourguignon et de la culture de la vigne est présentée au rez-de-chaussée, où se voit en outre une Vierge au raisin (N.-D. de Beaune), statue polychrome du 16e s. Au 1er étage, une grande salle, décorée de deux tapisseries des ateliers d'Aubusson, l'une de Lurçat et l'autre de Michel Tourlière, est le siège de « l'Ambassade des Vins de France ». Dans d'autres salles, collections de pichets, bouteilles, tastevins, outils de tonnelier, objets d'orfèvrerie et souvenirs des compagnons du Tour de France.

★Hôtel de la Rochepot (AY B). — Cet édifice du 16e s. possède une jolie façade gothique et deux cours intérieures dénotant une très nette influence italienne. Remarquer les trois étages de galeries ornées de médaillons.

Sur la place Monge s'élèvent le beffroi (14e s.) et la statue de Monge, enfant du pays, par Rude. Aîné des quatre fils d'un commerçant de Beaune, **Gaspard Monge** (1746-1818) se révéla très tôt doué pour les sciences physiques et mathématiques. Créateur de la géométrie descriptive, il fonda l'École Polytechnique sous la Révolution et participa à l'expédition d'Égypte.

Hôtel de Ville (AY H). — Il occupe les bâtiments de l'ancien couvent des Ursulines cv (17e s.). Son aile droite abrite deux **musées**.

Musée des Beaux-Arts. — Il expose notamment de nombreuses œuvres de **Félix Ziem** (1821-1911), peintre né à Beaune, des peintures flamandes et hollandaises des 16e et 17e s., des sculptures médiévales (Joueur de cornemuse — 14e s.) ou Renaissance (Ste-Anne — 16e s.), ainsi qu'une petite collection archéologique gallo-romaine.

Musée Étienne-Jules Marey. — Consacré à un autre enfant de Beaune, le médecin et physiologiste Marey (1830-1904), inventeur de la chronophotographie et, à ce titre, précurseur du cinématographe, ce musée conserve les appareils qu'il utilisa, notamment des « fusils photographiques », et permet d'admirer, projetés sur écran de téléviseur, des films qu'il réalisa à partir de 1888.

Église St-Nicolas (BY). — *Sortir par* ①, *N 74*. Église (13e s.) du quartier des vignerons possédant une tour romane avec une belle flèche de pierre. Un porche du 15e s., pourvu d'une charpente couverte de tuiles et supportée par des piliers de pierres de taille, abrite un portail du 12e s. Le tympan monolithe représente saint Nicolas sauvant trois jeunes filles que leur père voulait vendre.

Maisons anciennes. — Les nos 18-20-22-24 de la **rue de Lorraine** (AY) forment un bel ensemble du 16e s. ; au n° 10 de la **rue Rousseau-Deslandes** (BY 18), une maison ornée au premier étage d'arcatures tréflées ; 2 **rue Fraisse** (AZ 8), la Maison du Colombier, jolie demeure Renaissance, à voir du parvis de Notre-Dame ; 13 **place Fleury** (AZ 7), l'hôtel de Saulx, avec jolie tourelle et cour intérieure ; enfin, 4 **place Carnot** (AZ 4), une maison du 16e s. dont la façade porte de ravissantes sculptures.

Parc de la Bouzaise. — *Sortir par l'avenue du Parc* (AY). C'est un agréable but de promenade, avec ses beaux ombrages et son lac artificiel aux sources de la rivière.

★Les remparts. — Assez bien conservés et formant autour de la vieille ville un chemin de ronde presque ininterrompu de 2 km — mais haché d'enclaves privées —, ils ont été édifiés de la fin du 15e s. au milieu du 16e s. Leur ceinture de moellons, approximativement rectangulaire, est festonnée de huit bastions (dont un est double : l'**ancien château, dit bastion St-Jean**) de formes variées, à bossages, et de quelques tours subsistantes. L'ensemble, souvent noyé dans la verdure ou chargé d'habitations particulières, entouré d'un fossé continu aujourd'hui occupé par des jardins, tennis, etc. —, ne se prête pas à un coup d'œil d'une ampleur suffisante. Mais on peut en effectuer le tour extérieur complet, à pied ou en auto.

Visite. — *Suivre les boulevards extérieurs, par l'Ouest, à partir du boulevard Joffre.* La tour Nord du château (ou **bastion St-Jean**), hérissée de gargouilles et creusée d'une niche abritant une statue de Vierge à l'Enfant, plonge dans le fossé planté de grands cerisiers. Après avoir dépassé la tour Blondeau, en saillie sur le rempart, on arrive devant le **bastion Notre-Dame** au faîte garni de beaux arbres et dont une charmante échauguette coiffe l'éperon. Le rempart s'interrompt de part et d'autre de la porte St-Nicolas (18e s.) fermant la rue de Lorraine. On voit ensuite le bastion des Filles, dénaturé par la toiture qui le recouvre, avant de parvenir à l'ancien bastion St-Martin, arasé, dont la terrasse triangulaire et ombragée **(square des Lions)** domine un jardin agrémenté d'arbres. Suivent le bastion des Dames surmonté d'une belle maison et d'arbres, le **rempart des Dames,** promenade ornée d'une double file de magnifiques platanes, et le bastion de l'Hôtel-Dieu (à l'abandon), au bas desquels court un ruisseau aboutissant à un ancien lavoir. On découvre alors la « Grosse tour » (15e s.) du rempart Madeleine, puis le bastion Ste-Anne, livré à la végétation mais dont l'éperon porte une échauguette.

On termine devant la tour Sud du château, entourée d'arbres et que précède le fossé garni de haies et de bambous : prendre un peu de recul pour profiter du joli tableau qu'elle offre avec, à son sommet, une petite maison à pinacles noirs, et, à l'arrière-plan, les toits vernissés d'autres bâtiments.

EXCURSIONS

★★**Le Vignoble de la Côte.** — *Les itinéraires recommandés p. 82 à 84 sont également accessibles au départ de Beaune.*

Montagne de Beaune. — *4 km. Quitter Beaune par ⑤, D 970 ; on accède au sommet de la Montagne, où s'élève le monument de N.-D.-de-la-Libération, par une route s'embranchant sur la droite.* De la table d'orientation située près du monument, on découvre une vue étendue sur la ville aux jolis toits de tuiles brunes, sur le vignoble et, au Sud, sur les monts du Mâconnais.

Archéodrome. — *6 km au Sud. Quitter Beaune par le D 18 vers Chalon, puis à gauche le D 23 en direction de Merceuil (parc de stationnement, avant le passage sous l'autoroute). Description p. 38.*

Combertault. — *185 h. 6 km. Quitter Beaune au Sud-Est par le D 970 puis Levernois à l'Est par le D 111¹.* Le village, aux longues fermes bordées d'arbres et de fleurs, cv possède une curieuse petite **église** romane, remaniée au 15e s., dont la haute abside ronde, décorée extérieurement d'arcatures lombardes, et la courte nef unique renferment plusieurs statues intéressantes.

★ BERZÉ-LA-VILLE   410 h.

Carte Michelin nº 🔢 pli 19 — 12 km au Sud-Est de Cluny — Schéma p. 108.

L'abbaye de Cluny possédait là, près d'un ancien prieuré, une maison de campagne pour ses élèves, dite « château des Moines ». Ce fut la maison de campagne de saint Hugues.

cv **Chapelle aux Moines.** — La chapelle romane du prieuré est célèbre par ses peintures murales, magnifique exemple de l'art clunisien.

★★**Les peintures murales.** — La chapelle (12e s.), érigée en étage sur un bâtiment primitif du 11e s., est entièrement décorée de fresques d'époque romane.

Parmi les peintures du chœur et de l'abside, on reconnaît sur la voûte en cul-de-four, dans une mandorle verticale, un Christ en majesté, de près de 4 m de hauteur, entouré d'apôtres, de diacres et donnant à saint Pierre un parchemin (donation de la Loi) ; sur le soubassement des fenêtres, des groupes de saints particulièrement vénérés à Cluny et des martyrs émergent de draperies simulées. Sur les faces latérales de l'abside, on découvre : à gauche, la légende de saint Blaise ; à droite, le martyre de saint Vincent de Saragosse sur son gril, en présence de Décius, préfet de Rome.

Ces peintures murales clunisiennes du 12e s., à fond bleu, dénotent l'influence de l'art byzantin qui s'exerçait particulièrement à cette époque en Occident.

EXCURSION

★**Berzé-le-Châtel.** — *5 km au Nord. Description p. 109.*

★★ BEUVRAY (Mont)

Carte Michelin nº 🔢 plis 6, 7 — 8 km à l'Ouest de St-Léger-sous-Beuvray — Schémas p. 72 et 118.

Accès par le D 274, à sens unique, qui s'embranche sur le D 3.

Il offre quelques belles échappées dans les parties déboisées.

L'oppidum de Bibracte. — C'est au sommet du Beuvray que se trouvait l'oppidum gaulois de Bibracte, capitale des Éduens. C'était une sorte de camp retranché, demeure habituelle des artisans gaulois et refuge, en cas de danger, de la population agricole des environs.

Vercingétorix illustra cet oppidum : il convoqua en un véritable conseil de guerre une assemblée générale des tribus gauloises soulevées contre **Jules César** en 52 avant J.-C. Là il organisa la résistance contre les légions romaines et se fit confier le commandement suprême des armées gauloises. Après la prise d'Alésia, César se rendit à deux reprises à Bibracte qui, sous Auguste, fut abandonnée au profit d'Augustodunum (Autun). Le culte que l'on y rendait à une divinité gauloise attirait chaque printemps un grand nombre de fidèles. Des foires avaient lieu à cette occasion. Elles se perpétuèrent jusqu'au 16e s.

Un monument rappelle les fouilles exécutées au 19e s. par Bulliot. Les ruines mises au jour ont été ensuite réenterrées. Le rempart gaulois, dit fossé de Beuvray, a 5 km de tour.

★★ **Panorama.** — De la plate-forme découverte *(table d'orientation)* encadrée de hêtres séculaires aux troncs tordus, on découvre un magnifique panorama sur Autun, le signal d'Uchon et Mont-St-Vincent ; par beau temps, on distingue le Jura et même le Mont Blanc.

BÈZE
526 h. (les Bèzois)

Carte Michelin nº 🖳🖳 Nord-Ouest du pli 13.

En plus de sa célèbre source et de ses grottes, le petit bourg de Bèze conserve quelques monuments du passé : notamment, du 13e s., une maison (place de Verdun) à baies ogivales et vestiges de sculptures ; du 17e s., un ancien prieuré (place du Champ de Foire) dont une tour baigne dans la rivière ; du 18e s., l'église, à clocher fortifié du 14e s. et cadran solaire.

SOURCE ET GROTTES

Source de la Bèze. — La rivière — résurgence des eaux de la Venelle et d'autres « pertes » — jaillit dans une magnifique source vauclusienne qui peut débiter 17 m³ par seconde.

cv **Grottes de Bèze.** — Deux résurgences de la Tille, dont se voient les siphons profonds de 6 à 7 m, ont formé une puissante rivière souterraine et des grottes qui, aujourd'hui reliées artificiellement, se parcourent en barque sur une longueur de près de 300 m. La limpidité des eaux du « lac », d'une profondeur atteignant 18 m, et quelques concrétions notables (« l'obus », les « chapeaux mexicains »...), ainsi que la belle cheminée proche de l'entrée font l'intérêt de la visite.

Vous cherchez un parking...
les principaux sont indiqués sur les plans de ce guide.

BLANOT
167 h.

Carte Michelin nº 🖳🖳 pli 19 — 10 km au Nord-Est de Cluny — Schéma p. 108.

Blanot, petit village aux vieilles maisons clôturées par de jolis murs de pierres sèches, occupe un site charmant au pied du mont St-Romain. L'église, couverte de lauzes, forme avec l'ancien prieuré voisin un ensemble qui ne manque pas de charme.

CURIOSITÉS

★ **Ancien prieuré.** — Le logis principal, fortifié, de cet ancien prieuré clunisien du 14e s. présente une harmonieuse façade en pierres sèches, percée à gauche d'un passage sous voûte que surmonte une galerie à auvent, renflée au centre par une tour à pans, et flanquée à droite par une tour ronde du 15e s. (restaurée) devant laquelle trois tombes mérovingiennes ont été ramenées au jour.

cv **Église.** — De la fin du 11e s., elle a conservé une abside à frise ajourée et un curieux clocher roman à toiture débordante, orné d'arcatures lombardes. A l'intérieur, le chœur est voûté d'une coupole sur trompes.

cv **Grottes.** — *A la sortie Nord de Blanot, prendre le D 446 en direction de Fougnières. 500 m après ce hameau, à hauteur d'un virage, tourner à gauche.*
On accède aux grottes par un gouffre d'une profondeur de 80 m. S'étendant entre le hameau du Vivier et le mont St-Romain *(1 km de circuit, comportant l'usage d'échelles et de passages surbaissés),* vingt et une salles peuvent être visitées. On y remarque la taille imposante de certaines concrétions et de deux rochers : l'un « suspendu » et d'un poids évalué à 1 200 tonnes, l'autre détaché de la voûte où son empreinte subsiste.

BOURBON-LANCY
6 507 h. (les Bourbonnais)

Carte Michelin nº 🖳🖳 pli 16 — Lieu de séjour p. 8.

Bâtie sur une colline d'où l'on découvre largement la vallée de la Loire et les plaines du Bourbonnais, Bourbon-Lancy est à la fois une petite ville au cachet ancien et une station thermale de réputation confirmée pour les affections rhumatismales et circulatoires.

C'est en outre un centre de fabrication de moteurs employant plus de 1 100 personnes.

La station thermale. — Cinq sources jaillissent à une température allant de 46 à 58°C et débitent plus de 400 000 l par jour.
Près de l'établissement thermal, modernisé, beau parc ombragé.

BOURBON-LANCY

Commerce (R. du)	5
Gaulle (Av. du-Gén.-de)	9
Aligre (Pl. d')	2
Autun (R. d')	3
Châtaigneraie (R. de la)	4
Dr-Gabriel-Pain (R. du)	6
Dr-Robert (R. du)	7
Gueugnon (R. de)	12
Horloge (R. de l')	13
Martyrs-de-la-Libération (R. des)	15
Musée (R. du)	16
Prébendes (R. des)	18
République (Av. de la)	21
République (Pl. de la)	22
St-Nazaire (R.)	23

Pour un bon usage des plans de villes voir les signes conventionnels p. 34.

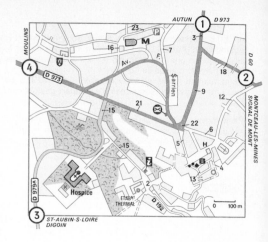

CURIOSITÉS

★**Maison de bois et tour de l'Horloge** (B). — Au n° 3 de la rue de l'Horloge, une maison de bois du 16e s., à colombages, est ornée d'une colonne cornière, de fenêtres en accolade, de médaillons vernissés et d'une statue ancienne. A côté, la fontaine Sévigné et l'ancien Beffroi, élevé sur une porte fortifiée de la vieille ville (actuelle tour de l'Horloge), forment un ensemble pittoresque.

Hospice d'Aligre. — Dans la chapelle, on peut voir une jolie chaire sculptée offerte en 1687 par Louis XIV à Mme Élisabeth d'Aligre, abbesse de St-Cyr.
A gauche de la chapelle, sur le palier du grand escalier, statue en argent de la marquise d'Aligre (1776-1843), bienfaitrice de l'hospice.

cv **Musée** (M). — Ce musée d'antiquités locales (quelques sarcophages mérovingiens) et d'Art (peinture, sculpture), est installé dans l'ancienne église St-Nazaire (11e et 12e s.), dépendant d'un prieuré des moines de Cluny fondé par Ancel de Bourbon qui donna son nom à la localité.

EXCURSIONS

★**Signal de Mont.** — *7 km, plus 1/4 h à pied AR. Quitter Bourbon-Lancy par ②, D 60, et prendre immédiatement, à gauche, un chemin vicinal vers le belvédère. Après une forte montée, un sentier sur la gauche conduit au sommet.*

Du belvédère (altitude 469 m), **panorama**★ sur les monts du Morvan, le signal d'Uchon, le Charollais, la Montagne bourbonnaise, les monts d'Auvergne par temps clair.

cv **Château de St-Aubin-sur-Loire.** — *6 km au Sud.* Ce château, de la seconde moitié du 18e s., est d'une grande simplicité et de proportions parfaites. La façade comporte un avant-corps, légèrement saillant. Les communs sont très beaux.
A l'intérieur, de magnifiques tapisseries décorent l'escalier monumental. Dans le grand salon et les boudoirs attenants, jolies boiseries et mobilier d'époque.

★★ BOURG-EN-BRESSE   43 675 h. (les Burgiens ou les Bressans)

Carte Michelin n° 🟥 pli 3.

Bourg (prononcer Bourk) est demeurée au cours des siècles la capitale de la plantureuse Bresse, région d'élevage dont la production de volaille blanche assure le renom des marchés de la place. Les jours de foire aux bestiaux ou de marché, Bourg, envahie par la foule paysanne, est pittoresque et animée. Une fois l'an *(voir p. 168)* a lieu, au marché couvert, l'exposition — concours de volailles mortes dont un bain de lait a nacré les chairs. C'est un étonnant spectacle qui soulève une admiration gourmande.
La ville est toujours le grand centre de fabrication des meubles « rustique bressan » exécutés en bois d'arbres fruitiers — loupe de noyer, merisier, cerisier, poirier — outre le frêne. Un artisanat local entretient le goût des faïences de Meillonnas *(voir p. 61)* et des jolis émaux bressans. Elle s'est en outre spécialisée dans les constructions mécaniques.
Ces activités, traditionnelles ou modernes, contribuent à donner de Bourg l'image d'une cité vivante et dynamique, image nullement incompatible avec celle de ville d'art que lui valent ses monuments au premier rang desquels se place l'ensemble de Brou.

UN PEU D'HISTOIRE

Au 10e s., Bourg n'est encore qu'un petit village qui groupe ses chaumières autour d'un château fort. La lignée des seigneurs du pays s'éteint au 13e s. ; l'héritage revient à de puissants voisins, les ducs de Savoie : ils forment la province de Bresse dont Bourg deviendra plus tard la capitale.
En 1536, le duc de Savoie refuse la traversée de ses domaines à François 1er qui veut envahir le Milanais. Le roi passe outre et, pour mieux assurer ses communications, met la main sur la Bresse, la Savoie, le Piémont. Au traité de Cateau-Cambrésis (1559), Henri II restitue ces conquêtes. En 1600, Henri IV envahit à nouveau le pays. Le traité de Lyon, signé en 1601, oblige le duc à échanger la Bresse, le Bugey, le Valmorey et le pays de Gex contre le marquisat de Saluces, dernier vestige des possessions françaises en Italie. Bourg entre dans l'histoire de France.

Les deux Marguerite. — En 1480, Philippe, comte de Bresse, plus tard duc de Savoie, a un accident de chasse. Sa femme, Marguerite de Bourbon, la grand-mère de François 1er, fait vœu, s'il guérit, de transformer en monastère l'humble prieuré de Brou. Le comte rétabli, Marguerite meurt sans avoir pu accomplir sa promesse. Elle a confié ce soin à son mari et à son fils Philibert le Beau. Mais, passé le péril, on oublie le saint…

Vingt années s'écoulent. Philibert, qui a épousé Marguerite d'Autriche *(voir ci-dessous)*, meurt inopinément. Sa veuve voit là un châtiment céleste. Pour que l'âme de son mari repose en paix, elle va se hâter de réaliser le vœu de Marguerite de Bourbon, d'autant plus volontiers qu'une telle œuvre doit lui permettre à la fois d'affirmer sa propre souveraineté et de rivaliser en prestige avec sa belle-sœur Louise de Savoie, bientôt régente de France. Brou n'en demeure pas moins, depuis 400 ans, un symbole de l'amour conjugal.

Une infortunée princesse. — Marguerite d'Autriche est la fille de l'empereur Maximilien et la petite-fille de Charles le Téméraire. Elle a perdu sa mère (Marie de Bourgogne) à l'âge de 2 ans. L'année suivante, on l'installa à la cour de Louis XI et on l'unit, par la cérémonie religieuse du mariage, au dauphin Charles, encore enfant. La Franche-Comté constitue la dot de la fillette.

Cinq ans plus tard, la succession de Bretagne s'ouvre. L'héritière, la duchesse Anne, a de nombreux prétendants, dont Maximilien qui l'emporte tout d'abord : l'anneau nuptial est remis par procuration. Mais ce prince a mérité le surnom d'« empereur sans le sou ». Déjà pour ses premières noces, sa fiancée avait dû lui envoyer l'argent nécessaire au voyage. Cette fois encore, il lui manque 2 000 livres pour aller à Nantes. Charles VIII profite de ces embarras : Anne de Bretagne sera reine de France au lieu d'être impératrice. Les deux mariages blancs sont annulés ; Charles répudie Marguerite, Anne répudie Maximilien, doublement ulcéré comme père et comme mari putatif.

L'infortunée Marguerite épouse, à 17 ans, l'héritier d'Espagne, perd son mari après quelques mois d'union, met au monde un enfant mort-né. Quatre ans plus tard, son père Maximilien lui fait épouser en troisièmes noces Philibert de Savoie, jeune homme volage et futile mais qui respecte sa femme « intelligente pour deux » et la laisse pratiquement gouverner à sa place.

(D'après photo Monuments Historiques)

Brou
Statuette du tombeau de Philibert le Beau.

Après trois années passées auprès de son « beau duc », le destin porte un nouveau coup à Marguerite : Philibert est emporté par un refroidissement pris à la chasse. Veuve pour la seconde fois, à 24 ans, elle reste fidèle à la mémoire de Philibert, jusqu'à son dernier soupir. Cette femme supérieure, lettrée, artiste, sait s'entourer et se faire obéir, et ne vit plus que pour ses tâches d'État. A partir de 1506, elle devient régente des Pays-Bas et de la Franche-Comté. Son gouvernement sage, libéral, lui a valu la fidélité et l'affection des Comtois.

Le vœu de Marguerite de Bourbon se réalise. — Les travaux commencent à Brou, en 1506, par les bâtiments du monastère. Ils s'ordonnent autour de trois cloîtres dont l'un est celui de l'ancien prieuré bénédictin.

L'église du prieuré est ensuite abattue pour faire place à un magnifique édifice qui servira d'écrin aux trois tombeaux où reposeront Philibert, sa femme et sa mère.

Marguerite, qui réside en Flandre, confie le chantier à un maître maçon flamand, Van Boghem, qui sera à la fois architecte et entrepreneur général. C'est un réalisateur remarquable, qui ranime les activités défaillantes. Il réussit à élever le fastueux édifice dans le temps record de 19 ans (1513-1532). Mais Marguerite est morte deux ans avant la consécration, sans avoir jamais vu son église autrement que sur plans.

Brou a l'heureuse chance de traverser les guerres de Religion et la Révolution sans dommages irréparables. Le couvent est successivement transformé en étable à porcs, en prison, en caserne, en refuge pour mendiants, en asile de fous. Il devient séminaire en 1823 et abrite aujourd'hui le musée de Brou *(p. 59)*.

⋆⋆⋆BROU *Sud-Est du plan. Visite : 1 h*

Brou était autrefois une petite agglomération née autour d'un prieuré bénédictin établi au voisinage de Bourg. C'est maintenant, au Sud-Est de la ville, un quartier englobé par l'extension urbaine. L'église et le monastère *(1)* furent construits au 16e s., à la suite d'un vœu *(voir ci-dessus)*.

L'historique de ceux-ci et la généalogie de leurs fondateurs sont rappelés dans le bas-côté droit de l'église.

⋆⋆L'église

CV *Elle est désaffectée.* Ce monument, où le gothique flamboyant est pénétré par l'art de la Renaissance, est contemporain du château de Chenonceau.

En avant de la façade, on verra, à plat sur le sol, un cadran solaire géant, recalculé en 1757 par l'astronome Lalande, enfant de Bourg.

---

(1) Pour plus de détails, lire : « l'Église de Brou », par François Mathey (Caisse nationale des Monuments Historiques).

Extérieur. — La façade principale, au pignon trilobé, est très richement sculptée dans sa partie centrale. Le tympan du beau **portail★** Renaissance représente, aux pieds du Christ aux liens, Philibert le Beau, Marguerite d'Autriche et leurs saints patrons.

Au trumeau, saint Nicolas de Tolentin, à qui l'église est dédiée (la fête de ce saint tombait le jour de la mort de Philibert) ; dans les ébrasements, saint Pierre et saint Paul. Surmontant l'accolade du portail, saint André.

Toute une flore sculptée, le plus souvent gothique flamboyant (feuilles et fruits), parfois d'inspiration Renaissance (laurier, vigne, acanthe), se mêle à une décoration symbolique où les palmes sont entrelacées de marguerites. D'autres emblèmes de Brou : les initiales de Philibert et de Marguerite unies par des lacs d'amour (cordelière festonnant entre les deux lettres) alternent avec les bâtons croisés, armes de la Bourgogne.

Les façades du transept, plus simples, offrent un pignon triangulaire à pinacles. La tour, carrée, élève ses cinq étages sur le flanc droit de l'abside.

Nef. — En entrant dans l'église on est frappé par la clarté blonde qui baigne la nef et ses doubles bas-côtés. Par les fenêtres hautes, la lumière entre à flot et joue sur la belle pierre blanche du Revermont, employée pour la construction. Après quatre siècles, sans avoir jamais été ravalé, le calcaire semble sortir des carrières.

Les piliers composés d'un faisceau serré de très nombreuses colonnettes montent d'un seul jet à la voûte où ils s'épanouissent en nervures multiples aux clefs ouvragées. La balustrade qui court au-dessous des fenêtres de la nef est finement sculptée. Cet ensemble architectural frappe par son élégance, sa richesse et sa noblesse.

Le bras droit du transept a un remarquable vitrail (2) du 16e s. représentant Suzanne accusée par les vieillards (en haut) et disculpée par Daniel (en bas).

La nef et le transept, accessibles aux fidèles, étaient séparés du chœur, domaine propre des religieux et sanctuaire des tombeaux, par le jubé.

★★Jubé. — Il faut en admirer l'étonnante richesse décorative d'arcs en anse de panier que surmontent sept statues religieuses.

ÉGLISE DE BROU

0 ___ 20 m

Abside
Cloîtres
Librairie
Sacristie et
Salle capitulaire
6
5 4 3
7
CHŒUR
Stalles ★ ★
8
Jubé ★ ★
9
2
TRANSEPT
PETIT
CLOÎTRE
NEF
1
Portail ★

GRAND CLOÎTRE (MUSÉE)

Dans la 2e travée de la nef, à droite, une cuve baptismale (1) en marbre noir du 16e s. porte la devise de Marguerite *(voir p. 59)*.

Chœur. — C'est la partie capitale de l'église. Marguerite a tout mis en œuvre pour obtenir la perfection dans la magnificence. Prise d'ensemble, l'ornementation sculptée de Brou frise l'excès ; mais le moindre détail est traité avec maîtrise. La surprise et l'enchantement sont d'autant plus vifs que l'examen est plus minutieux.

★★Les stalles. — Elles bordent les deux premières travées de chœur. Au nombre de soixante-quatorze, elles ont été taillées dans le chêne en deux ans seulement, de 1530 à 1532.

Le maître Pierre Berchod, dit Terrasson, dut mobiliser tous les menuisiers sculpteurs d'une région où le travail du bois a toujours été en honneur. Leur dessin est attribué à Jean de Bruxelles. Les sièges, les dossiers, les dais présentent un luxe de détails ornementaux et de statuettes qui comptent parmi les chefs-d'œuvre du genre.

Les stalles du côté gauche offrent des scènes du Nouveau Testament et des personnages satiriques. Celles du côté droit se rapportent à des personnages et à des scènes de l'Ancien Testament.

★★★Les tombeaux. — De nombreux artistes ont collaboré à ces trois monuments. Les plans ont été tracés par Jean de Bruxelles qui a fourni aux sculpteurs des dessins « aussi grands que le vif ». L'ornementation et la petite statuaire, très admirées des visiteurs, sont dues, pour la plus grande part, à un atelier

(D'après photo Monuments Historiques)

Brou. — La correction (détail d'une stalle).

flamand installé à Brou auquel collaboraient également des artistes français, des Allemands et des Italiens. Les statues des trois personnages princiers ont été exécutées par Conrad Meyt, Allemand d'origine mais de formation flamande. Les effigies du prince et des princesses furent taillées dans le marbre de Carrare. Les gros blocs, venant d'Italie, ont été transportés par mer, puis par la voie du Rhône. Ils ont ensuite voyagé sur des chars traînés par neuf chevaux, à l'allure de 5 à 6 km par jour.

Philibert et les deux Marguerite sont représentés, chacun dans leur tombeau, étendus sur une dalle de marbre noir, la tête sur un coussin brodé. Suivant la tradition, un chien, emblème de la fidélité, est couché aux pieds des deux princesses ; un lion, symbole de la force, aux pieds du prince. Des angelots entourent les statues, symbolisant l'entrée des défunts au ciel.

Le tombeau de Marguerite de Bourbon (3) occupe une niche creusée en enfeu, dans le mur droit du chœur.

Les deux autres tombeaux, formés chacun de deux dalles superposées, ont la particularité d'offrir du même personnage une double représentation.

Celui de Philibert (4) est placé au centre. La dépouille figurée du duc presque nue, sur la dalle du dessous, est particulièrement émouvante.

Celui de Marguerite d'Autriche (5), sur la gauche du chœur, avec son énorme dais de pierre ciselée, prolonge le mur de clôture.

Les sibylles, sous forme de délicieuses statuettes, montent la garde autour des effigies inférieures.

Comme Philibert, Marguerite est représentée vivante, puis morte, dans son linceul : sur la plante du pied est visible la blessure qui, par gangrène, a causé, suivant la légende, la mort de la princesse. Sur le dais est gravée sa devise : « Fortune infortune fort une ». Cette devise, que l'on peut traduire par « Fortune (le destin) infortune (accable, persécute) fort (durement) une (une femme) », rappelle la douloureuse destinée d'une princesse dont la constance dans le malheur ne se démentit jamais.

★★**Les vitraux.** — Les magnifiques verrières de Brou ont été exécutées par un atelier local. Celles de l'abside représentent, au centre, l'Apparition du Christ ressuscité à Madeleine (partie supérieure) et la visite du Christ à Marie (partie inférieure), scènes tirées de gravures d'Albert Dürer. Á gauche et à droite, Philibert et Marguerite sont agenouillés près de leurs patrons.

Au-dessus d'eux sont reproduits, dans un étincellement de couleurs, les blasons de leurs familles : Savoie et Bourbon pour le duc, Empire et Bourgogne pour la duchesse, ainsi que les blasons des villes de l'État savoyard.

★★★**Chapelles et oratoires.** — La chapelle de Marguerite (6) s'ouvre sur la gauche du chœur. Un retable et un vitrail admirables en font l'orgueil.

Le **retable** représente les Sept Joies de la Vierge. Exécuté dans le marbre blanc, il nous est parvenu dans un état de conservation rare. C'est un prodige de finesse dans l'exécution, un véritable tour de force qui confond l'esprit.

Dans chacune des niches ménagées à cet effet se détache une scène des Sept Joies : en bas, à gauche, l'Annonciation ; à droite, la Visitation ; au-dessus, la Nativité et l'Adoration des Mages ; plus haut, l'Apparition du Christ à sa mère et la Pentecôte encadrent l'Assomption.

Trois statues couronnent ce retable : la Vierge à l'Enfant est entourée de sainte Madeleine et de sainte Marguerite. De chaque côté du retable, on remarque saint Philippe et saint André.

Le **vitrail**, d'une couleur somptueuse, est inspiré d'une gravure d'Albert Dürer représentant l'Assomption. Les verriers ont ajouté Philibert et Marguerite, à genoux, auprès de leurs patrons. La frise du vitrail, traitée en camaïeu, représente le Triomphe de la Foi. Le Christ, dans son char, est traîné par les évangélistes et les personnages de l'Ancienne Loi ; derrière, se pressent les docteurs de l'Église et les saints du Nouveau Testament. C'est la reproduction d'un dessin que le Titien avait composé pour sa chambre.

Le carrelage, aujourd'hui disparu, était, comme dans tout le chœur, fait d'une très belle céramique italienne, à prédominance bleue, décorée avec une fantaisie et un goût délicieux. Ce pavement était si beau que, selon un chroniqueur du temps, on avait « quasi regret de marcher dessus ».

Marguerite avait voulu qu'on installât, pour son usage personnel, deux oratoires superposés contigus à la chapelle (dite de Madame, 7), le plus bas, au niveau du chœur, l'autre à celui du jubé, et reliés par un escalier. Ces deux pièces, garnies de tapisseries, équipées chacune de sa cheminée, devaient constituer de véritables petits salons. Une fenêtre oblique, ménagée au-dessous d'une arcade très originale, aurait permis à la princesse de suivre l'office.

La chapelle voisine, qui porte le nom de Laurent de Gorrevod (8), conseiller de Marguerite, a un vitrail remarquable, représentant l'Incrédulité de saint Thomas, et un triptyque commandé par le cardinal de Granvelle. De l'autre côté du chœur, la chapelle de Montécuto (9) présente des maquettes expliquant les procédés de construction employés à Brou.

Sortir de l'église par la porte à droite du chœur pour passer dans le monastère.

★Le musée

cv Il est installé dans les bâtiments du monastère.

Petit cloître. — Dernier construit des trois cloîtres de Brou, il permettait aux moines de se rendre à couvert du monastère à l'église. Une galerie du 1er étage desservait l'appartement que Marguerite d'Autriche s'était réservé ; l'autre lui aurait permis de gagner directement la chapelle haute en passant par le jubé.

Au rez-de-chaussée se trouvaient la sacristie et la première salle du chapitre maintenant réunies en une seule salle affectée aux expositions temporaires.

Des galeries, aujourd'hui dépôt lapidaire (fragments de corniches et pinacles), s'offre une vue sur le pignon du transept droit et le clocher que hantent des corneilles...

Grand cloître. — Il date de 1506. Après la 2e salle du chapitre qui sert d'entrée au musée, on pénètre dans la Dépense, salle basse voûtée d'ogives retombant sur des culs-de-lampes à tête humaine ; dans une vitrine sont présentées des statuettes religieuses du 15e au 17e s.

Un escalier fait accéder au « dortoir » du 1er étage, les anciennes cellules des moines — certaines réunies regroupent les principales collections.

Peintures. — La salle 1 abrite le beau **portrait de Marguerite d'Autriche**★ peint par B. Van Orley vers 1518, et un triptyque flamand de 1518 (vie de saint Jérôme) ; dans les autres pièces, on découvre des dessins, gravures ou aquarelles, des peintures des écoles flamande des 16e et 17e s. (Bruegel de Velours) hollandaise du 17e (Ruysdaël) au 19e s., italienne des 17e et 18e s. (Magnasco : Moines se flagellant), lyonnaise des 18e et 19e s., française du 17e s. au 19e s. avec Jouvenet, Noël-Nicolas Coypel, Largillière, Gustave Doré (Dante et Virgile), Millet (Gardeuse de vaches)...

Meubles, sculptures, etc. — On admire des meubles bressans de la fin du 16e s. (remarquable dressoir trilobé) et un salon 18e s. ; une riche collection de lampes et balances anciennes et d'objets de culte. Une salle est consacrée aux effets de la Révolution française dans l'Ain, une autre à des sculptures de Gustave Miklos (1888-1967). Dans le couloir central : faïences de Meillonnas (voir p. 61), tapisseries du 17e s., dressoir et horloge bressans. Entre les deux derniers cloîtres, au rez-de-chaussée, le réfectoire expose des sculptures du Moyen Âge, notamment un Saint sépulcre de 1443, un retable du 16e s. (enfance du Christ) et l'original (début 16e s.) de la statue de saint André qui orne la façade principale de l'église (p. 58).

Cloître des cuisines. — Ce troisième cloître, de caractère italien, est le seul reste de l'ancien prieuré bénédictin, détruit pour faire place au monastère du 16e s. Pavé de galets, il présente encore son puits couvert.

Dans le bâtiment du fond, on peut voir la reconstitution d'une maison bressane et deux salles de documentation folklorique (maquettes, photos, meubles, costumes).

AUTRES CURIOSITÉS

cv **Église Notre-Dame** (Y K). — Commencée en 1505, cette collégiale n'a été terminée qu'au 17e s. Extérieurement, elle présente une abside et une nef flamboyantes. Un triple portail Renaissance s'ouvre sur la façade. Le portail central est surmonté d'une Vierge à l'Enfant, copie d'une œuvre de Coysevox (17e s.). Le haut clocher a été élevé sous Louis XIV, mais le dôme et le lanternon ont été reconstruits au début du siècle. Un carillon joue à 7 h 50, 11 h 50 et 18 h 50.

Intérieur. — Il est orné d'un mobilier et d'œuvres d'art dignes d'attention : particulièrement, dans l'abside, les belles **stalles**★ sculptées au 16e s. Le maître-autel, l'aigle-lutrin, la chaire et le buffet d'orgues, tous en bois sculpté, sont du 18e s. ; le luxueux autel de la chapelle à gauche du chœur est du 19e s. La chapelle St-Crépin (3e du bas-côté gauche) abrite une verrière de la Crucifixion, des statues polychromes et un diptyque représentant la Cène, exécutés au 16e s. Les nombreuses verrières, du milieu du

BOURG-EN-BRESSE

Foch (R. Maréchal)	Y 14	Baudin (Av. A.)	Z 3	
Gambetta (R.)	Z 15	Belges (Av. des)	Y 5	
Notre-Dame (R.)	Y 25	Casernes (R. des)	Z 8	
		Champ-de-Foire (Av. du)	Y 9	
Basch (R. Victor)	Z 2	Debeney (R. Général)	Y 12	
		Dr-Bouveret (R. du)	Y 13	
		Jaurès (Av. Jean)	Z 16	
		Joubert (Pl.)	Z 18	
		Jourdan (Av.)	Z 19	

Mail (Av. du)	Z 22	
Neuve (Pl.)	Y 23	
Palais (R. du)	Y 26	
St-Nicolas (Bd)	Z 27	
Samaritaine (R.)	Z 29	
Teynière (R.)	Z 30	
Verdun (Cours de)	Z 32	
4-Septembre (R. du)	Y 34	
23e R.I. (R. du)	Y 35	

20e s., décorant les bas-côtés sont dues, celles de gauche à Le Chevalier, celles de droite à Auclair. Parmi les peintures, on voit douze toiles restaurées des 17e et 18e s. retraçant la vie de la Vierge.

Dans la chapelle de l'Annonciation (à droite du chœur) se trouve la Vierge noire du 13e s. qui est à l'origine de la construction de l'église.

La sacristie renferme un très beau Christ d'ivoire (17e s.), des statuettes et une icône du 13e ou 14e s., peinture sur bois de la Vierge à l'Enfant.

Maisons anciennes. — Deux d'entre elles, de la fin du 15e s. et à colombages, attirent le regard : la **maison Hugon** (à l'anglè de la rue Gambetta et de la rue V.-Basch — Z L) et la **maison Gorrevod** (dans la rue du Palais — Z N). Une troisième, du 17e s., en pierre, dite **maison de Bohan** (YZ F), se remarque à gauche de l'hôtel de ville.

EXCURSIONS

De Bourg-en-Bresse à Montfalcon. — 20 km. Quitter Bourg au Sud-Ouest par la N 83 et une petite route s'en détachant à droite.

St-Rémy. — 551 h. Situé dans la partie la plus boisée de la Dombes, le bourg est dominé par sa petite église, intéressante par la belle charpente de sa nef et, dans le chœur, son harmonieuse arcature romane.

Peu après St-Rémy, prendre à droite le D 45 et traverser le D 936 à Corgenon.

CV **Buellas.** — 1 006 h. L'**église**, précédée d'un auvent rustique, est intéressante par la belle arcature romane du chœur et son ensemble de statues.

Continuer le D 45, par Montcet.

Vandeins. — 329 h. L'église est ornée d'un portail sculpté (12e s.). Au **tympan★**, le Christ bénissant est une belle œuvre romane ; remarquer le geste des anges soutenant la gloire où s'inscrit le Christ. La Cène, de facture plus grossière, est représentée sur le linteau, entre deux petits groupes de damnés, sur les pieds-droits.

CV **Montfalcon.** — L'**église,** sur une légère éminence gazonnée, abrite, sur l'autel, une curieuse Vierge allaitant, en bois peint, attachant témoignage de l'art populaire du 15e s.

Meillonnas. — 891 h. 12 km. Quitter Bourg par la N 83 au Nord-Est et le D 936 à droite. A Jasseron, prendre à gauche le D 52.

Meillonnas fut longtemps célèbre pour ses faïenceries dont l'activité s'est interrompue en 1760. Elle a été reprise, artisanalement, selon des dessins traditionnels, depuis 1966.

★ BRANCION

Carte Michelin n° 69 pli 19 — 15 km au Sud-Ouest de Tournus — Schéma p. 108.

Le vieux bourg féodal de Brancion est perché sur une arête dominant deux ravins profonds. Il forme un ensemble pittoresque, dans l'un des sites les plus curieux du Mâconnais.

Chaque année s'allument à Brancion les feux celtiques de la Saint-Jean (voir tableau p. 168).

CV C'est une agréable surprise, une fois franchie l'enceinte du 14e s. et la porte fortifiée donnant **accès** au village, de découvrir tour à tour les restes imposants du château fort, les ruelles bordées de maisons à l'aspect médiéval — que gagne peu à peu une végétation envahissante —, les halles du 15e s., l'église fièrement perchée à l'extrémité du promontoire. Quelques maisons ont été restaurées avec goût.

CV **Château.** — Le château féodal, entouré d'arbres et de buis, remonte au début du 10e s. (fondations en arêtes de poisson). Remanié au 14e s. par le duc Philippe le Hardi qui lui adjoignit un logis où résidèrent les ducs de Bourgogne, il a été ruiné pendant la ligue, en juin 1594, par les troupes du colonel d'Ornano. Le donjon a été restauré ; de sa plate-forme (87 marches), où une table d'orientation a été aménagée, jolie **vue★** d'ensemble sur le village et son église, sur la vallée de la Grosne et sur les monts du Charollais et du Morvan.

CV **Église St-Pierre.** — C'est un bâtiment trapu du 12e s., de style roman, surmonté d'un clocher carré et dont la simplicité et la pureté de lignes s'allient aux tons de la pierre et à la toiture de laves (voir p. 16).

A l'intérieur, fresques du 14e s., commandées par le duc Eudes IV de Bourgogne. Gisant de Josserand IV de Brancion (13e s.), cousin et compagnon de Saint Louis, tué pendant la 7e croisade, et nombreuses pierres tombales. Importantes peintures murales (14e et 15e s.), malheureusement dégradées, sur la paroi droite de l'abside (Résurrection des morts).

De la terrasse de l'église, à l'extrémité du promontoire, on découvre la vallée.

BRIARE
6 327 h. (les Briarois)

Carte Michelin n° 65 Sud du pli 2.

Cette petite ville des bords de Loire a dû sa prospérité, au début du siècle, à la fabrication de boutons de porcelaine faits d'une pâte de feldspath très pur, importé de Norvège. Sa manufacture produisait alors une grande quantité de boutons, de perles, de jais et surtout des mosaïques de revêtement de sol en céramique dite « émaux de Briare ». La production de la céramique reste importante et de nouvelles industries sont venues s'y ajouter.

CURIOSITÉS

Pont-Canal. — Entrepris en 1890 par Eiffel, il permet au canal latéral à la Loire de franchir le fleuve pour s'unir au canal de Briare. Seul le trottoir du contre-halage est accessible au public. Longue de 662 m, large de 11,50 m, reposant sur 15 piles, la gouttière métallique contenant le canal est formée de plaques assemblées par plus de 7 millions de boulons.

Le **canal de Briare,** commencé en 1604 sur l'initiative de Sully et terminé seulement en 1642, est le premier canal de jonction construit en Europe : long de 57 km, il unit le canal latéral longeant la Loire au canal du Loing. Les sept écluses de Rogny *(p. 73),* maintenant abandonnées, marquent le point de partage des eaux des bassins de la Loire et de la Seine.

cv **Musée de l'Auto.** — *A la sortie Sud de Briare, direction de Nevers, à droite avant le raccordement à la déviation de la N 7.*

Dans les vastes bâtiments d'un ancien four à chaux sont exposées plus de 80 voitures anciennes, 50 motos (à partir de 1898) et quelque 200 modèles réduits. On remarque une Panhard de course de 1895, une berline Clément-Bayard de 1907, une chenillette Citroën de la Croisière Jaune (1929), une luxueuse Rolls-Royce de 1933, un prototype Voisin amphibie de 1946... Vélocipèdes (fin 19e s.) et le moteur qui fit traverser la Manche à Blériot.

★ Le BRIONNAIS

Cartes Michelin nᵒˢ 🖽 pli 17 et 🖽 plis 7, 8.

Ce petit pays, dont la principale ressource est l'élevage des bovins (embouche), s'étend principalement sur la rive droite de la Loire, entre Charlieu et Paray-le-Monial. Il formait autrefois l'un des 19 bailliages du duché de Bourgogne et avait pour capitale Semur-en-Brionnais. C'est une région mamelonnée d'où l'on découvre la vallée de la Loire, le Forez, les monts du Beaujolais.

Une floraison d'églises romanes. — Dans l'étroit espace compris entre l'Arconce et le Sornin, une douzaine d'églises construites sous l'influence de Cluny *(voir p. 27 et 29)* méritent d'être vues.

Beauté de la pierre. — L'abondance, sur place, de matériaux de premier ordre : bancs de calcaire jaunâtre d'un grain très fin, faciles à travailler en même temps que résistants, explique la belle couleur ocre ou jaune de la plupart des édifices du Brionnais, en particulier au soleil couchant.

La décoration. — Si le granit et le grès ne permettent d'obtenir que des effets de ligne ou de masse comme à Varenne-l'Arconce, Bois-Ste-Marie, Châteauneuf ou St-Laurent-en-Brionnais, le calcaire au contraire se prête au travail du sculpteur — d'où la beauté des façades et des portails décorés.

Les mêmes thèmes se retrouvent partout ; seules varient les expressions et les attitudes des personnages. Au tympan, apparaît le Christ en majesté, dans une mandorle, au milieu des quatre évangélistes, ou bien le Christ de l'Ascension nimbé s'élevant dans une gloire soutenue par les anges.

Les linteaux ont une décoration particulièrement fouillée : personnages fort nombreux assistant au triomphe du Christ, personnage central de dimensions beaucoup plus grandes que tous les sujets qui l'accompagnent. Cette disproportion met en lumière la hiérarchie entre le Christ, les évangélistes, la Vierge et les apôtres.

VISITE

★**Anzy-le-Duc.** — *Page 38.*

Bois-Ste-Marie. — 233 h. Bâtie au 12ᵉ s., l'église, au clocher ajouré et à l'imposant chevet, fut restaurée au siècle dernier. Sur le côté droit, une petite porte au tympan sculpté représente la Fuite en Égypte. A l'intérieur, égayé par la coloration rouge et blanche alternée des arcs doubleaux de la voûte, l'abside voûtée en cul-de-four est entourée d'un déambulatoire très bas avec colonnes jumelées dont la disposition est très originale ; chapiteaux ornés de scènes pittoresques ou de feuillages.

Châteauneuf. — 149 h. L'église est, comme le château, mise en valeur par un cadre boisé. Une des dernières constructions romanes en Bourgogne, elle se signale par sa façade massive, son portail latéral droit dont le linteau est naïvement sculpté des

12 apôtres. Intérieurement, observer les fenêtres hautes de la nef dont les pénétrations sont supportées par de fines colonnes à chapiteaux et, au transept, la coupole sur trompes dont la base octogonale est allégée par une galerie à arcatures. Non loin (carrefour D 8-D 113), chapelle du cimetière.

Iguerande. — 1 026 h. L'église, trapue, aux lignes architecturales très pures, édifiée au début du 12e s., occupe le sommet d'une butte escarpée dominant la vallée de la Loire. On remarquera les modillons sculptés du chevet et, dans la nef et le chœur, quelques curieux chapiteaux dont celui du « cyclope » musicien (1er pilier de gauche). De ses abords, on jouit d'une vue intéressante sur la plaine de la Loire et, au-delà, sur le Forez à gauche et les monts de la Madeleine à droite.

Montceaux-l'Étoile. — 301 h. Au portail de l'église, sous le cintre, le tympan et le linteau sculptés dans un seul bloc de pierre figurent l'Ascension, comme à Anzy-le-Duc et à St-Julien-de-Jonzy. Les colonnes portant les voussures sont ornées de chapiteaux.

★★ **Paray-le-Monial.** — *Page 126.*

St-Julien-de-Jonzy. — *Page 135.*

★ **Semur-en-Brionnais.** — *Page 145.*

cv **Varenne-l'Arconce.** — 137 h. Le transept saillant, le clocher carré dessinent à **l'église** une silhouette massive. Le grès dont elle est bâtie a restreint la décoration sculptée. Au-dessus d'une porte Sud, élégant tympan représentant l'Agneau de Dieu. Dans l'église sont disposés un Christ du 12e s. et des statues du 16e s., en bois polychrome.

La BUSSIÈRE   656 h.

Carte Michelin n° 65 pli 2 (13 km au Nord de Briare).

À l'écart de la N 7, ce village du Gâtinais se groupe dans un tranquille paysage de bois, d'étangs et de cultures.

cv **Château des Pêcheurs.** — Reconstruit sous Louis XIII, cet édifice est intéressant par son architecture en chaînages de briques. Situé en bordure d'un étang conçu par Lenôtre et entouré de ses douves en eau, il abrite une collection concernant la **pêche en eau douce.**

Dans l'Orangerie, qui fait suite à la tour de l'Horloge, est présentée une exposition de voitures anciennes, parmi lesquelles 2 coupés et un milord ; en face, dans une cave voûtée, sont exposés des aquariums de poissons d'eau douce.

Dans le château, belle collection de gravures anglaises et allemandes du 18e s., faïences ayant la pêche en eau douce pour sujet, cuirs de Cordoue du 16e s.

★ BUSSY-RABUTIN (Château de)

Carte Michelin n° 65 Sud du pli 8.

Situé à mi-pente d'une colline au voisinage d'Alise-Ste-Reine, le château de Bussy-Rabutin constitue, par sa décoration intérieure, une curiosité originale éloquemment révélatrice des états d'âme de son propriétaire.

Les mésaventures de Roger de Rabutin. — La plume, si favorable à Mme de Sévigné, sa cousine, causa bien des ennuis à Roger de Rabutin, comte de Bussy, que Turenne, déjà égratigné par ses couplets mordants, signalait au roi comme « le meilleur officier de ses armées, pour les chansons ». S'étant compromis, en compagnie de jeunes libertins, dans une orgie au cours de laquelle il improvisa et chanta des couplets tournant en ridicule les amours du jeune Louis XIV et de Marie Mancini, il fut exilé en Bourgogne par ordre du roi.

Rejoint dans sa retraite par sa tendre compagne, la marquise de Montglat, il composa, pour la divertir, une « Histoire amoureuse des Gaules », chronique satirique des aventures galantes de la cour.

Ce libelle conduisit son auteur tout droit à la Bastille où il séjourna un peu plus d'un an avant d'être autorisé à retourner en exil dans ses terres, mais seul cette fois, la belle marquise s'étant montrée fort oublieuse.

cv **VISITE**
environ 3/4 h

Une façade en comblanchien *(voir p. 83)* reconstruite en 1649 par Roger de Rabutin relie deux tours rondes plus anciennes. Un pont sur

(D'après photo J. Feuillie/© C.N.M.H.S./S.P.A.D.E.M.)

Bussy-Rabutin. — Le château.

les douves en eau donne accès à la cour d'honneur. Là, deux autres tours, le donjon à droite et la chapelle à gauche, sont reliées au corps principal par deux ailes de style Renaissance, formant galerie, délicatement décorées.

Intérieur. — Toute la décoration intérieure des appartements, cage dorée où l'exilé exhale sa nostalgie de l'armée, de la vie de cour, sa rancœur envers Louis XIV et sa tenace rancune amoureuse, a été conçue par Bussy-Rabutin lui-même.

BUSSY-RABUTIN (Château de)★

Cabinet des devises. — C'est la salle à manger du château. Encastrés dans la boiserie, panneaux figuratifs ou allégoriques et savoureuses devises composés par Roger de Rabutin forment un ensemble imprévu. Des vues de châteaux et monuments dont certains n'existent plus figurent sur les panneaux supérieurs. Sur la cheminée, portrait de Bussy-Rabutin par Lefèvre, élève de Lebrun. Le mobilier est Louis XIII.

Antichambre des hommes de guerre. — 65 portraits d'hommes de guerre célèbres, de Du Guesclin jusqu'au maître de maison « maistre de camp, général de la cavalerie légère de France », sont disposés sur deux rangs tout autour de la pièce. Quelques-uns de ces portraits sont des originaux, mais la plupart ne sont que des copies exécutées au 17e s. Ils n'en présentent pas moins un intérêt historique indéniable. Les boiseries et les plafonds sont décorés de fleurs de lys, de trophées, d'étendards et des chiffres enlacés de Bussy et de la marquise de Montglat. Sur les panneaux du bas, entre les croisées, observer deux devises qui évoquent la légèreté de la maîtresse infidèle.

Chambre de Bussy. — C'est effectivement la chambre de Bussy-Rabutin avec le mobilier et les boiseries d'époque. 25 portraits féminins des grandes dames de la cour y sont groupés. On reconnaît Mme de la Sablière, Gabrielle d'Estrées, Ninon de Lenclos, Mme de Maintenon par Mignard. Louise de Rouville, seconde femme de Bussy-Rabutin, est réunie en un triptyque avec Mme de Sévigné et sa fille, Mme de Grignan.

Tour Dorée. — Bussy-Rabutin s'est surpassé dans la décoration de cette pièce qui occupe le premier étage de la tour Ouest et qui est entièrement couverte de peintures. Les sujets empruntés à la mythologie et à la galanterie de l'époque sont accompagnés de quatrains et de distiques. Une série de portraits (copies) des grands personnages des règnes de Louis XIII et de Louis XIV couronne l'ensemble. Citons encore la galerie dite des rois de France et la loge d'où le châtelain pouvait assister aux offices : de là, on découvre la chapelle avec son retable du 16e s. représentant la Résurrection de Lazare et une Visitation du 18e s. en pierre polychrome et costumes bourguignons.

Jardins et parc. — Un parc de 34 ha, étagé en amphithéâtre avec de beaux escaliers de pierre, compose une magnifique toile de fond aux jardins attribués à Le Nôtre, aux statues (17e au 19e s.), aux fontaines et aux pièces d'eau.

EXCURSIONS

Bussy-le-Grand. — 298 h. *2 km au Nord*. Situé à flanc de colline — face à celle de Bussy-Rabutin —, le village a vu naître le général Junot, fait duc d'Abrantès par Napoléon. Il possède une grande **église** du 12e s., restaurée, d'extérieur sobre et dont l'intérieur est intéressant par son architecture (triple nef à piliers sous arcades, coupole sur trompes à la croisée du transept), ses sculptures (chapiteaux historiés, ciborium flamboyant) et son mobilier des 17e et 18e s. (boiseries du chœur, chaire, aigle lutrin).

Alise-Ste-Reine. — *8 km au Sud. Description p. 36.*

CHABLIS

2 414 h. (les Chablisiens)

Carte Michelin n° 📖 plis 5, 6.

« Porte d'Or » de la Bourgogne, Chablis, petite ville baignée par le Serein, est la capitale du vignoble de la Basse-Bourgogne.

D'origine très ancienne, ce vignoble a connu au 16e s. sa plus grande prospérité. Il y avait alors à Chablis et dans la région plus de 700 propriétaires viticulteurs.

De nos jours, le **vin blanc de Chablis,** sec et léger, est toujours fort apprécié pour sa saveur fine et son bouquet délié. Son parfum particulier s'élabore vers le mois de mars qui suit la récolte et conserve longtemps une remarquable fraîcheur. Le plant est le chardonnay appelé « Beaunois » dans la région. L'aire de production s'étend sur une vingtaine de communes, de Maligny au Nord à Poilly-sur-Serein au Sud, de Viviers à l'Est à Courgis à l'Ouest.

Les « premiers crus » s'étendent, sur les deux rives du Serein, sur le territoire de Chablis et des communes environnantes.

Les « grands crus » sont groupés sur les coteaux abrupts de la rive droite : ce sont les Vaudésir, Valmur, Blanchot, Grenouille, les Clos, les Preuses et Bougros.

Tous les ans a lieu la Fête des vins de Chablis *(voir p. 168)* et début février se situe la Fête « tournante » de la Saint-Vincent qui se célèbre à tour de rôle dans chaque village du Chablisien.

CHABLIS

Auxerroise (R.) 2	Leclerc
Briand (Av. A.) 3	(R. du Maréchal) 9
Cordonniers (R. des) 4	Marché (Pl. du) 10
J.-J.-Rousseau (Bd) 6	Moulins (R. des) 12
La-Fayette (Pl.) 7	Porte-Noël (R.) 13
Lattre-de-T. (R. de) 8	République (Pl.) 15

CURIOSITÉS

cv **Église St-Martin.** — Elle date de la fin du 12ᵉ s. C'est l'ancienne collégiale des chanoines St-Martin-de-Tours qui, ayant fui devant les Normands, firent une fondation pour y abriter les reliques de leur saint.
Sur les portes du portail latéral droit, de style roman, remarquer les pentures du 13ᵉ s. et les fers à cheval, ex-voto des pèlerins à saint Martin. L'intérieur forme un ensemble homogène.

Promenade du Pâtis. — Agréable promenade ombragée d'arbres centenaires, en bordure du Serein. Jolie vue sur le Serein et la ville.

cv **Église St-Pierre.** — Seules trois travées subsistent de cet édifice roman, église paroissiale jusqu'en 1789. C'est un excellent exemple de style bourguignon de transition *(voir p. 30).*

CHALON-SUR-SAÔNE   57 967 h. (les Chalonnais)

Carte Michelin nº **69** pli 9 — Plan d'agglomération dans le guide Michelin France.

Chalon, port fluvial situé au point de jonction de la Saône et du canal du Centre, est un centre industriel et commercial d'une grande activité dont les foires sont très suivies. Les fêtes du Carnaval *(voir p. 168)* qui durent huit jours attirent une foule considérable. Chalon est aussi la capitale économique d'une riche zone de culture et d'élevage, d'un vignoble dont certains crus sont dignes de leurs grands voisins.

UN PEU D'HISTOIRE

Un carrefour prédestiné. — Sa situation en bordure de la Saône, magnifique voie navigable, et à un important carrefour de routes, fit choisir cette place par Jules César comme entrepôt de vivres au temps de ses campagnes en Gaule.
Ce rôle de carrefour allait se préciser de plus en plus. Déjà au Moyen Âge, chaque année, deux foires — les **foires aux Sauvagines** —, qui duraient chacune un mois, comptaient parmi les plus fréquentées d'Europe. Elles se déroulent encore de nos jours et ne manquent pas de pittoresque. A cette occasion, de nombreux ramasseurs, piégeurs, gardes-chasse venus des Alpes, des Pyrénées, du Jura, des Vosges, du Massif Central, apportent à Chalon les Sauvagines les plus variées : renards, blaireaux, putois, fouines, loutres, martres, visons, etc. La foire « froide » *(voir p. 168)* attire une foule considérable. C'est la plus importante foire aux Sauvagines de France. La création du canal du Centre (fin 18ᵉ s./début 19ᵉ s.), celle des canaux de Bourgogne et du Rhône au Rhin, développèrent le commerce régional par voie d'eau.
En 1839, les usines Schneider du Creusot installent à Chalon, au débouché du canal du Centre, une importante usine dite « le Petit Creusot », devenue « Creusot-Loire » *(voir p. 85),* spécialisée dans la métallurgie lourde. D'autres industries, se sont installées depuis, dont l'équipement pour industrie nucléaire avec Framatome, en 1974.

La Côte chalonnaise. — Entre la Côte de Beaune et la Côte de Nuits au Nord, le Mâconnais et le Beaujolais au Sud, la Côte chalonnaise forme un trait d'union. Elle produit certains crus réputés, tels que le Mercurey, le Givry, le Montagny, le Rully (vins et mousseux) et nombre de très grands vins de table outre de grands ordinaires.

Le père de la photographie. — **Joseph Nicéphore Niepce,** né à Chalon en 1765, au 15 rue de l'Oratoire, peut être considéré comme l'inventeur de la photographie. Après un stage chez les Oratoriens et dans l'armée révolutionnaire qu'il abandonne pour raisons de santé, il s'installe à Chalon en 1801, se consacrant tout entier à diverses recherches scientifiques. Il mit au point, avec son frère Claude, un moteur dont le principe est celui du moteur à réaction, le « Pyréolophore ». A partir de 1813, il se passionne pour la lithographie : il réussit, en 1816, à fixer en négatif l'image obtenue au moyen de la chambre noire, puis, en 1822, à obtenir une image positive fixée.
Nicéphore Niepce mourut à Chalon en 1833. Une statue (quai Gambetta) et un monument à St-Loup-de-Varenne (7 km au Sud de Chalon), où fut mise au point sa découverte, perpétuent son souvenir.

CURIOSITÉS

★**Musée Denon** (BZ M¹). — Installé dans un bâtiment du 18ᵉ s. remanié, annexe de
cv l'ancien couvent des Ursulines, il porte le nom d'une des gloires de la ville : **Denon,** diplomate de l'Ancien Régime, graveur renommé et principal introducteur de la lithographie en France, fondateur de l'égyptologie lors de la campagne d'Égypte puis conseiller artistique de Napoléon Iᵉʳ, grand pourvoyeur et organisateur des musées de France.
On y voit une importante série de peintures du 17ᵉ s. au 19ᵉ s., des écoles flamande ou hollandaise, italienne — avec le Parmesan, Guerchin (Adoration des Bergers), Caravage (Sainte Famille), Luca Giordano, Salvator Rosa — et française avec Largillière (portraits), Carle Van Loo, Lagrenée, Ph. de Champaigne, Géricault (portrait d'un Noir) et des pré-impressionnistes (Raffort, notamment). Des meubles chalonnais (19ᵉ s.), accessoires de vignerons, poteries médiévales, maquettes diverses, objets de culte du 12ᵉ s., sculptures et peintures religieuses du 16ᵉ s., vitraux anciens, etc., et, dans la salle consacrée à Denon, des terres cuites de Clodion (faunesse et enfants).
Le rez-de-chaussée est réservé aux riches collections archéologiques : les silex préhistoriques de Volgu (région de Digoin-Gueugnon — les plus grands et les plus beaux de l'époque de la pierre taillée que l'on connaisse dans le monde), de nombreux objets métalliques antiques et médiévaux, un magnifique groupe gallo-romain en pierre : un lion terrassant un gladiateur. En outre, collections lapidaires gallo-romaines et médiévales.

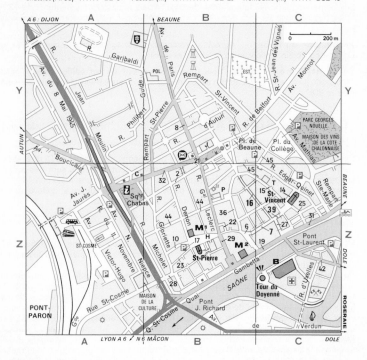

CHALON-SUR-SAÔNE

Grande-Rue	**BCZ 16**	Châtelet (R. du)	CZ 7	Poissonnerie (R. de la) . CZ 25
Leclerc (R. Général)	**BZ**	Citadelle (R. de la)	BY 8	Pont (R. du)	CZ 27
République (Bd de la)	**ABZ 32**	Couturier (R. Ph.-L.)	BZ 10	Porte-de-Lyon (R.)	BZ 28
		Evêché (R. de l')	CZ 14	Port-Villiers (R. du)	BZ 29
		Fèvres (R. aux)	CZ 15	Poterne (Q. de la)	CZ 31
Banque (R. de la)	**BZ 2**	Hôtel-de-Ville (Pl. de l')	BZ 17	St-Georges (R.)	BZ 36
Châtelet (Pl. du)	**BZ 6**	Messageries (Q. des)	CZ 19	St-Vincent (Pl. et R.) . CZ 39
		Obéalaise (Pl. de l')	BYZ 21	Strasbourg (R. de)	CZ 42
		Oratoire (Pl. de l')	BZ 22	Thiard (R. de)	BZ 44
		Pasteur (R.)	BZ 23	Trémouille (R.)	BCZ 45

Église St-Pierre (BZ). — Construite de 1698 à 1713 dans un style italien, avec des ajouts au 19e s., cette ancienne chapelle d'abbaye bénédictine présente une façade imposante et, intérieurement, une vaste nef et un chœur sous coupole peuplés de statues dont certaines sont du 17e s. : saint Pierre et saint Benoît à l'entrée du chœur, sainte Anne et la Vierge terrassant le dragon, dans le transept. Dans le chœur, stalles sculptées et orgue d'époque Régence surmonté d'un Saül jouant de la harpe.

★ **Musée Nicéphore-Niepce** (BZ M²). — Situé dans l'Hôtel des Messageries (18e s.), cv au bord de la Saône, il contient une très riche collection d'images et de matériels anciens, parmi lesquels les premiers appareils du monde fabriqués et utilisés par Joseph Nicéphore Niepce, à côté de ses premières « héliographies ». Les grands noms de la photographie contemporaine figurent en bonne place.

La vaste salle du rez-de-chaussée présente des appareils de tous pays, d'un « globuscope » de 1891 à une caméra lunaire du programme Apollo. A l'étage, on découvre la salle Niepce (souvenirs de famille, et le 1er appareil photographique utilisé, de 1816), la salle Daguerre (matériel ayant produit les daguerréotypes), des salles consacrées aux premières photographies en couleur, puis en relief, au cinématographe Lumière (projections, cyclographe de 1890), aux appareils à chambres de la fin du 19e s. On termine la visite, au rez-de-chaussée, par une grande salle exposant divers appareils anciens (dont les photosphères) et par une petite salle de « photosculpture ».

cv **Église St-Vincent** (CZ). — Cette ancienne cathédrale — Chalon a été jusqu'en 1790 le siège d'un évêché — ne présente pas un aspect homogène. Ses parties les plus anciennes remontent à la fin du 11e s. ; le chœur est du 13e s. La façade actuelle est de style néo-gothique.

A l'intérieur, on remarque les piliers cantonnés de pilastres cannelés et de colonnes engagées. Dans le bas-côté droit, nombreuses pierres tombales, chapelles à claire-voie en pierre. Dans le bas-côté gauche remarquer la voûte flamboyante de la troisième chapelle et la piscine du 15e s. Dans le croisillon droit, chapelle de Notre-Dame de Pitié avec Pietà du 16e s. et belle tapisserie Renaissance. Dans le chœur, dais finement sculpté. Dans l'abside, triptyque de 1608 (Crucifixion). Dans la chapelle absidiale Nord, grande armoire eucharistique moderne en bronze doré.

Le bras droit du transept s'ouvre sur un cloître du 15e s. qui a été restauré et où se trouvent 4 belles statues en bois ; la cour du cloître a retrouvé son puits.

La sacristie construite au 15e s. fut séparée en deux dans le sens horizontal au 16e s. et la partie inférieure voûtée autour d'une pile centrale. Dans la chapelle y donnant accès, beau vitrail représentant la femme aux douze étoiles de l'Apocalypse.

Maisons anciennes. — Certaines des nombreuses demeures anciennes du Vieux Chalon présentent un cachet tout particulier et méritent d'être signalées, particulièrement dans le quartier St-Vincent, où de belles façades à colombage ont été dégagées sur la place St-Vincent (remarquer également, à l'angle de la rue St-Vincent, une statue du saint), dans la rue aux Fèvres, la rue de l'Évêché, etc. ; **rue St-Vincent** (CZ 39) carrefour pittoresque à la jonction des rues du Pont, St-Vincent et du Châtelet ; **rue du Châtelet** (CZ 7), au n° 37, belle façade du 17e s., avec bas-reliefs, médaillons et gargouilles ; **Grande-Rue** (BCZ 16) : au n° 39, grande maison du 14e s., restaurée.

cv **Hôpital** (CZ B). — Du 16e s. Sa chapelle possède de belles boiseries, une jolie chaire, des vitraux du 16e s., une Pietà en pierre polychrome.
Le **réfectoire**★ des religieuses, avec ses boiseries et son vaisselier (vaisselle d'étain), est particulièrement remarquable.

cv **Tour du Doyenné** (CZ). — Cette tour du 15e s., jadis proche de la cathédrale, puis démolie en 1907, a été rééditée à la pointe de l'île. Non loin, beau tilleul provenant des pépinières de Buffon.

★**Roseraie St-Nicolas.** — *Des quais, 4 km par les ponts des îles de la Saône, au Sud,*
cv *puis la rue Julien-Leneuveu, à gauche, plus, à partir du stade St-Nicolas, environ 5 km*
à pied AR — durée : 1 h 1/2.
Installée dans une boucle de la Saône et faisant suite au golf municipal, cette prestigieuse roseraie (comptant quelque 25 000 plants) dissémine ses parterres au milieu d'immenses pelouses semées de conifères ou de jeunes pommiers. Le circuit de visite (que longe un parcours sportif de 2,5 km) fait découvrir, à gauche de l'allée principale d'accès, de splendides massifs de roses aux couleurs aussi variées que savamment assorties (floraison : juin-juillet), objets d'un concours international annuel, plus un petit jardin de plantes rares (talus de la Grande rocaille) et un arboretum ; à droite, une allée de roses anciennes (variétés obtenues au 19e s., pour la plupart) et des ensembles de roses vivaces (floraison : septembre), plantes à bulbes (iris, géraniums...), plantes d'eau, de terre de bruyère, etc.

EXCURSION

Le Chalonnais. — *Circuit de 53 km — environ 2 h. Quitter Chalon au Sud-Ouest par la Grande Rue St-Cosme* (AZ) *puis par le D 69.*

Givry. — 2 665 h. Givry produit des vins appréciés depuis longtemps : ils constituaient l'ordinaire du roi Henri IV.
La localité offre l'aspect d'une tranquille petite cité de la fin du 18e s., avec son hôtel
cv de ville installé dans une porte monumentale de 1771, ses fontaines et son **église,** chef-d'œuvre de Gauthey, couverte de coupoles et de demi-coupoles. Quatre groupes de deux grosses colonnes entourent la nef.

On arrive devant le château de Germolles, à l'entrée du village de ce nom.

cv **Château de Germolles.** — Cette ancienne maison forte du 13e s. — que précède une ferme du 14e s., avec fenêtres à meneaux — fut transformée au 14e s. en « maison de plaisance ducale » pour Marguerite de Flandre. Il en reste la belle poterne à tours rondes et chapelles superposées, le corps de logis renflé de deux tourelles d'escalier, et le vaste cellier roman-gothique.

Gagner Germolles et prendre à gauche un chemin vicinal dans la vallée des Vaux.

Vallée des Vaux. — C'est le nom donné à la pittoresque haute vallée de l'Orbise. A partir de Mellecey, les villages situés à mi-côte présentent le type des villages viticoles avec les celliers attenants aux maisons : St-Jean-de-Vaux *(où débute le D 124 que l'on prend à droite),* St-Mard-de-Vaux.

A St-Bérain-sur-Dheune, prendre à droite le D 974 et à St-Léger-sur-Dheune le D 978 qui, par Mercurey, ramène à Chalon.

★ **CHAPAIZE** 134 h.

Carte Michelin n° 🞉🞉 pli 19 — 16 km à l'Ouest de Tournus — Schéma p. 108.

Situé à proximité du Bisançon, rivière que borde à l'Est la belle forêt de Chapaize, ce petit village agricole, où se voient encore quelques maisons typiques du vignoble de la Côte *(illustration p. 15)* — certaines remontant au 18e s. — est dominé par une originale église romane, dernier témoin d'un prieuré fondé au 11e s. par les bénédictins de Chalon.

★**ÉGLISE ST-MARTIN**
visite : 1/2 h

L'édifice, construit du premier quart du 11e s. au début du 13e s., en belle pierre calcaire locale, dans un style entièrement roman mêlé d'influences lombardes (des maçons venus d'Italie ayant sans doute participé à sa réalisation), est remarquable par son harmonie et la hardiesse de son clocher.

Extérieur. — Le vaisseau, de plan basilical et dont la nef centrale a été rehaussée au milieu du 12e s., montre des murs latéraux épaulés d'épais contreforts et une sobre façade dont le pignon triangulaire, souligné d'arcatures lombardes, surmonte une baie en plein cintre à colonnettes et un portail encadré de deux arcs également en plein cintre.
Vrai campanile lombard mais bâti (au milieu du 11e s.) sur la croisée du transept d'où il s'élève à une hauteur surprenante (35 m) par rapport aux dimensions du reste de l'église, le

(D'après photo S. Chirol)

L'église de Chapaize.

clocher accroît encore l'effet de son envolée par les subtils artifices de son architecture : coupe rectangulaire à peine marquée, premier étage — aussi haut que les deux autres additionnés — presque insensiblement pyramidal et orné de bandes lombardes verticales, des arcatures horizontales délimitant les étages supérieurs, baies inégales et de niveaux décalés, dont la largeur augmente avec l'élévation... Un escalier extérieur, ajouté au 18e s., permet d'accéder à la base de la tour.

Le chevet, quoique refait au début du 13e s. sur le modèle de celui de Lancharre *(voir ci-dessous)*, ne rompt pas l'unité de l'ensemble, grâce à son élégante simplicité.

Les toitures de l'église ont été remplacées, en lauzes, vers la fin du 14e s.

Sculptures. — Peu nombreuses, de facture archaïque et rongées par les intempéries, elles ornent d'un décor floral ou d'un visage humain les chapiteaux des baies de la façade et du clocher ; remarquer, sur la face Nord de ce dernier, la colonne où s'adosse un personnage en pied — préfiguration de statue-colonne.

Intérieur. — L'intérieur à trois nefs, restauré, d'un grand dépouillement, frappe l'œil dès l'entrée par deux singularités : l'énormité des piliers (4,80 m de circonférence) et le dévers accentué de ceux-ci, surtout vers la gauche (côté Nord). Ces piles rondes, chapeautées d'imposte en triangle, forment sept travées (dont deux pour le chœur) et reçoivent les lourds arcs doubleaux de la voûte (surélevée, en berceau brisé, au 12e s.) et ceux encadrant les voûtes d'arêtes centrales des bas-côtés. La croisée du transept — qui supporte le clocher — est voûtée d'une admirable **coupole** ovoïde sur trompes, soutenue par des arcs en plein cintre. L'abside et les absidioles, voûtées en cul-de-four, sont éclairées, la première par trois larges baies, les secondes par des fenêtres axiales à colonnettes et chapiteaux sculptés (les baies latérales ont été percées au 19e s.).

EXCURSION

Lancharre. — *2 km au Nord-Est.* Le hameau englobe les vestiges d'un couvent de
cv chanoinesses établi au 11e s. par les sires de Brancion. L'**ancienne église** conventuelle, touchante dans son abandon, réunit deux édifices accolés des 12e et 14e s. composant le chevet et le transept sur lequel s'élève, à gauche, un clocher carré percé de grandes baies ogivales. De la nef disparue, que remplace le cimetière, il ne subsiste qu'un pan de mur et la première travée jouxtant le chœur.

A l'intérieur, on remarque les vastes absides et absidioles, voûtées en cul-de-four, le chœur dont l'arc triomphal retombe sur deux élégants piliers aux chapiteaux sculptés de têtes humaines, la coupole sur trompes supportant le clocher, une dizaine de dalles funéraires des 13e et 14e s., certaines gravées d'effigies de dames ou de chevaliers.

★★ La CHARITÉ-SUR-LOIRE   6 422 h. (les Charitois)

Carte Michelin n° 🔢 Sud du pli 13.

Dominée par les clochers de son admirable église, la Charité s'étage sur un coteau baigné par la Loire, majestueuse, franchie par un pittoresque pont de pierre en dos d'âne, du 16e s., d'où l'on a une belle vue d'ensemble de la ville. Au temps de la navigation sur la Loire *(p. 103)*, le port de La Charité connut une grande activité.

UN PEU D'HISTOIRE

La charité des bons pères. — Le petit bourg édifié à cet endroit s'appela tout d'abord Seyr, ce qui signifie « Ville au Soleil » d'après une étymologie semblant être phénicienne. La conversion des habitants au christianisme et la fondation d'un couvent et d'une église, au début du 8e s., marquent le début d'une ère de prospérité. Mais les invasions arabes et les destructions qui s'ensuivent remettent tout en question.

C'est au 11e s., lors de la construction de l'église actuelle, que l'abbaye réorganisée attire voyageurs, pèlerins et pauvres. Connaissant l'hospitalité et la générosité des religieux, ces derniers venaient nombreux solliciter « la charité des bons pères ». « Aller à la charité » passa dans le langage courant et le nom fut attribué à la localité.

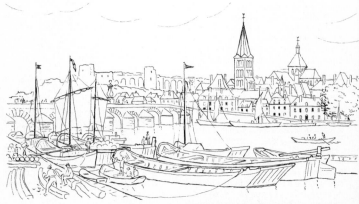

(D'après un dessin de Deroy, photo Delayance)

Le port de la Charité en 1830.

Un échec de Jeanne d'Arc. — Fortifiée au 12e s., la ville « poste considérable à cause du passage de la Loire » allait être l'enjeu de luttes entre les Armagnacs et les Bourguignons au cours de la guerre de Cent Ans.

Occupée par les Armagnacs, partisans de Charles VII, la ville est prise en 1423 par **Perrinet-Gressard,** aventurier appointé à la fois par le duc de Bourgogne pour soutenir sa lutte contre Charles VII et par les Anglais pour retarder la réconciliation entre Armagnacs et Bourguignons. En décembre 1429, Jeanne d'Arc, venant de St-Pierre-le-Moutier *(p. 136),* met le siège devant La Charité. Mais l'insuffisance des troupes, les rigueurs du froid et peut-être une « merveilleuse finesse », jamais élucidée, de Perrinet-Gressard l'obligent à lever le siège.

Quant à Perrinet-Gressard, il ne rendra la ville à Charles VII qu'en 1435 après la signature de la paix d'Arras entre Armagnacs et Bourguignons, moyennant une forte rançon et la charge à vie de capitaine de La Charité.

★★ÉGLISE NOTRE-DAME

visite : 1 h

Malgré ses mutilations, cette église reste l'un des plus remarquables témoins de l'architecture romane en Bourgogne.

Fille aînée de Cluny. — C'est dans la seconde moitié du 11e s., que le prieuré bénédictin et son église, dépendant de l'ordre de Cluny, furent édifiés. Le pape Pascal II consacra l'église en 1107. Au cours du 12e s., son plan et sa décoration furent modifiés.

Avec ses cinq nefs, 122 m de longueur, 37 m de largeur et 27 m de hauteur sous la coupole, la Charité était, après Cluny, la plus grande église de France : elle pouvait contenir cinq mille personnes. Elle faisait partie des cinq privilégiées honorées du titre de « fille aînée de Cluny » et n'en possédait pas moins une cinquantaine de filiales.

Extérieur. — Isolée du reste de l'édifice par l'incendie de 1559, la façade se dresse place des Pêcheurs. Des deux tours qui encadraient le portail central, ne subsiste plus actuellement que celle de gauche, la **tour Ste-Croix,** édifiée au 12e s. De plan carré, à deux étages de fenêtres, elle est surmontée d'une flèche d'ardoise remplaçant la flèche d'origine en pierre. Elle est décorée d'arcatures aveugles et de motifs sculptés figurant des rosaces. Les deux portes sont murées ; l'une d'elles conserve son tympan. On y voit un Christ en gloire, bénissant le monastère de la Charité représenté par le moine Gérard, son fondateur et premier prieur. Sur le linteau sont figurées des scènes de la vie de la Vierge : l'Annonciation, la Visitation, la Nativité, l'Annonce aux Bergers.

Les marches du portail central roman, dont il ne subsiste que des vestiges et qui fut remplacé par une construction gothique au 16e s., donnent accès à la place Ste-Croix, qui occupe l'emplacement des six travées de la nef détruites au cours de l'incendie de 1559.

Dans l'ancien bas-côté Nord, qui, de la fin du 12e s. au 18e s., fut transformé en église paroissiale, sont encastrées des habitations ; des arcatures du faux triforium y sont encore en partie visibles.

Intérieur. — L'église actuelle occupe les quatre premières travées de la nef originelle, le transept et le chœur. Fort mal restaurée en 1695, la nef n'offre guère d'intérêt mais le transept constitue avec le chœur un magnifique ensemble roman.

La croisée est surmontée d'une coupole octogonale sur trompes ; les croisillons comptent trois travées et deux absidioles remontant au 11e s., c'est la partie la plus ancienne de l'édifice. La blancheur retrouvée de la pierre permet dans une certaine mesure de détailler les chapiteaux qui reçoivent les doubleaux. Dans le croisillon droit, on peut voir le second tympan roman de la tour Ste-Croix représentant la Transfiguration avec l'Adoration des Mages et la Présentation au Temple.

Le chœur, entouré d'un déambulatoire desservant cinq chapelles rayonnantes, est d'une grande élégance ; la chapelle axiale est du 14e s. Les arcs en tiers-point du pourtour sont très aigus en raison du rapprochement des hautes colonnes portant de beaux chapiteaux historiés. Un bestiaire à huit motifs souligne le faux triforium dont les arcatures quintilobées, d'inspiration arabe, sont supportées par des pilastres ornementés.

Vitraux modernes de Max Ingrand.

Sortir de l'église par le croisillon Sud, à droite.

★★**Vue sur le chevet.** — Le passage de la Madeleine (16e s.) voûté d'ogives débouche Grande-Rue. Au n° 45, un passage couvert mène au square des Bénédictins, d'où l'on découvre le magnifique ensemble formé par le chevet, le transept et la tour octogonale de l'abbatiale.

Derrière le chevet, un champ de fouilles (clos) fait apparaître des vestiges d'un prieuré clunisien du 11e s.

Du square un escalier descend au Prieuré.

LA CHARITÉ-SUR-LOIRE

Barrère (R.)	2
Chapelains (R. des)	3
Gaulle (Pl. Général-de)	4
Pont (R. du)	7
Verrerie (R. de la)	8

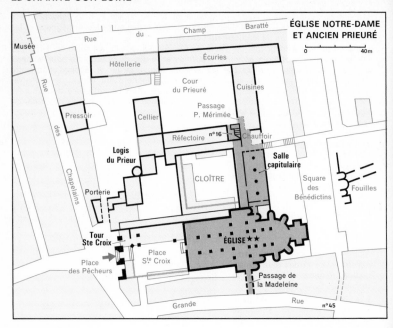

ÉGLISE NOTRE-DAME ET ANCIEN PRIEURÉ

Ancien prieuré. — Au pied de l'escalier, un passage public pris sur la salle capitulaire débouche dans la cour de l'ancien prieuré, autour de laquelle s'ordonnaient les cuisines, le grand réfectoire et les écuries ; au n° 16, remarquer le vestibule avec son bel escalier Louis XIV.

Dans la basse cour du prieuré on voit encore le logis du prieur (début 16e s.) avec sa jolie tourelle à sept pans.

Par la porterie on regagne la place des Pêcheurs.

AUTRES CURIOSITÉS

Les remparts. — De l'esplanade proche de l'école de Filles (rue du Clos), jolie vue sur le chevet de l'église et ses absidioles étagées, sur la Loire, la vieille ville et les remparts dont le parcours présente aussi un intérêt panoramique.

cv **Musée (M).** — Sa section archéologique fait une large place aux découvertes médiévales des fouilles effectuées au centre de la ville : fragments lapidaires et carreaux de terre cuite, outils, poteries, clefs, bijoux, etc.

La section ethnographique présente des faïences et des meubles rustiques nivernais ; dans la salle des Limiers a été reconstituée une rétrospective de ce qui fut une activité importante dans la région, du 19e s. au début du 20e s. : la métallurgie et la fabrication des limes et des râpes.

On peut voir en outre une collection d'objets Art-déco ou Modern style (fin 19e s.-début 20e s.) : beaux vases, notamment, créés par Louchet et Lalique. Il s'y ajoute, chaque été, une exposition temporaire d'art contemporain.

EXCURSION

Forêt des Bertranges. — *Circuit de 45 km.* Distante de quelque 5 km à l'Est de la Loire, la forêt domaniale des Bertranges couvre environ 8 288 ha de ses belles futaies de chênes mêlées de hêtres auxquels s'adjoignent parfois sapins et mélèzes.

Quitter la Charité par ②, N 151. Prendre ensuite à droite le D 179 et, après Raveau, le D 138 (vers Chaulgnes) que l'on quitte à gauche par la route forestière du Rond de la Réserve.

A 1 km environ, on passe devant la « fontaine de la Vache », source limpide voisine d'un beau chêne isolé ; on atteint ensuite le **Rond de la Réserve,** carrefour forestier entouré de magnifiques sapins. Du Rond, gagner au Sud les Bois-de-Raveau, hameau précédé par la maison forestière dite de l'Usage défendu, puis, par le D 179 tout en montées et descentes successives, St-Aubin-les-Forges où l'on prend à droite le D 117 jusqu'à **Bizy** dont on remarque le château bordé d'un charmant étang.

Emprunter à droite le D 8 et, encore à droite, le D 110, route de Chaulgnes.

Cette petite route pittoresque s'élève en procurant d'agréables vues sur la forêt et les localités les plus proches ; sa descente finale fait découvrir la cuvette où se tapit le bourg de **Chaulgnes** dominé par son église.

Continuer le D 110, au-delà de Chaulgnes, jusqu'à l'embranchement de Champvoux.

cv L'**église de Champvoux,** édifice du 13e s. amputée de sa nef (dont ne subsistent que les murs à contreforts et les vestiges sculptés du portail), séduit par sa haute et triple abside percée de larges baies en plein cintre et coiffée de toits coniques ; remarquer, dans le chœur, les chapiteaux naïfs des deux piliers et le blason (daté de 1668) de la chapelle axiale.

Le D 110 puis la N 7 ramènent à la Charité.

CHAROLLES

3 758 h. (les Charollais)

Carte Michelin n° 69 plis 17, 18 — Schéma p. 62 — Lieu de séjour p. 8 — Plan dans le guide Michelin France.

Capitale du Charollais, pays de grand élevage, Charolles est située dans une cuvette boisée et verdoyante. La ville est dominée par les restes du château des comtes de Charolles, dont le logis, plus récent, sert maintenant d'hôtel de ville. Du jardin aménagé en terrasse sur le mur d'enceinte, au pied de la tour de Charles le Téméraire envahie par le lierre, vue agréable.

Charolles possède une faïencerie d'art, de 1845, dont les productions sont finement décorées, et un petit musée de sculpture (32 rue Davoine, au fond de la promenade St-Nicolas), consacré au souvenir de René Davoine (1888-1962), enfant du pays.

L'élevage en Charollais. — La race bovine charollaise se place au quatrième rang des races bovines françaises, derrière les races pie noire, normande et pie rouge. Elle compte plus de 3 millions de têtes, se distingue par sa robe uniformément blanche, et détient le 1er rang pour le rendement en viande, d'une qualité parfaite.

Les troupeaux d'élevage sont mis « à l'herbe » dès les premiers beaux jours et ne rentrent que pour l'hivernage. D'avril à décembre se tiennent, chaque semaine, des marchés et des foires où, par milliers, se pressent les grands bœufs blancs : à St-Christophe-en-Brionnais, à Charolles, règne à cette occasion une pittoresque animation. C'est cependant à Sancoins (Cher), hors du périmètre de production mais marché de niveau européen, que s'effectue l'essentiel des transactions.

EXCURSIONS

★**Mont des Carges.** — Circuit de 28 km. Quitter Charolles par le D 25 au Sud-Est. Avant d'atteindre Vaudebarrier, prendre à gauche le D 168.

Après un parcours de 4 km sur un plateau séparant deux vallées parallèles, tourner à gauche en direction de Beaubery que l'on atteint après avoir traversé un paysage vallonné et boisé. Avant d'atteindre l'église, prendre à gauche le D 79 sur lequel s'amorce une allée étroite longue de 300 m vers le sommet du mont des Carges. D'une esplanade où s'élèvent les monuments au maquis de Beaubery et au bataillon du Charollais, une **vue**★ presque circulaire embrasse le pays de Loire à l'Ouest, tout le Charollais et le Brionnais au Sud, les monts du Beaujolais à l'Est.

Poursuivre le D 168 qui rejoint le D 79. Prendre à droite.

Après le Mont des Carges, à droite, dans une agréable descente, le D 79 côtoie les pentes boisées du mont Botey, centre du Charollais.

Revenir à Charolles par la N 79 que l'on rejoint 2 km plus loin.

cv **Château de Chaumont.** — 16 km au Nord-Est.

La façade Renaissance du château est flanquée d'une tour ronde ; l'autre façade, de style gothique, est moderne. L'ampleur de ses bâtiments est frappante.

★ CHÂTEAU-CHINON

2 679 h. (les Châteauchinonais)

Carte Michelin n° 69 pli 6 — Schémas p. 72 et 118 — Lieu de séjour p. 8.

A cheval sur la ligne de faîte séparant les bassins de la Loire et de la Seine, la petite ville de Château-Chinon, capitale du Morvan, occupe un **site**★ pittoresque à la limite du Nivernais. C'est un excellent centre pour rayonner dans tout le Morvan.

Une belle devise. — La situation très favorable de la colline, forteresse naturelle, facile à défendre et d'où l'on découvre à la fois les plus hauts sommets du Morvan et la plaine du Nivernais, lui a valu de porter successivement un oppidum gaulois, un camp romain et un château féodal qui donna son nom à la ville. Combats, sièges en règle, hauts faits d'armes, valurent à la cité de mériter, au cours des siècles, la devise : « Petite ville, grand renom ».

CURIOSITÉS

★★**Panorama du Calvaire.** — Du square d'Aligre, monter à pied *(1/4 h AR)* jusqu'au Calvaire. On peut aussi, après le square, bifurquer à droite du pâté de maisons, puis prendre à gauche un pittoresque sentier bordé de haies : on arrive ainsi à revers au sommet de la butte *(1/2 h AR)*. Le Calvaire (609 m d'altitude), constitué par trois croix de pierre, est érigé à l'emplacement d'un oppidum gaulois et sur les vestiges d'un ancien château fort.

Le panorama circulaire est admirable *(table d'orientation)*. On a une vue d'ensemble sur Château-Chinon et ses toits d'ardoise, au loin sur les croupes boisées du Morvan. Les deux sommets, le Haut-Folin (901 m) et le mont Préneley (855 m), apparaissent au Sud-Est. Au pied de la colline, la vallée de l'Yonne s'ouvre à l'Est, tandis qu'à l'Ouest, dominant le bassin supérieur du Veynon, la vue se prolonge au-delà du Bazois jusqu'au Val de Loire.

★**Promenade du Château.** — Une route, à flanc de coteau, fait le tour de la butte. Partir du faubourg de Paris et revenir par la rue du Château. De part et d'autre d'une agréable futaie on découvre successivement les paysages qu'embrasse la vue panoramique du Calvaire et, en outre, les gorges de l'Yonne, invisibles du Calvaire.

cv **Musée du Folklore et du Costume.** — Dans le vieil hôtel de Buteau Ravisy sont groupés des souvenirs de la vie morvandelle : reconstitution d'une salle fin 18e s.-début 19e s. ; costumes régionaux ; chambre de mariée morvandelle en 1880 ; cellule de visitandine en Morvan, vers 1840 ; salles du tisserand et des Pandores (mannequins de mode) ; salle Napoléon III (gravures, céramiques et souvenirs, dont le traîneau d'Eugénie de Montijo et le bicorne de Napoléon III).

EXCURSIONS

★★ 1 Mont Beuvray. — *Circuit de 73 km — environ 2 h — schéma ci-contre. Quitter Château-Chinon par le D 978 à l'Est.*

La route, sinueuse et pittoresque, traverse des paysages mamelonnés ; de nombreux villages et hameaux s'étagent sur les collines au milieu de prés entourés de haies vives.

Arleuf. — 864 h. Presque tous les pignons des maisons, tournés vers l'Ouest, présentent cette particularité d'être revêtus d'ardoises qui les protègent des pluies.

Après un parcours en forêt, belle vue à gauche, sur les hauteurs de la forêt d'Anost. Le hameau du Pommoy dépassé, s'engager à droite sur le D 179 qui, bientôt, serpente aux flancs des **gorges de la Canche** *(p. 120).* Beau point de vue, dans un virage à droite.

Franchissant la Canche, on laisse à droite un barrage, derrière lequel le réservoir constitue un site agréable.

Au refuge forestier de la Croisette, une route fo-

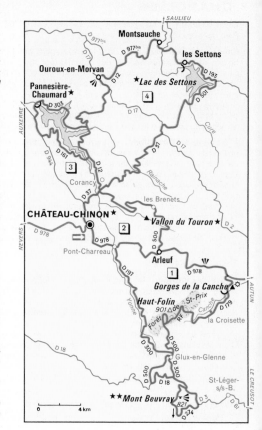

restière, à droite, traverse la **forêt de St-Prix** aux épicéas et sapins magnifiques. Au rond-point, part, à droite, une route forestière circulaire desservant le téléski du **Haut-Folin** *(p. 119).*

> *Au Pré-du-Massé, le D 500, par Glux et Anvers, mène au D 18. Tourner à gauche.*

Bientôt, à droite, se dresse la masse arrondie et boisée du mont Beuvray, dont on atteint le sommet par une route en lacet, à sens unique, qui se détache du D 3.

★★ Mont Beuvray. — *Page 54.*

La route continue en descente à travers une belle forêt de hêtres et de chênes sur le versar⁺ Sud-Est et rejoint le D 3 que l'on suit à gauche pour revenir à Glux, où l'on prend à gauche une route pittoresque (D 300 puis D 197) qui longe la haute vallée de l'Yonne.

> *Au Pont-Charreau, suivre à gauche le D 978 qui ramène à Château-Chinon.*

★ 2 Vallon du Touron. — *Circuit de 29 km — environ 1 h — schéma ci-dessus. De Château-Chinon à Arleuf, suivre l'itinéraire du Mont Beuvray décrit ci-dessus.*

> *A Arleuf, tourner à gauche dans le D 500.*

Après une montée de 1,5 km, la route franchit le profond vallon du Touron. Après les Brenets, on reconnaît au Sud les croupes boisées du Haut-Folin.

Le D 500 continue à flanc de pente, dans le décor très vert d'un paysage valonné où paissent de blancs troupeaux et débouche finalement sur le D 37, qui à gauche ramène à Château-Chinon.

★ 3 Barrage de Pannesière-Chaumard. — *Circuit de 38 km — environ 1 h 1/2 — schéma ci-dessus. Cartes Michelin nᵒ 69 pli 6 et nᵒ 65 pli 16. Suivre les routes qui font le tour du barrage. Description p. 126.*

★ 4 Lac des Settons. — *Circuit de 64 km — environ 2 h 1/2 — schéma ci-dessus.* Cartes Michelin nᵒ 69 pli 6 et nᵒ 65 plis 16 et 17.

> *De Château-Chinon à Montsauche, description p. 117. A la sortie Ouest de Montsauche, prendre le D 977 bis et le D 12.*

Ouroux-en-Morvan. — 1 010 h. De l'église et de la place Centrale, deux rues conduisent à un beau **point de vue★** sur un moutonnement de collines parmi lesquelles apparaît une partie de la retenue de Pannesière (1/4 h AR).

> *Après Courgermain, prendre à gauche un chemin vicinal vers les 4 Vents.*

Très sinueux, le chemin offre dans sa descente des vues sur le Morvan et le lac de Pannesière *(description p. 126).*

> *Reprendre à gauche le D 12 et revenir à Château-Chinon par Corancy et la route de l'aller.*

★ CHÂTEAUNEUF

62 h.

Carte Michelin n° 65 Sud-Ouest du pli 19.

Dans un **site**★ pittoresque, ce vieux bourg fortifié est célèbre par son château fort qui commandait la route de Dijon à Autun et toute la plaine environnante.

★**Château.** — On en a une vue saisissante en arrivant du Sud par le D 18A, aussitôt
cv après avoir franchi le canal de Bourgogne.

Au 12e s., le sire de Chaudenay, dont le château en ruine s'élève à Chaudenay-le-Château *(6 km, au Sud)* dans un joli site, construisit pour son fils cette forteresse qui fut remaniée et agrandie, à la fin du 15e s., par Philippe Pot, sénéchal de Bourgogne. Le dernier propriétaire, le comte G. de Vogüé, en a fait don à l'État après l'avoir fait restaurer en partie.

Cette imposante construction est entourée de fossés et ceinturée d'épaisses murailles flanquées de tours massives. Un pont-levis encadré de grosses tours rondes donne accès à la cour intérieure, d'où l'on a une vue d'ensemble des deux corps de logis de style gothique. Dans l'aile restaurée surmontée de hautes lucarnes, on visite la vaste salle des gardes. D'une chambre ronde, vaste panorama sur la plaine et le Morvan.

★**Le village.** — Il forme un ensemble très pittoresque, avec ses vestiges de remparts et ses rues étroites. Le village possède de vieilles demeures, fort bien conservées, construites du 14e au 17e s. par de riches marchands bourguignons ; on remarquera une boutique ancienne intéressante (rue principale) et des linteaux de porte sculptés ou en accolade.

CHÂTEAURENARD

2 241 h.

Carte Michelin n° 65 Nord du pli 3.

Cette petite ville du Gâtinais doit son nom au château construit au 10e s. sur la colline dominant la rive droite de l'Ouanne.

Châteaurenard garde encore quelques maisons anciennes dont la plus belle, du 15e s., à colombages et sculptures, s'élève place de la République. On y voit aussi, sur la rive gauche de l'Ouanne, le château de la Motte (habité), du début du 17e s., dans un joli parc fleuri.

Église. — Ancienne chapelle (11e et 12e s.) du château, elle est encastrée dans les ruines de cette forteresse dont quelques tours sont assez bien conservées. Une porte fortifiée, entre deux tours, y donne accès.

Un puits profond précède la façade constituée par le clocher que coiffe un lanternon. Du terre-plein voisin (où est placée une meule à huile du 12e s.), vue intéressante sur l'agglomération en contrebas.

CHÂTILLON-COLIGNY

1 786 h. (les Châtillonnais)

Carte Michelin n° 65 pli 2.

Sur les bords du Loing et du canal de Briare, agrémentés de vieux lavoirs, Châtillon-Coligny a vu naître, en 1519, l'amiral **Gaspard de Coligny,** victime de la Saint-Barthélemy. En 1937, un monument a été érigé à l'emplacement de la chambre où il est né, dans le parc du château, par des souscripteurs hollandais afin de rappeler l'union de Louise de Coligny, fille de l'amiral, avec Guillaume d'Orange.

En 1893, Colette épousa Willy, à Châtillon-Coligny où elle vivait chez son frère le Docteur Robineau.

cv **Château.** — Du magnifique ensemble, construit au 12e s. par le comte de Sancerre, la Révolution n'a épargné que le donjon polygonal, haut de 26 m, et les souterrains qui le desservaient. Il reste également, de la somptueuse demeure édifiée au 16e s. par le maréchal de Châtillon, trois terrasses monumentales dont l'une comporte une belle orangerie et un puits Renaissance, attribué à Jean Goujon.

A proximité, l'église, des 16e et 17e s., est flanquée d'un campanile accolé à une porte des anciens remparts.

EXCURSIONS

Montbouy. — 619 h. *5 km au Nord.* D'importants vestiges de thermes et d'un théâtre gallo-romain sont visibles au Nord du village.

Cortrat. — 61 h. *12 km au Nord-Ouest, par Montbouy.* La petite **église** rurale est entourée de son ancien cimetière. Son **tympan**★ gravé est d'une étrange facture primitive ; les personnages et les animaux qui apparaissent dans ses linéatures représenteraient la création du monde.

cv **Arboretum des Barres.** — *8 km au Nord-Ouest par le D 41.* Cet arboretum fait partie du domaine de l'École nationale des Ingénieurs des travaux des Eaux et Forêts. Les collections et plantations expérimentales de l'arboretum dont certaines ont près de 150 ans, groupent 3 000 espèces ou variétés d'arbres et d'arbustes.

Rogny-les-7-Écluses. — 735 h. *10 km au Sud par le D 93.* La construction des sept écluses de Rogny, entreprise sous l'ordre d'Henri IV en 1605, pour faire passer les eaux du canal de Briare, du vallon de la Trézée dans la vallée du Loing, ne fut terminée qu'en 1642. Cet ouvrage d'art, considérable pour l'époque, fut cependant désaffecté en 1887. Actuellement, six écluses plus espacées assurent le trafic du canal de Briare, permettant ainsi un gain de temps considérable.

Des sapins bordent, comme autrefois, les sept écluses disposées en marches d'escalier. La rigole n'alimente plus que rarement les écluses, mais le site a conservé son charme.

CHÂTILLON-EN-BAZOIS

1 179 h. (les Châtillonnais)

Carte Michelin n° 🔢 Nord du pli 5 — Schéma p. 118.

Bourg de plaine, agréablement situé sur l'Aron et sur le canal du Nivernais, Châtillon-en-Bazois est l'un des centres les plus importants de la navigation de plaisance en Bourgogne. Son propre chantier de construction de bateaux est dominé par un château des 16e et 17e s. flanqué d'une tour ronde du 13e s., qui s'élève entre la rivière et le canal.

Église. — On peut y voir un grand tableau de Nicolas Mignard (Baptême du Christ) dans la chapelle à gauche de l'entrée, la pierre tombale de Jehan de Chatillon (14e s.) à droite de l'entrée, et un retable de 1423 en pierre formant devant d'autel dans le chœur et représentant une Pieta entourée par les apôtres.

EXCURSION

_cv_ **Rouy.** — 532 h. _10 km à l'Ouest._ L'**église** romane du 12e s. montre un beau clocher carré déjà gothique dont le premier étage est décoré de colonnettes sous arcatures et le second percé sur chaque face de deux baies géminées. A l'intérieur, la voûte de l'abside est peinte d'un Christ bénissant entre un ange et un démon.

★ CHÂTILLON-SUR-SEINE

7 963 h. (les Châtillonnais)

Carte Michelin n° 🔢 pli 8 — Lieu de séjour p. 8.

La coquette ville de Châtillon est baignée par la Seine, fleuve encore chétif, qui y reçoit les eaux abondantes de la Douix, magnifique source vauclusienne.
Le centre de la ville, éprouvé lors de la dernière guerre, a été reconstruit avec goût.
L'élevage du mouton devint la grande ressource des plateaux du Châtillonnais et le commerce de la laine connut à Châtillon une activité très florissante jusqu'au 18e s.
La ville constitue un centre d'excursions très apprécié.

Cent ans après. — A un siècle d'intervalle, Châtillon a vécu des heures historiques.
En février 1814, alors que **Napoléon Ier** défend pied à pied les approches de la capitale, a lieu à Châtillon un congrès entre la France et les puissances alliées contre elle — Autriche, Russie, Angleterre, Prusse. Napoléon repousse les propositions dures qui lui sont faites ; la lutte reprend et se termine par la chute de l'Empire.
En septembre 1914, les troupes françaises battent en retraite devant la violente poussée des Allemands. Le **général Joffre**, commandant en chef les armées françaises, a installé son Quartier Général à Châtillon-sur-Seine, C'est de là qu'il lance son fameux ordre du jour du 6 septembre : « Au moment où s'engage une bataille dont dépend le salut du pays, il importe de rappeler à tous que le moment n'est plus de regarder en arrière… ». L'avance allemande est stoppée et la contre-attaque française sur la Marne prend l'ampleur d'une grande victoire.

CURIOSITÉS

★**Musée (M).** — Il est installé dans la maison Philandrier, jolie demeure d'époque
_cv_ Renaissance. Des fouilles, pratiquées depuis plus de cent ans dans la région, notamment à Vertault _(20 km à l'Ouest de Châtillon)_ avaient déjà mis au jour d'intéressantes antiquités gallo-romaines — poteries, vases, statuettes —, exposées dans ce musée, lorsqu'en janvier 1953 eut lieu près de Vix, au mont Lassois, une extraordinaire découverte archéologique.

CHÂTILLON-SUR-SEINE

Abbaye (R. de l')	2
Bourg Amont (R. du)	3
Courcelles-Prévoir (R.)	4
Herriot (Av.)	6
Joffre (Pl. Maréchal)	7
Lattre de Tassigny (R. de)	8
Philandrier (R.)	10
Résistance (Pl. de la)	12
8-Mai (Pl. du)	13

_Dans ce guide
les cartes
et les plans de ville
sont disposés
le Nord en haut_

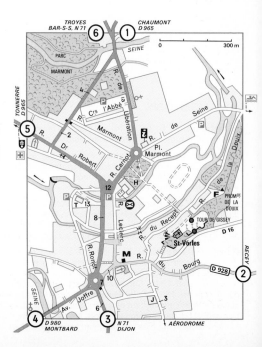

★★Trésor de Vix. — *Une salle du musée lui est consacrée.* Dans une sépulture du 6e s. avant J.-C., près des restes d'une femme, furent mis au jour des bijoux d'une valeur inestimable, les débris d'un char d'apparat, de nombreux objets en or et en bronze, et surtout un vase en bronze gigantesque, haut de 1,64 m, large de 1,45 m, d'un poids de 208 kg. Le vase révèle, par la richesse de sa décoration — frise sculptée faite de motifs d'appliques en haut-relief figurant une suite de guerriers casqués et de chars, têtes de Gorgone sur les anses — un art fort évolué relevant de l'art grec archaïque.

Dans les vitrines, on admire les autres objets découverts dans la tombe de cette princesse gauloise : diadème en or massif, coupes d'argent et de bronze, pichet, bracelets et bijoux divers.

★Source de la Douix (F). — Elle jaillit dans un site ravissant, au pied d'un escarpement rocheux, haut de plus de 30 m, environné de verdure. Cette source vauclusienne collecte les eaux d'autres résurgences et les infiltrations du plateau calcaire. Le débit normal est de 600 l par

(Photo Ph. Beuzen/Scope)

Détail d'une anse du vase de Vix.

seconde mais peut atteindre 3 000 l en période de crue.

La promenade, aménagée sur la plate-forme rocheuse, est agréable. La source des Ducs coule à l'ombre de magnifiques marronniers. De la promenade, on découvre une jolie vue sur la ville, la vallée et la piscine.

cv **Église St-Vorles.** — Bâtie sur une terrasse ombragée, d'où la vue s'étend sur la ville basse et la vallée, l'église domine le quartier du Bourg, cité des évêques, restée indépendante jusqu'au 16e s.

L'édifice du 11e s. aux arcatures lombardes a été très remanié ; la souche carrée du clocher est du 13e s.

La chapelle St-Bernard (en sous-sol), vestige de l'église primitive où saint Bernard, enfant, venait prier, renferme un très beau Saint sépulcre Renaissance.

A proximité se dressent les ruines du château et la tour de Gissey. Dans le cimetière, tombe du maréchal Marmont, duc de Raguse, né à Châtillon.

EXCURSIONS

Mont Lassois. — *7 km. Quitter Châtillon par ⑥, N 71 puis, à hauteur de Courcelles, prendre à gauche vers Vix.* De là, un petit chemin s'amorçant sur le D 118 conduit au sommet du mont Lassois ou mont St-Marcel, butte dominant d'une centaine de mètres la plaine environnante.

Sur la butte, s'élève la petite église de St-Marcel, édifice roman (12e s.) couvert de pierres plates. C'est au pied de la butte, à proximité de la Seine, que fut mis au jour le « Trésor de Vix » exposé au musée de Châtillon-sur-Seine.

cv **Château de Montigny-sur-Aube.** — *22 km au Nord-Est.* Des quatre corps de logis qui constituaient le château de Montigny, il ne reste plus que l'aile méridionale, dont on remarque l'élégante façade. La tour qui la flanque, restaurée, est un vestige de l'ancien château féodal que remplaça, au 16e s., l'édifice actuel. La **chapelle,** aujourd'hui isolée, faisait partie du château. L'intérieur est un excellent exemple du style Renaissance classique. A la sobriété de l'architecture s'oppose la richesse ornementale.

CÎTEAUX (Abbaye de)

Carte Michelin no 🖫🖫 Sud du pli 20 — 14 km à l'Est de Nuits-St-Georges.

cv Comme Cluny *(p. 78),* Cîteaux est un haut-lieu de l'Occident. C'est ici, parmi les « cistels » ou roseaux, que Robert, abbé de Molesme, fonda en 1098 l'Ordre des cisterciens *(p. 20),* rameau détaché de Cluny qui, sous la prodigieuse impulsion de saint Bernard, venu y vivre en 1112 avant de devenir abbé de Clairvaux, rayonna lui aussi à travers le monde. Certains monastères réformés reçurent, au 18e s., le nom de Trappes.

Vers le milieu du 19e s., les monastères fondés ou restaurés formaient trois congrégations : la Trappe et Sept-Fons en France, Westmalle en Belgique en étaient les maisons-mères. En 1892, huit siècles exactement après la fondation de Cîteaux, ces trois congrégations s'unirent et des cisterciens venus de différents monastères se réinstallèrent en 1898 à Cîteaux redevenue première abbaye de l'Ordre.

Les vestiges de l'ancienne abbaye sont peu importants mais, dans ce même cadre de forêts baignées par les eaux que connut saint Bernard, il est émouvant de retrouver l'esprit cistercien.

L'église qui renfermait les tombeaux des premiers ducs de Bourgogne et celui de Philippe Pot, maintenant au Louvre, a été détruite.

L'ancienne bibliothèque, à façade de briques émaillées, date du 15e s. ; six arcades de cloître gothique y sont encastrées et une salle voûtée subsiste au 1er étage. On remarquera encore un beau bâtiment du 18e s., près de la chapelle, et une longue façade de la fin du 17e s. qui s'aligne près de la rivière.

CLAMECY

5 826 h. (les Clamecycois)

Carte Michelin n° 🔲🔲 pli 15 — Lieu de séjour p. 8.

Clamecy est située au cœur du joli pays des Vaux d'Yonne, véritable charnière entre le Morvan, le Nivernais et la Basse-Bourgogne. La vieille ville, aux rues étroites et tortueuses, est perchée sur un éperon dominant le confluent de l'Yonne et du Beuvron, où de belles promenades sont possibles à flanc de coteau.

Clamecy est toujours la « ville des beaux reflets et des souples collines » qu'évoque dans ses écrits **Romain Rolland** (1866-1944). L'écrivain repose en terre nivernaise non loin de sa ville natale ; son buste en pierre a été érigé en 1967, devant l'ancien hôtel du duc de Bellegarde (17e s.), transformé en musée.

Bethléem replié en Bourgogne. — On comprend mal l'existence d'un évêché à Clamecy, alors qu'il y avait à proximité les évêchés d'Auxerre, de Nevers et d'Autun. Il faut remonter aux Croisades pour en avoir l'explication.

Parti pour la Palestine en 1167, Guillaume IV de Nevers y contracta la peste et mourut à St-Jean-d'Acre en 1168. Dans son testament, il demandait à être enterré à Bethléem et léguait à l'évêché de ce lieu un de ses biens de Clamecy, l'hôpital de Pantenor, à condition que celui-ci serve de refuge aux évêques de Bethléem, au cas où la Palestine tomberait aux mains des infidèles. Lorsque s'effondra le royaume latin de Jérusalem, l'évêque de Bethléem vint se réfugier à Clamecy dans le domaine légué par Guillaume IV. De 1225 à la Révolution, cinquante évêques « in partibus » se succédèrent ainsi à Clamecy. L'église Notre-Dame-de-Bethléem (1927) rappelle ce passé.

Corporations et confréries. — Les corporations étaient autrefois en honneur à Clamecy. Celles des bouchers, tanneurs, cordonniers, apothicaires étaient très prospères. La Révolution disloqua ces organisations qui se reformèrent par la suite sous le nom de « confréries » : de St-Crépin (cordonniers), de Ste-Anne (menuisiers), de St-Honoré (boulangers), de St-Fiacre (jardiniers), de St-Nicolas (mariniers et flotteurs), de l'Ascension (métiers faisant usage d'échelles), de St-Éloi (forgerons). Seules demeurent celles de St-Nicolas et de St-Éloi qui, chaque année, célèbrent leur fête corporative.

Le flottage à bûches perdues. — Ce mode de transport du bois qui remonte au 16e s. et qui fut tenté par Gilles Deffroissez puis organisé sur la Cure par un marchand de bois de Paris, **Jean Rouvet,** a fait, durant près de trois siècles, la fortune du port de Clamecy. Les bûches, coupées dans les forêts du Haut-Morvan, étaient empilées sur le bord des rivières et marquées suivant les propriétaires. Au jour dit, on ouvrait les barrages retenant l'eau des rivières et on jetait les bûches dans « le flot » qui les emportait en vrac vers Clamecy. C'était le flottage à « bûches perdues ». Le long des rives, des manœuvres régularisaient la descente.

A Clamecy un barrage arrêtait le bois ; les triqueurs avec leurs « crocs » harponnaient les bûches hors de l'eau et les mettaient en tas suivant le marquage. C'était le « tricage ». A l'époque des hautes eaux, à partir de la mi-mars, d'immenses radeaux de bois appelés « trains » pouvant charger 200 stères étaient dirigés par l'Yonne et la Seine vers Montereau et Paris. Dès la création du canal du Nivernais on préféra à ce mode de transport celui du transport par péniches. En 1923 le dernier train de bois quitta Clamecy.

Aujourd'hui il n'y a plus aucun flottage, ni sur l'Yonne ni sur la Cure, mais c'est à Clamecy qu'a fonctionné jusqu'en 1983, grâce aux bois de la région, une des plus grandes usines de carbonisation de France.

CURIOSITÉS

★**Église St-Martin.** — Elle a été édifiée de la fin du 12e s. au début du 16e s. La façade et la tour (aux belles fenêtres ogivales), de style flamboyant, sont décorées avec une extrême richesse. Des épisodes de la vie de saint Martin sont représentés (très abîmés) sur les voussures du portail.

A l'intérieur, remarquer le plan rectangulaire et le déambulatoire carré qui entoure le chœur, au-dessus duquel un faux jubé a été établi au 19e s. pour étayer les piliers. Dans la première travée du bas-côté droit, une chapelle renferme deux bas-reliefs (provenant de l'ancien jubé du 16e s.), représentant la Cène et la Mise au tombeau, et un triptyque (« le Crucifiement ») du début du 16e s. Grand orgue de Cavaillé-Coll et curieux bénitiers en fonte en forme de mortiers.

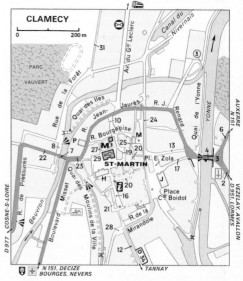

Armes (Rte d')	2	Grenier-à-Sel (R. du)	19
Bethléem (Pl. de)	3	Monnaie (R. de la)	20
Bethléem (Pont de)	4	Petit-Marché (Pl. du)	21
Bethléem (R. du Fg de)	6	Président-Wilson (R. du)	22
Beuvron (Pont du)	7	Randan (R. Porte)	23
Beuvron (Quai du)	8	République (Av. de la)	24
Collège (R. du)	10	Rolland (R. Romain)	25
Crot-Pinçon (R. du)	12	Tour (R. de la)	27
Davy (R. Marié)	13	Victoires (Pl. des)	28
Grand-Marché (R. du)	16	19-Août (R. du)	29
Gravière (R. de la)	17	43-Tirailleurs (R. des)	31

Maisons anciennes. — Partir de la place du 19-Août, suivre la rue de la Tour, la rue Bourgeoise ; prendre à droite la rue Romain-Rolland, puis la rue de la Monnaie. Par la rue du Grand-Marché, puis la place du Petit-Marché, rejoindre la place du 19-Août.

cv **Musée (M¹).** — Situé dans l'ancien hôtel du Duc de Bellegarde, il abrite des tableaux des écoles française et étrangères, en particulier un Breughel d'Enfer, des Vernet et un Carrache, ainsi que de belles faïences de Nevers et Rouen, et des objets de confrérie. Une salle est consacrée à l'historique du flottage des bois ; une autre salle, dotée d'une belle charpente, expose des œuvres contemporaines.

Vues sur la ville. — En arrivant à Clamecy par le D 977 on découvre tout à coup la vieille ville aux beaux toits de tuiles rouge-brun et la tour de l'église St-Martin.
Du quai des Moulins-de-la-Ville, jolie vue sur les maisons qui dominent le bief.
Du quai du Beuvron, on découvre le pittoresque quai des Iles.
Du pont de Bethléem qui porte une statue élevée en souvenir des « flotteurs », vue d'ensemble sur la ville et les quais.
En amont, à la pointe de la chaussée séparant la rivière d'un canal, s'élève, telle une figure de proue, le buste en bronze de Jean Rouvet *(voir p. 76)*.

EXCURSIONS

Tannay. — 699 h. *12 km au Sud-Est.* Voir auparavant, 1,5 km avant Tannay, l'église gothique (16ᵉ s.) d'**Amazy.**
Au centre d'un vignoble s'étalant sur des collines calcaires bien exposées et produisant un excellent vin blanc, sec et très bouqueté, Tannay est perché sur un coteau qui domine la rive gauche de l'Yonne.

cv L'**église St-Léger,** ancienne collégiale, édifiée du 13ᵉ au 16ᵉ s. et flanquée d'une massive tour carrée du 14ᵉ s., a belle allure. Les voûtes de la nef sont supportées par des piliers sans chapiteaux, en palmiers.

cv **Église de Metz-le-Comte.** — *14 km au Sud-Est.* Perchée sur une butte isolée du village, l'église de Metz-le-Comte, que l'on atteint par une forte montée, constitue, avec son cimetière ombragé de beaux arbres, un **site★** pittoresque.
Cette église romane, remaniée au 15ᵉ s., présente des bas-côtés voûtés en demi-berceaux et s'abrite sous un joli toit de pierres plates descendant presque jusqu'à terre. De la terrasse, derrière l'église, on découvre une **vue★** étendue sur l'Avallonnais et le Morvan et, de l'autre côté, sur la vallée de l'Yonne.

La CLAYETTE   2 712 h.

Carte Michelin nº 🔢 Sud-Est du pli 17 — Schéma p. 62 — Lieu de séjour p. 8.

La petite ville de la Clayette (prononcer la Claite) — qui organise chaque année des courses et des concours hippiques réputés — s'étage au-dessus de la vallée de la Genette, rivière aux eaux courantes qui forme là un lac ombragé de platanes.

cv **Château.** — Construit au 14ᵉ s., il a subi d'importantes transformations au siècle dernier. Il est entouré de douves peuplées d'énormes carpes ; les vastes communs à tourelles et l'Orangerie du 17ᵉ s. ne manquent pas de caractère.

EXCURSION

★Château de Drée. — *4 km au Nord par le D 193 puis une route à gauche.* Du 17ᵉ s.,
cv il se compose d'un corps de logis et de deux ailes en équerre. De la grille d'entrée, encadrée de deux beaux cèdres, on a une vue excellente sur la façade. Des colonnes ioniques, formant portique, soutiennent un balcon et, au premier étage, un blason sculpté. La belle couleur jaune de la pierre et la haute toiture d'ardoise donnent à l'édifice un cachet tout particulier.

★ CLOS DE VOUGEOT (Château du)

Carte Michelin nº 🔢 pli 20 — 5 km au Nord de Nuits-St-Georges — Schéma p. 83.

Propriété de l'abbaye de Cîteaux du 12ᵉ s. à la Révolution, le Clos de Vougeot (50 ha) est un des vignobles les plus fameux de la « Côte ». Stendhal conte que le colonel Bisson, revenant de la campagne d'Italie, fit présenter les armes au célèbre clos par son régiment rangé devant le château.
La **Confrérie des Chevaliers du Tastevin,** propriétaire du château depuis 1944, y tient chaque année plusieurs « chapitres » célèbres dans le monde entier. C'est dix ans plus tôt, en 1934, qu'un petit groupe de Bourguignons, réunis dans une cave de Nuits-St-Georges, décide, pour lutter contre la mévente des vins, de fonder une société destinée à mieux faire connaître les « vins de France en général et ceux de Bourgogne en particulier ». La Confrérie était fondée et sa renommée devait grandir si vite qu'elle gagnait bientôt l'Europe et l'Amérique. Chaque année, se tiennent dans le Grand Cellier du 12ᵉ s. plusieurs chapitres de l'Ordre. Cinq cents convives participent à ces « disnées », à l'issue desquelles le Grand Maître et le Grand Chambellan, entourés des hauts dignitaires de la Confrérie, intronisent de nouveaux chevaliers selon un rite scrupuleusement établi, réglé sur le Divertissement du Malade imaginaire de Molière. Parmi ces chapitres pléniers, les Chevaliers du Tastevin célèbrent la première journée des **« Trois Glorieuses »** à la veille de la vente des vins des Hospices de Beaune *(p. 50)*. Le lundi est consacré à la « Paulée » de Meursault *(voir p. 84)*.

cv **Visite.** — *Durée : 1/2 h.* Le château, achevé sous la Renaissance, fut restauré au 19ᵉ s. On y voit le Grand Cellier (12ᵉ s.) où ont lieu les « disnées » et les cérémonies de l'Ordre, et la cuverie (13ᵉ s.) aux quatre pressoirs gigantesques « du temps des moines ».

Carte Michelin nº 🗺 pli 19 — Lieu de séjour p. 8.

Le nom de Cluny évoque l'épopée spirituelle du Moyen Âge. L'ordre clunisien (*voir p. 20*) a exercé une influence considérable sur la vie religieuse, intellectuelle, politique et artistique de l'Occident. Il a donné des papes français à l'Église et constitué une sorte de monarchie universelle. Jusqu'à la Révolution, chaque siècle a laissé à Cluny la marque de son style. De 1798 à 1823, ce haut-lieu de la civilisation a été saccagé mais d'admirables fragments donnent une idée de ce que fut la basilique.

Pour avoir une vue d'ensemble de la cité, monter à la tour des Fromages (*p. 80*).

Cluny, lumière du monde. — L'abbaye de Cluny connaît dès sa fondation au 10ᵉ s. (*voir p. 30*) un développement très rapide. « Partout où le vent vente, l'abbaye de Cluny a rente », a-t-on coutume de dire dans la région ; vers 1155 l'abbaye-mère compte 460 moines. Les jeunes gens accourent vers cette capitale de l'intelligence. « Vous êtes la lumière du monde », dit en 1098 à saint Hugues le pape Urbain II, lui-même clunisien. Lorsque saint Hugues meurt en 1109, après avoir commencé la construction de la magnifique église abbatiale que devait achever Pierre le Vénérable, abbé de 1122 à 1156, il laisse l'abbaye dans un état de prospérité inouïe.

La décadence. — Riches et puissants, les moines de Cluny glissent peu à peu dans une vie que **saint Bernard** stigmatise. Il dénonce ces évêques qui « ne peuvent s'éloigner à quatre lieues de leur maison sans traîner à leur suite soixante chevaux et même davantage… La lumière ne brille-t-elle que si elle est dans un candélabre d'or ou d'argent ? »

Au 14ᵉ s., commence pour Cluny une ère de moindre rayonnement et de moindre puissance. Ses abbés se partagent entre l'abbaye et Paris où, à la fin du 15ᵉ s., Jacques d'Amboise fait rebâtir l'hôtel élevé après 1330 par un de ses prédécesseurs, Pierre de Châlus. Ce simple pied-à-terre, mis à la disposition des rois de France qui souvent en usèrent, donne une idée du luxe princier dont s'entouraient les abbés clunisiens.

Tombée en commende au 16ᵉ s., la riche abbaye, qui n'est plus qu'une proie, est dévastée durant les guerres de Religion et sa « librairie », pillée, perd ses plus précieux ouvrages.

La destruction de l'abbaye. — En 1790, l'abbaye est fermée. En pleine tourmente révolutionnaire, commencent les profanations. En septembre 1793, la municipalité donne l'ordre de démolir les tombeaux et d'en vendre les matériaux. En 1798, les bâtiments sont mis en vente et achetés par un marchand de biens de Mâcon, qui entreprend la démolition de la nef. La magnifique abbatiale est mutilée peu à peu. En 1823, ne restent debout que les parties encore visibles de nos jours.

★**ANCIENNE ABBAYE** visite : 1 h

cv Sur la place du 11-Août se dresse une longue façade gothique, restaurée, dite du Pape Gélase, mort à Cluny en 1119. En prenant beaucoup de recul, on voit le clocher et le haut de la tour de l'Horloge. En arrière, anciennes écuries de saint Hugues.

Cloître. — Les bâtiments claustraux construits au 18ᵉ s. autour d'un immense cloître forment un ensemble harmonieux ; deux grands escaliers de pierre avec rampe en fer forgé marquent deux des angles. Dans la cour, beau cadran solaire.

La façade orientale donnant sur les jardins est particulièrement élégante. Du balcon central on a une bonne vue d'ensemble. L'éclairage du couchant est le plus favorable.

Église abbatiale St-Pierre-et-St-Paul. — Construite en grande partie de 1088 à 1130 par les abbés saint Hugues et Pierre le Vénérable, cette basilique fut la plus vaste église de la chrétienté jusqu'à la reconstruction de St-Pierre de Rome, et le symbole de la primauté de l'ordre clunisien à son apogée. D'une longueur intérieure de 177 m (St-Pierre de Rome : 186 m), l'église comportait un narthex, cinq nefs, deux transepts, cinq clochers, deux tours, 301 fenêtres et était meublée de 225 stalles. La voûte de l'abside, entièrement peinte, était soutenue par une colonnade de marbre.

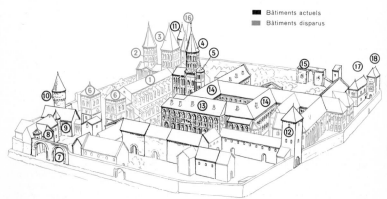

■ Bâtiments actuels
■ Bâtiments disparus

(D'après photo Jouvry)

L'abbaye de Cluny à la fin du 18ᵉ s.

1) Abbatiale St-Pierre-et-St-Paul. — 2) Clocher des Bisans. — 3) Clocher du chœur. — 4) Clocher de l'Eau-Bénite. — 5) Clocher de l'Horloge. — 6) Les Barabans. — 7) Entrée principale. — 8) Palais de Jean de Bourbon. — 9) Palais de Jacques d'Amboise. — 10) Tour Fabry. — 11) Tour Ronde. — 12) Tour des Fromages. — 13) Façade du Pape Gelase. — 14) Bâtiments claustraux. — 15) Porte des Jardins. — 16) Clocher des Lampes. — 17) Farinier. — 18) Tour du Moulin.

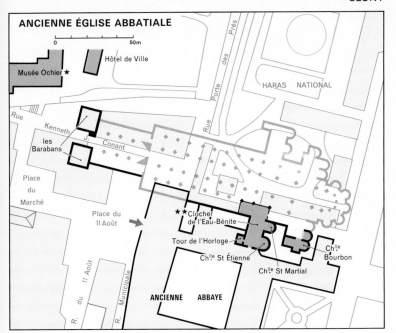

ANCIENNE ÉGLISE ABBATIALE

De cette merveille, synthèse de l'art clunisien, ne restent debout que les croisillons droits des deux transepts. On ne peut donc qu'imaginer l'ampleur de l'ancien édifice.

Les dimensions du **croisillon droit** du grand transept permettent d'en évoquer les proportions audacieuses. Son élévation (30 m sous la voûte en berceau, 32 m sous la coupole) est exceptionnelle dans l'art roman dont il est le spécimen le plus pur. Il comporte trois travées dont la travée centrale, couverte d'une coupole octogonale sur trompes, porte le beau **clocher de l'Eau-Bénite★★** *(illustration p. 32)*. La chapelle St-Étienne est romane, celle de St-Martial date du 14e s. Le croisillon droit du petit transept renferme la chapelle Bourbon d'une belle architecture gothique de la fin du 15e s. et une absidiole romane. Ce contraste souligne le passage de l'art roman à l'art gothique tardif.

Jardins. — On y voit un tilleul plusieurs fois centenaire dit « d'Abélard » (accueilli par Pierre le Vénérable, le philosophe se réfugia à Cluny vers la fin de sa vie et mourut en 1142 au prieuré clunisien de St-Marcel-lès-Chalon).

Au Sud de la basilique ont été retrouvées les fondations d'une villa gallo-romaine et des deux églises abbatiales construites successivement au 10e s. puis au début du 11e s. ; à la place de l'ancien cloître a été édifiée la partie Sud-Est du cloître actuel.

Farinier. — Construit au 13e s. contre la tour du Moulin du 12e s., et long de 54 m, il fut amputé de près de 20 m au 18e s., pour dégager la partie Sud de la façade de l'édifice claustral donnant sur les jardins.

La **salle haute,** couverte d'une belle charpente en châtaignier, forme un cadre admirable aux différentes sculptures provenant de l'abbaye : le sanctuaire de l'abbatiale a été fidèlement reconstruit à une échelle réduite, pour présenter les très beaux **chapiteaux du chœur** *(illustration p. 29)* et les fûts de colonne, sauvés de la ruine par la ville. Ces dix grands chapiteaux, disposés en hémicycle sur de hautes colonnes, entourent le vieil autel en marbre des Pyrénées, consacré par Urbain II en 1095. Ce sont les premiers témoins de la sculpture romane bourguignonne qui allait s'épanouir à Saulieu, Autun, Vézelay. Les deux maquettes, celle du grand portail et celle de l'abside de la basilique, ont été réalisées selon les plans du professeur Conant *(voir ci-dessous)*.

La salle basse, **ancien cellier** à deux nefs voûtées d'ogives, abrite des sculptures, dont le portail à deux voussures du palais du pape Gélase *(voir p. 83)*.

Autres vestiges. — *Voir schéma p. 78.* En quittant l'abbaye, suivre la rue Conant qui s'étend sensiblement à l'emplacement de la nef. En 1949, des fouilles ont permis de retrouver la base Sud de la façade et de dégager le piédroit du portail du narthex que flanquaient les tours carrées des Barabans. De cet endroit, on réalise bien la prodigieuse longueur de la basilique. Par la suite, la nef Sud du narthex a été dégagée : on aperçoit le mur en bel appareil régulier aux pilastres adossés à des demi-colonnes.

AUTRES CURIOSITÉS

★Musée Ochier (M). — Il est installé dans l'ancien palais abbatial, gracieux logis du 15e s., construit par l'abbé Jean de Bourbon, et contemporain de l'hôtel de Cluny à Paris.

Les fragments du grand portail roman de l'église abbatiale et les chapiteaux du narthex, retrouvés lors des fouilles pratiquées à partir de 1928 par l'archéologue américain K. J. Conant, y sont exposés à côté d'œuvres marquantes de la sculpture civile. Des objets ayant appartenu à l'abbaye (lutrin, chandelier pascal, coffres...) décorent les salles du Palais, encore dotées de leurs cheminées. 4 000 volumes ainsi que des œuvres de Prud'hon, né à Cluny, y sont également conservés. On verra aussi les maquettes des églises de Cluny, de La Charité-sur-Loire et de St-Bénigne de Dijon. Un centre d'études clunisiennes exerce son activité au musée.

Hôtel de ville (H). — Il est installé dans le logis construit par les abbés Jacques et Geoffroy d'Amboise à la fin du 15e s. et au début du 16e s. La façade donnant sur le jardin a une originale décoration dans le goût de la Renaissance italienne.

cv **Tour des Fromages (D).** — Du haut de la tour du 11e s. (120 marches) vue sur Cluny : l'abbaye et le clocher de l'Eau Bénite, le Farinier, la tour des Moulins, le clocher St-Marcel et l'église Notre-Dame.

Tour Fabry et tour Ronde. — On voit la tour Fabry (1347), au toit en poivrière, depuis le jardin proche de l'hôtel de ville, et la tour Ronde, plus ancienne, depuis la tour Fabry.

cv **Haras national.** — Les diverses écuries, construites à partir des pierres de l'église de l'abbaye voisine, abritent les étalons qui sont répartis dans les stations de la région de mars à juillet. Seuls quelques-uns sont conservés pour la monte locale.

Maisons romanes. — Beaux logis romans, en particulier 25 rue de la République, maison du 12e s., et, 6 rue d'Avril, hôtel des Monnaies, du 13e s. (restauré).

Lamartine (R.)	6	Levée (R. de la)	8
		Marché (Pl. du)	9
Avril (R. d')	2	Mercière (R.)	12
Conant (R.)	3	Porte-des-Prés (R.)	13
Filaterie (R.)	4	Prud'hon (R.)	14
Gare (Av. de la)	5	République (R.)	15

cv **Église St-Marcel (B).** — Elle possède un beau **clocher★** roman octogonal à trois étages, surmonté d'une élégante flèche polygonale du 15e s., en briques, haute de 42 m. Une cuve baptismale du 13e s. sert de bénitier. On a une excellente vue sur le clocher et l'abside, du D 980.

Église Notre-Dame (E). — Le parvis, avec sa fontaine du 18e s. et ses vieilles maisons, a beaucoup de cachet. L'église, au clocher quadrangulaire, bâtie peu après 1100, fut une des premières à être transformée et agrandie à l'époque gothique. Elle était autrefois précédée d'un narthex, dont il ne reste que le dallage. Le portail du 13e s. est délabré, mais le vaisseau d'une belle ordonnance clunisienne révèle sous ses hautes voûtes une tour-lanterne aux consoles sculptées. Les stalles et les boiseries datent de 1644. Les vitraux du chœur sont modernes.

Promenade du Fouettin. — Des tilleuls séculaires bordent l'ancienne enceinte de la ville. De la terrasse, à l'extrémité Sud, de la promenade, belle vue sur la ville et la vallée de la Grosne.

EXCURSION

St-Vincent-des-Prés. — 98 h. *14 km au Nord-Ouest, par D 980, D 7 et D 41.* La petite église romane (11e s.) présente un clocher à arcatures aveugles élevé sur le chœur au-dessus d'une abside, elle aussi ornée d'arcatures et de colonnes engagées. A l'intérieur, la voûte en berceau coiffant la triple nef est soutenue par quatre énormes piles rondes et deux piliers plus minces avec chapiteaux sculptés l'un de volutes, l'autre de fleurs de lys. Le chœur est à coupole sur trompes, l'abside à cul-de-four.
On peut prolonger l'excursion d'environ 1,5 km au Nord pour visiter le joli hameau de **Bezornay,** juché sur une crête dominant la plaine, et qui fut au Moyen Âge une dépendance de l'abbaye de Cluny, comme en témoignent les restes de son enceinte, sa tour de défense et son ancienne chapelle (aujourd'hui habitation privée) à la curieuse abside en forme de cône renversé.

★ COMMARIN   157 h.

Carte Michelin n° 65 plis 18, 19.

Ce petit village de la Côte d'Or s'enorgueillit de posséder un beau château.

★**Château.** — Deux tours (fin 14e s.), vestiges d'un château féodal, précèdent le corps
cv de logis élevé en 1702 et couvert de beaux combles à la française. L'aile gauche fut reconstruite sous Louis XIII, au-dessus d'une jolie chapelle gothique laissée intacte.

Intérieur. — Doté, dans sa partie visitable (aile gauche), d'une décoration et d'un mobilier restés intacts depuis 1750, il se distingue surtout par de belles **tapisseries** armoriées du 16e s. La chapelle abrite une Vierge bourguignonne du 15e s. et une Mise au tombeau du 18e s. Dans le grand salon (100 m²), on voit le portrait en pied du roi Charles X peint par le baron Gérard.

EXCURSION

cv **Échannay.** — 86 h. *3 km au Nord-Est.* Dans le chœur de la petite **église** romane, se trouve un très joli retable en marbre, naguère polychrome, du 16e s.

★ CORMATIN
565 h.

Carte Michelin n° 🔟🔟 pli 19 — 13 km au Nord de Cluny.

Dans la vallée de la Grosne, Cormatin se signale par son château au riche décor.

★Château. — Bâti de 1605 à 1608 dans le style Renaissance pour Antoine du Blé, *cv* gouverneur de Chalon, il présente deux ailes en équerre (l'aile Sud a disparu) encadrant la cour d'honneur où s'érige un puits central, et, sur la façade Nord, de gracieuses tourelles en poivrière. Dans le parc, promenade le long de la Grosne.

Intérieur. — Achevée par Jacques du Blé (fils d'Antoine), la décoration des cinq pièces que l'on visite dans l'aile Nord est d'époque Louis XIII et d'une richesse exceptionnelle : boiseries peintes et sculptées, plafonds à la française ou à l'italienne, sculptés, peints et dorés, mobilier et tableaux du 17e s... Ces « salles dorées » s'étendent, à droite d'un bel escalier de pierre, au rez-de-chaussée : salle du Roi (portrait de Louis XIII) ; cabinet et chambre de la Marquise où l'on remarque une tapisserie (chasse de Méléagre) de laine et fils dorés commandée par Nicolas Fouquet et exécutée d'après des cartons de Le Brun ; salle ornée de paysages sur panneaux sculptés et d'un portrait (1625) de Jacques du Blé ; « studiolo » de Jacques du Blé, dit aussi **cabinet de Ste-Cécile★★** (la sainte est figurée au-dessus de la cheminée), à la magnifique décoration de style baroque italien, ayant gardé ses dorures d'origine.

On voit aussi les cuisines et la chambre où séjourna l'actrice Cécile Sorel.

EXCURSION

Circuit de 28 km. — *Environ 1 h. Quitter Cormatin par la route de Cluny (D 981).*

Taizé. — *Page 149.*

Ameugny. — 148 h. Construite en beau calcaire rouge de la région, l'**église,** d'aspect massif, est du 12e s. La nef de trois travées est voûtée en berceau brisé. A la croisée du transept, une coupole sur trompes supporte le lourd clocher carré, au beffroi ajouré.

Rejoindre le D 14 que l'on suit à gauche et, devant Cortevaix, prendre à droite le D 188 puis, à Bonnay, le D 173 (route de Sailly).

Besanceuil. — Curieux village, tout en pierre blonde, avec ses maisons groupées au pied d'une échine boisée dominant la vallée de la Guye, son château (habité) du 14e s., aux tours carrées, sa belle chapelle romane du 11e s. au porche en charpente.

Revenir à Bonnay puis au D 188 d'où se détache, à gauche, la route de St-Hippolyte.

St-Hippolyte. — Au sommet de l'éminence portant le hameau, s'élève l'ancienne **église** priorale, à demi ruinée, de St-Hippolyte. Contigu à l'ancien couvent (transformé en ferme), cet édifice roman (11e s.) a gardé son beau chevet à triple abside et surtout son singulier et puissant **clocher,** visible de loin. Ce dernier, en forme de domino percé, au centre, de deux étages de baies en plein cintre (géminées au 2e étage) sous arcatures, a été élargi et fortifié sur les côtés (meurtrières) à l'époque des guerres de Religion. De l'ensemble, construit en petit appareil de pierre blonde, subsistent aussi le chœur, à coupole sur trompes, et les murs de la nef. Des traces de fresques sont visibles dans l'abside centrale. Du chevet, vue étendue sur la vallée de la Guye.

Revenir sur Bonnay mais, avant la voie ferrée, prendre à droite une route que l'on quittera aux Chaumes pour celle (à droite) de Malay.

Malay. — 219 h. L'église romane (12e s.), dans le cimetière, présente une partie chœur-transept-abside de fière allure avec son solide clocher carré à baies géminées et les hauts pignons de ses croisillons. A l'intérieur, nef voûtée en berceau, chœur sous coupole, absides en cul-de-four.

Le D 981, au Sud, ramène à Cormatin.

COSNE-SUR-LOIRE
11 084 h. (les Cosnois)

Carte Michelin n° 🔟🔟 pli 13 — Lieu de séjour p. 8 — Plan dans le guide Michelin France.

Situé au débouché de la vallée du Nohain, sur la rive droite de la Loire, qui offre un agréable but de promenade, Cosne est un actif petit centre industriel. Malgré la déviation de la N 7, la ville reste très animée.

Un arsenal convoité. — Au 18e s., Cosne était célèbre pour ses forges, ses manufactures de canons, mousquets et ancres de marine. Sa situation sur la Loire lui permettait d'expédier à peu de frais ses produits vers les ports de l'Océan. Sous la direction du baron de la Chaussade qui leur donna son nom, les forges prirent un essor prodigieux, si bien que Louis XVI, en 1781, les acheta pour 2 500 000 livres. Le baron ne fut jamais payé et mourut presque dans la gêne, ses forges, qui ont perdu leur importance, furent transportées en 1782 à **Guérigny,** dans la Nièvre.

CURIOSITÉS

cv **Église St-Agnan.** — Cette ancienne église d'un prieuré clunisien a conservé un portail roman et une abside romane épaulée par des contreforts montant jusque sous la corniche. Ses deux absidioles sont fort en retrait sur l'abside principale.

Derrière l'église, sur la promenade bordant la Loire, le souvenir des Forges royales est évoqué par la grille d'entrée (fin 17e s.) et l'ancre (de 1861) pesant 2 580 kg.

cv **Musée.** — Consacré à la Loire et à sa marine, il présente différents bateaux de Loire au cours des siècles, les outils nécessaires à la fabrication des navires et à la pêche.

EXCURSION

cv **Domaine de Cadoux.** — *10 km au Nord, par la N 7.* Dans une vieille grange, un **musée** paysan expose divers objets agricoles et artisanaux du siècle dernier.

★★ La CÔTE

Cartes Michelin n°s 65 pli 20 et 69 plis 9, 10.

De Dijon à Chagny, le célèbre vignoble de la Côte d'Or qui se déploie sur plus de 60 km constitue pour les gastronomes une voie triomphale. A chaque étape s'inscrit un nom prestigieux ; chaque village ou coteau possède un titre de gloire. C'est la région des grands crus.

LES GRANDS VINS DE BOURGOGNE

Les conditions naturelles. — La Côte est constituée par le rebord oriental de la « Montagne », dont le tracé rectiligne est morcelé par des combes transversales analogues aux « reculées » du vignoble jurassien. Entre Dijon et Nuits-St-Georges, les falaises et les rochers de ces combes font la joie des varappeurs dijonnais. Le vignoble couvre environ 7 000 ha en Côte d'Or et 8 600 ha en Saône-et-Loire plantés en cépages fins (pinot noir et chardonnay). Il s'étage au-dessus de la plaine de la Saône, à une altitude moyenne de 220 m. Tandis que le sommet des coteaux est couvert de buis ou couronné parfois de boqueteaux, le vignoble occupe les pentes calcaires, bien exposées à l'insolation matinale — la meilleure — et bien abritées des vents froids et des gelées printanières. De cette exposition dépend la production du sucre, et partant, le degré alcoolique. Dans les combes, seul le versant Sud est planté de vignes ; le versant Nord est souvent couvert de bois. La pente facilite en outre l'écoulement des pluies, assurant à la vigne un sol sec, facteur de la qualité des crus.

Les grands crus. — La N 74 sépare sur une grande partie de son parcours les vins nobles des autres vins, les grands vins s'étalant en général à mi-pente. Pour les grands vins rouges un seul cépage existe, le pinot noir fin, roi des ceps bourguignons. Les grands vins blancs sont produits par le chardonnay et le pinot blanc. Après la crise du phylloxéra, à la fin du 19e s., le vignoble fut entièrement reconstitué sur porte-greffes américains.

Au Sud de la Côte dijonnaise, les deux grandes Côtes de Nuits et de Beaune se partagent la célébrité : celle de Nuits, pour le feu de ses crus ; celle de Beaune, pour leur délicatesse. Chacune d'elles possède son arrière-côte, dont les crus portant l'appellation de « Hautes-Côtes », sans prétendre à la renommée des Côtes, peuvent, en bons millésimes, satisfaire l'amateur le plus averti.

La **Côte de Nuits** s'étend de Fixin à Corgoloin. Elle produit presque uniquement de très grands vins rouges. Ses crus les plus fameux sont, du Nord au Sud : le Chambertin, le Musigny, le Clos-Vougeot et la Romanée-Conti. Très riches et corsés, ses vins demandent huit à dix ans pour acquérir leurs qualités inégalables de corps et de bouquet.

La **Côte de Beaune** s'étend du Nord d'Aloxe-Corton à Santenay et produit à la fois de très grands vins blancs et d'excellents vins rouges. Ses vins se font plus rapidement que ceux de la Côte de Nuits, mais vieillissent plus tôt. Ses principaux crus sont : le Corton, le Volnay, le Pommard et le Beaune, vins rouges moins corsés que les Nuits, mais très souples, le Meursault et le Montrachet, vins blancs riches et fruités.

Admirablement mis en valeur par une cuisine délectable, les grands crus font de la « Côte » une route célèbre dans le monde des gourmets et des connaisseurs.

★★LE VIGNOBLE

1 De Dijon à Nuits-St-Georges *32 km — environ 1 h 1/2 — schéma p. 83*

La route passe au pied de collines couvertes de vignes et traverse villages ou villes aux noms évocateurs. Une impression de richesse se dégage de ces gros bourgs viticoles.

★★★Dijon. — *Visite : 4 h. Description p. 88.*

Quitter Dijon par le D 122 appelé « route des Grands Crus », qui rejoint la N 74 à Vougeot et permet de longer le vignoble.

Chenôve. — 19 528 h. Le « clos du Roi » et le « clos du Chapitre » évoquent les anciens propriétaires de ce vignoble, les ducs de Bourgogne et les chanoines d'Autun. La *CV* **cuverie des ducs de Bourgogne** abrite deux magnifiques pressoirs du 13e s. — ou leurs répliques, exécutées au début du 15e s., selon certains historiens —, qui pouvaient presser en une fois la vendange de 100 pièces de vin.

Marsannay-la-Côte. — 5 942 h. Ce village qui appartient à la Côte donne des vins rosés très appréciés, obtenus par fermentation rapide des raisins noirs du pinot.

Fixin. — *Page 98.*

Brochon. — 811 h. A la limite de la Côte de Nuits, Brochon produit des vins estimés. *CV* Le **château** a été construit en 1900 par le poète Stephen Liégeard qui lança vers 1887 l'appellation de « Côte d'Azur », ouvrage couronné par l'Académie française.

Gevrey-Chambertin. — *Page 101.*

A Morey-St-Denis, rejoindre la N 74.

Vougeot. — 197 h. Ses vins rouges sont très appréciés.

★Château du Clos de Vougeot. — *Page 77.*

Chambolle-Musigny. — 364 h. En prenant au Nord-Ouest du village la route de Curley par la combe Ambin, on atteint un site charmant : au pied d'un promontoire rocheux dominant le confluent de deux ravins boisés est bâtie une petite chapelle.

Reulle-Vergy. — 84 h. Le village possède une église du 12e s. et une curieuse petite *CV* mairie élevée sur un lavoir. Face à la mairie, une grange abrite un **musée des Arts et Traditions des Hautes Côtes** basé sur le travail de la vigne, l'archéologie (objets de l'âge du bronze, gallo-romains et médiévaux), la flore et la faune, la vie quotidienne au 19e s. (costumes et objets usuels) et l'histoire de la région.

A l'Étang-Vergy, prendre au Sud le D 35 puis, dans son prolongement, le D 25. Prendre ensuite, à gauche, la N 74.

Vosne-Romanée. — 530 h. Son vignoble ne produit que des vins rouges de grande qualité, fins et délicats. Parmi les « climats » qui le constituent, ceux de Romanée-Conti et de Richebourg sont de réputation universelle.

Nuits-St-Georges. — *Page 125.*

② De Nuits-St-Georges à Chagny *115 km — environ 4 h — schéma ci-dessous*

L'itinéraire se partage entre la N 74 et des routes pittoresques de la Montagne bourguignonne.

Nuits-St-Georges. — *Page 125.*

Comblanchien. — 572 h. Ce bourg est connu pour la pierre de calcaire dur que l'on extrait des falaises voisines : elle est très belle et fréquemment employée en remplacement du marbre, plus coûteux.

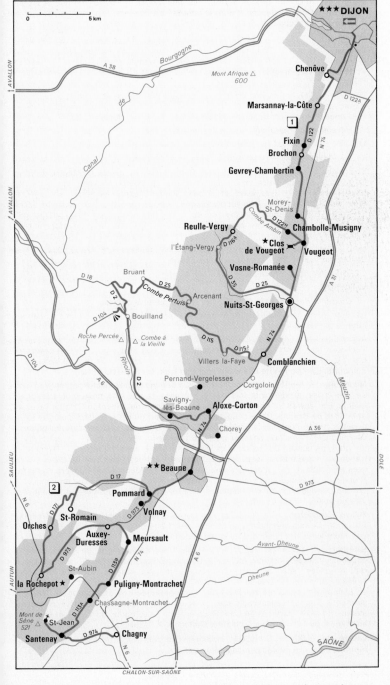

Le vignoble est représenté en vert — Les points noirs désignent les grands crus.

Par le D 115[J] à droite, Villers et Marey, gagner Arcenant et, au Nord, le D 25.

Après Arcenant, des plantations de cassis et de framboises bordent la route. Au cours d'une assez forte montée, belle vue sur Arcenant, ses cultures et sur une gorge profonde, la **Combe Pertuis.**

A Bruant, suivre le D 25 puis prendre à droite le D 18 et, 4,5 km après Bruant, tourner à gauche dans le D 2.

Dans une longue descente, vue sur **Bouilland** et son cirque de collines boisées. De Bouilland, le D 104 donne accès à un site pittoresque surplombant le village. Au-delà du hameau de la Forge, la route (D 2) est dominée à gauche par de jolis escarpements rocheux couronnant la colline et, à droite, par la Roche Percée. Aussitôt après, à gauche, on découvre le cirque de la Combe à la Vieille et l'étroite vallée du Rhoin, fraîche et verdoyante, entre des côtes boisées et qui s'élargit peu avant **Savigny-lès-Beaune.**

Par un chemin vicinal traversant le D 18, gagner Aloxe-Corton.

Aloxe-Corton. — 198 h. (Prononcer Alosse). Son origine rappelle Charlemagne qui y posséda des vignes, d'où le nom de Corton-Charlemagne, « vin blanc de grande allure ». Aloxe-Corton produit surtout des vins rouges, « les plus fermes et les plus francs de la Côte de Beaune », dont le bouquet s'affine avec l'âge, tout en conservant du corps et de la chaleur.

★★**Beaune.** — *Visite : 1 h. Description p. 50.*

Pommard. — 606 h. Pommard tire son nom d'un temple antique dédié à Pomone, divinité des fruits et des jardins. Ses vins rouges « fermes, colorés, pleins de franchise, et de bonne conservation » furent appréciés par Ronsard, Henri IV, Louis XV et Victor Hugo...

Volnay. — 411 h. Ses vins rouges, au bouquet très délicat et au goût suave, furent, dit-on, très appréciés de Louis XI. On aura une belle vue sur les vignobles, depuis l'esplanade, en contrebas de sa petite église du 14e s., au clocher trapu.

Revenir à Pommard, où prendre à l'Ouest le D 17.

La route suit le fond d'une vallée verdoyante entre des versants boisés.

Du D 17 se détache, à gauche, la route de St-Romain.

St-Romain. — 250 h. La localité se compose en fait de deux villages distincts : St-Romain-le-Haut, pittoresquement situé sur un éperon calcaire au milieu d'un bel hémicycle de falaises, avec, sur le bord Sud de l'éperon, les vestiges de son château des 12e et 13e s. *(site archéologique ; circuit de visite aménagé sur 200 m).* En contre-bas, St-Romain-le-Bas, où se trouve la mairie dont trois petites salles CV du grenier présentent une **exposition** permanente sur l'archéologie et l'ethnologie locales.

Le D 17[1] offre avant **Orches,** pittoresquement bâti dans le rocher, une belle **vue★** sur St-Romain, Auxey, Meursault et le val de Saône.

On gagne la Rochepot par le D 17[1] accidenté.

★**La Rochepot.** — *Page 133.*

Quitter la Rochepot par le D 973 qui en contourne le château.

La route longe une étroite vallée et traverse jusqu'à Melin des escarpements calcaires burinés par l'érosion.

Auxey-Duresses. — 345 h. Ce village est niché dans une combe profonde menant à la Rochepot et à son château. Le vignoble produit des vins fins rouges et blancs qui, avant la loi sur les appellations d'origine, étaient vendus sous le titre de Volnay et de Pommard. L'église mérite une visite pour son beau triptyque du 16e s.

Meursault. — 1 646 h. Cette petite ville, que domine la belle flèche gothique en pierre de son église, produit à la fois des vins blancs et des vins rouges de très grande qualité. Elle devrait son nom à une coupure séparant nettement la Côte de Meursault et la Côte de Beaune. Cette coupure, appelée « Saut du rat », en latin « muris saltus », aurait donné le nom actuel de Meursault. Ses vins blancs, avec ceux de Puligny et de Chassagne-Montrachet, passent pour les « meilleurs vins blancs du monde ». Ils ont un goût particulier de noisette et un arôme de grappe mûre qui s'allient à une franchise et une finesse exquises. Les Meursault ont cette particularité d'être à la fois secs et moelleux, ce qui est fort rare. La « Paulée de Meursault », dernière des « Trois Glorieuses de Bourgogne » *(voir p. 77),* est une fête réputée. A l'issue du banquet, où chaque convive apporte ses bouteilles, un prix littéraire est attribué. Le lauréat reçoit 100 bouteilles de Meursault.

Puligny-Montrachet. — 528 h. Ses vins blancs, d'un fruité distingué, sont admirables. Alexandre Dumas prétendait que ce vin « devait être bu à genoux et tête découverte ». Les vins rouges ont beaucoup de corps et de finesse.

Santenay. — 1 014 h. Des bords de la Dheune au mont de Sène, dans un cirque de falaises, Santenay étend ses trois agglomérations entre de vastes vignobles qui, avec les eaux minérales lithinées, fortement salines, font sa renommée. CV Isolée au pied des falaises, la petite **église St-Jean** possède une nef du 13e s. ; le portail en plein cintre est abrité par l'avancée d'un porche de bois ; le chœur, du 15e s., est surmonté d'une curieuse voûte aux multiples ogives. Elle contient deux charmantes statues de saint Martin et de saint Roch en bois polychrome, du 15e s., et une Vierge au dragon, du 17e s., due au sculpteur santenois J. Bésullier.

Chagny. — 5 604 h. Cette ville industrielle et commerçante, étape gastronomique réputée, conserve quelques monuments anciens.

*Pour voyager, utilisez les **cartes Michelin à 1/200 000.***
Elles sont constamment tenues à jour.

Le CREUSOT

32 309 h. (les Creusotins)

Carte Michelin nº 🔢 pli 8 — Plan dans le guide Michelin France.

En bordure Nord-Est du Massif Central, le Creusot a développé ses activités dans un cadre rural contrastant avec son caractère industriel. Les hauts-fourneaux et les groupes de maisons ouvrières en briques d'autrefois ont fait place aux équipements d'usines les plus modernes.

LE BASSIN INDUSTRIEL

Il correspond à la dépression de Montceau-les-Mines, Blanzy et Montchanin, drainée par la Dheune et la Bourbince. Importante voie de passage, empruntée par la route, le canal et la voie ferrée, il fait communiquer les pays de la Saône et ceux de la Loire.

Développement de l'industrie. — Si le minerai de fer a été exploité dès le Moyen Age dans la région de Couches, la découverte, au 17e s., des importants gisements houillers d'Épinac, du Creusot et de Blanzy est à l'origine du développement industriel de toute la région. L'exploitation fut poussée au maximum au siècle dernier pour alimenter en combustible l'industrie métallurgique naissante du Creusot. Actuellement, reste seul en exploitation le gisement de Blanzy, qui alimente la centrale thermique Lucy III. Alors que Couches et Perrecy-les-Forges ont vu leur activité décliner, le Creusot est devenu, au 20e s., le centre nerveux de tout le bassin.

Le canal du Centre. — Artère vitale dans cette région de collines, il eut pour fonction de desservir les centres industriels. Si sa création fut envisagée dès le début du 17e s., c'est seulement en 1794, à l'époque où progressa la grande métallurgie, qu'il fut ouvert à la navigation. De Chalon où il quitte la Saône, à Digoin où il atteint la Loire, il remonte la vallée de la Dheune *(voir p. 86)* et descend le cours de la Bourbince. Diverses industries se sont installées à proximité. Il a aujourd'hui un rôle économique secondaire, mais offre à la plaisance un attrayant plan d'eau.

L'ESSOR DE L'INDUSTRIE

Des débuts prometteurs. — Au début du 16e s., les Creusotins exploitent les affleurements de charbon et en font commerce. Mais la rareté de la houille au Creusot même allait orienter les industries de cette ville vers la transformation des matières premières extraites des mines de fer et des carrières. L'exploitation industrielle n'est entreprise qu'en 1769 et, en 1782, la « Fonderie royale de Montcenis » comporte une fonderie et des hauts fourneaux.

La cité de l'acier. — En 1836, **Joseph-Eugène Schneider,** maître de forges à Bazeilles, et son frère, **Adolphe Schneider,** s'installent au Creusot, petite bourgade de 3 000 habitants. La rapide extension des usines Schneider allait contribuer à la fortune de la ville qui, depuis cette date, a décuplé sa population. L'année suivante commence la construction des locomotives à vapeur et des appareils moteurs de grands navires. En 1843, l'invention du marteau-pilon, due à l'un des ingénieurs de l'usine, M. Bourdon, permet la forge des grosses pièces : matériel de chemin de fer, pièces pour l'équipement des centrales électriques, des ports, des usines, etc.
A partir de 1867, se développe l'industrie de l'acier, employé principalement à l'époque pour les plaques de blindage et les pièces d'artillerie. Le minerai de fer provenait à l'origine de la région de Couches. Au vieux marteau-pilon succède, en 1924, la grande forge équipée de presses hydrauliques de 7 500 à 11 300 t. En 1949 est créée la Société des Forges et Ateliers du Creusot (usines Schneider) dont les usines s'étendent sur les communes du Creusot, du Breuil, de Torcy et de Montchanin. La Société fusionne en 1970 avec la Cie des Ateliers et Forges de la Loire, donnant naissance à **Creusot-Loire.** En 1984, des difficultés liées à la crise de la sidérurgie européenne imposent la recherche de solutions nouvelles pour relancer le développement économique du Bassin.

Tourisme industriel. — Le fascinant paysage industriel et minier de la région, l'intérêt historique ou technique que présentent certaines mines, usines, cités ouvrières... ont inspiré l'idée de mettre en valeur et d'exploiter ces avantages, sur le plan touristique. L'Association communautaire de développement du tourisme industriel **(Creusot-Promotion)** dans la Communauté Urbaine le Creusot-Montceau-les-Mines, créée dans ce but en 1983 et qui a son siège au château de la Verrerie *(voir ci-dessous),* prévoit notamment l'organisation de visites touristiques sous la conduite d'anciens employés de Creusot-Loire ou des Mines de Blanzy.

CURIOSITÉS

Marteau-Pilon. — Symbole de la cité industrielle, un marteau-pilon de 100 t, qui fut en service de 1876 à 1924 et connut une réputation mondiale, a été érigé au carrefour du 8-Mai.

Place Schneider. — Au centre, statue d'Eugène Schneider, l'un des fondateurs de l'usine. A l'Est s'élève, à l'orée d'un parc de 28 ha, le château de la Verrerie.

Château de la Verrerie. — Ancienne résidence des Schneider, rachetée par la ville du Creusot, il abrite un centre culturel et le siège de l'Écomusée de la Communauté le Creusot-Montceau-les-Mines (concernant 16 communes et 5 localités limitrophes). Autrefois manufacture des cristaux de la reine Marie-Antoinette, transférée de Sèvres au Creusot en 1787 et longtemps prospère, la cristallerie, rachetée en 1833 par le groupe de St-Louis et Baccarat, éteignit ses fours. En avant du château, dont le nom rappelle la vocation primitive, et contrastant avec l'éclatante blancheur de ses façades, deux bâtiments noirs de forme conique signalent les anciens fours. La cour d'honneur est ornée d'une collection de canons de bronze des 18e et 19e s.

Fours. — Celui de gauche a été transformé en petit théâtre de style 18ᵉ s. Celui de droite, autrefois aménagé en chapelle par Eugène Schneider, sert occasionnellement de galerie d'exposition.

CV **Écomusée.** — Ce musée retrace, sur le thème général de « l'Espace de la Communauté urbaine à travers les âges », l'évolution géologique, historique et industrielle de la région et surtout son passage, à partir du 18ᵉ s., du stade paysan au stade de l'activité minière et métallurgique. Les vitrines des galeries du rez-de-chaussée exposent des schémas, photos, documents, échantillons fossiles et archéologiques, outils et maquettes (dont celle, pouvant être animée, d'une usine).

À l'étage, on découvre le passé minier du Creusot, le rôle de l'Écomusée, l'historique de la « Fonderie Royale » (avec un plan-relief des forges et de la fonderie en 1794), de la cristallerie de Montcenis (verreries et instruments du 19ᵉ s.) et du château.

Promenade des Crêtes. — Par la rue Jean-Jaurès, la rue de Longwy, le D 28 (route de Marmagne), on s'élève rapidement et l'on rejoint la route de la Promenade des Crêtes par un virage à droite à angle aigu. La route en lacet domine le bassin du Creusot et procure, à travers les pins, de belles échappées sur l'agglomération et les anciennes usines Schneider.

EXCURSION

Circuit de 58 km. — *Environ 2 h.*

Quitter le Creusot au Nord par le D 138, accidenté.

On rejoint la vallée du Mesvrin.

St-Sernin-du-Bois. — 1 652 h. Le château, un gros donjon carré du 12ᵉ s., et un ancien prieuré forment un ensemble pittoresque, à proximité d'un étang servant de réserve d'eau.

Faire demi-tour ; après 2 km, tourner à gauche dans le D 61 ; peu après la Montée-Noire, emprunter à gauche le D 1.

Couches. — 1 532 h. La maison des Templiers est une belle construction à loggia et
CV colonnade du début du 17ᵉ s. A 1 km du bourg, se dresse **le château** de Marguerite de Bourgogne (15ᵉ s.). Très restauré, il a conservé son ancienne enceinte, sa chapelle (statues et retables d'époque) et son donjon (armes, tapisseries d'Aubusson).

Prendre le D 978 à droite et, à hauteur de St-Léger, encore à droite, le D 974.

Vallée de la Dheune. — La route passe tout d'abord entre la Dheune et le canal du Centre, où les écluses se succèdent : 9 au total, dont 6 seulement restent en service. Après le lieu-dit « les 7 Écluses », la route emprunte une levée de terrain entre le canal en tranchée et l'étang de Longpendu qui se déverse vers la Saône par la Dheune ou
CV vers la Loire par la Bourbince. Au lieu-dit « la 9ᵉ écluse », la commune d'**Écuisses** présente dans le cadre de l'Écomusée « La Maison du canal ».

Montchanin. — 6 303 h. Centre industriel (fonderies). Les nombreux étangs environnants utilisés comme réservoirs pour le canal du Centre sont poissonneux.

Revenir au Creusot par le D 28 passant au bord de l'étang de Torcy.

★ CURE (Vallée de la)

Carte Michelin n° 🟦🟦 plis 5 6, 15 16.

La Cure, affluent de l'Yonne mais dont le bassin est plus étendu que celui de l'Yonne, est la rivière morvandelle par excellence. Cours d'eau « sportif », la Cure est très appréciée des canoéistes qui y organisent des compétitions de canoë-kayak.

Une activité disparue. — C'est sur la Cure, au milieu du 16ᵉ s., que fut réalisé le premier essai de flottage à bûches perdues *(voir p. 76)*. Au siècle dernier, la création du lac réservoir des Settons *(p. 148)* avait pour but d'aider au flottage des bois. Depuis la disparition du flottage, il n'est utilisé que pour régulariser le débit de la Cure et alimenter, pendant l'été, le canal du Nivernais.

Depuis 1930, plusieurs barrages hydro-électriques ont été aménagés dans le bassin de la Cure : barrage du Crescent (1930-1933) en amont de Chastellux ; barrage de Malassis (1929-1930) près de Domecy-sur-Cure ; barrage de Chaumeçon (1933-1935) sur le Chalaux, affluent de gauche de la Cure.

D'Auxerre à Vézelay 60 km — *environ 2 h 1/2*

★★**Auxerre.** — *Visite : 3/4 h. Description p. 44.*

D'Auxerre à Cravant, on suit l'itinéraire du circuit de l'Auxerrois décrit p. 162.

Cravant. — 756 h. Cette petite localité autrefois fortifiée est bâtie au confluent de la
CV Cure et de l'Yonne. L'**église**, du 15ᵉ s., possède un chœur et une tour de la Renaissance. Des promenades ont été aménagées à l'emplacement de ses anciens fossés. Bien qu'assagie par les réservoirs qui régularisent son cours, la Cure conserve un tempérament de rivière rapide, bondissant sur les rochers, type même des rivières « à truites ».

La route suit à peu près le cours de la Cure, dans le cadre agreste de collines boisées ou plantées de vignes.

Vermenton. — 1 166 h. Cette petite localité occupe un site agréable près des rives de la Cure. Son église Notre-Dame possède une belle tour du 12ᵉ s. Le portail conserve des statues-colonnes très mutilées.

Arcy-sur-Cure. — 527 h. Les deux parties du bourg, séparées par la Cure, sont reliées par un grand pont en dos d'âne d'où l'on découvre de jolies vues sur la rivière et le manoir du Chastenay.

Dans Arcy, franchir la Cure et suivre la rue du Pont puis, à gauche, celle du Château (route du Chastenay) que l'on quitte pour prendre à gauche, en face du château d'Arcy (14e s.), l'étroit Chemin du Vault (V 8) qui traverse le hameau de **Val-Ste-Marie**.

cv **Manoir du Chastenay.** — Cette « demeure alchimique et templière » érigée en 1349, ancienne étape des pèlerins se rendant à Compostelle, présente sur sa façade Nord, outre une tour à cinq pans médiane et une échauguette, d'inégales baies à meneaux ainsi qu'un portail et des lucarnes encadrées d'intéressantes sculptures. L'intérieur renferme un polyptyque du 14e s. d'inspiration biblique (histoire de Joseph).
La descente qui suit s'effectue en sous-bois.

Le chemin rejoint la N 6 à l'endroit où bifurque la route d'accès aux grottes d'Arcy.

Grottes d'Arcy. — *Visite : 1 h 1/2. Description p. 38.*

Voutenay-sur-Cure. — 193 h. Village bien situé au pied de collines boisées.

A 1 km de Voutenay, dans un virage à droite, on aperçoit Vézelay dans le lointain.

N.-D.-d'Orient. — *Au départ de Sermizelles, à l'Est.* Un chemin de terre balisé conduit, sous bois, au sommet de la colline où s'élève une chapelle octogonale (19e s.) surmonté d'une Vierge en pierre. Du pied de la statue (accessible par 39 marches), vue intéressante sur la vallée de la Cure. En retrait, chapelle moderne de pèlerinage à Notre-Dame d'Orient (invoquée depuis la guerre de Crimée).

★★**Vézelay.** — *Visite : 1 h. Description p. 157.*

DECIZE
7 522 h. (les Decizois)

Carte Michelin nº 𝟨𝟫 plis 4, 5 — Lieu de séjour p. 8.

Pour apprécier le site de la ville, gagner le sommet de la côte de Vauzelles *(table d'orientation)*.

Un site aménagé. — Perchée, dans une île de la Loire, sur une butte escarpée au sommet de laquelle s'élevait autrefois le château des comtes de Nevers, Decize est située au carrefour de voies d'eau et au débouché du **canal du Nivernais,** communiquant avec le canal latéral à la Loire sur la rive gauche grâce au vaste plan d'eau qu'a engendré le barrage établi sur le fleuve, en aval. Réalisé en plusieurs temps, de 1784 à 1842, le canal du Nivernais, s'allongeant d'Auxerre à Decize sur 170 km, est le plus sinueux de France ; déserté par les péniches, il se prête mieux dans le secteur Sud aux sports nautiques et à la navigation de plaisance.

D'illustres enfants de Decize. — La ville a vu naître le jurisconsulte **Guy Coquille** (1523-1603), auteur d'un Commentaire de la Coutume du Nivernais. Henri IV tenta à maintes reprises de s'attacher cet homme qui préféra rester dans le Nivernais dont il fut la gloire.
Decize est aussi la patrie du Conventionnel **Saint-Just** (1767-1794), fidèle ami de Robespierre. Membre du Comité de Salut Public, nommé Commissaire de l'Armée du Rhin, puis de l'Armée du Nord, il contribua à la prise de Charleroi et à la victoire de Fleurus. Mis hors la loi par la Convention le 9 thermidor, il monta à l'échafaud le lendemain, avec Robespierre, Lebas et Couthon.
Autre enfant du pays, l'écrivain **Maurice Genevoix** (1890-1980) à qui son premier roman, Raboliot, valut d'emblée la célébrité.

CURIOSITÉS

cv **Église St-Aré.** — Le chœur du 11e s. recouvre **une crypte double** du 7e s., qui renfermait avant la Révolution le tombeau de saint Aré, évêque de Nevers. La légende raconte qu'à sa mort son corps fut, selon son désir, placé sur une barque qui remonta seule la Loire et vint s'échouer à Decize. C'est l'une des très rares cryptes mérovingiennes encore existantes. On y trouve une Vierge du 16e s. : « Notre-Dame de Sous-Terre », et des bas-reliefs du 16e s.
Dans l'église même, bénitiers en bronze datant du 15e s., et reliquaire de St-Aré.

Promenade des Halles. — Belle promenade longue de plus de 900 m, ombragée de platanes dont certains atteignent 55 m de hauteur.

DIGOIN
11 341 h. (les Digoinais)

Carte Michelin nº 𝟨𝟫 pli 16.

La ville est bien située, au point de rencontre des vallées de la Loire, de l'Arconce, de l'Arroux et de la Bourbince, sillonnées par des canaux aux eaux très poissonneuses. Un pont-canal en reliant deux des canaux permet la jonction Loire-Saône.

CURIOSITÉS

cv **Église N.-D.-de-la-Providence.** — Ce bel édifice de style à la fois roman et byzantin a été érigé au 19e s. Les sculptures des tympans de la façade ont été réalisées de 1976 à 1978. L'intérieur, très vaste, s'éclaire de vitraux agréables à l'œil, notamment ceux, imitant des mosaïques, du revers de la façade.

cv **Centre de Documentation sur la Céramique.** — Il présente les terrains argileux fournissant la matière première de la céramique, ainsi que les différents procédés (moulage, coulage, tournage, décoration, émaillage et cuisson) et les principaux outils utilisés de nos jours dans la région, et ceux en usage à l'époque gallo-romaine.
Il propose enfin une sélection de produits finis, anciens et actuels : faïences de Digoin et Sarreguemines, grès et poterie de la région, carreaux de grès, céramique...

Carte Michelin n° 🔠 pli 20 — Schéma p. 88.

A proximité d'un magnifique vignoble, Dijon, ancienne capitale des ducs de Bourgogne, est une ville d'art célèbre ; de beaux monuments jalonnent sa prestigieuse histoire. Au carrefour du sillon Rhodanien et de la porte de Bourgogne, c'est une métropole régionale et une plaque tournante européenne à la jonction des grands itinéraires vers Paris, la Méditerranée, l'Allemagne, la Suisse et l'Italie desservis par routes, voies ferrées et voies d'eau.

Cette situation privilégiée a marqué le développement de la ville comme centre commercial et industriel important dont l'équipement s'étend sur deux zones modernes au Sud et au Nord-Est.

Dijon possède en outre une prestigieuse cité universitaire.

UN PEU D'HISTOIRE

Une création des ducs de Bourgogne. — Le castrum romain qui porte le nom de Divio, situé sur la grande voie militaire de Lyon à Mayence, devait rester pendant des siècles une cité secondaire. Saccagée, pillée, brûlée et reconstruite à maintes reprises, Dijon appartient au duché en 1015, date à laquelle elle est conquise par le roi de France, Robert le Pieux.

En 1137, un terrible incendie dévore complètement la ville. Le duc Hugues II la fait reconstruire dans les limites élargies d'une nouvelle enceinte englobant l'abbaye de St-Bénigne. Des onze portes qui donnaient alors accès à la ville, la dernière à subsister, la porte Guillaume, a été remplacée en 1788 par l'arc de triomphe actuel.

Les « Grands Ducs d'Occident ». — La race des ducs capétiens s'étant éteinte à la mort de Philippe de Rouvres (1361), Philippe le Hardi, quatrième fils du roi de France Jean II le Bon, reçoit en apanage le duché de Bourgogne (1364). Il est le premier représentant de la dynastie des Valois qui, en cent ans, attire à Dijon les artistes et la dote de monuments magnifiques. Leur règne marque la période la plus brillante de l'histoire dijonnaise.

Ces quatre ducs de la famille des Valois, Philippe le Hardi, Jean sans Peur, Philippe le Bon et Charles le Téméraire, comptent parmi les princes les plus riches et les plus puissants de toute la chrétienté. Et leur éclatante fortune, le faste et la magnificence qu'ils déploient leur valent le titre de « Grands Ducs d'Occident » *(voir p. 18-19)*.

Un argument sans réplique. — Le 7 décembre 1513, Dijon est à la veille d'un des plus grands désastres de son histoire : 30 000 Suisses, Allemands, Francs-Comtois sont à ses portes. Pour la défendre, La Trémoille, gouverneur de Bourgogne, ne dispose que de 6 000 à 7 000 hommes. Que faire, sinon négocier ? Mais les Suisses sont intraitables. Ils ouvrent le feu et déjà des brèches sont faites quand La Trémoille

DIJON

		Clomiers (Bd des)	A 15	Mansard (Bd)	B 38	
		Fauconnet (R. Gén.)	AB 23	Ouest (Bd de l')	A 41	
		Fontaines-lès-Dijon (R.)	A 25	Parc (Cours du)	B 42	
Aiguillottes (Bd des)	A 2	Gabriel (Bd)	B 26	Pompon (Bd F.)	A 43	
Allobroges (Bd des)	A 3	Galliéni (Bd Mar.)	AB 27	Saint-Exupéry (Pl.)	B 52	
Briand (Av. A.)	B 4	Gaulle (Cours Gén.-de)	B 28	Schumann (Bd Robert)	B 54	
Castel (Bd du)	A 6	Jeanne-d'Arc (Bd)	B 33	Strasbourg (Bd de)	B 55	
Champollion (R.)	B 8	Kennedy (Bd J.)	A 34	Trimolet (Bd)	B 56	
Chanoine-Kir (Bd)	A 9	Magenta (R.)	B 36	1re-Division-Blindée (Av.)	A 64	
Châteaubriand (R. de)	B 12	Maillard (Bd)	A 37	26e-Dragons (R. du)	B 65	

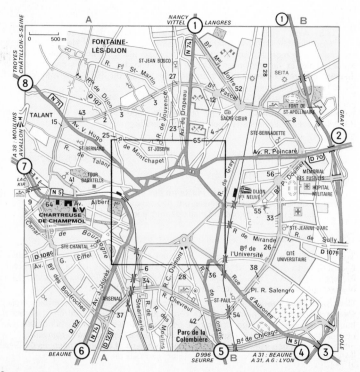

a une idée de génie. Précédant toute une procession de voitures chargées de vin, de nouveaux négociateurs sont envoyés aux assiégeants. Quelle aubaine ! Les soldats boivent, les têtes s'échauffent et bientôt les Suisses consentent à lever le siège. La France doit pour cela verser 400 000 écus et évacuer le Milanais.

Le roi, Louis XII, ne comprit jamais rien à ce traité si « merveilleusement étrange » et refusa par la suite de le ratifier. Mais Dijon et la Bourgogne étaient sauvés.

L'essor de la ville. — Après le rattachement de la Bourgogne à la France, Dijon, déchue de son rang de capitale d'État, n'en conserve pas moins un rôle administratif important. Là, siègent encore les gouverneurs de la province. Les États de Bourgogne (assemblée régionale des députés du Clergé, de la Noblesse et du Tiers État) y tiennent leurs assises dans le vieux palais des ducs, aménagé pour ces solennités qui ont lieu tous les trois ans. Une bourgeoisie brillante donne alors à la ville sa parure d'hôtels cossus.

A la fin du 18e s., Arthur Young, voyageant en France, déclare que « Dijon est une belle ville ; les rues, quoique les maisons soient bâties à l'ancienne mode, sont larges et bien pavées, et ont des trottoirs, chose bien rare en France ». Cependant, Dijon ne compte, à cette époque, qu'une vingtaine de milliers d'habitants.

Centre de l'activité régionale en Bourgogne, Dijon, point de départ d'une route des vins aux noms prestigieux *(voir p. 15),* s'enorgueillit, encore, de quelques spécialités gastronomiques très réputées : moutarde, pain d'épice, cassis, escargots.

Le développement des voies de communication, à partir de 1850, vaut à la ville son magnifique essor. Dijon, au lieu de se cantonner dans le rôle d'une paisible ville de province, est devenue, lors de la construction de notre réseau ferré, une des plus grandes gares françaises.

★ PALAIS DES DUCS ET DES ÉTATS DE BOURGOGNE

visite : 3 h — plan p. 92

Ce qui subsiste du palais ducal est encastré dans des bâtiments de style classique.

Place de la Libération. — C'est l'ancienne place Royale. Au 17e s., la ville, alors à l'apogée de sa puissance parlementaire, se sent l'âme d'une capitale et souhaite transformer le Palais ducal abandonné depuis Charles le Téméraire et aménager ses abords.

Les plans de cette jolie place en hémicycle sont dessinés par l'architecte de Versailles, Jules Hardouin-Mansart, et exécutés par l'un de ses élèves, de 1686 à 1701 : les arcades de la place de la Libération, couronnées d'une balustrade de pierre, donnent de l'ampleur à la Cour d'Honneur. En face, le logis du Roi, bel ensemble aux grandes lignes horizontales limité par les deux ailes en équerre, est dominé par la tour de Philippe le Bon.

Le palais des Ducs et des États abrite, à gauche l'ensemble des services de l'hôtel de ville, à droite le célèbre musée des Beaux-Arts.

Cour d'honneur. — Dans le vestibule, jolie salle voûtée, aujourd'hui passage public.

Le passage voûté, à droite, donne accès à la cour de Bar.

Cour de Bar. — Elle est dominée par la **tour de Bar (B)** construite par Philippe le Hardi au 14e s. et qui a conservé le nom d'un prisonnier enfermé là par Philippe le Bon : René d'Anjou, duc de Bar et de Lorraine, comte de Provence, l'illustre « Roi René ».

L'**escalier de Bellegarde (D)** du 17e s. dessert la galerie Nord (17e s.). Remarquer à côté la **statue de Claus Sluter** par Bouchard et, en face, le vieux **puits** adossé aux cuisines ducales.

Sortir par le passage donnant rue Rameau et tourner à gauche.

★★ Musée des Beaux-Arts.
CV — Il est installé dans l'ancien palais des ducs de Bourgogne et dans l'aile orientale du palais des États.

Sur la façade extérieure, à droite de la porte d'entrée, un plan gravé montre le contour du castrum gallo-romain qui délimite à peu près exactement le cœur de la ville actuelle.

Rez-de-chaussée. — Gagner tout d'abord, à l'extrémité des salles de gauche, les **cuisines ducales.** Édifiées vers 1435, elles sont remarquables : six vastes cheminées suffisaient à peine à la préparation des festins dignes de la cour bourguignonne ; les ogives convergent vers la cheminée d'aération centrale.

A droite de l'entrée, la première salle (1) retrace l'historique du palais ducal (maquette) et du musée. Une galerie (1A) expose des dessins de l'école de Dijon et un devant d'autel sculpté (Apostolat de saint Pierre) du 13e s.

La **salle du Chapitre (2)** de l'ancienne Ste-Chapelle ducale (du 14e s., disparue avec son trésor) montre l'évolution de la sculpture religieuse — art très à l'honneur en Bourgogne — du 11e s. au 16e s. : on y admire, entre autres, des statues de Claus Sluter (14e s.) et d'artistes de la Renaissance (Sambin, Dubois...). Cette salle abrite en outre de précieux objets d'art : vitraux du 15e s., reliquaires, retable en argent doré du 16e s... ainsi que la crosse de saint Robert et une tasse ayant appartenu à saint Bernard.

Dans l'escalier, à l'entresol, se dresse une statue de Jeanne d'Arc (1) faite par **François Rude** (1784-1855).

1er étage. — Plus de vingt salles ou galeries abritent les collections.

On découvre d'abord, dans l'aile Est, la peinture italienne du 14e au 16e s. (salle 3), avec des primitifs siennois (P. Lorenzetti) ou florentins, et Bassano, Lorenzo Lotto, etc. On remarque en outre, de l'école française de Fontainebleau, une Dame à sa toilette qui serait Gabrielle d'Estrées, favorite de Henri IV. Deux salles (4 et 5) rassemblent des peintures allemandes et suisses du 15e et 16e s., les meilleures dues à Schongauer (Annonciation), Conrad Witz, au Maître à l'œillet de Baden (retable de la Passion). Viennent ensuite (salle 6) des maîtres flamands ou hollandais du 17e s., parmi lesquels Bruegel de Velours et Frans Hals (l'Enfant rieur).

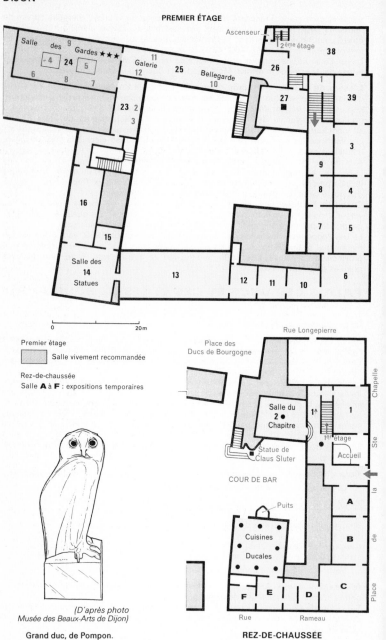

PREMIER ÉTAGE

Salle des Gardes ★★★

Galerie Bellegarde

Salle des Statues

Ascenseur
2ème étage

Premier étage

Salle vivement recommandée

Rez-de-chaussée
Salle **A** à **F** : expositions temporaires

(D'après photo
Musée des Beaux-Arts de Dijon)

Grand duc, de Pompon.

Rue Longepierre

Place des
Ducs de Bourgogne

Salle du
Chapitre

Statue de
Claus Sluter

1er étage

Accueil

COUR DE BAR

Puits

Cuisines

Ducales

Rue   Rameau

Chapelle

Ste

la

de

Place

REZ-DE-CHAUSSÉE

Une salle (**7**) est réservée à de belles collections médiévales et Renaissance d'orfèvrerie religieuse, de bois et ivoires sculptés ; une salle contiguë (**8**) présente des meubles Renaissance et l'ancienne porte du palais de justice de Dijon, sculptée par Sambin (16e s.). On retrouve (salle **9**) la peinture italienne (tableau de Vasari : Saint Pierre marchant sur les eaux — 1574) puis, dans les trois salles suivantes (**10-11-12**), la peinture flamande et hollandaise du 16e au 18e s. L'école française des 17e et 18e s. est ensuite représentée : toiles de Jean Tassel (portrait de Catherine de Montholon), Philippe de Champaigne, Le Brun, Largillière, Quentin, Rigaud, Mignard... ; sculptures, dont un buste de Buffon par Houdon.

Dans l'aile Ouest, la **salle des Statues** (**14**) — que prolonge une petite pièce (**15**) consacrée au peintre Prud'hon — et le salon Condé (**16**) qui lui fait suite, au décor de boiseries et de stucs Louis XVI, présentent des œuvres françaises du 18e s. : sculptures de Coysevox (buste de Louis XIV), Caffieri (bustes de Rameau et Piron), Rude (Hébé et l'aigle de Jupiter) et copies d'antiques ; meubles et tableaux (de Largillière : portrait du Président Bouhier) ; terres cuites du 17e s.

On trouve ensuite, dans la salle flamande et bourguignonne des 15e et 16e s. (**23**), une admirable Nativité (2) du Maître de Flémalle et une Tête de Christ (3) de Thierry Bouts. La **salle des Gardes**★★★ (**24**), qui donne sur la place des Ducs, est la salle la plus renommée du musée. Construite par Philippe le Bon, elle servit de cadre au festin de la « Joyeuse entrée de Charles le Téméraire, en 1474 » et fut restaurée au début du 16e s. après un incendie. Elle abrite les trésors d'art provenant de la chartreuse de Champmol (p. 93).

Au tombeau de Philippe le Hardi (4) travaillèrent successivement, de 1385 à 1410, Jean de Marville, Claus Sluter et Claus de Werve, son neveu. Le magnifique gisant, veillé par deux anges, repose sur une dalle de marbre noir entouré d'arcatures d'albâtre formant « cloître » où circule un cortège de « pleurants » ou « deuillants », composé de 41 statuettes prodigieuses de vie. Membres du clergé, chartreux, parents, amis et officiers du prince, tous en costume de deuil et la tête recouverte du chaperon, composent le cortège funèbre.

Le tombeau de Jean sans Peur et de Marguerite de Bavière (5), exécuté de 1443 à 1470, reproduit l'ordonnance du tombeau précédent.

Deux retables en bois doré commandés par Philippe le Hardi pour la Chartreuse de Champmol éblouissent par la richesse de leur décoration. Exécutés de 1390 à 1399, ils ont été sculptés

(Photo Lauros/Giraudon)

Musée des Beaux-Arts. Détail du tombeau de Philippe le Hardi.

par Jacques de Baerze, peints et dorés par Melchior Broederlam.

Seul le retable de la Crucifixion (6), près du tombeau de Philippe le Hardi, a conservé au revers de ses volets les fameuses peintures de Broederlam : l'Annonciation, la Visitation, la Présentation au Temple et la Fuite en Égypte.

A l'extrémité opposée se trouve le retable des Saints et Martyrs (7).

Au centre, on remarque un retable de la Passion (8) provenant d'un atelier anversois de la fin du 15e s. et, en face, un fragment de tapisserie du 15e s. (9) qui représente Charlemagne visitant un chantier de construction. Au-dessus du retable central, entre deux tentures tournaisiennes du 16e s., est exposée une tapisserie dédiée à N.-D.-de-Bon-Espoir, après la levée du siège de Dijon par les Suisses le 11 septembre 1513 *(voir p. 88)* ; elle provient de l'église Notre-Dame *(p. 92)*.

Par comparaison avec les merveilles de la salle des Gardes, même les chefs-d'œuvre des salles suivantes pâlissent. Il faut néanmoins remarquer, dans la galerie de Bellegarde (25) qui rejoint l'aile Est, une Assomption (10) peinte par Véronèse, la Vierge et saint François (11) par Rubens, Adam et Ève (12) par Guido Reni ; dans les trois salles suivantes (26-27-38), des sculptures de Rude, Canova, Carpeaux, etc., plus des tableaux des 19e et 20e s., dont, de Henner, le Pêcheur et le petit poisson.

2e étage. — Avec une partie des combles, il est occupé par les collections de la donation Granville et du legs Robin : ensemble de peintures, dessins, estampes et sculptures du 16e s. à nos jours, où l'on relève les noms de Géricault, Delacroix, Daumier, Courbet, Millet, Rodin, Maillol, Bourdelle...

Un vestibule donne accès au 2e étage de la tour de Bar où est évoqué le duché de Bourgogne au 15e s. : copies des tombeaux de Charles le Téméraire et de sa fille Marie de Bourgogne, cartes de l'État bourguignon... Une salle du 1er étage est réservée à des sculptures de **François Pompon** (1855-1933), grand animalier *(voir p. 141)*.

Section d'art moderne et contemporain, avec des toiles impressionnistes de Manet, Monet, Boudin, Vuillard... et œuvres de Cambiaso, Georges de la Tour (le Souffleur à la lampe), Nicolas de Staël (les Footballeurs), Viera da Silva, Samuel Buri...

3e étage. — Quatre salles y présentent des faïences et poteries anciennes, des peintures et sculptures d'avant-garde, des collections d'art chinois et japonais.

Place des Ducs-de-Bourgogne. — De cette petite place, on reconstitue par la pensée le palais tel qu'il se présentait à l'époque ducale. La belle façade gothique est celle de la salle des Gardes que domine la tour de Philippe le Bon.

Revenir vers la cour d'Honneur par le vestibule voûté donnant accès à la tour Philippe-le-Bon.

cv **Tour Philippe-le-Bon (E).** — Achevée au 15e s. par Philippe le Bon, cette tour haute de 46 m a fière allure. De la terrasse (316 marches), on découvre une belle **vue**★ sur la ville, les vallées de l'Ouche et de la Saône et les premiers contreforts du Jura.

Par le passage couvert, gagner la cour de Flore.

Cour de Flore. — Les bâtiments qui l'entourent ont été terminés peu avant la Révolution de 1789. A gauche de la cour d'honneur, rue de la Liberté (ancienne rue Condé), belle porte sculptée du 18e s.

Chapelle des Élus (F). — La messe y était célébrée durant les sessions des États de Bourgogne (décoration et portes Louis XV).

cv **Salle des États.** — On y accède par un magnifique escalier (L) dessiné en 1735 par Jacques Gabriel, père de l'architecte du petit Trianon à Versailles. Beau plafond.

QUARTIER ANCIEN

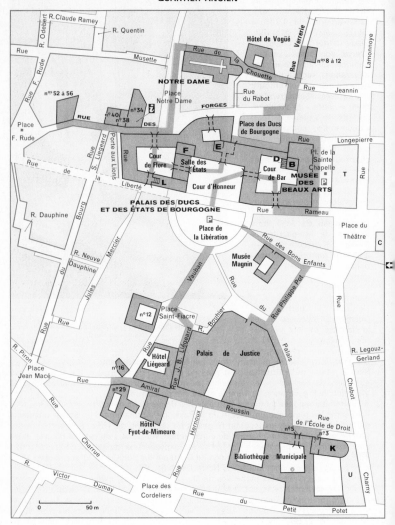

Prendre le passage au Nord, qui communique avec la rue des Forges.

★**Rue des Forges.** — C'est l'une des vieilles rues les plus caractéristiques de la ville.

Hôtel Chambellan. — *Au n° 34, sur cour intérieure.* Construit par une riche famille de drapiers, cet édifice du 15e s. possède un très bel escalier.

Maison Milsand. — *Au n° 38.* Façade Renaissance décorée dans le style d'Hugues Sambin.

Ancien hôtel Aubriot. — *Au n° 40.* Un portail classique contraste avec l'élégante façade à arcatures du 13e s. de l'ancien hôtel, bâti par l'un des premiers banquiers de Dijon. C'est dans cet hôtel que naquit Hugues Aubriot, prévôt de Paris sous Charles V, qui fit construire, à Paris, la Bastille, des ponts de la Seine (notamment le pont Saint-Michel) et voûter les premiers égouts.

Hôtel Morel-Sauvegrain. — *Aux nos 52, 54, 56.* Façade du 15e s.

★**Église Notre-Dame.** — Bel exemple de l'architecture gothique en Bourgogne. Ne disposant que d'un espace restreint, le maître d'œuvre s'est livré à des prouesses techniques.

Extérieur. — En façade, au-dessus du porche monumental à trois baies, courent deux galeries d'arcatures, soulignées de trois rangées de fausses gargouilles. Deux élégantes tourelles desservent les tours masquées par la façade : celle de droite porte l'horloge à jacquemart rapportée de Courtrai par Philippe le Hardi en 1382, après sa victoire sur les Flamands révoltés.

Cette horloge a toute une histoire. Transportée sur un char à bœufs, elle se brise en route et l'on doit, lors de son arrivée à Dijon, la refondre. Son nom de jacquemart qui sert à désigner « l'ôme qui iert du marteau la cloche de l'oreloige » n'apparaît qu'en 1500. Les Dijonnais lui sont très attachés et, en 1610, s'avisent que le célibat doit fort peser à ce pauvre homme. On lui adjoint donc une compagne.

En 1714, le spirituel poète Aimé Piron s'apitoie sur ces braves époux qui semblent avoir fait vœu de chasteté ; on leur donne un fils, Jacquelinet, « dont le marteau frappe la dindelle ou petite cloche », puis, en 1881, une fille, Jacquelinette, qui frappe les quarts d'heure.

Intérieur. — L'ensemble est très harmonieux : remarquer le triforium aux délicates colonnettes fuselées, la hauteur de la tour-lanterne à la croisée du transept, la hardiesse du chœur terminé par un chevet polygonal. Au croisillon gauche, registre horizontal, vitraux du 13ᵉ s. A côté, remarquer une fresque du 15ᵉ s. restaurée.

La chapelle à droite du chœur abrite la statue de N.-D.-de-Bon-Espoir. Cette Vierge noire du 11ᵉ s., une des plus anciennes statues de bois que possède la France, a été l'objet d'une vénération particulière à partir de 1513 ; la tapisserie offerte alors comme ex-voto se trouve au musée *(p. 91)*. Dijon ayant été libérée sans dommage de l'occupation allemande, le 11 septembre 1944, une seconde tapisserie, exécutée par les Gobelins et évoquant les deux libérations de la ville, fut offerte en nouvel ex-voto à N.-D.-de-Bon-Espoir. Elle est suspendue dans le transept droit.

cv **Hôtel de Vogüé.** — C'est l'un des premiers hôtels parlementaires de Dijon. Il fut édifié au début du 17ᵉ s. Un portique à riche décoration Renaissance s'ouvre sur la cour intérieure. L'hôtel est maintenant occupé par les services d'architecture de la ville.

Rue Verrerie. — Les nᵒˢ 8-10-12 constituent un beau groupe de maisons à colombages présentant de belles poutres sculptées.

Par la place des Ducs, le vestibule et la cour d'Honneur, regagner la place de la Libération.

★ **QUARTIER DU PALAIS DE JUSTICE** *visite : 1 h*

Partir de la place de la Libération (plan p. 92) et prendre, au Sud, la rue Vauban.

Au nᵒ 12 remarquer une maison ancienne avec une cour intérieure et une façade classique ornée de pilastres et de frontons.

Hôtel Liégeard. — Par la ruelle J.-B.-Liégeard, à gauche, contourner cet hôtel qui présente de ce côté une façade Renaissance avec 4 échauguettes, mais dont la cour intérieure, qui s'ouvre 21 rue Vauban, est de style classique.

A l'angle de la rue Vauban et de la rue Amiral-Roussin s'élève au nᵒ 16 la maison à colombage d'un menuisier, reconnaissable aux sculptures « en plis couchés » de ses volets, à ses poutres cornières ornées de scènes du métier. Presque en face, au nᵒ 29, un hôtel présente une élégante cour qu'enjambe une balustrade incurvée.

Hôtel Fyot-de-Mimeure. — *23, rue de l'Amiral-Roussin.* Remarquer la façade de l'architecte et sculpteur Hugues Sambin, dans la jolie cour intérieure.

cv **Bibliothèque municipale.** — La chapelle (17ᵉ s.) de l'ancien collège des Godrans (**K**), fondé au 16ᵉ s. par la riche famille dijonnaise de ce nom et dirigé par les Jésuites, a été transformée en salle de lecture.

Les grandes salles du 1ᵉʳ étage ont été luxueusement aménagées au 18ᵉ s.

Cette importante bibliothèque possède plus de 300 000 volumes ; elle conserve de précieux manuscrits enluminés, en particulier ceux qui ont été exécutés à Cîteaux dans le premier tiers du 12ᵉ s.

Dans la cour, a été remonté le puits d'Amour (16ᵉ s.) qui provient d'une maison démolie pour l'agrandissement du palais de Justice.

Par la rue du Palais, gagner le palais de Justice.

cv **Palais de Justice.** — C'est là que siégeait le Parlement de Bourgogne. La façade à pignon, de style Renaissance, comprend un porche soutenu par des colonnes. La porte est une copie de l'œuvre de Sambin (l'original est au musée des Beaux-Arts). A l'intérieur, la vaste salle des Pas-Perdus possède une belle **voûte**★ lambrissée.

Dans la chapelle du St-Esprit, on peut voir une clôture sculptée.

La chambre civile a gardé sa riche décoration d'origine (16ᵉ s.). Le magnifique **plafond**★ (17ᵉ s.) de la salle des Assises provient de l'ancienne Cour des Comptes.

cv **Musée Magnin.** — Dans un élégant hôtel du 17ᵉ s. ayant conservé son ameublement, ce musée national, qui garde le caractère d'une collection d'amateur, présente, dans une vingtaine de salles, quelques toiles de maîtres et un grand nombre d'œuvres fort bien choisies de peintres français ou étrangers peu connus, du 16ᵉ au 19ᵉ s.

La rue des Bons-Enfants ramène à la place de la Libération.

AUTRES CURIOSITÉS

★ **Chartreuse de Champmol** (**A**). — *Plan p. 88. Entrée : 1, bd Chanoine-Kir.*

cv Un hôpital psychiatrique occupe l'emplacement de la chartreuse détruite en 1793. A l'entrée, se trouve un portail du 15ᵉ s. ayant échappé au désastre.

Alors que les premiers ducs de Bourgogne étaient inhumés à Cîteaux, Philippe le Hardi, désirant pour lui et sa dynastie une nécropole quasi royale, fonda en 1383 la chartreuse, consacrée cinq ans plus tard par l'évêque de Troyes. Utilisant les meilleurs artistes de l'époque, il en fit un véritable reliquaire d'art.

De ce fastueux ensemble, il ne reste, en dehors des tombeaux des Ducs et des retables conservés à la salle des Gardes du musée des Beaux-Arts *(p. 89)*, que deux œuvres de Claus Sluter, sculpteur originaire de Hollande devenu le chef de file de l'école burgondo-flamande : le portail de la chapelle et le puits de Moïse, situé au milieu d'une cour à laquelle on accède en contournant les bâtiments.

★★ **Puits de Moïse** (**A V**). — En réalité, le « puits de Moïse » est le socle d'un calvaire polychromé exécuté de 1395 à 1405 pour orner le bassin du grand cloître. Six grandes statues de Moïse et des prophètes David, Jérémie, Zacharie, Daniel, Isaïe s'adossent au socle hexagonal : ce sont des portraits d'un réalisme saisissant ; la figure de Moïse, la plus impressionnante peut-être, a donné son nom au monument. Les ravissants angelots s'abritant sous la corniche sont dus à Claus de Werve, neveu de Claus Sluter. A l'origine, le puits de Moïse était peint ; une reconstitution de l'ancienne polychromie a été tentée sur la reproduction conservée au musée de Dijon.

★ **Portail de la chapelle.** — Ce portail orne actuellement la porte intérieure de la chapelle. Il compte 5 statues exécutées par Claus Sluter entre 1389 et 1394. Le duc Philippe le Hardi et la duchesse Marguerite de Flandre sont représentés agenouillés, assistés de leurs saints protecteurs (saint Jean-Baptiste et sainte Catherine), de chaque côté de la Vierge à l'Enfant, placée sur le trumeau.

Cathédrale St-Bénigne (CY). — *Plan ci-contre.* Cette ancienne abbatiale, de pur style gothique bourguignon, a remplacé (fin 13e s. - début 14e s.) la basilique romane que l'abbé **Guillaume de Volpiano** fit construire avant d'être appelé en Normandie, à Fécamp, où il fut enterré.

La façade occidentale, aux contreforts massifs et saillants, est flanquée de deux grosses tours couronnées de deux étages octogonaux aux toits coniques couverts de tuiles multicolores. Sous le porche, surmonté d'une petite galerie délicatement ajourée, le vieux portail roman du 12e s. subsiste au milieu de la façade gothique.

La croisée du transept est dominée par une flèche haute de 93 m, refaite en 1896, dans le style flamboyant.

★ **Crypte.** — Œuvre de Guillaume de Volpiano, cette
CV crypte est en fait l'ancienne basilique romane du 10e s. qui fut comblée pendant la Révolution et dont la nef n'est pas encore dégagée. Le transept et le chœur comptent à eux seuls 86 piliers. La superbe **rotonde**★★ centrale est entourée de deux colonnades circulaires ; quelques-unes des colonnes trapues ont conservé leurs chapiteaux primitifs, ornés de palmettes, d'entrelacs, d'animaux monstrueux ou de personnages *(illustration p. 26).*

L'extrémité Est de la crypte donne accès à une chapelle

Briand (Av. A.)		EX 4
Brosses (Bd de)		CY 5
Champagne (Bd de)		EX 7
Darcy (Pl.)		CY
Foch (Av. Maréchal)		CY 24
Liberté (R. de la)		CY
Charrue (R.)		DY 10
Chouette (R. de la)		DY 14

du 6e s. qui pourrait être une « cella » (sanctuaire). Le tombeau de saint Bénigne, apôtre de la Bourgogne martyrisé au 3e s., est un but de pèlerinage le 20 novembre. Ce qu'il en reste (un fond de sarcophage) est placé dans l'ancien carré du transept.

★ **Musée archéologique** (CY M²). — *Plan ci-dessus.* C'est le « Bâtiment des bénédic-
CV tins » de l'ancienne abbaye de St-Bénigne.

Le 2e étage présente des objets de l'époque néolithique (lanière pour attraper les chevaux), de l'âge de bronze (armes), de l'âge de fer (poteries et épées) des bijoux mérovingiens, de la vaisselle gallo-romaine, deux têtes monumentales romaines en pierre et des chapiteaux d'Alise-Ste-Reine. En outre, le bracelet en or, pesant 1,286 kg et composé de 3 joncs massifs, ornés de 2 brins torsadés et posés sur un anneau intérieur plat, fut trouvé à Flagny (près de la Rochepot) ; il daterait du 9e s. av. J.-C. Au rez-de-chaussée, une salle du 13e s., l'ancien dortoir des moines, contient les œuvres du Moyen Age, dont le buste du Christ *(illustration p. 31),* de Claus Sluter, provenant du calvaire de la chartreuse de Champmol, encadré par deux tympans romans de St-Bénigne (à droite la Cène, à gauche un Christ en gloire). Une Sainte Famille polychrome du 15e s., d'un touchant réalisme, réunit la Vierge couchée, allaitant Jésus sur un lit de branches tressées, et saint Joseph à ses pieds. Un retable Renaissance représente la « descente des martyrs ». Un Christ en croix, provenant de l'abbaye de St-Bénigne et attribué à Claus de Werve, occupe la travée centrale. Au sous-sol, les caves du 11e s., à piliers massifs, abritent des sculptures gallo-romaines, un bas-relief de Til-Châtel (le marchand de vin), des galères votives en bronze à tête de canard, des effigies de pèlerins en calcaire ou en chêne, des ex-voto (très intéressantes planches anatomiques en bois, provenant du sanctuaire des sources de la Seine).

Dr-Chaussier (R.)	CY 16	Magenta (R.)	EZ 36	St-Bernard (Pl.)	DY 51
Dubois (Pl. A.)	CY 20	Michelet (R.)	CY 40	Vaillant (R.)	DY 57
Ecole-de-Droit (R.)	DY 21	Potet		Verdun (Bd de)	EX 60
Godrans (R. des)	DY 30	(R. du Petit)	DY 44	1er-Mai (Pl. du)	CZ 61
Grangier (Pl.)	DY 31	Rameau (R.)	DY 47	1re-Armée-Fse (Av.)	CY 62
Libération (Pl. de la)	DY 35	St-Bénigne (Pl.)	CY 50	26e-Dragons (R. du)	EX 65

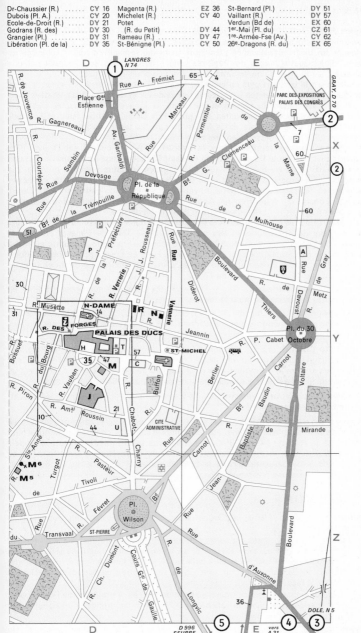

Église St-Philibert (CY). — *Plan ci-dessus*. Édifiée au 12e s. et remaniée au 15e s., elle est actuellement désaffectée.

Square Darcy (CY). — *Plan ci-dessus*. Il doit son nom à l'ingénieur qui, en 1839, dota Dijon d'eau potable. Ses bassins et ses vasques s'étagent dans un joli décor de verdure. A l'entrée, a été placé l'« **Ours blanc** », œuvre de Pompon (1855-1933).

★**Jardin de l'Arquebuse** (CY). — *Plan ci-dessus*. Il doit son nom à la compagnie des Arquebusiers, qui s'installa à cet endroit au 16e s. Toute la partie Ouest est occupée par le jardin botanique (3 500 espèces), ses serres tropicales et son vivarium. Fondé au 18e s., le jardin botanique avec son arboretum a été réuni à la promenade de l'Arquebuse. De très beaux arbres encadrent les parterres de fleurs.

cv **Muséum d'histoire naturelle** (CY M3). — Fondé en 1836, il est installé dans l'ancienne caserne des Arquebusiers, datant de 1608. Il abrite des collections de géologie et minéralogie régionales, d'animaux autochtones ou exotiques (certains en dioramas), oiseaux et insectes surtout, et la carapace géante d'un glyptodon.

cv **Musée de l'Hôpital** (CZ M4). — *Plan ci-dessus*. L'hôpital général, ancien hospice du St-Esprit fondé au 13e s., a été reconstruit au 17e s. par Martin de Noirville, élève de Jules Hardouin-Mansart.
Le musée, installé dans l'ancienne chapelle de Jérusalem, du 15e s., comprend une collection d'objets d'art et des sculptures.
D'intéressants manuscrits du 15e s., enrichis de miniatures, rappellent l'histoire de la fondation de l'hôpital.

★ **Église St-Michel** (DY). — *Plan p. 94-95*. Commencée à la fin du 15ᵉ s. dans le style gothique flamboyant, cette église, consacrée en décembre 1529, a vu sa façade terminée en pleine Renaissance ; les deux tours qui l'encadrent furent achevées au 17ᵉ s. : leurs quatre étages aux fenêtres ornées de colonnes se terminent par une balustrade surmontée d'une lanterne que coiffe une boule de bronze.

La façade est la partie la plus curieuse de l'édifice. Le porche, en forte saillie, s'ouvre par trois portails : une longue frise, formée de rinceaux et de grotesques, se développe à la partie supérieure du porche et sur toute sa longueur. Au-dessous, dans des médaillons se détachent les bustes des prophètes Daniel, Baruch, Isaïe et Ézéchiel, ceux de David avec sa harpe et de Moïse portant les tables de la loi. Le portail de droite, de 1537, est le plus ancien des trois.

Le Jugement dernier représenté sur le tympan du portail central est l'œuvre d'un Flamand : Nicolas de la Cour. La statue de saint Michel, adossée au trumeau, est une œuvre du 16ᵉ s. de tradition gothique, qui remplaça la statue primitive détruite à la Révolution. Elle repose sur une console dont les sculptures s'inspirent de coutumes païennes et de textes sacrés ; dans un voisinage singulier, on peut identifier : David, Lucrèce, Léda et le cygne, Hercule, Apollon, Vénus, Judith, le jugement de Salomon, saint Jean-Baptiste, le Christ apparaissant à Marie-Madeleine.

A l'intérieur, de style gothique, admirer la hauteur du chœur dépourvu de déambulatoire, comme celui de St-Bénigne, et ses boiseries (18ᵉ s.). Dans le transept Nord et la chapelle du St-Sacrement, on remarque quatre toiles de Franz Kraus, peintre allemand du 18ᵉ s. ; la Nativité, l'Adoration des bergers, la Fuite en Égypte (détériorée), l'Adoration des Mages et la Présentation au temple. Dans la 1ʳᵉ chapelle à droite en entrant, fragment d'une Mise au tombeau du 15ᵉ s.

Maison des Cariatides (DY R). — *Plan p. 94-95, 28, rue Chaudronnerie*. Édifiée en 1603 ; douze cariatides décorent la façade.

Rue Vannerie (DY). — Aux nᵒˢ 39 et 41, hôtels (N) du 18ᵉ s. Au nᵒ 66, hôtel Renaissance avec trois fenêtres ornées encadrant une échauguette sculptée par Hugues Sambin.

Parc de la Colombière (B). — *Sud du plan p. 88* Accès par le cours du Parc, d'arbres magnifiques. Les massifs percés d'allées et les tapis verts de l'ancien parc des Princes de Condé constituent une promenade agréable. Dans ce parc, on verra un fragment de la « Via Agrippa », ancienne voie romaine qui reliait Lyon à Trèves.

Musée de la vie bourguignonne (DZ M⁵). — *Plan p. 94-95*. Il présente des expositions thématiques temporaires.

cv **Musée d'art sacré** (DZ M⁶). — *Plan p. 94-95*. L'ancienne église Ste-Anne (fin 17ᵉ s.), édifice de plan circulaire à dôme, abrite ce musée dont les collections comprennent des objets de culte du 14ᵉ au 19ᵉ s., des ornements sacerdotaux, des statues de bois anciennes dont une Vierge en majesté (fin 12ᵉ s.), et un élégant autel baroque de 1769. Mais on remarquera surtout le baldaquin d'autel monumental en marbre et stucs, avec ses statues (Visitation et angelots), exécuté par Jean Dubois vers 1672.

EXCURSIONS

Talant. — 11 665 h. *Plan p. 88*. Gagner le haut de l'ancien village (alt. 355 m) où se dresse l'église.

L'**église**, du 13ᵉ s. (restaurée), est surtout intéressante par les statues qu'elle renferme : Vierge à l'Enfant (14ᵉ s.), deux Pietà (15ᵉ s.), saints et Christ aux liens (16ᵉ s.), deux Mises au tombeau (16ᵉ s.) — la plus belle au milieu du bas-côté droit —, un Christ médiéval suspendu dans le chœur, une Vie de saint Hubert en bas-relief polychrome au revers de la façade.

De la table d'orientation qui se trouve au bord du plateau, à proximité de l'église, on a une **vue★** étendue sur Dijon, la vallée de l'Ouche et le lac artificiel du Chanoine Kir, aménagé pour les sports nautiques.

Mont Afrique. — *12 km — environ 1 h — par le D 108G à l'Ouest*. Un chemin de ronde *(accessible aux piétons)* suivant le rebord du plateau offre de belles vues sur les environs immédiats de Dijon.

Val-Suzon. — *Circuit de 40 km — environ 1 h 1/2 — Quitter Dijon par ①, N 74, et, à 5 km, prendre à gauche le D 996.*

Vantoux-lès-Dijon. — Château du 18ᵉ s.

A Messigny, prendre à gauche le D 7.

Le Suzon coule entre des pentes boisées et sa vallée, étroite, s'élargit dans le joli bassin de **Ste-Foy** ; les versants se hérissent parfois de rochers avant Val-Suzon.

A Val-Suzon-Haut, prendre à gauche la N 71, en forte montée.

De la route, on découvre une jolie vue sur Val-Suzon-Bas et le vallon.

Revenir à Dijon.

DONZY   1 890 h.

Carte Michelin nᵒ 🆖 pli 13 — Lieu de séjour p. 8.

Capitale au Moyen Âge d'une puissante baronnie, dont les seigneurs devinrent comtes de Nevers, Donzy a conservé une église gothique et quelques maisons anciennes.

Donzy-le-Pré. — *1 km à l'Ouest de Donzy, par le D 33 et le D 163*. Les ruines d'un prieuré clunisien (début du 12ᵉ s.) sont intéressantes : un **tympan** du 12ᵉ s., chef-d'œuvre de la sculpture romane bourguignonne, représente la Vierge et l'Enfant, entre le prophète Isaïe et l'Ange de la Visitation. Les voussures sont ornées d'alvéoles carrées et de fleurs.

EXCURSION

Château de Presle. — *A Suilly-la-Tour, 6 km au Sud-Ouest de Donzy-le-Pré.*
On peut admirer, à travers ses grilles, cet élégant château classique, à deux étages et lucarnes, daté de 1605, dans son enceinte cantonnée de tours rondes qui abrite aussi d'importants communs.

DRUYES-LES-BELLES-FONTAINES 309 h.

Carte Michelin nº 🆖 angle Nord-Est du pli 14.

cv Le **château** féodal de Druyes (12ᵉ s.) dresse encore au sommet d'une colline des ruines imposantes. Pour les découvrir sous un jour favorable, arriver en fin d'après-midi par le Sud, soit par le D 148, accidenté et pittoresque, soit par le D 104 qui offre une excellente vue d'ensemble sur le village avec, en premier plan, le viaduc de l'ancienne voie ferrée.
De la route de Courson-les-Carrières, en passant sous une porte fortifiée du 14ᵉ s., on accède au rocher qu'occupent le vieux Druyes et le château. Seuls les murs extérieurs de ce monument se dressent à peu près intacts. Il subsiste des anciennes fortifications une tour très bien conservée.
Dans le bas du village, l'église romane, du 12ᵉ s., a un beau portail.
Près de l'église, dans un site pittoresque, jaillissent les sources de la Druyes.

DUN (Montagne de)

Carte Michelin nº 🆖 pli 8.

On en atteint le sommet (altitude 721 m) par la route reliant Chauffailles (lieu de séjour p. 8) à St-Racho, au Nord.
De l'esplanade, près de la chapelle on découvre un **panorama**★ demi-circulaire : vers le Nord-Est sur la montagne de St-Cyr et la Grande-Roche ; plus à l'Est, vers la dépression de la Grosne et le col du Champ-Juin ; vers le Nord sur le Charollais et la vallée de l'Arconce ; vers le Nord-Ouest, la région de la Clayette et, plus à l'Ouest, le Brionnais et la vallée de la Loire.

ÉGREVILLE 1 345 h. (les Égrevillois)

Carte Michelin nº 🆖 plis 12, 13 — 19 km au Sud-Est de Nemours.

cv Ce bourg agricole du Gâtinais possède depuis le 12ᵉ s. un **château** qu'Anne de Pisseleu, favorite de François Iᵉʳ, fit reconstruire au 16ᵉ s. Ce château fut très remanié au 17ᵉ s. par le maréchal de la Châtre, un des chefs de la Ligue, qui rendit Orléans à Henri IV moyennant une somme énorme et la confirmation de tous ses titres, dont celui de maréchal.
Le compositeur Jules Massenet (1842-1912) passa les dernières années de sa vie dans cette demeure.

Halles. — Elles datent du 16ᵉ s., sont dotées d'une imposante charpente en châtaignier, et leur façade Sud constitue une sorte d'immense pignon de pierre (1638) percé de quatre arcades. Elles forment avec l'église (13ᵉ-15ᵉ s.), au massif clocher-porche, un tableau d'une majesté rustique.

ÉPOISSES 820 h.

Carte Michelin nº 🆖 pli 17 — 12 km à l'Ouest de Semur.

Agréable bourg, érigé sur le plateau d'Auxois dans une région d'élevage au fromage réputé.

★**Château.** — Un peu à l'écart de l'agglomération s'élève le château, entouré d'une
cv double enceinte fortifiée aux douves actuellement asséchées. A l'abri des fortifications extérieures, les communs forment un petit village entourant l'église, ancienne abbatiale du 12ᵉ s., et le puissant colombier du 16ᵉ s.
Avant de franchir le second fossé, contourner par la droite le château pour observer les quatre tours qui relient les bâtiments d'habitation. Le donjon forme tour d'entrée ; la tour de Condé (en souvenir du prince qui l'habita) est une construction du 13ᵉ s. à moellons et pierres alternés, fait rare en Bourgogne ; la tour octogonale à bossages fut élevée au 14ᵉ s. ; la tour de Bourdillon, la plus ancienne (10ᵉ s.), restaurée en 1560, termine l'aile Ouest.
Une large terrasse à balustrade précède la cour d'Honneur, ornée d'un puits Renaissance finement ouvragé. Le château remanié aux 16ᵉ et 17ᵉ s. se présente sous la forme d'un large fer à cheval, la moitié Sud opposée ayant été détruite à la Révolution.
La famille de Guitaut, propriétaire du château depuis le 17ᵉ s., a conservé de nombreux souvenirs des personnages historiques qui y ont séjourné.
A l'intérieur, un vestibule aux nombreux portraits de la Renaissance, encastrés dans la boiserie, mène au petit salon dont le plafond est richement décoré. Le grand salon abrite un beau mobilier Louis XIV dont les sièges sont recouverts de tapisseries des Gobelins.
Au 1ᵉʳ étage, le salon des tableaux groupe des portraits de personnages des 17ᵉ et 18ᵉ s. De part et d'autre s'ouvrent l'austère chambre du Roi, où Henri IV aurait couché, et la chambre de Mme de Sévigné, aux gracieuses poutrelles peintes au 16ᵉ s.

FERRIÈRES

2 417 h. (les Ferriérois)

Carte Michelin nº 🔢 pli 12.

Ferrières fut le grand centre monastique du Gâtinais. Le bourg groupe ses rues étroites et tortueuses au pied de son ancienne abbaye bénédictine, l'un des foyers de la civilisation carolingienne.

CURIOSITÉS

cv **Ancienne abbaye St-Pierre et St-Paul.** — Quitter la voiture sur l'esplanade ombragée (ancien mail et ancien « champ royal ») qu'annonce la belle croix très élancée de Ste-Apolline.

Église. — Gothique, elle est originale surtout pour sa **croisée du transept★** construite en rotonde, au 12ᵉ s., sur huit hautes colonnes. Il s'agirait d'un héritage carolingien : un édifice plus antique, sur plan centré, du 9ᵉ s., inspira sans doute cette architecture en dais.

Le chœur (13ᵉ s.) est éclairé par cinq fenêtres aux vitraux Renaissance. Dans le croisillon gauche, remarquer une collection de statues anciennes (14ᵉ et 17ᵉ s.) et un curieux accessoire liturgique baroque : un palmier doré décoré de pampres ayant servi à l'exposition du Saint sacrement.

Bâtiments abbatiaux. — Du terre-plein, en contrebas de la cour de l'ancien cloître, vue sur le côté Sud de l'église et sur la chapelle N.-D.-de-Bethléem, maintes fois reconstruite depuis le 15ᵉ s. et vénérable surtout pour l'antiquité de son pèlerinage.

La ville basse. — Une dérivation de la Cléry lui apporte une ambiance pittoresque. Le lavoir de la Pêcherie est encore en service. Du pont sur le ruisseau, **vue** sur le barrage d'un ancien moulin à tan, les vieux toits de la ville, la flèche de l'abbatiale.

La FERTÉ-LOUPIÈRE

630 h.

Carte Michelin nº 🔢 pli 4 — 18 km au Sud-Ouest de Joigny.

(Photo S. Chirol)

Détail de la Danse macabre.

Cet ancien bourg fortifié — comme en témoigne le mot Ferté signifiant lieu fortifié — possède une **église** des 12ᵉ et 15ᵉ s. qui abrite des **peintures murales★** fort curieuses. Exécutées sur enduit sec à la fin du 15ᵉ s. et au début du 16ᵉ s., elles ont été dégagées en 1910 du badigeon qui les recouvrait et les protégeait. Ces peintures, aux tons brun et ocre, s'étendent sur le mur gauche de la grande nef au-dessus des trois premières arcades. Parmi les sujets traités, à la suite du « dict des trois Morts et des trois Vifs », celui de la Danse macabre, qui comprend 42 personnages figurant toutes les conditions humaines, est à la fois un document artistique et une haute leçon de morale (la Mort s'adresse aux gens de toutes classes : nul n'y échappe).

Remarquer aussi, sur le pilier de la première arcade, la peinture qui représente saint Michel tuant le dragon.

FIXIN

883 h.

Carte Michelin nº 🔢 pli 20 — 10 km au Sud-Ouest de Dijon — Schéma p. 83.

Ce village, producteur de vins renommés — certains se classent parmi les meilleurs de la Côte de Nuits —, perpétue le souvenir d'un touchant témoignage de fidélité. Dans le parc de sa propriété, Noisot, ancien capitaine de la Garde Impériale, fit élever, en 1847, par son ami le sculpteur **Rude,** un monument à la gloire de l'Empereur : le « Réveil de Napoléon ». Fidèle jusqu'à la mort, le vieux soldat a voulu être enterré face à son Empereur.

L'église du hameau voisin, Fixey, serait la plus ancienne (10ᵉ s.) de la Côte.

cv **Parc Noisot.** — *Au milieu du village prendre la rue Noisot, montant jusqu'à un parking situé à 500 m. Puis suivre l'allée des pins (panneaux fléchés).*

Un musée contenant des souvenirs des campagnes impériales est installé au 1ᵉʳ étage de la maison du gardien. Un escalier conduit au monument montrant Napoléon s'éveillant à l'Immortalité, puis au tombeau de Noisot dominé par un belvédère d'où l'on découvre une vue étendue sur le val de Saône, le Jura et les Alpes. Du musée part un sentier menant vers les fontaines et les cent marches que Noisot fit tailler en mémoire des Cent Jours : elles donnent accès au plateau de l'arrière-côte.

★ FLAVIGNY-SUR-OZERAIN

438 h.

Carte Michelin n° 🔲🔲 Nord du pli 18.

Accrochée à son rocher isolé par trois cours d'eau, Flavigny est bâtie dans un **site** ★ pittoresque. Siège d'une abbaye dès le 8ᵉ s, ville forte au Moyen Age, Flavigny a perdu aujourd'hui son importance d'antan. Ses rues étroites bordées de vieux hôtels, ses portes fortifiées, les vestiges de ses remparts évoquent sa grandeur passée.
On fabrique toujours, depuis le 9ᵉ s., les anis de Flavigny, petites dragées anisées.

CURIOSITÉS

Laisser la voiture sur l'esplanade des Fossés (circulation interdite au-delà).

Église St-Genest. — Elle date du 13ᵉ s. Élevée sur l'emplacement d'une église plus ancienne, elle a été remaniée aux 15ᵉ et 16ᵉ s.
L'édifice renferme une tribune centrale en pierre du début du 16ᵉ s. Disposition très rare à l'époque du gothique, des tribunes surmontent les bas-côtés et les deux premières travées de la nef. Elles sont fermées de clôtures de bois du 15ᵉ s. Admirer les stalles du début du 16ᵉ s.
Parmi de nombreuses statues intéressantes, remarquer, dans la dernière chapelle à droite, un **Ange de l'Annonciation,** chef-d'œuvre de l'école gothique bourguignonne et, au transept Sud, une Vierge allaitant du 12ᵉ s.

Ancienne abbaye. — Cette ancienne abbaye bénédictine, fondée dès le 8ᵉ s., comprenait une grande église abbatiale, la basilique St-Pierre, et des bâtiments claustraux. Ces derniers, reconstruits au 18ᵉ s., abritent actuellement la fabrique d'anis. De la basilique St-Pierre subsistent d'intéressants vestiges d'époque carolingienne :

cv **Crypte Ste-Reine.** — C'était la partie inférieure de l'abside carolingienne à deux étages, construite vers 758. L'étage supérieur, auquel on accédait de la nef par deux escaliers, portait le maître-autel. La partie inférieure en contrebas abritait les reliques ; on y plaça en 864 les restes de sainte Reine, martyrisée à Alise *(voir Alise Sainte-Reine, p. 36).* Un des piliers élégamment sculpté est un bel exemple de décoration carolingienne.

Chapelle N.-D.-des-Piliers. — Des fouilles ont mis au jour en 1960 une chapelle hexagonale avec déambulatoire dans le prolongement de la crypte : le style rappelle les rotondes pré-romanes de St-Bénigne de Dijon et de Saulieu.
cv A droite de l'entrée de la crypte a été aménagé un petit **musée lapidaire.**

Tour de ville. — Partir de la porte du Bourg (15ᵉ s.), aux puissants mâchicoulis. Par les chemins des Fossés et des Perrières, gagner la porte du Val, flanquée de tours rondes. A côté, Maison Lacordaire, ancien couvent de Dominicains fondé par le Père **Lacordaire.**

Maisons anciennes. — Beaucoup sont en ruines mais charmantes avec leurs tourelles, leurs escaliers à vis et leurs délicates sculptures.

★ FLEURIGNY (Château de)

Carte Michelin n° 🔲🔲 pli 14 — 15 km au Nord-Est de Sens.

cv Sur un terre-plein ceinturé de douves, se dresse une belle construction du 13ᵉ s. aux tours d'angle cylindriques et lucarnes sculptées. On accède à la cour intérieure par un passage voûté pratiqué entre deux tours. Les façades du bâtiment intérieur Renaissance sont en brique avec chaînages. Une galerie à arcades ferme le rez-de-chaussée du bâtiment central.
La salle des Gardes est ornée d'une grande cheminée sculptée. Dans la « chambre aux tableaux », panneaux sur bois du 17ᵉ s.
La chapelle possède un plafond à caissons, avec clefs pendantes, œuvre de Jean Cousin, ainsi que le vitrail.

FONTAINE-FRANÇAISE

859 h.

Carte Michelin n° 🔲🔲 Nord du pli 13.

Cette paisible localité située entre deux étangs, autrefois puissante seigneurie, formait en Bourgogne une enclave relevant directement de la couronne de France. C'est aux environs, que le 5 juin 1595, **Henri IV,** à la tête de 510 cavaliers, triompha des armées espagnoles et de la Ligue, fortes de 15 000 hommes, commandées par le connétable de Castille et le duc de Mayenne. Un monument rappelle cette victoire qui amena la pacification générale du royaume.

EXCURSIONS

St-Seine-sur-Vingeanne. — 294 h. *5 km à l'Est.* Le village conserve un château des 16ᵉ et 18ᵉ s.
L'**église,** de style roman bourguignon, est surmontée d'un clocher à trois étages. Dans le chœur, beau vitrail du 19ᵉ s. et, en haut de la grande nef, à droite en regardant l'autel, « Christ de Pitié » en pierre polychrome, du 16ᵉ s.

cv **Château de Rosières.** — *10 km au Sud-Est.* Occupé par une ferme. L'ensemble, constitué par le donjon massif (16ᵉ s.), une tour datant du 15ᵉ s., les douves, la porte et une petite tour d'enceinte, est bien conservé ainsi qu'un pavillon ajouté au 17ᵉ s. dont l'escalier est typiquement Louis XIII.

Château de Beaumont-sur-Vingeanne. — *8 km au Sud.* Description p. 50.

★★ FONTENAY (Ancienne abbaye de)

Carte Michelin n° 65 Sud-Ouest du pli 8.

L'ancienne abbaye de Fontenay, tapie dans un vallon solitaire et verdoyant, donne une vision exacte de ce qu'était un monastère cistercien au 12e s., vivant en « autarcie » à l'intérieur de son enceinte.

Seconde fille de saint Bernard. — Devenu abbé de Clairvaux, Bernard fonda successivement trois colonies : Trois-Fontaines, près de St-Dizier, en 1115, Fontenay en 1118 et Foigny, en Thiérache, en 1121. Accompagné de douze religieux, il arriva à proximité de Châtillon-sur-Seine à la fin de 1118 et y fonda un ermitage. Mais les religieux que Bernard, retournant à Clairvaux, avait laissés sous la direction de Godefroy de la Roche, virent leur nombre s'accroître à un point tel que, l'ermitage devenant trop petit, ils durent s'installer dans la vallée, là où se trouve l'abbaye actuelle.

Jusqu'au 16e s., l'abbaye connut une grande prospérité, comptant plus de trois cents moines et convers. Mais le régime de la commende — abbés nommés par faveur royale et ne s'intéressant qu'aux revenus de l'abbaye — et les désordres causés par les guerres de Religion allaient provoquer une rapide décadence.

Vendue à la Révolution, l'abbaye fut transformée en papeterie.

En 1906, de nouveaux propriétaires entreprirent de restituer à Fontenay son aspect initial *(plan p. 101)*, en faisant disparaître les bâtiments de la papeterie. Les nombreuses fontaines dont l'abbaye tire son nom sont devenues la parure du jardin qui entoure la propriété.

(D'après photo Pélissier/Vloo)

Abbaye de Fontenay. Cour du cloître.

cv **VISITE** *environ 3/4 h*

Le portail de la Porterie est surmonté des armes de l'abbaye ; l'étage date du 15e s. En pénétrant sous la voûte, on remarque la niche aménagée sous l'escalier : l'ouverture pratiquée au fond permettait au chien, posté à l'entrée, de surveiller aussi l'hostellerie, long corps de logis, à droite, dans la cour intérieure — où logeaient pèlerins et voyageurs venus visiter les religieux.

Le porche passé, on longe un grand bâtiment du 13e s. qui se composait de la chapelle des visiteurs et de la boulangerie des moines, remarquable par sa cheminée cylindrique ; il abrite aujourd'hui la salle d'accueil et un petit musée lapidaire. Un peu plus loin à droite, se distingue le magnifique colombier.

Église abbatiale. — C'est l'une des plus anciennes églises cisterciennes conservées en France. Contemporaine de saint Bernard, l'église a été édifiée grâce à la générosité d'Ébrard, évêque de Norwich, réfugié à l'abbaye de Fontenay, et fut consacrée en 1147 par le pape Eugène III.

L'expression « simplicité monacale » convient tout particulièrement à cette construction *(détails et illustration p. 28)*. La façade, dépouillée de tout ornement, est soulignée par deux contreforts et sept baies en plein cintre, symbolisant les sept sacrements de l'Église. Les corbeaux encore en place soutenaient un porche qui a disparu. Les vantaux et pentures du portail sont la reproduction des battants primitifs.

Intérieur. — La règle et le plan cisterciens sont scrupuleusement observés *(voir p. 20)* et, malgré les dimensions relativement réduites de l'édifice (longueur : 66 m, largeur du transept : 30 m), l'effet est d'une saisissante grandeur.

La nef, voûtée en berceau brisé, compte huit travées ; elle est étayée par des bas-côtés voûtés de berceaux transversaux qui forment une suite de chapelles éclairées par de petites baies en plein-cintre. La nef aveugle reçoit la lumière par les ouvertures de la façade et celles qui s'étagent au-dessus de l'arc triomphal.

Dans le vaste transept, la disposition des berceaux et des chapelles de croisillons rappelle celle des bas-côtés. Dans le croisillon Nord, remarquer la statue (1) de Notre-Dame de Fontenay (fin du 13e s.).

Le chœur carré (2), à chevet plat, est éclairé par un double rang de triplets (symbole de la Trinité). On y a rassemblé des pierres tombales et les restes d'un pavage de carreaux émaillés du 13e s., qui recouvrait autrefois le sol du chœur et d'une grande partie de l'église. On peut voir, à droite, le tombeau (3) du seigneur de Mello d'Epoisses et de son épouse (14e s.). Le retable en pierre de l'ancien maître-autel (fin du 13e s.) a subi des mutilations.

Dans le transept, sur la droite, se trouve l'escalier qui mène directement à l'ancien dortoir des moines.

Dortoir. — Les moines dormaient sur des paillasses disposées sur le sol, séparés les uns des autres par des cloisons basses. La magnifique charpente date de la seconde moitié du 15e s.

Cloître. — Adossé au flanc Sud de l'église, le cloître est un magnifique exemple cistercien à la fois robuste et élégant.

Chaque galerie compte huit travées délimitées par de beaux contreforts ; les arcs plein-cintre, sauf ceux des portes donnant accès au préau, sont divisés par une double arcature reposant sur des colonnes accouplées.

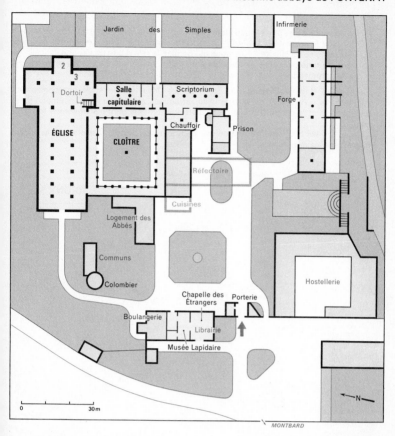

MONTBARD

La **salle capitulaire,** aux chapiteaux ornés de feuilles d'eau, est voûtée sur croisée d'ogives ; elle communique avec la galerie Est par une magnifique arcade ; la grande salle de travail des moines, le scriptorium, se situe dans son prolongement. Sur la droite, une petite porte ouvre sur le « chauffoir ». Cette pièce présentant deux foyers était la seule où la règle tolérait le feu, en dehors de la cuisine.

On peut encore visiter la prison de l'abbaye ainsi que la forge et apercevoir les jardins où les moines cultivaient les plantes médicinales.

Face à ces jardins, on voit l'infirmerie construite à l'écart des autres bâtiments.

Avant de regagner l'entrée, on passe devant le château d'eau et sa cascade se déversant dans un bassin à truites.

Une route qui part derrière l'abbaye donne accès à la très belle hêtraie de la forêt de Fontenay.

GEVREY-CHAMBERTIN   2 582 h.

Carte Michelin n° 🔢 pli 20 — 12 km au Sud de Dijon — Schéma p. 83.

Gevrey-Chambertin est le type même de l'agglomération viticole immortalisée par **Gaston Roupnel.** Elle s'échelonne au débouché de la combe de Lavaux, entre les coteaux du vignoble où se situe le vieux village assoupi autour de l'église et du château, et le quartier des Baraques qui doit son animation au passage de la N 74.

Un peu plus au Nord *(voir p. 82),* commence la fameuse Côte de Nuits, réputée pour ses grands vins rouges.

Le Chambertin. — Parmi les vins de la Côte de Nuits, vins très corsés qui acquièrent en vieillissant tout leur corps et tout leur bouquet, le Chambertin, qui se compose de deux « climats » de Clos de Bèze et de Chambertin, est le plus fameux. C'est aussi l'un des plus célèbres de toute la Bourgogne. Le « Champ de Bertin » devenu « chambertin » était le vin préféré de Napoléon 1er. Le territoire de ce cru hors ligne se limite à 28 ha, tandis que celui du Gevrey Chambertin en couvre 400.

cv **Château.** — Dans la partie haute du village, le château fort construit aux environs du 10e s. par les sires de Vergy fut donné aux moines de Cluny qui le restaurèrent au 13e s. Il a conservé son bel escalier à vis, aux marches inégales polies comme un marbre, sa grande salle aux poutres apparentes, sa salle de guet (dans la tour) et celle des archers.

Les caves voûtées renferment les récoltes de vin.

Église. — Des 13e, 14e et 15e s., elle a conservé un portail roman.

En ville, sauf indication contraire,
nos itinéraires de visite sont à suivre à pied.

101

Petite ville animée et pittoresque située aux portes de la Bourgogne à l'orée de la forêt d'Othe *(voir le guide Vert Michelin Champagne Ardennes)*, Joigny étage ses quartiers anciens au flanc de la côte St-Jacques qui domine la rive droite de l'Yonne.
Du pont d'Yonne qui conserve six arches du 18ᵉ s., on a une jolie vue sur la rivière, les quais, les promenades ombragées et la ville construite en amphithéâtre.

La révolte des Maillotins. — En 1438 les Joviniens se soulèvent contre leur seigneur, le comte Guy de la Trémoille, attaquent son château, s'en emparent et mettent à mort le comte à coups de maillets, instruments dont les vignerons faisaient alors usage.
Depuis lors les habitants de Joigny ont reçu leur surnom de Maillotins et le maillet figure dans les armes de la ville.

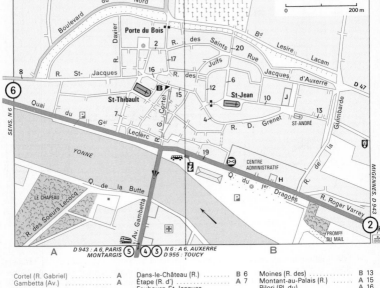

Cortel (R. Gabriel)	A	Dans-le-Château (R.)	B 6	Moines (R. des)	B 13
Gambetta (Av.)	A	Étape (R. d')	A 7	Montant-au-Palais (R.)	A 15
		Faubourg-St-Jacques		Pilori (Pl. du)	A 16
Bourg-le-Vicomte (R.)	A 2	(R. du)	A 8	Porte-du-Bois (R. de la)	A 17
Cerisiers (Rte de)	A 3	Ferrand (R. Jacques)	B 10	Ragobert (Quai H.)	B 19
Couturat (R.)	B 4	Fossés-St-Jean (R. des)	B 12	Tour-Carrée (R. de la)	B 20

CURIOSITÉS

Église St-Thibault (A). — Construite de 1490 à 1529, cette église, de style gothique et Renaissance, est dominée par une tour carrée du 17ᵉ s., couronnée d'un léger campanile. A l'intérieur on est frappé par l'inclinaison, très rare, du chœur vers la gauche, inclinaison accentuée encore par l'asymétrie des voûtes. Celle du chœur comporte une curieuse clé pendante.
On remarque, à l'intérieur, de nombreuses œuvres d'art *(plan dans le bas-côté gauche, à hauteur de la chaire)* ; les plus dignes d'intérêt sont pour les peintures : une Nativité sur bois, de l'école des anciens Pays-Bas, et une Crucifixion, de l'école d'Anvers ; pour les sculptures : une charmante **Vierge au Sourire★**, statue en pierre, du 14ᵉ s. (contre le 4ᵉ pilier à droite, face à la chaire).

Église St-Jean (B). — Elle est précédée d'un clocher-porche ; pourvue d'un chevet à cinq pans, elle ne comporte pas de transept.
Elle possède une belle voûte de pierre en berceau au plafond à caissons de style Renaissance, décoré de nervures et de médaillons sculptés. Dans le bas-côté droit, remarquer un Saint sépulcre en marbre blanc, du 15ᵉ s., orné de bas-reliefs et le gisant, du 13ᵉ s., d'Adélaïs, comtesse de Joigny, reposant sur un tombeau décoré d'élégantes sculptures, parmi lesquelles figureraient les enfants de la défunte. Les boiseries Louis XV et le mobilier de la sacristie proviennent de l'abbaye de Vézelay.

Porte du Bois (A). — Cette ancienne porte du 12ᵉ s., flanquée de deux tours rondes, faisait autrefois partie du vieux château.

Maisons anciennes. — Le touriste qui flânera à pied dans les rues étroites entourant les églises St-Thibault et St-Jean découvrira un certain nombre de vieilles demeures à pans de bois, des 15ᵉ et 16ᵉ s. La plupart, très endommagées lors des bombardements de 1940 et d'une explosion de gaz en 1981, ont été restaurées. La maison d'angle dite de l'Arbre de Jessé est la plus célèbre.

★ Côte St-Jacques. — *1,5 km.* Carte Michelin n° 🔲🔲 Sud du pli 14. *Quitter Joigny au Nord par le D 20.*
La route s'élève en lacet en contournant le haut de St-Jacques. On découvre, dans un virage à droite, à la Croix-Guémard, une belle **vue★** demi-circulaire sur Joigny et la vallée de l'Yonne.

La LOIRE NIVERNAISE

Cartes Michelin n⁰ˢ 🔲🔲 plis 2, 12, 13 et 🔲🔲 plis 3, 4, 5, 16.

De Digoin à Briare, la Loire n'a pas l'ampleur et la majesté qu'on lui connaît en aval d'Orléans ; pourtant le fleuve, tantôt nonchalant et tantôt fougueux — son débit variant de 30 à 40 m³ seconde en été à 7 000 et même 8 000 m³ en période de grandes crues —, reste très attachant par sa physionomie, son tracé, ses îles boisées et les paysages qu'il traverse.

En été, la Loire n'est qu'un maigre cours d'eau qui se fraie péniblement un chemin entre d'immenses bancs de sable d'un blond doré sur lesquels des buissons de saules font çà et là une tache verte. Mais d'octobre à juin, la Loire recouvre complètement son lit, charriant une nappe d'eau grisâtre, offrant ainsi le contraste le plus accentué avec les mois d'été.

La navigation sur la Loire. — Le plus irrégulier de nos fleuves a pourtant connu, autrefois, une activité intense de la batellerie.

Au temps où les routes étaient rares et mauvaises, la voie d'eau était un chemin très fréquenté. Dès le 4ᵉ s., existait une organisation régulière de navigateurs sur la Loire. Plus tard, au 14ᵉ s., fut fondée une puissante organisation, la « Communauté des Marchands fréquentant la rivière de Loire et autres fleuves descendant et chéant en icelle ». Cette communauté levait des droits sur toutes les marchandises transportées sur la Loire et ses affluents et imposait de nombreux péages.

De Roanne à Orléans, vivait tout un peuple de mariniers, transportant sur des chalands, des allèges, des sentines — dont quelques-unes étaient « vergées », c'est-à-dire portaient un mât supportant voilure —, les marchandises les plus diverses : produits agricoles du Charollais et du Morvan, faïences de Nevers, bois et charbons du Forez.

La circulation était surtout intense à la descente où l'on parcourait une trentaine de kilomètres par jour. La remontée était, par contre, très pénible à cause du courant, et les mariniers préféraient le plus souvent démolir leurs bateaux, en vendre les planches, et revenir à pied à leur point de départ.

Les voyageurs empruntaient volontiers ce mode de locomotion ; mais les mariniers, gens rudes et parfois violents, ayant gardé de leurs voyages et de leurs aventures un langage peu châtié et pour le moins truculent, les « touristes » d'alors en écoutant leurs conversations risquaient d'entacher leur vocabulaire ; à moins que, comme le perroquet Vert-Vert *(voir p. 121)*, ils n'aient la faiblesse de céder à cette tentation.

A la veille de la Révolution de 1789, un service pour passagers était organisé, sur les trois sections Roanne-Nevers, Nevers-Orléans, Orléans-Nantes.

Au 19ᵉ s., la navigation à vapeur donna un nouvel essor au trafic fluvial. Des services réguliers entre Nevers et Orléans étaient assurés par plusieurs compagnies. Cependant la concurrence du chemin de fer allait porter un coup fatal à la batellerie. En 1862, la dernière compagnie cessait son trafic *(pour plus de détails, voir le guide Vert Michelin Châteaux de la Loire).*

Derniers vestiges du passé. — Quelques chapelles dédiées à saint Nicolas, le patron des mariniers, existent encore (à Nevers) ou ont été en partie démolies (à la Charité-sur-Loire).

Certaines églises des bords de Loire conservent, suspendus à la voûte, de beaux vaisseaux de bois, fidèles reproductions des navires à voiles du 17ᵉ s. ; ces bateaux étaient portés solennellement au cours des processions en l'honneur de saint Nicolas.

De Digoin à Nevers *106 km — environ 4 h*

Digoin. — *Visite du musée : 1 h 1/2. Description p. 87.*

> Quitter Digoin par ⑤ et le D 979 qui, après avoir enjambé l'Arroux, longe tantôt étroitement, tantôt à distance, la rive droite de la Loire.

A la sortie de St-Aubin on découvre, à droite, son château.

Château de St-Aubin-sur-Loire. — *Page 56.*

> Par le D 979 A, à droite, gagner Bourbon-Lancy.

Bourbon-Lancy. — *Page 55.*

> Quitter Bourbon-Lancy par ④ et le D 973 qui ramène au D 979.

La route, le plus souvent éloignée du fleuve, ménage cependant quelques vues sur le cours élargi de ce dernier et ses îles, notamment après Charrin.

Decize. — *Page 87.*

> Quitter Decize par ①, N 81. A la sortie d'Imphy prendre le D 200 à gauche, qui franchit la Loire vers Chevenon.

Chevenon. — *Description du château p. 123.*

> Par le D 13, rejoindre la N 7 qui franchit le fleuve à Nevers.

Du pont, vue d'ensemble sur le vieux Nevers *(p. 121).*

★**Nevers.** — *Visite : 1 h. Description p. 120.*

De Nevers à Briare *94 km — environ 3 h*

★**Nevers.** — *Visite : 1 h. Description p. 120.*

> Quitter Nevers au Sud-Ouest par le D 504.

La route longe le bord de l'eau et offre une jolie vue sur le confluent de la Loire et de l'Allier au **Bec d'Allier.**

> *Gagner Marzy.*

Marzy. — *Page 123.*

> Par le D 131, Fourchambault et le D 8, on atteint Pougues-les-Eaux.

Pougues-les-Eaux. — *Page 130.*

La N 7, à partir de la Marche, ramène au bord de la Loire.

A la Charité le fleuve s'étale majestueux, franchi par un pittoresque pont de pierre en dos d'âne, du 16e s., qui relie la ville à son île du Faubourg de Loire.

★★La Charité-sur-Loire. — *Visite : 1 h. Description p. 68.*

Quitter la Charité par ①, N 7.

Pouilly-sur-Loire. — 1 738 h. Localité célèbre par ses vignobles qui produisent des vins blancs au goût de terroir très caractéristique.
De la N 7, à 1,5 km au Nord de Pouilly, on découvre une vue intéressante sur le fleuve où s'égrène un chapelet d'îles.

Cosne-sur-Loire. — *Page 81.*

A 10 km au Nord de Cosne se situe le musée du Domaine de Cadoux.

Domaine de Cadoux. — *Page 81.*
Le parcours se termine à Briare, avec la vision de l'étonnant pont-canal construit par Eiffel.

Briare. — *Page 61.*

LORMES
1 609 h. (les Lormois)

Carte Michelin no 🔢 pli 16 — Schéma p. 118.

Bâti à flanc de colline, Lormes est situé aux confins du Morvan et du Nivernais. Station estivale appréciée, c'est un bon centre d'excursions. Des routes agréables et pittoresques conduisent aux barrages de Pannesière-Chaumard, de Chaumeçon et du Crescent, et au lac-réservoir des Settons.

★Panorama. — Près de la perception, prendre la rue du Panorama, qui conduit par une forte montée à l'église, édifice moderne de style roman, bâti sur la montagne St-Alban (470 m).
De la terrasse du cimetière, on découvre un vaste panorama allant des sommets boisés du Morvan central (au Sud-Est) aux cultures parsemées de villages et entrecoupées de petits bois du Bazois et du Nivernais (au Sud-Ouest). A l'horizon, au centre du panorama, apparaît la butte de Montenoison.

★Mont de la Justice (alt. 470 m). — *1,5 km. Table d'orientation. Gagner la sortie Nord-Ouest de Lormes par le D 6 (vers Tannay). Au bas de la descente, prendre à droite la route qui monte vers le col de la Justice (et vers le D 42).*
Au col même se détache, à gauche, un chemin permettant d'accéder au sommet du mont et à la table d'orientation ; de celle-ci, on découvre un beau **panorama★** procurant, entre autres, des vues sur Vézelay (au Nord), la dépression de l'Yonne et la Butte de Montenoison (à l'Ouest), le Bazois (au Sud-Ouest), et par-delà le clocher de Lormes, au Sud-Est, la ligne du Morvan avec la croupe du Haut-Folin.

EXCURSION

Barrage de Chaumeçon. — *17 km — environ 3/4 h. Quitter Lormes par le D 6 en direction de Brassy.*

La route, sinueuse, traverse des bois au sol vallonné où affleurent les rochers. Se dégageant de la forêt, elle parcourt ensuite un paysage de croupes boisées et de vallons herbagers.

Franchir la retenue et tourner aussitôt à gauche pour rejoindre après 800 m le D 235.

On domine bientôt le plan d'eau de Chaumeçon, entouré de hauteurs boisées, qui attire de nombreux amateurs de pêche.
Après Vaussegrois, la route en forte descente franchit un petit vallon et se rapproche de la rive dont elle épouse les sinuosités, puis passe sur le barrage avant de monter à Plainefas.

LOUHANS
4 198 h. (les Louhannais)

Carte Michelin no 🔢 Nord-Ouest du pli 13 — Lieu de séjour p. 8.

Important marché de beurre, d'œufs, de volailles de la Bresse dite Louhannaise, siège de la confrérie des « poulardiers de Bresse », cette petite ville attrayante est célèbre pour ses foires de gros bétail et de porcs.

CURIOSITÉS

cv **Hôtel-Dieu.** — Cet édifice du 18e s. possède une intéressante **pharmacie**. Décorée de boiseries du 18e s., elle renferme une belle collection de flacons en verre soufflé, de faïences espagnoles et mauresques. On y voit aussi un groupe en bois d'une disposition très rare : la Vierge de Pitié agenouillée devant le Christ mort.

Grande-Rue. — Les arcades de ses vieilles maisons constituent un ensemble pittoresque.

Église. — C'est un édifice fortement restauré en pierre et brique, couvert de tuiles émaillées. Sur le flanc gauche, clocher-porche et grande chapelle aux pavillons à tourelle.

LUZY

2 807 h. (les Luzycois)

Carte Michelin n° 69 pli 6 — Schéma p. 118 — Lieu de séjour p. 8.

Cette ancienne ville médiévale — dont la tour des Barons de Luzy (14e s.) se dresse encore au point culminant (alt. 272 m) —, est aujourd'hui une agréable localité traversée par l'Alène, sur la bordure Sud du Morvan.

CV **Tapisseries de l'hôtel de ville.** — Une salle de l'hôtel de ville est décorée de remarquables tapisseries d'Aubusson, du 17e s., évoquant l'histoire biblique d'Esther. L'ensemble, qui comprend deux compositions principales et six panneaux à un seul personnage, est d'une belle fraîcheur de coloris. Les impostes des deux portes de la même salle sont peintes de scènes galantes de l'école de Lancret.

EXCURSION

CV **Monastère tibétain Kagyu-Ling.** — *18 km à l'Est, par D 228, D 47 et D 114. Au château de Plaige (Nord de la Boulaye).*
Inattendu en Bourgogne, ce centre bouddhique, fondé en 1974 dans le château de Plaige (18e s.) et son parc de 8 ha par trois lamas tibétains, fonctionne actuellement avec une trentaine de bonzes (européens) des deux sexes, attachés à faire connaître leur doctrine et la culture himalayenne.
Oriflammes et bannières rituelles accueillent le visiteur, ainsi qu'un « stoupa », petit monument (symbolisant l'esprit éveillé du Bouddha) avec dôme à flèche conique et contenant deux statues du Sage ; le **temple** enfin, sorte de pagode haute de 19,50 m, à triple niveau et de plan rectangulaire, est en béton recouvert de staff peint ou doré : à la fois sanctuaire, centre artisanal et musée, il doit notamment abriter, au rez-de-chaussée, un Bouddha haut de 7 m.

Pour circuler en ville, utilisez les plans du guide Michelin France :
— axes de pénétration ou de contournement, rues nouvelles
— parcs de stationnement, sens interdits...
Une abondante documentation, mise à jour chaque année.

MÂCON

38 719 h. (les Mâconnais)

Carte Michelin n° 69 pli 19 — Schéma p. 108.

La ville, déjà méridionale avec ses maisons aux toits de tuiles rondes, s'étire sur la rive droite de la Saône que bordent les monts du Mâconnais où s'étage le vignoble. Mâcon doit à un vaste plan d'eau et à son port de plaisance, ainsi qu'à sa Foire nationale des vins de France *(voir p. 168)*, une partie de son animation.
Les crus du Mâconnais *(voir p. 107)* accompagnent de délicieuses spécialités culinaires : quenelles de brochets, pauchouse, poulardes à la crème, coq au vin...
Placé au carrefour des voies d'accès du Bassin de Paris au midi méditerranéen et du lac Léman aux rives de la Loire, le site de Mâcon a été de tous les temps un lieu de passage très fréquenté et son sol a été foulé par les invasions depuis la plus haute antiquité : les nombreux vestiges d'une civilisation préhistorique retrouvée à Solutré *(p. 148)* le prouvent. A l'époque romaine, Mâcon — alors Matisco — subit l'invasion des Barbares.
Le souvenir de **Lamartine** *(voir p. 19)* est toujours vivace dans la ville. Ses admirateurs ne manqueront pas d'effectuer, aux environs de Mâcon, le « circuit Lamartine » *(description p. 109)*. Ils verront l'hôtel d'Ozenay (15 rue Lamartine), la maison paternelle où il vécut jusqu'à son mariage et où, dit-on, il composa ses premiers vers.

CURIOSITÉS

★ **Musée municipal des Ursulines** (BY M1). — Aménagé dans l'ancien couvent des
CV Ursulines (17e s.), le musée comporte des sections de préhistoire, d'archéologie gallo-romaine et médiévale, de peintures et de céramiques, et d'ethnographie régionale.

Rez-de-Chaussée. — La salle de préhistoire offre une remarquable présentation didactique des fouilles de Solutré et de la station lacustre de Chalain (Jura). Ossements d'ours et de lions des cavernes, armes et sépultures de l'âge du bronze. Trois salles, pour l'époque celto-gallo-romaine, exposent stèles, amphores, statuettes, céramiques du 1er s., en plus d'une mosaïque représentant un gladiateur, d'objets celtiques, de poteries de Sousse, d'un four de potier gaulois, etc. La 5e salle présente des outils gallo-romains et diverses armes mérovingiennes. Enfin, la grande salle consacrée au Moyen Âge montre des petits vitraux du 13e s. et du 17e s., des statues, fragments lapidaires et de fresques, du 11e au 14e s.

1er étage. — La première salle est affectée aux expositions temporaires. Dans la deuxième salle, tableaux de Ziem, Fantin-Latour, Henner. Dans la troisième, outils et ustensiles en rapport avec le travail de la vigne et la tonnellerie, objets d'art populaire du 19e s. La dernière salle présente des coiffes mâconnaises, des faïences de Mâcon et Charolles.

2e étage. — Ses sept salles contiennent de belles céramiques de Delft et d'Italie, des faïences de Nevers, Lyon, Marseille, Rouen..., des biscuits de Saxe et de Sèvres, du mobilier des 17e et 18e s., et surtout des peintures : des 16e s. (flamandes, et de l'école de Fontainebleau), 17e s. (flamandes, vénitiennes, françaises avec G. Perrier, Le Brun, Ph. de Champaigne...), 18e s. (françaises, avec Greuze), 19e s. et modernes avec Gleizes, Marcelle Cahn, Valmier, Le Corbusier...

3e étage. — Dans les combles, on peut voir des peintures et sculptures de nombreux artistes régionaux, ainsi que plusieurs meubles bressans.

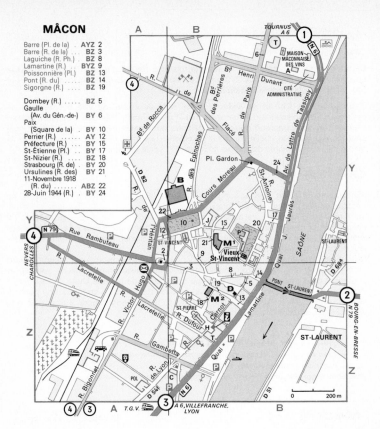

MÂCON

Barre (Pl. de la) . **AYZ** 2
Barre (R. de la) ... **BZ** 3
Laguiche (R. Ph.) . **BZ** 8
Lamartine (Pl.) .... **BYZ** 9
Poissonnière (Pl.) .. **BZ** 13
Pont (R. du) ..... **BZ** 14
Sigorgne (R.) .... **BZ** 19

Dombey (R.) ..... **BZ** 5
Gaulle
  (Av. du Gén.-de-) **BY** 6
Paix
  (Square de la) .. **BY** 10
Perrier (R.) ...... **AY** 12
Préfecture (R.) .... **BY** 15
St-Étienne (Pl.) ... **BY** 17
St-Nizier (R.) ... **BZ** 18
Strasbourg (R. de) . **BY** 20
Ursulines (R. des) .. **BY** 21
11-Novembre 1918
  (R. du) .... **ABZ** 22
28-Juin 1944 (R.) . **BY** 24

Vieux St-Vincent (BY). — Il ne subsiste de l'ancienne cathédrale St-Vincent, détruite à la Révolution, que les parties les plus anciennes : le porche, deux tours octogonales et la travée qui les réunit. On distingue encore l'amorce de la nef ; une galerie de l'ancien cloître avec porte du 15e s. a été rapportée.

Par les fenêtres, on aperçoit l'ancien tympan dont les sculptures ont été très mutilées. En cinq registres superposés se développent les scènes du Jugement dernier. On peut y distinguer la Résurrection des morts, le Paradis et l'Enfer.

cv **Musée Lamartine** (BZ M²). — Aménagé dans l'hôtel Senecé, demeure de style Régence, siège de l'Académie de Mâcon fondée en 1805, il renferme des peintures, des tapisseries et un mobilier d'époque. De nombreux documents évoquent la vie, l'œuvre littéraire et politique de Lamartine.

cv **Maison de bois** (BZ D). — Une jolie maison Renaissance ornée de fines colonnettes sculptées forme l'angle de la place aux Herbes, 22 rue Dombey ; des animaux et des personnages grotesques et fantastiques décorent les entablements.

Vue du pont St-Laurent (BZ). — Ce pont du 14e s., restauré au 19e s., relie le centre-ville au faubourg St-Laurent, et à la Bresse. Du pont, on a une jolie vue sur les quais, le port fluvial et la ville, que dominent les tours du Vieux St-Vincent.

En amont, la Saône forme un bassin de 300 m de largeur : c'est sur ce magnifique plan d'eau que se déroulent les championnats de France d'aviron *(voir p. 168)*.

cv **Hôtel-Dieu** (BY B). — Il fut construit au 18e s. d'après les plans de Melchior Munet, élève de Soufflot. L'**apothicairerie★**, de style Louis XV, conserve une belle collection de faïences d'époque. Outre les meubles de style Louis XV, les boiseries des fenêtres, en parfaite harmonie avec le décor, sont particulièrement remarquables.

EXCURSIONS

cv **St-André.** — *9 km à l'Est.* L'**église,** bâtie à la fin du 11e s. grâce aux moines de Tournus, est isolée au milieu d'un cimetière. Un magnifique **clocher★** octogonal d'une grande élégance domine l'abside flanquée de deux absidioles. Il est coiffé d'une flèche de pierre, restaurée au siècle dernier. Le chœur est particulièrement intéressant par ses colonnettes et ses chapiteaux historiés.

Circuit Lamartine. — *70 km — environ 3 h. Description p. 109.*

*Afin de donner à nos lecteurs l'information la plus récente possible, les **Conditions de Visite** des curiosités décrites dans ce guide ont été groupées en fin de volume, **p. 169 à 182.***

Les curiosités soumises à des conditions de visite y sont énumérées soit sous le nom de la localité soit sous leur nom propre si elles sont isolées.

Dans la partie descriptive du guide, p. 36 à 163, le sigle cv placé en regard de la curiosité les signale au visiteur.

★ Le MÂCONNAIS

Cartes Michelin nᵒˢ 🆖 plis 19, 20 et 🆖 plis 9, 10.

De Tournus à Mâcon, de la vallée de la Grosne au val de Saône, le Mâconnais déroule ses paysages dont les aspects divers raviront le touriste.

UN PEU DE GÉOGRAPHIE *voir aussi p. 14*

S'étageant sur la rive droite de la Saône en gradins parallèles, les monts du Mâconnais se terminent au Nord sur la plaine chalonnaise, au-delà de Tournus. A l'Ouest, la vallée moyenne de la Grosne les sépare du Charollais et la transition avec le Beaujolais, au Sud, est insensible.

Si les monts du Mâconnais sont peu élevés (signal de la Mère Boitier 758 m), ils n'en sont pas moins pittoresques et présentent les aspects les plus variés. Les forêts des sommets, les landes arides des versants mal exposés contrastent avec les prairies qui tapissent les dépressions humides, tandis que le vignoble recouvre les paliers dominant la Saône et les versants bien exposés des coteaux.

C'est en Mâconnais qu'apparaissent les premières influences méditerranéennes : les grands toits pointus couverts d'ardoises ou de tuiles plates sont remplacés par les toits plats couverts de tuiles rondes dites tuiles romaines ou provençales. C'est un pays de transition entre le Nord et le Midi. Le climat y est plus doux que dans la Bourgogne du Nord.

LES VINS DU MÂCONNAIS

Les moines de Cluny ont planté les premières vignes du Mâconnais dont les cépages les plus fameux sont le Chardonnay, le Pinot et le Gamay.

Le roi et le vigneron. — Simple vigneron de Chasselas, **Claude Brosse** n'hésite pas à entreprendre le voyage de Paris afin de faire connaître les vins de son pays. Il charge deux barriques de son meilleur vin sur une charrette tirée par deux bœufs et arrive dans la capitale après un voyage de 33 jours. S'étant rendu à Versailles, il assiste à la messe du Roi. Après l'office, Louis XIV, qui a remarqué la taille herculéenne de cet inconnu, ordonne qu'il lui soit amené.

Sans se démonter, Claude Brosse expose au monarque le but de son voyage et lui dit son espoir de vendre son vin à quelque grand seigneur. Le Roi veut goûter ce vin sur-le-champ et le trouve bien supérieur à ceux de Suresnes et de Beaugency, alors en usage à la Cour.

Demandés par tous les courtisans, les vins de Mâcon ont acquis désormais leurs titres de noblesse, et l'audacieux vigneron passe le reste de sa vie à transporter et à vendre à Paris et Versailles la récolte de ses vignobles.

L'extension du vignoble. — Le vignoble mâconnais jouxte dans sa partie Sud le vignoble du Beaujolais ; il s'étend de Romanèche-Thorins, au Sud, à Tournus au Nord. Dans le Mâconnais est incluse la région du Pouilly-Fuissé qui produit des vins blancs fins. La production totale annuelle du Mâconnais est de 200 000 hl environ dont les 2/3 de vins blancs.

Les principaux crus. — Jusqu'au 19ᵉ s., la région produisait essentiellement un vin rouge de qualité moyenne, le « grand ordinaire ». Actuellement, le vignoble mâconnais produit de meilleurs vins rouges, et surtout d'excellents vins blancs.

Les vins blancs : l'encépagement est constitué par le « Chardonnay », noble cépage blanc de la Bourgogne et de la Champagne blanche. Le cru le plus célèbre est le Pouilly-Fuissé. C'est un vin d'une belle couleur d'or vert, vin sec, nerveux, fruité d'abord et, avec le temps, bouqueté. S'apparentant de près au Pouilly-Fuissé, le Pouilly-Loché, le Pouilly-Vinzelles, le Saint-Vérand, le Mâcon-Lugny et le Mâcon-Viré sont également des crus très réputés.

Les autres vins blancs sont vendus sous le nom de Bourgogne blanc, Mâcon blanc et Mâcon-Villages, et sont aussi produits par le Chardonnay.

Les vins rouges : sans prétendre égaler en qualité les grands crus, ils peuvent être considérés comme des vins de valeur. Assez corsés et fruités, ils sont généralement produits par le « Gamay noir à jus blanc ».

1 LA MONTAGNE

De Tournus à Mâcon *71 km — environ 3 h 1/2 — schéma p. 108*

Ce parcours permet à la fois de traverser une région pittoresque offrant de belles vues et des panoramas étendus, et de visiter de nombreux édifices intéressants, notamment des églises romanes *(dont un circuit fléché est proposé sur place)*.

★**Tournus.** — *Visite : 1 h. Description p. 153.*

Quitter Tournus par ③, *D 14.*

La route s'élève rapidement, procurant des vues sur Tournus, le val de Saône et la Bresse. Après le col de Beaufer, le paysage devient vallonné, les croupes sont couvertes de buis et parfois de pins.

Ozenay. — 266 h. Situé dans un vallon, Ozenay possède un petit castel et une église rustique des 12ᵉ et 13ᵉ s.

Au-delà d'Ozenay, apparaissent çà et là des rochers le long des pentes.

La plupart des maisons sont précédées d'un large auvent formant loggia.

Du col de Brancion, on gagne le vieux bourg de Brancion, pittoresquement perché sur un promontoire.

★**Brancion.** — *Page 61.*

De retour au col, aller jusqu'à Chapaize que domine son admirable clocher.

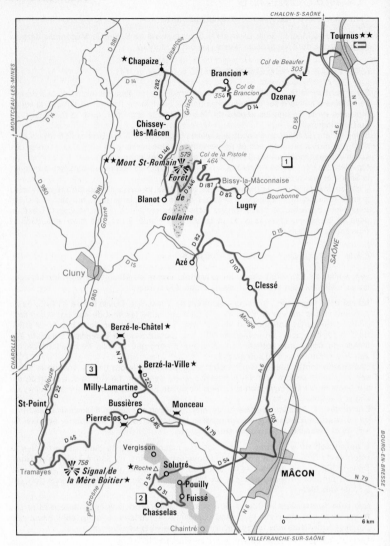

Le vignoble du Pouilly est indiqué en vert.

★**Chapaize.** — *Visite : 1/2 h. Description p. 67.*

En face de l'église de Chapaize prendre le chemin de Lys et tourner à gauche.

Chissey-lès-Mâcon. — 250 h. Cette église du 12ᵉ s., au clocher clunisien élégant, abrite des chapiteaux historiés très curieux.

A Prayes, emprunter au Sud le D 146, qui suit la vallée du Grison, jusqu'au charmant village de Blanot.

Blanot. — *Page 55.*

La route pittoresque traverse ensuite la belle forêt domaniale de Goulaine avant de monter au mont St-Romain.

★★**Mont St-Romain.** — *Page 138.*

De là gagner le col de la Pistole.

A partir de Bissy-la-Mâconnaise, on pénètre dans la zone du vignoble mâconnais.

Le D 82 conduit à Lugny.

Lugny. — 879 h. Niché dans la verdure, Lugny, qui produit un vin blanc très apprécié, *(voir p. 107),* est situé sur la « route des vins du Mâconnais » et possède une cave coopérative très moderne.

cv L'**église,** auprès des vestiges de l'ancien château fort, renferme un retable en pierre du 16ᵉ s. représentant les douze apôtres autour de Jésus.

Par le D 82, revenir à Bissy et gagner Azé.

cv **Azé.** — 649 h. Site préhistorique **(grottes, musée).** Le musée présente environ 2 000 pièces provenant en majeure partie des fouilles. On accède par un arboretum à une grotte, longue de 208 m et ancien refuge successif d'ours des cavernes (nombreux ossements), d'hommes préhistoriques, d'Eduens, de gallo-romains, etc. Dans une autre grotte coule une rivière souterraine qu'un parcours aménagé permet de suivre sur 800 m.

Par le D 15 puis, à Péronne, le D 103, gagner Clessé.

cv **Clessé.** — 627 h. Ce village viticole (cave-coopérative) possède une **église** de la fin du 11ᵉ s. cantonnée d'une élégante petite tour à pans et flèche vernissée comme celle du beau clocher octogonal, à arcatures et baies géminées, qui domine l'ensemble. L'intérieur, dont la nef unique est couverte d'une voûte de charpente, abrite un maître-autel d'albâtre dont le devant sculpté représente un Christ bénissant qu'entourent les quatre évangélistes et leurs animaux symboliques.

Poursuivre le D 103 jusqu'à Mâcon.

Mâcon. — *Page 105.*

② LE CŒUR DU VIGNOBLE

Circuit de 20 km — environ 2 h — schéma p. 108

Le circuit aux environs immédiats de Mâcon constitue une agréable promenade au cœur même du vignoble mâconnais, dans un paysage varié et pittoresque.

Mâcon. — *Page 105.*

Quitter Mâcon par ④, N 79, et prendre aussitôt à gauche le D 54 vers Pouilly.

Pouilly. — Ce hameau donne son nom à des crus différents : Pouilly-Fuissé, Pouilly-Loché, Pouilly-Vinzelles. Très appréciés *(voir p. 107)*, ils accompagnent agréablement certaines spécialités bourguignonnes *(p. 33)*.

Au-delà de ce village, le vignoble s'étage sur des coteaux aux formes très douces.

Fuissé. — 355 h. C'est l'une des communes (Chaintré, Fuissé, Solutré, Pouilly, Vergisson) produisant le Pouilly-Fuissé, classé comme grand cru *(voir p. 107)*. Fuissé est un village avenant, le type même du village de vignerons aisés.

De Fuissé à Solutré, la route procure des vues très étendues sur le vignoble.

Chasselas. — 140 h. Ce petit bourg est dominé par des rochers gris affleurant sous la lande. Il a fourni un cépage qui donne un raisin de table renommé.

La roche de Solutré, telle une proue de navire, se détache sur le ciel.

Solutré. — *Page 148.*

A l'arrière-plan apparaissent la vallée de la Saône, la Bresse et le Jura. Le paysage est varié et la couleur ocre de la terre tranche avec les gris des rochers. Après Solutré, la route pénètre à nouveau au cœur du vignoble et offre une jolie vue sur le village de **Vergisson** et sa roche, belle table calcaire.

Par les D 177 et D 54, revenir à Mâcon.

③ CIRCUIT LAMARTINE

70 km — environ 3 h — schéma p. 108

Tous ceux qu'attirent les souvenirs de Lamartine, ceux qui restent sensibles au ton élégiaque du poète ne manqueront pas de faire ce circuit qui leur permettra de retrouver les horizons et le « décor » qu'Alphonse de Lamartine a connus et dans lesquels il a puisé les sources de son inspiration.

Mâcon. — *Page 105.*

Quitter Mâcon par ④, N 79.

cv **Château de Monceau.** — Ce fut une des résidences favorites de Lamartine *(actuellement maison d'été pour personnes âgées)* où il vécut en grand seigneur vigneron malgré les difficultés financières dues à sa prodigalité et sa générosité. C'est dans un kiosque, appelé la Solitude, au milieu des vignes, qu'il écrivit son « Histoire des Girondins ».

Milly-Lamartine. — 206 h. Une grille en fer forgé précède la maison d'enfance du poète, qui y vint à sept ans. L'église du 12ᵉ s. a été restaurée. En haut du village, devant la mairie, buste en bronze du poète et vue sur le vignoble. C'est à Milly que Lamartine a composé sa Première Méditation, « l'Isolement ».

★ **Berzé-la-Ville.** — *Page 54.*

De la N 79 qu'il domine de sa masse imposante, on aperçoit la triple enceinte du château de Berzé.

★ **Château de Berzé-le-Châtel.** — Le châ-
cv teau féodal de Berzé-le-Châtel, qui était autrefois le siège de la plus ancienne baronnie du Mâconnais (érigée en comté sous Henri IV), et qui protégeait l'accès méridional de Cluny, occupe un site pittoresque au milieu des coteaux couverts de vigne.

Remonter ensuite la vallée de la Valouze vers St-Point.

cv **St-Point.** — 273 h. L'**église**, de type clunisien, décorée d'une fresque (Christ en majesté) dans l'abside, abrite deux tableaux peints par Mme de Lamartine qui repose près de son époux et d'autres parents dans la petite chapelle voisine. À gauche de l'église, une
cv petite porte donne accès au parc du **château** de Lamartine.

(Photo Lauros/Giraudon — détail)

Alphonse de Lamartine.

Remanié de 1833 à 1855, le **château** fut la résidence préférée de Lamartine. À l'intérieur, on visite son cabinet de travail, sa chambre, son salon, etc., qui contiennent de nombreux souvenirs dont les portraits peints par son épouse, des lettres autographes des plus hautes personnalités de son époque et une tapisserie des Gobelins (Bataille de Zama) du 17e s. La propriété renferme de beaux arbres : le Chêne de Jocelyn se dresse à 1 km environ du château.

Un lac artificiel de 16 ha, situé peu après St-Point en bordure du D 22, réalisation intercommunale, offre un choix de distractions et d'activités sportives.

Après Tramayes, la route, pittoresque, procure des vues étendues, dominée par le Signal de la Mère Boitier.

★ **Signal de la Mère Boitier.** — *Un chemin revêtu, très raide, donne accès à un parking ; de là, 1/4 h à pied AR.* Du signal, point culminant (758 m) du Mâconnais, beau **panorama**★ permettant de découvrir la butte de Suin au Nord-Ouest, la montagne de St-Cyr à l'Ouest, la Bresse et le Jura à l'Est. *Table d'orientation.*

cv **Pierreclos.** — 781 h. C'est dans son château du 17e s. que vécut Mlle de Milly, la Laurence de Jocelyn.

Bussières. — 393 h. L'**abbé Dumont,** premier maître et ami de Lamartine qui l'a immortalisé dans Jocelyn, repose contre le chevet de la petite église (plaque commémorative sur l'ancien presbytère).

Retour à Mâcon par le D 45 et la N 79.

MAILLY-LE-CHÂTEAU
501 h. (les Mailly-Castellois)

Carte Michelin n° 65 Sud du pli 5 — Lieu de séjour p. 8.

Cet ancien bourg fortifié est bâti sur un escarpement rocheux qui domine l'Yonne. D'une terrasse ombragée, on a une jolie **vue**★ sur un méandre de l'Yonne tandis qu'au loin se détachent les collines bordières du Morvan. La rivière, que franchit un vieux pont du 15 s. avec chapelle, et le canal du Nivernais constituent un agréable décor.

CURIOSITÉS

Église St-Adrien. — Cet édifice fortifié du 13e s., étayé de puissants contreforts et surmonté d'un solide clocher à gargouilles, se singularise par une façade de style gothique primitif à pignon aigu et galerie d'arcs plein cintre reposant sur des statues-colonnes (trois atlantes et un ange).

Chapelle du cimetière. — De la fin du 12e s., restaurée, elle présente un chevet plat et, sur son toit, un joli clocheton de pierre à arcades trilobées. L'intérieur, éclairé par six petites fenêtres plein cintre, est décoré de peintures murales (vie du Christ).

MARCIGNY
2 551 h. (les Marcignots)

Carte Michelin n° 73 Nord du pli 7 — Schéma p. 62.

Agréablement situé à proximité de la Loire sur les dernières pentes du Brionnais, ce petit bourg a conservé beaucoup de cachet, avec ses maisons anciennes.

CURIOSITÉS

cv **Tour du Moulin.** — La tour du Moulin, fragment d'un ancien prieuré de dames bénédictines, est une belle construction du 15e s., aux murs curieusement ornés de boulets de pierre en relief. Un **musée** consacré à l'histoire locale a été installé à l'intérieur. Il présente, outre des collections de faïences anciennes et de majoliques italiennes, d'importantes sculptures du 12e au 17e s., une pharmacie comptant 113 vases de Nevers et enfin deux drageoirs de Bernard Palissy (16e s.). Au dernier étage on découvre la magnifique envolée de la haute **charpente**★ en châtaignier.

Maisons anciennes. — Autour de l'église, maisons à pans de bois du 16e s. ; place Reverchon, hôtel particulier de 1735.

MATOUR
1 231 h.

Carte Michelin n° 69 Sud du pli 18.

À la limite du Mâconnais, du Charollais et du Beaujolais, Matour occupe le centre d'un vaste cirque de montagnes boisées, à la naissance de la Grosne. Les pentes qui environnent ce petit bourg sont couvertes de cultures. Plus haut, la forêt, peuplée en partie de résineux, couvre les sommets qui cependant offrent de vastes panoramas.

EXCURSIONS

Montagne de St-Cyr. — *7 km au Nord-Ouest. Quitter Matour par le D 211. À 4 km, tourner à gauche.*
Un chemin à droite donne accès à la table d'orientation de la Montagne de St-Cyr, à 771 m d'altitude. On jouit d'une belle vue sur les monts du Charollais.

cv **Arboretum de Pezanin.** — *9 km au Nord. Quitter Matour à l'Est par le D 987. À 4 km, prendre à gauche le D 95.*
L'Arboretum de Pezanin couvre 18 ha. Dans un site agréable, tout autour d'un étang, sont entretenus de soin de beaux arbres exotiques (Chine, Japon, Australie, Amérique, etc.). Créé de 1903 à 1923, il compte plusieurs centaines d'espèces.

Capitale du Gâtinais, pays de chasse et de pêche, Montargis est une ville agréable que dominent les restes de son ancien château *(aujourd'hui école St-Louis)*. Elle est située, en effet, à la lisière d'une forêt de plus de 4 000 ha, au confluent de trois rivières — la principale étant le Loing — et à la jonction des trois canaux de Briare, du Loing et d'Orléans.

Le Loing y forme en outre un beau plan d'eau aménagé : le **lac des Closiers.**

Le chien et les pralines. — Au renom de la ville participent la légende médiévale du chien de Montargis, qui fit démasquer et condamner l'assassin de son maître, et la fabrication depuis le 17e s. d'une spécialité gourmande qu'inventa un cuisinier du duc de Plessis-Praslin : les pralines, amandes grillées enrobées de sucre rocailleux.

CURIOSITÉS

Les « rues sur l'eau » (Z). — *Circuit d'environ 1 h.* Certaines rues du vieux Montargis ouvrent de plaisantes perspectives sur le canal de Briare et les petits canaux ou bras de rivières qui quadrillent le centre-ville et qu'enjambent 126 ponts ou passerelles.

Suivre le boulevard Durzy à partir du pont sur le canal, à hauteur de l'hôtel de ville.

Canal de Briare. — Enveloppant la vieille ville au Nord et à l'Est, il le relie, depuis 1642, le Loing à la Loire (stèle commémorative — Z B). Le spectacle des péniches et des opérations d'éclusage retiendra le flâneur.

Boulevard Durzy (Z). — Ombragé de platanes, il s'allonge entre le canal et le jardin Durzy, aimable parc avec pièce d'eau bordé par le Loing. À son extrémité, une haute et élégante passerelle métallique en dos d'âne, lancée par-dessus le canal, ferme la perspective de celui-ci. De la passerelle même, jolie vue sur deux écluses.

Franchir le canal par la passerelle et continuer tout droit.

Boulevard Belles-Manières (Z 5). — Il est bordé à droite par un étroit canal qu'enjambent les passerelles donnant accès aux maisons élevées sur les tours arasées de l'ancien rempart.

(Photo R. Mangiavacca/Vloo)

Montargis. — Une « rue sur l'eau ».

Revenir à l'entrée du boulevard Belles-Manières et prendre à gauche la rue du Moulin-à-Tan puis, laissant à gauche la place de la République, suivre la rue Raymond-Laforge.

Rue Raymond-Laforge (Z 23). — De deux ponts successifs, vues sur deux canaux où baignent de vieilles maisons, leurs lavoirs, et où sont amarrées des barques décoratives faisant office de jardinières.

Revenir de quelques mètres en arrière pour tourner dans la rue de l'Ancien-Palais.

Au bout de la rue de l'Ancien-Palais, emprunter à droite une venelle que prolonge un pont d'où s'offre une vue d'enfilade sur le deuxième des canaux franchis précédemment.

Encore à droite, prendre la rue de la Pêcherie.

On traverse un quartier en attente de rénovation, où subsistent quelques maisons à pans de bois.

De la place Jules-Ferry, la rue Raymond-Tellier mène, à environ 50 m, à une autre **perspective d'eau** (jusqu'au canal de Briare).

Faire demi-tour ; par la rue de la Poterne à gauche et le pont sur le canal de Briare, regagner le boulevard Durzy.

cv **Musée Girodet** (Z H). — Il occupe le 1er étage de l'hôtel de ville, bâtiment du 19e s. que précède un délicieux jardin orné, à gauche, par des arcades sculptées provenant d'un hôtel particulier du 16e s.

Le musée est dédié au peintre **Anne-Louis Girodet** (1767-1824), enfant de Montargis, qui fut élève de David et l'une des gloires du néo-classicisme comme du pré-romantisme. La 1re salle est consacrée à des antiquités égyptiennes (sarcophage et momie). La 1re galerie de peinture rassemble des œuvres françaises et étrangères du 15e s. au 18e s., notamment de Solimena (Assomption), Zurbaran (Saint Jérôme) et d'artistes flamands et hollandais des 16e et 17e s. : Scène de chasse, d'une attribution incertaine ; Bourse des bateliers d'Amsterdam, par J. Beerstraten.

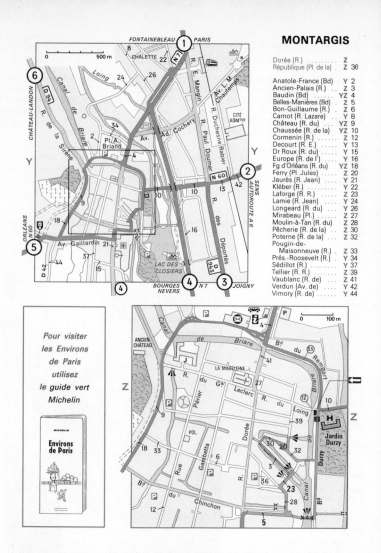

Dorée (R.)	Z	
République (Pl. de la)	Z	36
Anatole-France (Bd)	Y	2
Ancien-Palais (R.)	Z	3
Baudin (Bd)	YZ	4
Belles-Manières (Bd)	Z	5
Bon-Guillaume (R.)	Z	6
Carnot (R. Lazare)	Y	8
Château (R. du)	YZ	9
Chaussée (R. de la)	YZ	10
Cormenin (R.)	Z	12
Decourt (R. E.)	Y	13
Dr Roux (R. du)	Y	15
Europe (R. de l')	Y	16
Fg d'Orléans (R. du)	YZ	18
Ferry (Pl. Jules)	Z	20
Jaurès (R. Jean)	Y	21
Kléber (R.)	Y	22
Laforge (R. R.)	Z	23
Lamie (R. Jean)	Y	24
Longeard (R. du)	Y	26
Mirabeau (Pl.)	Z	27
Moulin-à-Tan (R. du)	Z	28
Pêcherie (R. de la)	Z	30
Poterne (R. de la)	Z	32
Pougin-de-Maisonneuve (R.)	Z	33
Prés.-Roosevelt (R.)	Y	34
Sédillot (R.)	Z	37
Tellier (R. R.)	Z	39
Vaublanc (R. de)	Z	41
Verdun (Av. de)	Y	42
Vimory (R. de)	Y	44

Pour visiter
les Environs
de Paris
utilisez
le guide vert
Michelin

MICHELIN
Environs
de Paris

★ **Collection Girodet.** — Girodet est à l'honneur dans le salon carré et la seconde galerie, avec 19 tableaux parmi lesquels on admire, tout spécialement, l'une des versions de l'extraordinaire Déluge auquel il consacra quatre ans d'études, les différents portraits du Docteur Trioson, son père adoptif — comparer les têtes de l'homme vieilli avec le pastel de Lenoir (1783) —, le portrait d'Hector Becquerel, l'esquisse de l'Odalisque, très en avance sur l'époque par sa sensibilité, le portrait coloré d'un Indien, et aussi les esquisses de deux célèbres toiles du musée du Louvre : les Funérailles d'Atala et le Sommeil d'Endymion.

La seconde galerie — remarquer son plafond où un élève de Gros a peint des monuments de la région — abrite en outre des œuvres d'autres artistes français du 19e s., tels que Gros (Agar et Ismaël), Bonvin, Lancrenon, Chaplin, Ribot (le Braconnier), Carpentier (portrait de Girodet)… ; une vitrine expose de précieuses faïences et porcelaines, dont un beau service de Sèvres du 19e s.

Deux salles sont réservées à des sculptures et peintures modernes régionales.

MONTBARD

7 916 h. (les Montbardois)

Carte Michelin nº 🖪🖪 Sud-Est du pli 7.

Étagé sur une colline qui barre le cours de la Brenne, Montbard est devenu un important centre métallurgique spécialisé dans la fabrication des tubes d'acier.

Le souvenir de Buffon a effacé celui des comtes de Montbard qui construisirent la forteresse devenue résidence des ducs de Bourgogne.

UN GRAND SAVANT

Georges-Louis Leclerc de Buffon. — Né à Montbard en 1707, il est le fils d'un conseiller au Parlement de Bourgogne. Très jeune, il se passionne pour les sciences ; il rapporte de plusieurs voyages en France, en Italie, en Suisse et en Angleterre le très vif désir d'étudier la nature. En 1733, âgé seulement de 26 ans, il entre à l'Académie des Sciences où il succède à Jussieu.

Sa nomination au poste d'Intendant du Jardin du Roi, en 1739, est décisive pour sa carrière. À peine entré en fonctions, il conçoit le vaste dessein d'écrire l'histoire de la nature. Désormais il consacre tout son temps et toutes ses forces à cette gigantesque entreprise. En 1749 sont publiés les trois premiers tomes de son Histoire naturelle dont les volumes suivants vont se succéder sans interruption pendant quarante ans.

En 1752, Buffon est élu à l'Académie française. Les honneurs qui lui sont prodigués, juste récompense de ses travaux et de ses mérites, n'ont pas de prise sur lui. Les souverains de l'Europe entière et les plus grands personnages de son temps sollicitent son amitié et s'honorent de l'obtenir. « Monsieur de Buffon, lui dit l'empereur d'Allemagne Joseph II, arrivant au Jardin du Roi sans s'être fait annoncer, nous traiterons ici, si vous le voulez bien, de puissance à puissance, car je me trouve actuellement sur les terres de votre empire ». Le prince Henri de Prusse lui rend visite à Montbard et la tsarine Catherine II reçoit son fils en Russie.

Aidé par Daubenton, Buffon réorganise le « Jardin du Roi », augmentant considérablement les collections du Cabinet d'Histoire naturelle.

Buffon à Montbard. — Mais Buffon n'aime point Paris et les distractions que lui offre la capitale ne lui permettant pas de travailler à son gré, il s'établit à Montbard, son pays natal. Il installe sur son domaine de Buffon (à 6 km au Nord-Ouest de Montbard) des forges qu'il dirige en personne.

Seigneur de Montbard, il fait raser le donjon central et les annexes du château, ne conservant que le mur d'enceinte et deux des dix tours. Il fait aménager des jardins en terrasses et plante des arbres d'essences variées sans négliger fleurs et légumes.

C'est à Montbard, où il menait la vie de son choix, que Buffon rédigea une grande partie de son œuvre. Il mourut à Paris, au Jardin du Roi, en 1788.

CURIOSITÉS

★**Parc Buffon.** — Les jardins aménagés par Buffon, légèrement modifiés par le temps,
CV forment le parc Buffon. Sillonné de sentiers et d'allées dont certaines longent les remparts de l'ancien château, il procure d'agréables promenades.

Tour de l'Aubespin. — Haute de 40 m, avec échauguettes et gargouilles, elle a été restaurée au 19e s. De son sommet (140 marches), belle vue sur la ville et ses environs. La 1re des trois salles superposées abrite des souvenirs d'histoire locale.

Tour St-Louis. — La mère de saint Bernard y naquit. Une salle présente des souvenirs de Buffon et son petit laboratoire personnel.

Cabinet de travail de Buffon. — C'est dans ce petit pavillon aujourd'hui vide mais tapissé de gravures d'oiseaux en couleurs (18e s.) que Buffon a rédigé une grande partie de son Histoire naturelle.

Chapelle de Buffon. — Buffon a été inhumé le 20 avril 1788 dans le caveau d'une petite chapelle accolée à l'église St-Urse, en dehors de l'enceinte.

Hôtel de Buffon. — Buffon fit construire le vaste et confortable hôtel qui constitue le no 1 de la place qui porte son nom. De là, le savant pouvait gagner directement ses jardins et son cabinet de travail.

CV **Musée des Beaux-Arts.** — Rue Piron (près de l'hôtel de ville). Aménagé dans l'ancienne chapelle (1870) rénovée de l'institution Buffon, cet agréable musée présente, sur trois niveaux, de nombreuses peintures et sculptures, la plupart figuratives, d'artistes français des 19e et 20e s. dont trois natifs de Montbard : le sculpteur Eugène Guillaume, les peintres Chantal Quenneville et Ernest Boguet. On remarque particulièrement des œuvres d'Yves Brayer, un portrait de Cézanne par Pissaro, une oie en bronze et deux plâtres de Pompon, et surtout un triptyque sur bois (Adoration des bergers), de 1599, peint par André Menassier.

EXCURSION

★★**Ancienne abbaye de Fontenay.** — *6 km, plus 3/4 h de visite. Quitter Montbard par le D 905 à l'Est. À Marmagne, prendre à gauche le D 32.* Cette petite route pittoresque souvent ombragée conduit à l'abbaye de Fontenay *(description p. 100).*

MONTCEAU-LES-MINES   26 949 h. (les Montcelliens)

Carte Michelin no 🔢 plis 17, 18 — Plans dans le guide Michelin France.

Le développement rapide de la ville, à partir de 1856, est lié à l'exploitation intensive du bassin houiller de Blanzy. D'autres industries que celles du charbon concourent à l'activité montcellienne : métallurgie et mécanique (appareils de levage, chaudronnerie), construction électrique et travaux publics, bonneterie.

CV **La Maison d'école.** — C'est le thème choisi par Montceau-les-Mines pour illustrer la vie rurale dans le cadre de l'Écomusée de la Communauté le Creusot-Montceau-les-Mines *(voir p. 85).*

Blanzy. — *6 968 h. 3 km au Nord-Est.* Située au bord du canal du Centre, la cité devint prospère grâce à ses houillères et connut, à partir de 1860, une grande extension. En 1970, une usine de pneumatiques Michelin s'établit en zone industrielle. Nombre d'industries viennent renforcer celle de la fonderie : plastiques, robinetterie, tuyauterie, matériaux de construction.

CV Liée à l'Écomusée de la Communauté *(voir p. 85),* Blanzy a reconstitué sur le thème de **« la Mine et les Hommes »** un ancien puits d'extraction et son carreau.

EXCURSION

Gourdon. — *819 h. 9 km au Sud-Est.* Une route étroite et en forte montée conduit à Gourdon d'où l'on découvre un vaste **panorama**★ sur Montceau-les-Mines, le bassin de Blanzy, Montcenis, le Creusot et plus loin les monts du Morvan. Ce petit village perché possède une église romane du 11e s., avec triforium aveugle et fenêtres hautes, et un intéressant ensemble de chapiteaux.

★ MONTENOISON (Butte de)

Carte Michelin n° 🔠 pli 14 — 10 km au Nord-Est de Prémery.

Au sommet de l'une des collines les plus élevées du Nivernais (alt. 417 m) subsistent quelques vestiges d'un important château du 13ᵉ s., construit par Mahaut de Courtenay, comtesse de Nevers.

Passer à gauche de la chapelle pour monter au calvaire élevé sur une ancienne motte féodale. De là *(table d'orientation)*, on découvre un vaste **panorama**★, notamment sur les monts du Morvan : par temps clair, l'église de Lormes se détache nettement.

MONTRÉAL   191 h.

Carte Michelin n° 🔠 pli 16 — 12 km au Nord-Est d'Avallon.

Montréal, le « Mont Royal » de Brunehaut, domine la rive gauche du Serein. Enfermé dans ses remparts, le petit bourg médiéval compte parmi les plus caractéristiques de Bourgogne. Le touriste aimera ses vieilles maisons, son église dont les stalles sont célèbres et l'immense horizon que l'on découvre du petit cimetière.

CURIOSITÉS

Le vieux bourg. — On entre par la porte d'En-Bas aux belles arcades du 13ᵉ s. et l'on monte par la rue principale bordée de pittoresques maisons anciennes des 15ᵉ et 16ᵉ s.

(Photo Pélissier/Vloo)

Montréal. — Le retable de l'église.

cv **Église.** — Cet édifice de style ogival primitif du 12ᵉ s. a été restauré par Viollet-le-Duc. La porte d'En-Haut qui précède l'église lui sert de clocher. Le portail en plein cintre de la façade est orné de redents descendant le long des piédroits et du trumeau et surmonté d'une rosace. À l'intérieur, au bas de la nef, une tribune en pierre du 12ᵉ s. est supportée par une fine colonnette.

Les 26 **stalles**★ en chêne sculpté, du 16ᵉ s., attribuées aux deux frères Rigolley, de Nuits-sous-Ravières, sont d'une exécution remarquable. Tous les sujets traités, la plupart du Nouveau Testament, méritent également de retenir l'attention. Les artistes se seraient représentés en train de boire pendant une pause.

Dans le chœur à gauche, magnifique **retable**★ en albâtre, du 15ᵉ s. *(mutilé au cours d'un vol)*, d'origine anglaise, consacré à la Vie de la Vierge.

Remarquer encore la chaire et le lutrin du 15ᵉ s., un triptyque et une Vierge en bois des 16ᵉ et 17ᵉ s., de belles pierres tombales.

Panorama. — De la terrasse, au fond du cimetière derrière l'église, on découvre toute la vallée du Serein, l'Auxois, la Terre-Plaine et, plus loin, les monts du Morvan. Remarquer dans la plaine, en direction de Thizy, une vaste ferme bourguignonne fortifiée.

EXCURSION

Talcy. — 57 h. *5 km au Nord par le D 957 et le D 115*. Village bâti sur un versant cv ensoleillé au bord du plateau de Talcy et dominé par son **église** romane. L'intérieur a été remanié à la Renaissance.

*Chaque année, le **guide Michelin Camping Caravaning France**
vous propose un choix révisé de terrains
et une documentation à jour sur leur situation,
leurs aménagements, leurs ressources et leur agrément.*

★ MONT-ST-VINCENT

327 h.

Carte Michelin n° 69 pli 18.

Bâti à la proue d'une colline, ce village du Charollais occupe un des points culminants de Saône-et-Loire (603 m), d'où chaque année part le signal des Feux celtiques de la St-Jean, allumés pour célébrer le retour de l'été *(voir p. 168)*.

CURIOSITÉS

★★Panorama. — À l'entrée du village, une rue monte à droite à angle aigu jusqu'à une station de télévision et météorologie. À proximité, du sommet d'une tour belvédère *(longue-vue — table d'orientation)*, socle d'un ancien moulin disparu, on découvre un immense panorama sur les monts du Morvan, les dépressions du Creusot et d'Autun, les monts du Mâconnais et du Charollais.

cv **Église.** — Bâtie à la fin du 11e s., l'église était celle d'un ancien prieuré clunisien. Le porche carré, surmonté d'une tribune, abrite un portail dont le tympan sculpté, très dégradé, représente un Christ en majesté entre deux personnages qui seraient saint Pierre et saint Paul.
La nef est voûtée de berceaux transversaux comme celle de St-Philibert de Tournus, tandis que les bas-côtés sont voûtés d'arêtes. La croisée du transept est surmontée d'une coupole sur trompes.
Du terre-plein bordant le cimetière, jolie vue sur les vallons se chevauchant au Nord.

cv **Musée J.-Régnier.** — Ce petit musée archéologique (du néolithique au haut Moyen Âge) occupe le bâtiment, restauré, de l'ancien grenier à sel (15e s.).

★★ Le MORVAN

Cartes Michelin nos 65 plis 15, 16, 17 et 69 plis 6, 7, 8.

À l'écart des grandes routes, le massif du Morvan reçoit un nombre croissant de visiteurs attirés par ses vastes forêts, ses escarpements rocheux, ses cours d'eau rapides qu'apprécient les canoéistes, ses lacs de barrage, ses rivières et ses étangs qui attirent des milliers de pêcheurs chaque année, ses vallées encaissées, ses sites pittoresques.
Véritable région naturelle entre le Nivernais et la Bourgogne, le Morvan n'a jamais eu d'existence politique ou administrative propre ; il est dépourvu de limites historiques. Les caractères géographiques seuls le distinguent des contrées environnantes.
Au loin, il se signale par la masse sombre de ses forêts : Morvan, selon l'étymologie celtique, ne signifie-t-il pas « montagne noire » ?

UN PEU DE GÉOGRAPHIE *voir aussi p. 10 et 12*

Les deux Morvans. — Le Morvan forme un quadrilatère d'environ 70 km de longueur sur 50 km de largeur, s'étendant d'Avallon à St-Léger-sous-Beuvray et de Corbigny à Saulieu.
Quand on l'aborde par le Nord, le Morvan ressemble à un vaste plateau à peine bosselé qui s'élève lentement vers le Sud. Ces ondulations, qui s'étagent et viennent rejoindre en pente douce le Bassin parisien, forment le Bas Morvan. L'altitude ne dépasse pas 600 m.
C'est dans la partie méridionale — au Sud de Montsauche — que se dressent les plus hauts sommets : mont Beuvray 821 m, mont Preneley 855 m, massif du Bois du Roi (où le Haut-Folin culmine à 901 m). C'est le Haut Morvan, dont les sommets cessent brusquement au-dessus de la dépression de l'Autunois et parviennent ainsi, en dépit de leur faible altitude, à communiquer à la région un caractère montagneux.

Le pays de l'eau et de la forêt. — En raison de sa position et de son altitude, le massif du Morvan connaît de pluies fréquentes et abondantes. Il reçoit en moyenne de 1 000 mm d'eau par an sur ses bordures à plus de 1 800 mm sur le Haut-Folin ; il pleut ou il neige 180 jours sur les sommets. Les longues pluies et la fonte des neiges transforment en torrent le moindre ruisseau. La roche imperméable, recouverte d'arène granitique (sorte de sable grossier), fait du Morvan une éponge gorgée d'eau : l'Yonne, la Cure, le Cousin et leurs affluents roulent alors leurs eaux tumultueuses.
Plusieurs barrages et retenues (Pannesière-Chaumard, les Settons, Crescent, Chaume-çon) permettent de régulariser ces cours d'eau au moment des crues et de soutenir leur débit en période d'étiage, comme de fournir éventuellement un appoint d'énergie hydro-électrique ; celui de St-Agnan constitue une réserve en eau potable.
La forêt qui couvre au moins le tiers et souvent la moitié de la superficie des communes morvandelles est l'élément caractéristique du massif. Progressivement les forêts de hêtres ou de chênes sont repeuplées en résineux. Le flottage à bûches perdues vers Paris a disparu *(voir p. 76)* et actuellement le bois est transporté par camions aux usines voisines (menuiserie et surtout carbonisation du bois).

LA VIE DANS LE MORVAN

Pendant très longtemps, le Morvan, pays rude, a été en butte aux quolibets de ses voisins. C'est en Bourgogne qu'est né le dicton : « il ne vient du Morvan ni bonnes gens, ni bon vent », jugement injuste mais qui traduit bien le sentiment de supériorité du riche Bourguignon vis-à-vis de ces Morvandiaux dont le pays ne possède ni vignobles, ni champs fertiles. Ne pouvant tirer qu'un mince profit du sol de leur pays natal, les hommes n'hésitaient pas à « descendre » dans les plaines voisines du Bazois ou de l'Auxois, riches contrées d'élevage et de culture, tandis que les femmes prati-quaient le métier de nourrice.

Les nourrices morvandelles. — Au 19ᵉ s. surout, l'« élevage » humain est la grande particularité du Morvan.

À la ville, il n'est pas de bon ton que les jeunes mères allaitent leurs enfants et les Morvandelles sont d'excellentes nourrices. Tantôt elles vont à Paris « se mettre en nourriture », tantôt elles accueillent chez elles les bébés qu'on leur confie. À cette époque, nombreux sont les enfants parisiens qui passent dans le Morvan leurs premiers mois.

Ressources actuelles. — De nos jours, le Morvan est encore loin de constituer une région prospère, et sa population ne cesse de diminuer. L'élevage bovin, pratiqué surtout par de petites exploitations, n'est plus, à lui seul, économiquement rentable. La forêt, cependant, grâce aux plantations résineuses effectuées depuis la dernière guerre, représente une nouvelle richesse, prometteuse pour le développement des industries du bois.

Le fait que l'Avallonnais et le Morvan soient des régions touristiques constitue un autre facteur de progrès. Dans la partie la plus élevée du massif, au Sud-Est de Château-Chinon, ont même été aménagés un champ de ski de descente (**Haut-Folin** — p. 119) et de nombreuses pistes de ski de fond.

Enfin, le **Parc naturel régional du Morvan,** créé en 1970, englobe la majeure partie du pays et participe efficacement à son essor touristique. *Maison du Parc : à St-Brisson (commune de Montsauche), dans la Nièvre.*

LE BAS MORVAN

Les aspects généraux caractéristiques de cette partie Nord du Morvan sont donnés p. 115.

① De Vézelay à Château-Chinon

97 km — environ 3 h 1/2 — itinéraire 1 du schéma p. 118

Route de pénétration partant de la bordure Nord du Morvan, plus variée et plus accidentée après Lormes, l'altitude moyenne allant croissant.

★★**Vézelay.** — *Visite : 1 h. Description p. 157.*

Quitter Vézelay par le D 957, route d'Avallon.

Le site de Vézelay et sa basilique accaparent l'attention jusqu'à St-Père.

★**St-Père.** — *Visite : 1/4 h. Description p. 136.*

Quitter St-Père par le D 958.

La route remonte la haute vallée de la Cure qui s'enfonce dans une gorge boisée.

Fouilles des Fontaines Salées. — *Page 137.*

★**Pierre-Perthuis.** — *Page 128.*

Plus loin, prendre à gauche le D 453 puis le chemin qui conduit au barrage de Malassis.

Barrage de Malassis. — Petit barrage couplé à une usine hydro-électrique et destiné à corriger les variations du débit de la Cure provoquées par l'usine de Bois-de-Cure située en amont.

Après Domecy-sur-Cure, la route devient très sinueuse ; elle surplombe la vallée encaissée de la rivière qu'elle franchit après St-André-en-Morvan.

Après les Ouches, prendre à droite le D 944.

Le château de Chastellux apparaît bientôt perché au sommet d'une butte dominant la Cure.

CV **Château de Chastellux-sur-Cure.** — Ce château, remanié au 13ᵉ s. et restauré en 1825, appartient depuis plus de mille ans à la famille de Chastellux.

Du viaduc du D 944 sur la Cure, on a la meilleure vue du château de Chastellux, bâti à flanc de coteau dans un nid de verdure et dominant la gorge boisée.

Tourner ensuite dans un chemin en forte descente : vues sur la retenue du barrage du Crescent, parmi les collines boisées et les prairies.

Barrage du Crescent. — Édifié de 1930 à 1933, en aval du confluent du Chalaux, il est du type des barrages-poids : il résiste par sa seule masse, à la poussée de l'eau accumulée en amont dans les deux vallées affluentes de la Cure et du Chalaux. Sa hauteur maxima est de 37 m et sa longueur totale de 330 m. Sa retenue de 14 millions de m³ alimente en énergie l'usine hydro-électrique de Bois-de-Cure et concourt à régulariser le débit de la Seine.

On gagne Lormes par le D 944.

Lormes. — *Page 104.*

Peu après Lormes, quitter le D 944 pour prendre à gauche le D 17 qui traverse Ouroux.

Ouroux-en-Morvan. — *Page 72.*

À 1,5 km prendre à droite le D 12 en direction de Chaumard.

La descente vers le réservoir de Pannesière procure sur les deux derniers kilomètres de superbes vues plongeantes sur le plan d'eau.

Avant Chaumard, tourner à droite à angle aigu dans le D 303 qui longe la retenue, puis s'engager sur la crête du barrage. Au-delà, suivre à gauche le D 944, puis le D 161 qui longe la retenue.

★**Barrage de Pannesière-Chaumard.** — *Page 126.*

Rejoindre le D 37 après Corancy pour gagner Château-Chinon.

★**Château-Chinon.** — *Page 71.*

② De Château-Chinon à Saulieu

59 km — environ 3 h — itinéraire 2 du schéma p. 178

La route offre de jolies vues sur le lac des Settons et la haute vallée de la Cure.

★ **Château-Chinon.** — *Page 71.*

Quitter Château-Chinon par le D 944, qu'on laisse bientôt pour prendre à droite le D 37.

Après un pont sur l'Yonne, s'offre bientôt à gauche une vue sur le site de **Corancy** accroché à une colline. La route, très sinueuse, contourne à mi-côte des vallons boisés.

Après Planchez, une route à droite mène au lac des Settons.

★ **Lac des Settons.** — *Page 148.*

Après un pont sur la Cure, on longe la rive Sud du lac. Le D 193 que l'on suit à gauche s'élève et offre de jolies vues sur le lac et ses îles boisées. On atteint bientôt la charmante station des Settons puis le barrage formant ce beau lac artificiel, qu'on laisse à gauche.

Montsauche. — 746 h. Lieu de séjour p. 8. À 650 m d'altitude, au cœur du parc naturel du Morvan, Montsauche est la station la plus élevée du massif. Elle a été reconstruite, comme Planchez, après avoir été aux trois quarts incendiée en 1944.

Prendre à droite le D 977 bis.

La route descend rapidement dans la vallée de la Cure et franchit la rivière un peu avant Gouloux.

Saut de Gouloux. — 1/4 h à pied AR. Le Caillot forme, un peu avant son confluent avec la Cure, une belle cascade appelée Saut de Gouloux. On y accède par un sentier qui, dans le premier tournant après le pont sur la Cure, descend à droite.

On traverse ensuite des forêts et un plateau parsemé de bois et d'étangs pour gagner Saulieu à la lisière orientale du Morvan.

★ **Saulieu.** — *Visite : 1/2 h. Description p. 140.*

③ De Saulieu à Avallon

55 km — environ 2 h 1/2 — itinéraire 3 du schéma p. 118

Entre Saulieu et Avallon, petites villes situées l'une et l'autre en bordure du Morvan, la route s'enfonce dans le massif, au milieu de vastes forêts dans un décor pittoresque.

★ **Saulieu.** — *Visite : 1/2 h. Description p. 140.*

Quitter Saulieu par le D 977bis puis prendre à droite la route de Dun (D 26A).

La route franchit un plateau parsemé de bois et d'étangs, puis une région en grande partie boisée.

Forêt de Breuil-Chenue. — 2 km après les Fourches, prendre à droite un chemin qui conduit à une ancienne maison forestière (chalet d'accueil) près de laquelle a été aménagé un enclos à chevreuils. Des miradors situés à l'extérieur de l'enceinte permettent d'observer les animaux. Un sentier d'observation *(parcours 1 h)* et une piste forestière permettant notamment la visite d'une belle hêtraie.

Rejoindre le D 6.

Dun-les-Places. — 528 h. Au Nord du village, prendre une petite route d'où part un sentier *(aire de camping)* menant à un calvaire (alt. 590 m) ; de la route, vues sur les monts du Morvan.

Une route pittoresque mène au hameau du Vieux-Dun.

Rocher de la Pérouse. — 1/2 h à pied AR. Au pont de la Cure, en contrebas du Vieux-Dun, s'engager dans une route forestière que l'on suit sur 1,6 km avant de laisser la voiture au parc signalé, à 200 m du rocher. Un sentier en forte montée permet d'atteindre le sommet.

De là se révèle un **point de vue** intéressant sur la vallée solitaire de la Cure et les croupes arrondies du massif.

Poursuivre la route forestière, puis, par le D 10, gagner Quarré-les-Tombes.

Quarré-les-Tombes. — *Page 132.*

Au-delà de Marrault, on aperçoit Avallon.

Après un parcours en forêt, on rejoint le D 944 qui longe le Cousin avant d'entrer dans Avallon, ville pittoresquement bâtie sur un éperon rocheux.

★ **Avallon.** — *Visite : 1/2 h. Description p. 48.*

VALLÉE DU TERNIN
④ De Saulieu à Autun

45 km — environ 1 h — itinéraire 4 du schéma p. 119

Pittoresque route de vallée.

★ **Saulieu.** — *Visite : 1/2 h. Description p. 140.*

Quitter Saulieu par le D 26, au Sud-Ouest du plan.

La route grimpe rapidement sur un plateau qu'elle franchit pour suivre la **vallée du Ternin.** La rivière serpente dans un paysage verdoyant entre des mamelons aux sommets boisés.

La vallée, qui se resserre après Alligny-en-Morvan, s'élargit de nouveau aux approches du D 980 que l'on rejoint par le D 20 à gauche. Chissey-en-Morvan et Lucenay-l'Évêque sont les seules localités un peu importantes jalonnant la route.

★★ **Autun.** — *Visite : 1/2 h. Description p. 39.*

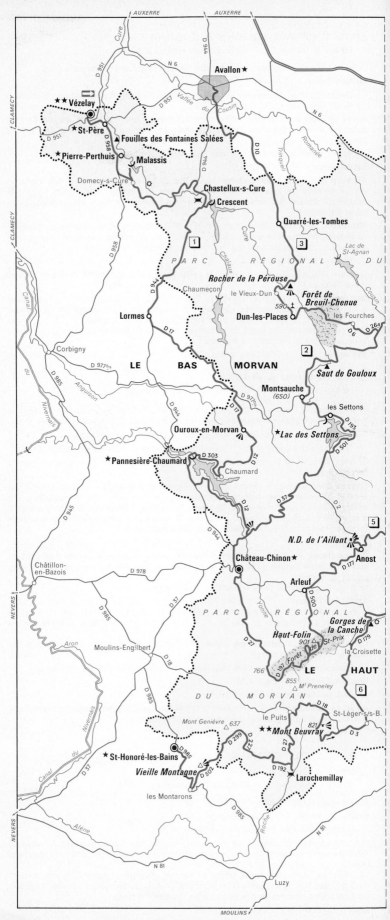

LE HAUT MORVAN

Les aspects généraux de cette partie Sud du Morvan sont donnés p. 115.

5 De Château-Chinon à Autun

84 km — environ 2 h 1/4 — itinéraire 5 du schéma ci-contre

Parcours traversant plusieurs massifs forestiers et offrant des vues étendues.

★Château-Chinon. — *Page 71.*

À la sortie Sud de Château-Chinon, prendre à droite le D 27 tracé à flanc de pente.
La vue se dégage vers l'Ouest sur un paysage de prés, de cultures et de bois, puis la route en montée pénètre dans la **forêt de la Gravelle.** Elle suit la ligne de partage des eaux entre les bassins de la Seine (l'Yonne est à l'Est) et de la Loire (l'Aron et ses affluents coulent vers l'Ouest).
Échappée, à droite, sur une lande aride couverte de genêts peu avant d'atteindre le point culminant de la route (766 m) et de quitter la forêt. Une belle vue panoramique se révèle vers le Sud sur un petit barrage blotti au fond d'un creux verdoyant dominé par des croupes boisées qui limitent le Morvan.

> *Tourner à gauche dans le D 197, puis prendre à droite la route forestière en très forte montée (16 %) qui pénètre dans la forêt domaniale de St-Prix.*

Haut-Folin. — Un champ de ski a été aménagé sur ses pentes par le Club Alpin Français.

Prendre à gauche la route forestière du Bois-du-Roi, puis encore à gauche la route forestière du Haut-Folin menant à un pylône de télécommunications, au point culminant du Morvan (alt. 901 m).
Rejoindre la Croisette, vers la route forestière du Bois-du-Roi qui traverse, en **forêt de St-Prix,** un magnifique peuplement d'épicéas et de sapins aux fûts immenses.

> *Quitter la route forestière pour le D 500, à gauche, qui rejoint Arleuf sur le D 978.*

Arleuf. — *Page 72.*

Après Arleuf, on prend à gauche le D 177, puis le D 88, petite route pittoresque.

Anost. — 848 h. Dans un site agréable et pittoresque, Anost offre au touriste la possibilité de nombreuses promenades, en particulier dans la forêt *(itinéraires balisés).*

N.-D. de l'Aillant. — *Au départ d'Anost, 1/4 h à pied par le D 2 et un sentier.* À hauteur de la statue de la Vierge, on découvre un **panorama**★ demi-circulaire sur la cuvette d'Anost et, au-delà des collines, sur la dépression d'Autun.
Un peu plus au Nord *(accès par le D 2),* se trouve un enclos à sangliers.
Au Nord-Est d'Anost, le D 88, sinueux, procure de nombreuses vues sur les collines et les croupes boisées.

Cussy-en-Morvan. — 505 h. Cette petite localité est curieusement bâtie à flanc de colline dans un site agréable. **L'église** renferme une intéressante Vierge à l'Enfant du 15e s.

> *Continuer le D 88 en descente rapide sur Mortaise, où l'on prend à droite le D 980.*
> De Lucenay-l'Évêque à Reclesne, la descente révèle le site d'Autun groupé dans un hémicycle de collines boisées.

★★Autun. — *Visite : 1/2 h. Description p. 39.*

6 De St-Honoré-les-Bains à Autun

79 km — environ 2 h — itinéraire 6 du schéma p. 118-119

Ce parcours à travers une région mouvementée est très varié et pittoresque. À partir des Montarons il emprunte une succession de petites routes qui le font passer devant la Vieille Montagne et au pied du mont Genièvre.

★ **St-Honoré-les-Bains.** — *Page 135.*

Quitter St-Honoré par le D 985 au Sud. Aux Montarons, tourner à gauche dans le D 502.

Vieille Montagne. — *Du D 502, 1/2 h à pied AR.* Partant d'une clairière *(où laisser la voiture)* entourée de beaux arbres, un sentier donne accès au belvédère de la Vieille Montagne, dans un site agréable d'où l'on bénéficie d'une vue étendue *(en partie masquée par la végétation)* sur le mont Beuvray et la forêt de la Gravelle.
Entre le Niret et Sanglier, la route passe au pied du mont Genièvre.

Par le D 227 puis le D 192, on rejoint le D 27.

Du D 27, on aperçoit sur un haut rocher le château de Larochemillay.

CV **Larochemillay.** — 417 h. Le château actuel, qui remplaça au 18e s. un château féodal, domine la vallée de la Roche.

Au Puits, prendre à droite le D 18 et, après 5 km, à droite la route du mont Beuvray à sens unique et en très forte montée (20 %).

★★ **Mont Beuvray.** — *Page 54.*

À la sortie Nord de St-Léger, prendre à gauche le D 179.

Gorges de la Canche. — La route suit à flanc de coteau les gorges de la Canche dans un paysage tourmenté de bois et de rochers. Dans un virage à gauche, un beau point de vue *(en partie masqué par la végétation)* se dégage à hauteur d'un petit parc à voitures. On aperçoit, au fond de la gorge, le bâtiment blanc de l'usine hydro-électrique de la Canche.

Le D 978 conduit à Autun.

★★ **Autun.** — *Visite : 1/2 h. Description p. 39.*

MOULINS-ENGILBERT — 1 732 h.

Carte Michelin n° 69 pli 6 — Schéma p. 120 — Lieu de séjour p. 8.

À la limite du Bazois et du Morvan, Moulins-Engilbert, l'un des chefs-lieux du Nivernais comtal, s'anime les jours de ses grandes foires de bétail. L'harmonie de ses toits et tourelles, groupés autour de la tour gothique de l'église au clocher à flèche d'ardoise, est particulièrement heureuse.

Commagny. — *2,5 km au Sud-Ouest par la route de Decize et la rampe du prieuré, à gauche au sommet de la montée.*

CV **Ancien prieuré** bénédictin, bien situé au-dessus des herbages du Bazois.
De l'église romane on verra surtout l'abside à cinq arcatures alternativement aveugles et ouvertes, inscrites dans un décor rappelant les bandes lombardes (pilastres réunis à leur sommet par une frise d'arceaux).
La demeure du prieur (15e s.), flanquée par le clocher et une haute tour ronde, montre, au-dessus du petit cimetière, sa façade la mieux sauvegardée. En contournant le bâtiment par le pied de la tour, gagner la grille de la propriété, pour admirer le chevet de l'église.

★ NEVERS — 44 777 h. (les Nivernais)

Carte Michelin n° 69 plis 3, 4 — Plan d'agglomération dans le guide Michelin France.

À quelques kilomètres du confluent de la Loire et de l'Allier, Nevers, capitale du Nivernais, est la ville des belles faïences.
Du grand pont en grès roux que franchit la N 7, on a une vue d'ensemble sur la vieille ville étagée au flanc d'une colline et dominée par la haute tour carrée de la cathédrale et l'élégante silhouette du palais ducal.

Un échec de César. — Avant d'entreprendre le siège de Gergovie en 52 avant J.-C., César fait de la ville forte située à la limite du territoire des Éduens, « Noviodunum Aeduorum », un important entrepôt de vivres et de fourrages pour son armée. A l'annonce de son échec devant Gergovie, les Éduens n'hésitent pas à détruire Noviodunum par le feu rendant ainsi précaire la situation de César en Gaule.

Faïence et verres filés. — Devenu duc de Nivernais en 1565, **Louis de Gonzague,** troisième fils du duc de Mantoue, fait venir d'Italie un grand nombre d'artistes et d'artisans.
Il développe l'industrie de la verrerie et celle de l'émaillerie qui devient très à la mode et dont les productions — verres filés servant généralement à la composition de scènes religieuses — étaient expédiées par la Loire vers Orléans et Angers.
Louis de Gonzague introduit la faïence d'art à Nevers entre 1575 et 1585. Les frères Conrade, originaires d'Italie, « maîtres pothiers en œuvre blanche et autres couleurs », initient à leur art une pléiade d'artisans locaux. Peu à peu, la forme, les coloris, les sujets d'ornementation qui au début reproduisaient seulement les procédés italiens évoluent vers un style très particulier.
Vers 1650, l'industrie de la faïence atteint son apogée. 12 fabriques occupent 1 800 ouvriers. La Révolution de 1789 leur porte un grave préjudice. Actuellement, trois fabriques artisanales maintiennent la renommée de cette activité traditionnelle.

Le perroquet Vert-Vert. — Son histoire est contée par J.-B. Gresset, dans un poème badin écrit en 1733 : « À Nevers donc, chez les visitandines,
                    Vivoit naguère un perroquet fameux... »

Choyé, gâté, d'une éducation parfaite, il coulait des jours exempts de soucis. Mais les visitandines de Nantes, ayant entendu vanter les mérites de ce merveilleux oiseau, prient leurs sœurs de Nevers de le leur envoyer pendant quelques jours. A Nevers, on se lamente, puis on se résigne. Vert-Vert part, mais, sur le coche d'eau, les mariniers de la Loire et des dragons lui enseignent un vocabulaire moins édifiant que celui des Visitandines :

> « Car les Dragons, race assez peu dévote,
> Ne parloient là que langue de gargotte...
> ... Bien vite il sut jurer et maugréer
> Mieux qu'un vieux diable au fond d'un bénitier. »

À Nantes, il scandalise le monastère de ses jurons épouvantables. On se hâte de renvoyer à Nevers ce suppôt de Satan. Jugé par le conseil de l'Ordre, il est condamné au jeûne, à la solitude et, suprême affront, au silence. Ayant fait amende honorable, il rentre en grâce auprès des visitandines, mais il est de nouveau tant gâté qu'il meurt d'indigestion :

> « Bourré de sucre et brûlé de liqueurs,
> Vert-Vert, tombant sur un tas de dragées,
> En noirs cyprès vit ses roses changées. »

LA VIEILLE VILLE *visite : 1 h 1/2*

Partir de la porte du Croux et suivre l'itinéraire indiqué sur le plan.

★**Porte du Croux** (Z). — Cette belle tour carrée, avec mâchicoulis et tourelles en encorbellement, coiffée d'une haute toiture, est un des vestiges des for-tifications de la ville. Elle fut élevée en 1393, lorsque l'on agrandit l'enceinte établie deux siècles auparavant par Pierre de Courtenay.

CV Un **musée lapidaire** y est ins-tallé. Il renferme des sculp-tures antiques (marbres grecs et romains) et une im-portante collection de sculptures romanes.

> *Suivre la rue de la Porte-du-Croux puis, à droite, la rue St-Genest.*

CV **Musée municipal** (Z M¹). — Le musée présente une très belle **collection de faïen-ces de Nevers**★ regroupée suivant les styles italien, persan, chinois, nivernais, populaire. Remarquer parmi les faïences de grand feu polychromes et camaïeux une « Vierge à la pomme » (statue de 1636) et un plat bleu de Nevers « Vénus l'Amour et Mercure ». De délicats émaux et verres filés dits de Nevers et des sculptures de Jean Baffier complètent cet ensemble.

(Photo A. Gaël)

Nevers. — La porte du Croux.

Revenir sur ses pas pour prendre, à droite, la rue des Jacobins.

★**Cathédrale St-Cyr-et-Ste-Julitte** (Z B). — Cette vaste basilique, où tous les styles
CV du 10e au 16e s. se juxtaposent, a été consacrée en 1331 avant d'être complétée et plusieurs fois remaniée. Elle présente un curieux plan, caractérisé par deux absides opposées à chaque extrémité de la nef : une romane à l'Ouest, une gothique à l'Est. Cette disposition que l'on rencontre dans quelques cathédrales des bords du Rhin (Worms, Mayence) est extrêmement rare en France.

Extérieur. — Faire le tour de l'édifice hérissé de contreforts, de piliers, d'arcs-boutants et de pinacles pour juger de la succession des styles et admirer la tour carrée, haute de 52 m, flanquée de contreforts polygonaux ; l'étage inférieur est du 14e s., les deux autres, richement décorés de niches, de statues et d'arcatures, du 16e s.

Intérieur. — L'ampleur de la nef, aux travées surmontées de tribunes et d'un triforium, et du chœur, qu'entourent cinq arcades et un déambulatoire, est ce qui frappe dès l'entrée.
L'abside romane, dite de Ste-Julitte, surélevée de 13 marches et voûtée en cul-de-four, est décorée d'une fresque datant du 12e s., très effacée, représentant le Christ entouré des symboles des évangélistes. La nef, aux dévers accentués, date du 13e s. ; on y voit une horloge à jaquemarts du 16e s. ; la base des colonnettes du triforium est ornée de petites statues. Les chapelles sont du 15e s.

NEVERS

		Barre (R. de la)	Y 4	Jacobins (R. des)	Z 16
		Champ-de-Foire		Mantoue (Quai de)	Z 18
Commerce (R. du)	YZ	(R. du)	Z 6	Mariniers
Gaulle (Av. Gén.-de)	YZ	Charnier (R. du)	Y 7	(Quai des)	Z 19
Nièvre (R. de la)	Y 20	Cloître-St-Cyr		Ouches (R. des)	YZ 22
Pelleterie (R. de la)	Y 24	(R. du)	Z 9	Rempart (R. du)	Y 29
Préfecture (R. de la)	Y 27	Colbert (Av.)	Y 10	République
St-Martin (R.)	Y 40	Coquille (Pl. G.)	Y 12	(Pl. de la)	Z 34
		Francs-Bourgeois (R.)	Y 14	Roy (R.C.)	Z 36
		Gautron-		Victor-Hugo (Bd)	Y 44
Ardilliers (R. des)	Y 2	du Coudray (Bd)	Y 15	14-Juillet (R. du)	Z 45

★Palais ducal (Z). — L'ancienne demeure des ducs de Nevers abrite une annexe du Palais de Justice.

La construction fut commencée dans la seconde moitié du 15e s. par Jean de Clamecy, comte de Nevers, désireux d'abandonner l'austère forteresse située à l'emplacement actuel de l'hôtel de ville. Le palais fut terminé à la fin du 16e s. par les familles de Clèves et de Gonzague. C'est l'un des plus beaux spécimens de l'architecture civile de la Renaissance.

Les grosses tours rondes de la façade postérieure donnent sur une cour qui surplombe la rue des Ouches. La façade ocre, coiffée d'ardoise, est ponctuée de deux tourelles : une belle tour centrale à pans coupés, terminée par un petit campanile, abrite l'escalier d'honneur. Elle s'ajoure de fenêtres dont le décalage, d'un gracieux effet, souligne la révolution de l'escalier. Les bas-reliefs modernes évoquent la légende du « Chevalier au Cygne », ancêtre de la maison de Clèves et qui inspira celle de Lohengrin. Remarquer encore les mansardes à cariatides et les cheminées en tuyaux d'orgue.

Sur la tourelle de gauche, une plaque commémorative signale que des princesses nivernaises devinrent reines de Pologne.

Face au palais ducal, traverser la place de la République.

Montée des Princes (Z N). — Des jardins en terrasse dominant les toits de la vieille ville, on découvre une jolie vue sur la Loire.

Prendre à gauche le quai de Mantoue puis la rue du Commerce.

Beffroi (Y F). — Il date du 15e s. Son clocher pointu domine un vaste bâtiment abritant autrefois les halles et la salle des Échevins.

Par la rue du Commerce et la place Guy-Coquille, gagner la rue St-Étienne.

★Église St-Étienne (Y D). — Cette belle église romane, qui fit partie autrefois d'un prieuré clunisien, présente une pureté de style et une homogénéité remarquables. Elle fut édifiée de 1063 à 1097 sur l'initiative de Guillaume 1er, comte de Nevers.

Le chevet, que l'on voit de la rue du Charnier, est, avec sa ceinture d'absidioles, d'une magnifique ordonnance. La tour de la croisée du transept, dont il ne reste que la souche, a été détruite sous la Révolution ainsi que les deux tours surmontant la façade. La façade est très sobre. Quelques corbeaux de pierre, disposés en ligne, décèlent la présence d'un ancien porche.

L'intérieur, dépourvu de tout décor sculpté, en dehors des chapiteaux du déambulatoire, est de belles proportions et séduit par les tons dorés de la pierre. La nef de six travées est voûtée d'un berceau en plein cintre sur doubleaux ; elle est flanquée de bas-côtés voûtés d'arêtes. Dans le chœur restauré a été implanté un autel roman. Le carré du transept est couvert d'une coupole sur trompes. La rangée de fenêtres à la naissance du berceau est d'une hardiesse impressionnante et les deux galeries du triforium ouvertes sur la nef sont remarquables.

Revenir sur ses pas pour prendre à droite la rue Francs-Bourgeois que prolonge la rue des Ardillers.

Porte de Paris (Y E). — Cet arc de triomphe fut élevé au 18e s. pour commémorer la victoire de Fontenoy ; des vers de Voltaire à la louange de Louis XV y sont gravés.

A gauche de la porte de Paris, suivre la rue du Rempart puis à droite la rue Hoche puis la rue St-Martin.

Chapelle Ste-Marie (Y). — C'est l'ancienne chapelle, désaffectée, du 7ᵉ monastère de visitandines fondé en France. A la demande de l'évêque de Nevers, Mlle de Bréchard, nivernaise devenue religieuse de la Visitation et supérieure du couvent des Moulins, fut envoyée par saint François de Sales pour fonder ce monastère.
La façade, de style Louis XIII, est surchargée d'ornements dans le goût italien : niches, entablements, colonnes et pilastres.

Les rues St-Martin, du 14-Juillet, de la Porte-du-Croux ramènent à la porte du Croux.

AUTRES CURIOSITÉS

cv **Couvent St-Gildard** (Y). — Pèlerinage de sainte Bernadette. **Bernadette Soubirous,** favorisée à Lourdes par de nombreuses apparitions de la Vierge, entra dans ce couvent en 1866 et prit le voile l'année suivante sous le nom de sœur Marie-Bernard. Elle y mourut en 1879 et fut canonisée en 1933. Son corps, trois fois exhumé intact, repose aujourd'hui dans une châsse vitrée exposée dans la chapelle du Couvent, maison-mère des Sœurs de la Charité et Instruction chrétienne de Nevers.

cv Le petit **musée** qui lui est consacré retrace l'histoire de sa vie et conserve certains effets et objets personnels de la sainte (dont le fauteuil où elle expira) ainsi qu'un beau bas-relief sculpté (scènes de la vie de la Vierge) provenant de l'église de St-Gildard.

cv **Église Ste-Bernadette-du-Banlay.** — On y accède par l'avenue Colbert (Y) et le boulevard de-Lattre-de-Tassigny. Ce sanctuaire (1966), délibérément anticonformiste, présente extérieurement la forme lourde et ramassée d'un blockhaus. Au contraire, la nef concave est éclairée d'une lumière diffuse qui agrandit l'espace.

EXCURSIONS

Marzy. — 2 792 h. *5,5 km à l'Ouest par le D 131.* Intéressante église romane du 12ᵉ s. surmontée d'un élégant clocher à deux étages de proportions harmonieuses.

Revenir à Nevers par la route qui longe le bord de l'eau ; jolie vue sur le confluent de la Loire et de l'Allier au **Bec d'Allier.**

Le pays d'entre Loire et Allier. — *Circuit de 82 km — environ 4 h.* Dans la dernière partie de son cours, l'Allier, rivière épanouie mais vive encore, trace jusqu'à la Loire une voie presque directe ; un pays verdoyant et bocager dont le calme est troublé seulement par le trafic de la N 7 est ainsi isolé entre l'Allier, la Loire et, au Sud, la forêt du Perray. Les bourgs sont rares ; de belles demeures se cachent au milieu de vastes domaines où se pratique l'élevage en grand des bœufs charollais.
Toute la région fut, à une époque de la guerre de Cent Ans, le théâtre des exploits de Perrinet-Gressard *(voir p. 69).*

Quitter Nevers par N 7. A 14 km prendre à gauche la direction du circuit de Magny-Cours.

cv **Circuit automobile de Magny-Cours.** — *Suivre les panneaux fléchés.* Entre Magny-Cours et St-Parize-le-Châtel, le circuit automobile est le siège d'une école de pilotage d'automobiles de courses et le théâtre, chaque année, de compétitions internationales.

St-Parize-le-Châtel. — 982 h. Ce riant village était déjà florissant à l'époque gallo-romaine grâce à ses sources d'eau gazeuse, naguère encore exploitées à l'Est de la localité. Son église construite sur une terrasse dominant le paysage est surtout remarquable par sa crypte du 12ᵉ s. L'interprétation des figures représentées sur les chapiteaux historiés est hasardeuse : certains voient dans les animaux musiciens, acrobates et personnages fantastiques la représentation des péchés capitaux. Les autres chapiteaux sont ornés d'éléments décoratifs hérités du paganisme — chimères, emblèmes —, de feuillages et de rosaces. Intéressant sarcophage carolingien.

Gagner St-Pierre-le-Moûtier par le D 203 et le D 978ᴬ.

St-Pierre-le-Moûtier. — *Page 136.*

Suivre la N 7 et à 8 km prendre à gauche la direction de Chantenay-St-Imbert, puis, à Chantenay, le D 522.

Forêt du Perray. — Les 2 200 ha de la forêt du Perray s'égayent de plusieurs étangs. Au centre de la forêt, le Rond-du-Perray est une vaste clairière d'où partent en étoile des allées profondes. Les coupes de bois alignées sur le pourtour justifient l'importance de la maison forestière qui règne sur le domaine. La forêt de Chabet prolonge le massif du Perray vers l'Ouest.

On rejoint le D 978ᴬ que l'on emprunte à droite jusqu'aux Raguet. Prendre alors à gauche le D 13. Tourner à droite à Luthenay-Uxeloup. Traverser le bourg.

Dès la sortie de Luthenay-Uxeloup, la silhouette du **château de Rozemont** (13ᵉ s.), l'un des repaires de Perrinet-Gressard, se détache sur l'autre versant de la vallée.

Descendre vers la Loire et prendre à gauche le D 116, puis le D 13.

cv **Chevenon.** — 646 h. En bordure des coteaux qui commandent la vallée, le **château** occupe un site qui explique son importance. Une impression de puissance se dégage de la haute construction dont la coloration rose adoucit la sévérité. Cet ancien logis seigneurial, étroitement resserré entre les fortes tours rondes, était autrefois entouré de fossés. Il fut édifié au 14ᵉ s. par Guillaume de Chevenon, « capitaine des châteaux et tours de Vincennes » sous Charles V.

Retour à Nevers par le D 13.

La route longe le canal latéral à la Loire dont les eaux calmes reflètent un paysage apaisant ; mais le fleuve, caché par une large bande alluviale, reste invisible.

Carte Michelin n° 🔢 pli 9 — 15 km au Nord-Ouest de Chagny.

Ce bourg, baigné par la Cosanne, est la patrie de **Lazare Carnot** (1753-1823) « organisateur de la victoire » au temps de la Convention. Sa maison natale, devant laquelle se dresse sa statue, est restée propriété de la famille Carnot.

Vue d'ensemble. — Du D 33, à 2,5 km au Nord-Ouest de Nolay, on a une belle vue d'ensemble sur Nolay et la vallée de la Dheune.

Vieilles halles. — Elles furent construites au 14e s. La charpente est recouverte de lourdes dalles calcaires.

Église. — Cet édifice du 15e s., reconstruit au 17e s. et restauré à la suite d'un incendie, est surmonté d'un curieux clocher de pierre, abritant un jaquemart en bois polychrome du 16e s. Sept statues du 14e s. ont été installées dans l'église.

EXCURSIONS

★ **La Rochepot.** — *5 km, plus 1/2 h de visite. Quitter Nolay par le D 973 à l'Est.*

La route traverse une campagne riante et vallonnée. *Description de la Rochepot p. 133.*

Vallon de la Tournée. — *5 km, plus 1/2 h à pied AR. Prendre la route de Vauchignon, étroite et sinueuse.*

Sur la droite s'élèvent les **falaises de Cormot,** remarquable école pour la varappe, dont la Dame de Paris est la plus majestueuse aiguille.

A la sortie de Vauchignon, suivre à gauche la route remontant le vallon de la Cosanne, au pied de hautes murailles rocheuses, jusqu'à un pont (fin de la route).

Le sentier de gauche, après une montée sous bois, mène à une grotte, où la Cosanne coule en cascade sur les rochers de granit rose, dans un joli site. L'autre sentier mène à travers prés au **cirque du Bout du Monde.** Dans un **site**★ remarquable au milieu d'impressionnants à-pics calcaires, tombe une cascade haute de 28 m, peu abondante en général.

Carte Michelin n° 🔢 pli 6.

Cernée par un méandre du Serein et resserrée entre ses remparts aux seize tours rondes, Noyers (prononcer Noyère) est une pittoresque petite ville ; ses rues aux noms évocateurs, bordées de maisons anciennes à pans de bois ou en pierre et à pignon, sur la façade desquelles grimpe parfois un charmant petit escalier extérieur, forment un ensemble très original.
Les entrées de caves s'ouvrant directement sur la rue rappellent que l'on est ici en pays de vignoble.

VISITE *environ 3/4 h*

Place de l'Hôtel-de-Ville. — Cette place est entourée de jolies maisons à pans de bois des 14e et 15e s. et de maisons à arcades. L'hôtel de ville présente une façade du 17e s. surmontée d'un fronton curviligne et ornée de balcons en fer forgé et de pilastres.

Prendre la rue du Marché-au-Blé qui conduit à la place du même nom.

Place du Marché-au-Blé. — Cette place, triangulaire, est bordée de maisons anciennes dont une en pierre, à arcades et à pignon, sur la droite.

Par la rue de l'Église, on gagne l'église Notre-Dame, puis le musée.

Église Notre-Dame. — Vaste édifice de la fin du 15e s., avec façade Renaissance et tour carrée, à gargouilles. Imposant chevet à contreforts. Remarquer, sur la façade Nord, la curieuse figuration sculptée d'un gisant.

cv **Musée.** — Il présente des expositions temporaires sur l'artisanat et les traditions populaires, la peinture et l'archéologie.

Revenir place du Marché-au-Blé et prendre, sous une voûte à gauche, la petite rue du Poids-du-Roy.

Rue du Poids-du-Roy. — Ruelle pittoresque ; sur la gauche, aussitôt après l'arcade, ravissante maison en bois du 15e s. à colombages et à poteaux corniers sculptés.
La rue du Poids-du-Roy aboutit, par un passage couvert, à la minuscule **place de la Petite-Étape-aux-Vins** encadrée de maisons à pans de bois : celle qui se trouve tout de suite à gauche lorsqu'on débouche sur la place porte trois naïves sculptures représentant des saints.
La rue principale, **rue de la Petite-Étape-aux-Vins,** que l'on prend à gauche, elle aussi bordée de maisons anciennes, conduit à la place du Grenier-à-Sel. A l'extrémité de cette place, s'engager dans la **rue de la Madeleine,** au début de laquelle on verra, à gauche, une maison Renaissance portant une inscription grecque.

Revenir sur la place du Grenier-à-Sel.

A gauche, le passage Hardy débouche sur la promenade, ombragée de platanes et longeant le Serein. Suivre à droite cette promenade le long de laquelle on peut voir encore sept des nombreuses tours rondes qui défendaient autrefois la ville.
On arrive à la Porte Peinte, porte fortifiée de forme carrée, par laquelle on entre dans la rue de ce nom (grande maison à colombage, à gauche) pour regagner la place de l'Hôtel-de-Ville.

NUITS-ST-GEORGES

5 461 h. (les Nuitons)

Carte Michelin n° 🖽 Sud-Ouest du pli 20 — Schéma p. 83.

Cette petite ville coquette et accueillante, capitale de la Côte à laquelle elle a donné son nom *(voir p. 82)*, s'enorgueillit de son vignoble qui produit des crus de renommée mondiale.

La célébrité des Vins de Nuits remonte à Louis XIV. Son médecin Fagon ayant conseillé au Roi-Soleil de prendre à chaque repas quelques verres de Nuits et de Romanée, à titre de remède, toute la Cour voulut en goûter.

Le Saint-Georges, constitué en vignoble dès l'an mille, est un des crus les plus cotés.

CURIOSITÉS

cv **Église St-Symphorien.** — Ce vaste édifice, bâti à la fin du 13e s. mais de style entièrement roman, se distingue par un chevet plat orné de trois baies à colonnettes et de sculptures sous une grande rosace, et par un clocher massif assis sur la croisée du transept. A l'intérieur, la nef principale, très haute et voûtée d'arêtes, abrite un buffet d'orgue sculpté (18e s.) et surtout, de la fin du 16e s., une rare cage d'escalier tournant, curieux cylindre de bois ajouré. Des vestiges de fresques (dont un martyre de saint Sébastien) et d'inscriptions du 16e s. sont visibles dans les bas-côtés.

Autres monuments. — On remarquera à Nuits deux édifices du 17e s. : le beffroi de l'ancien hôtel de ville et l'hôpital St-Laurent ; l'actuel hôtel de ville, construit au 18e s. ; la moderne église Notre-Dame, aux vitraux colorés dus à J.-J. Borghetto (1957).

cv **Musée archéologique.** — Des objets gallo-romains et mérovingiens, recueillis au cours de fouilles effectuées aux Bolards près de Nuits-St-Georges, y sont exposés.

OUCHE (Vallée de l')

Cartes Michelin n° 🖽 plis 19, 20 et 🖽 pli 9.

Située à la limite Ouest de l'arrière-côte dijonnaise, la vallée de l'Ouche facilite les communications avec l'Auxois. Entre des plateaux calcaires, c'est une trouée verdoyante propre aux cultures et aux pâturages. Le canal de Bourgogne l'emprunte à partir de Pont-d'Ouche.

Le canal de Bourgogne. — Achevé en 1832, ce canal, long de 242 km, opère la jonction entre l'Yonne et la Saône, de Laroche (altitude 84 m) à St-Jean-de-Losne (altitude 182 m). Empruntant les vallées opposées de l'Armançon et de l'Ouche, il franchit, à 378 m d'altitude, le faîte de séparation des bassins de la Seine et du Rhône par un tunnel long de 3 333 m. Le canal de Bourgogne est utilisé par une batellerie active seulement entre Laroche et Tonnerre et entre Dijon et St-Jean-de-Losne ; 189 écluses jalonnent son parcours. La navigation de plaisance, en accroissement, l'utilise en entier *(voir p. 167)*.

De Bligny à Dijon *57 km — environ 1 h 1/2*

La route suit la verdoyante vallée de l'Ouche dans un paysage vallonné entre des pentes boisées parsemées de rochers.

Bligny-sur-Ouche. — 776 h. Église gothique avec clocher roman.

Prendre le D 33 à Bligny-sur-Ouche.

Aussitôt avant Pont-d'Ouche, on passe sous le grand ouvrage d'art qui permet à l'autoroute A 6 de franchir la vallée de l'Ouche, puis la route rejoint le canal de Bourgogne. Remarquer, au passage, l'aqueduc sur lequel le canal de Bourgogne franchit l'Ouche. La vallée s'élargit et le fond devient boisé et rocheux. Bientôt des rochers apparaissent à gauche dans les côtes portant la forêt de Bouhey.

cv **La Bussière-sur-Ouche.** — 180 h. *En venant de Pont-d'Ouche, prendre à gauche du D 33, la deuxième rue après le canal.* L'**église** romane est surmontée d'un fin clocher d'ardoises. A l'intérieur, la nef, en berceau brisé, est soutenue par des doubleaux. Les bas-côtés possèdent des voûtes primitives, en calotte, légèrement bombées. L'église renferme des tombeaux, des pierres tombales, des bas-reliefs et de nombreuses statues. Au chœur, panneaux peints, du 17e s., surmontés de deux intéressantes statues : sainte Barbe, à gauche, et saint Sébastien, à droite.

Dans un site agréable, les bâtiments du 13e s., restaurés, d'une ancienne abbaye cistercienne servent de centre de retraite, loin des préoccupations profanes.

Peu après Auvillard, on aperçoit en haut d'un piton, à gauche, les ruines du château de Marigny. A l'entrée de Ste-Marie-sur-Ouche, laisser à droite un joli pont en dos d'âne.

Traverser l'Ouche à **Pont-de-Pany** pour prendre à droite la pittoresque D 35.

cv **Château de Montculot.** — C'est une élégante demeure du 18e s. avec parc et pièces d'eau. L'une d'elles, la source du Foyard, fut chantée par Lamartine qui hérita de ce domaine familial. Le poète composa une partie de son œuvre, entre 1801 et 1831.

Après Pont-de-Pany, le D 905 offre des vues sur les ouvrages d'art de la voie ferrée Paris-Dijon établie sur la falaise calcaire dominant le canal.

A la Cude, prendre à droite le D 10F.

Notre-Dame d'Étang. — *1/2 h à pied AR, à partir du centre psychothérapique.* Du D 10F en corniche, on découvre un beau panorama sur la vallée de l'Ouche.

Au sommet de la colline d'Étang, a été érigé en 1896 un monument de 24 m de hauteur portant une immense statue de la Vierge. La statue miraculeuse, découverte en 1435, se trouve dans l'église de Velars-sur-Ouche.

Peu avant l'arrivée à Dijon, l'Ouche s'élargit en un lac artificiel.

★★★ **Dijon.** — *Visite : 4 h. Description p. 88.*

★ PANNESIÈRE-CHAUMARD (Barrage de)

Carte Michelin n° 🔢 Sud du pli 16 — Schémas p. 72 et 118.

Le barrage de Pannesière-Chaumard, long de 340 m et haut de 50 m, est soutenu en son centre par des voûtes multiples ; ses ancrages sur les rives sont faits de digues massives en béton ; 12 contreforts prennent appui sur le fond de la gorge. Il régularise le régime des eaux du bassin de la Seine.

Une usine hydroélectrique est installée en aval et produit près de 18 millions de kWh par an.

Sa retenue (82,5 millions de m³) forme un magnifique plan d'eau, apprécié des pêcheurs, long de 7,5 km dans un joli site★ de collines boisées. Une route en fait le tour et franchit la crête du barrage d'où la vue s'étend sur les ramifications du plan d'eau tandis qu'à l'horizon se profilent les sommets du Haut Morvan.

Près du D 944, en aval de l'ouvrage principal, a été édifié un barrage de compensation long de 220 m et composé de 33 voûtes minces. Il permet de restituer à l'Yonne sous un débit constant l'eau turbinée par l'usine et il fournit de l'eau à la rigole d'alimentation du canal du Nivernais.

★★ PARAY-LE-MONIAL

11 312 h. (les Parodiens)

Carte Michelin n° 🔢 pli 17 — Schéma p. 62 — Lieu de séjour p. 8.

Paray-le-Monial, berceau de la dévotion au Sacré-Cœur de Jésus, est situé aux confins du Charollais et du Brionnais, au bord de la Bourbince que longe le canal du Centre. Sa basilique romane est un magnifique exemple de l'architecture clunisienne.

L'industrie des matériaux de construction, concentrée dans la vallée de la Bourbince, est représentée à Paray par des fabriques de carrelage et pavage de grès, de produits réfractaires.

Marguerite-Marie Alacoque. — Fille du notaire royal de Verosvres-en-Charollais, Marguerite-Marie Alacoque manifeste très tôt le désir de se faire religieuse mais ne réalisera ce vœu qu'à 24 ans.

Le 20 juin 1671, elle entre comme novice au couvent de la Visitation de Paray-le-Monial et y prend le voile deux mois plus tard.

Dès 1673 se produisent pour sœur Marguerite-Marie des apparitions qui se succèdent jusqu'à sa mort. Secondée par son confesseur, le Père Claude de la Colombière, elle révèle les messages reçus — consignant par écrit les Révélations qui lui sont faites : « Voilà ce Cœur qui a tant aimé les hommes » — et préconise la dévotion au Sacré-Cœur. Elle meurt le 17 octobre 1690.

La dévotion au Sacré-Cœur. — Ce n'est qu'au début du 19e s., après la tourmente révolutionnaire, que la dévotion au Sacré-Cœur se développe.

En 1817 commence en Cour de Rome le procès qui aboutit, en 1864, à la béatification de sœur Marguerite-Marie. En 1873 a lieu à Paray-le-Monial, en présence de 30 000 personnes, le premier grand pèlerinage au cours duquel est décidée la consécration de la France au Sacré-Cœur de Jésus. Cela rejoignait le vœu émis en 1870 de construire, par souscription nationale, une église consacrée au Sacré-Cœur, qui devait être la basilique érigée sur la colline de Montmartre.

Depuis 1873 les pèlerinages se sont renouvelés chaque année à Paray-le-Monial.

Sœur Marguerite-Marie a été canonisée en 1920.

De nombreuses communautés religieuses se sont fixées à Paray-le-Monial qui est devenu un des hauts lieux de la chrétienté.

★★ BASILIQUE DU SACRÉ-CŒUR visite : 1/2 h

Au bord de la Bourbince, aménagé en promenade fleurie et jalonnée de saules pleureurs, se dresse l'église primitivement dédiée à Notre-Dame, mais élevée au rang de basilique et consacrée en 1875 sous le vocable du Sacré-Cœur.

Commencé en 1109, sous la direction de saint Hugues, abbé de Cluny, l'édifice, contemporain de Cluny et restauré aux 19e et 20e s., peut être considéré comme un modèle réduit de la célèbre abbaye bénédictine.

Comme tant d'églises du Brionnais tout proche *(voir p. 62)*, elle est bâtie en belle pierre dorée et l'éclairage du couchant est favorable.

Du pont sur la Bourbince, on a une vue d'ensemble sur la façade et les trois clochers.

Extérieur. — La façade est d'une admirable simplicité : deux tours carrées, épaulées à leurs angles par de puissants contreforts, présentent quatre étages de fenêtres dont le premier éclaire l'étage du narthex qu'elles surmontent.

La tour de droite, construite au début du 11e s., a une décoration

(D'après photo J. Bottin)

Paray-le-Monial. — Basilique du Sacré-Cœur.

PARAY-LE-MONIAL

République (R.)	27
Victor-Hugo (R.)	29
Alsace-Lorraine (Pl.)	2
Billet (R.)	3
Champ-de-Foire (Pl.)	4
Collège (Bd du)	6
Commerce (Quai du)	7
Dauphin-Louis (Bd)	8
Derischard (R. Louis)	9
Deux-Ponts (R.)	12
Dr-Griveaud (R.)	13
Four (R. du)	14
Gare (Av. de la)	15
Gaz (R. du)	16
Guignaud (Pl.)	17
Industrie (Quai de l')	18
Jaurès (Cours Jean)	20
Lamartine (Pl.)	21
Marché (R. du)	22
Paix (R. de la)	23
Regnier (Bd H. de)	26
Visitation (R.)	30

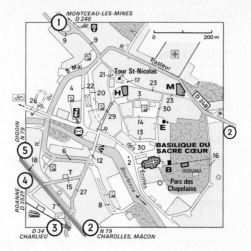

très sobre ; celle de gauche, qui lui est postérieure, présente une décoration plus riche : les étages supérieurs sont séparés par une corniche moulurée, le troisième étage est percé de deux baies accouplées, cantonnées de colonnes ornées de chapiteaux ; au dernier étage, l'arc des baies est formé de deux rangs de claveaux au lieu de trois, tandis que les chapiteaux des colonnettes sont réunis par un cordon d'oves et de losanges. La tour octogonale qui se dresse au-dessus de la croisée du transept a été restaurée en 1860.

Pour admirer le chevet harmonieusement étagé et d'une grande unité, contourner l'édifice par la gauche *(rue de la Visitation)* et se placer en haut de l'escalier de l'ancienne maison des Pages qui abrite la chambre des Reliques *(voir ci-dessous)*.

Entrer dans la basilique par le croisillon gauche dont la belle porte romane est décorée de motifs floraux et géométriques.

Intérieur. — On est frappé à la fois par la hauteur de l'édifice (22 m dans la nef principale) et par la sobriété du décor. On retrouve toutes les caractéristiques de l'art clunisien *(voir p. 27)*.

Huysmans décelait le symbole de la Trinité dans les 3 nefs composées de 3 travées comportant au-dessus des grandes arcades 3 arcatures surmontées de 3 fenêtres.

Le chœur et son déambulatoire aux 3 absidioles — le promenoir des Anges — constituent un ensemble d'une grande élégance. Les chapiteaux historiés des fines colonnes sont un exemple typique de l'art bourguignon du 12ᵉ s. L'abside en cul-de-four est décorée d'une fresque du 14ᵉ s., représentant le Christ en gloire bénissant, découverte à l'occasion d'un décapage en 1935. La croisée du transept, recouverte d'une coupole sur trompes, est d'une élégante élévation.

LE PÈLERINAGE

cv **Chambre des Reliques (B).** — Dans l'ancienne maison des Pages du Cardinal de Bouillon ont été rassemblés de nombreux souvenirs de sainte Marguerite-Marie.
La cellule de la sainte a été fidèlement reconstituée.

Parc des Chapelains. — C'est dans ce vaste enclos, orné d'un chemin de croix, que cv se déroulent les grandes cérémonies de pèlerinages. Dans le parc, un **diorama** est consacré à la vie de sainte Marguerite-Marie.

cv **Chapelle de la Visitation (E).** — C'est dans cette chapelle, appelée « Sanctuaire des Apparitions », que sainte Marguerite-Marie reçut ses principales Révélations. La châsse en argent doré abritant ses reliques se trouve dans une chapelle à droite.

AUTRES CURIOSITÉS

★ **Hôtel de ville (H).** — La façade en pierre dorée de ce bel hôtel Renaissance, construit en 1525 par un riche drapier, Pierre Jaillet, est ornée de coquilles et de médaillons, représentant les rois de France.

cv **Musée du Hiéron (M).** — Ce musée d'art sacré ayant pour thème l'Eucharistie, ainsi que la vie du Christ, de la Vierge et des saints, renferme des tableaux des primitifs florentins et des écoles italienne, française et flamande du 16ᵉ au 18ᵉ s. (Giaquinto, Barocci, Lucas de Leyde, Lebrun, Cavalluci, etc.), ainsi que des gravures de Dürer, Lucas de Leyde, Poussin...

Il possède en outre un très beau **tympan★** du 12ᵉ s. provenant du prieuré brionnais d'Anzy-le-Duc *(p. 38)*. Lors des destructions révolutionnaires en 1791, ce portail fut transporté dans le parc du château d'Arcy et, de là, réinstallé au musée du Hiéron. Le Christ enseignant est assis dans une mandorle soutenue par deux anges ; sur le linteau, la Vierge, portant l'Enfant sur ses genoux, est entourée à sa droite par les 4 évangélistes et à sa gauche par 4 saintes femmes. L'ensemble est remarquable tant par sa composition que par les attitudes des personnages.

On y trouve aussi des collections d'objets de culte anciens (belle arche eucharistique italienne en ivoire du 16ᵉ s.), d'habits sacerdotaux, et de quelques antiquités exotiques.

Tour St-Nicolas. — Cette grosse tour carrée du 16ᵉ s. est le clocher de l'ancienne église St-Nicolas, désaffectée. La façade qui borde la place Lamartine s'orne d'une belle rampe en fer forgé et d'une fine tourelle construite en encorbellement à la pointe du pignon.

EXCURSIONS

cv **Château de Digoine.** — *15 km du Nord-Est de Paray-le-Monial, par le D 248, puis à gauche le D 974. Après avoir traversé le canal du Centre à hauteur de Varennes, il reste 1 km à parcourir.*

Cette belle demeure du 18e s., construite sur l'emplacement d'un château fort, présente deux façades d'un aspect très différent. La façade principale est précédée d'une cour que ferme une grille de fer forgé ; elle porte un élégant fronton sculpté et elle est flanquée de deux pavillons en saillie. La façade qui regarde le parc, édifiée dans les premières années du 18e s., comprend en son milieu un portique de deux étages ; à ses extrémités se dressent deux tours d'angle cylindriques, à coupoles.

★**Églises du Brionnais.** — *Circuit de 69 km au Sud* — *compter 1/2 journée.* Cartes Michelin n°s 🖽 pli 17 et 🖽 plis 7, 8 — *schéma p. 62. Quitter Paray-le-Monial par ④, D 352 bis et prendre à gauche, un peu après St-Yan, la route suivant la vallée de l'Arconce.*

Montceaux-l'Étoile. — *Page 63.*

Poursuivre le D 174 au Sud.

★**Anzy-le-Duc.** — *Page 38.*

Par le D 10 et le D 982 en direction de Marcigny puis D 989, gagner Semur.

★**Semur-en-Brionnais.** — *Page 145.*

Le D 9, puis le D 8 mènent à St-Julien.

St-Julien-de-Jonzy. — *Page 135.*

Poursuivre le D 8 et prendre à gauche le D 20, puis le D 34.

Varenne-l'Arconce. — *Page 63.*

Revenir à Paray-le-Monial par le D 34.

PERRECY-LES-FORGES   2 205 h.

Carte Michelin n° 🖽 pli 17 — 12 km à l'Est de Gueugnon.

Ce petit bourg industriel possède une **église** précédée d'un **porche-narthex**★ d'une grande ampleur et d'une très belle architecture.

Au tympan du portail, trône le Christ en majesté dans une gloire soutenue par deux séraphins aux six ailes accolées. En contraste avec l'austérité de cette évocation apocalyptique, les sculptures du linteau (Passion du Christ) et des chapiteaux offrent plus de souplesse et de vie. La croisée du transept est surmontée d'une coupole sur trompes et éclairée par des baies géminées.

L'ensemble de l'édifice est mis en valeur par un entourage d'arbustes et de talus gazonnés, recréant au sol les plans de l'ancien cloître. Au titre de l'Écomusée, est

cv présentée dans le prieuré **l'exposition** Bourg et prieuré.

PIERRE-DE-BRESSE   2 097 h.

Carte Michelin n° 🖽 pli 3.

cv Le **château** de Pierre, précédé d'un parc aux daims, est un bel édifice du 17e s. en brique calcaire. Le corps de logis central est décoré d'arcades en plein cintre supportant un balcon. Un fronton se détache sur les combles mansardés. Les tours sont coiffées de dômes d'ardoises et surmontées de hauts campaniles. L'aile droite abrite un Écomusée de la Bresse Bourguignonne (expositions temporaires).

Du pont sur les douves, on a une belle vue sur la cour d'honneur qu'encadrent les bâtiments d'une maison de retraite.

EXCURSION

cv **Château de Terrans.** — *3 km. Quitter Pierre-de-Bresse à l'Ouest par le D 73 et prendre à gauche une petite route.*

La construction du château, qui débuta en 1765, est d'une grande sobriété. Une belle grille de fer forgé ferme la cour d'honneur, laissant apparaître une élégante façade, dont la porte d'entrée est précédée d'un escalier encadré par deux lions.

★ PIERRE-PERTHUIS   72 h.

Carte Michelin n° 🖽 pli 16 — 6 km au Sud de Vézelay — Schéma p. 118.

A l'entrée du Morvan, le petit village de Pierre-Perthuis, dont l'église surplombe la vallée de la Cure, occupe un **site**★ très pittoresque.

La Cure s'écoule tumultueuse au fond d'une gorge étroite qu'enjambe, à 33 m, un pont moderne d'une seule arche. De ce pont, on aperçoit au loin Vézelay et, sur la rive droite, la Roche Percée formant arcade, à laquelle le village de Pierre-Perthuis doit son nom. En amont du pont et en contrebas, la Cure est franchie par un vieux pont en dos d'âne du 18e s.

A Pierre-Perthuis même, s'élèvent les ruines d'un château féodal du 12e s.

Certains hôtels possèdent
leur court de tennis, leur piscine,
leur plage aménagée, leur jardin de repos,
*consultez le **guide Michelin France** de l'année.*

PIERRE-QUI-VIRE (Abbaye de la)

Carte Michelin n° 🖽 plis 16, 17 — 10 km à l'Est de Quarré-les-Tombes.

Ce monastère est bâti dans un site solitaire et sauvage du Morvan, sur une rive accidentée du Trinquelin, nom local du Cousin, petit torrent aux eaux claires coulant au pied de roches granitiques au milieu de bois touffus.

La fondation de l'abbaye. — Le nom du Père **Muard** (1809-1854) reste attaché à la fondation de l'abbaye.

En 1850, sur un domaine donné par la famille de Chastellux, le R.P. Muard jette les bases de son monastère. Il tire son nom de Pierre-qui-Vire d'une énorme pierre plate posée en équilibre sur un rocher et que l'on pouvait faire osciller d'une faible pression de la main.

La mort du R.P. Muard, supérieur de l'abbaye, n'arrête pas l'essor de la communauté qui s'agrège à l'ordre bénédictin en 1859.

Les bâtiments actuels — église et bâtiments conventuels — furent édifiés de 1850 à 1953.

Visite. — Bien que la clôture monastique ne permette pas la visite des bâtiments, une **salle d'exposition** est ouverte en permanence aux touristes qui désirent connaître la vie des moines et leurs travaux (notamment les éditions d'art religieux de la collection Zodiaque). On peut entrer à l'église pour les **offices** et voir également la pierre plate qui est hors de l'enceinte.

★ PONTIGNY   825 h.

Carte Michelin n° 🖽 pli 5 — 18 km au Nord-Est d'Auxerre.

Ce petit village bâti au bord du Serein est célèbre par son ancienne abbaye, seconde fille de Cîteaux, fondée en 1114. Mais à la différence de Cîteaux, dont il ne subsiste plus que des vestiges, l'abbaye de Pontigny (occupée depuis 1968 par un centre de rééducation professionnelle) a conservé intacte son église.

UN PEU D'HISTOIRE

La fondation. — Au début de l'année 1114, douze religieux, ayant à leur tête l'abbé Hugues de Mâcon, sont délégués de Cîteaux par saint Étienne pour établir un monastère au bord du Serein, dans une grande clairière, au lieu-dit Pontigny. L'abbaye, à la limite de trois évêchés (Auxerre-Sens-Langres) et de trois provinces (comtés d'Auxerre, de Tonnerre, de Champagne), bénéficie dès son origine, de la protection et de la générosité de six maîtres différents. Un vieux dicton rappelait que trois évêques, trois comtes et un abbé pouvaient dîner sur le pont de Pontigny tout en restant sur leurs terres.

C'est en la personne de Thibault le Grand, comte de Champagne, que l'abbaye connaît son plus généreux donateur : en 1150, il donne à l'abbé le moyen d'entreprendre la construction d'une église plus vaste que celle qui existait alors (chapelle St-Thomas). Il fait entourer la propriété de l'abbaye d'une enceinte, haute de 4 m, dont subsistent encore de nombreux vestiges.

Un refuge pour archevêques. — Pontigny fut au Moyen Âge le refuge des persécutés d'Angleterre. Trois archevêques de Cantorbéry y trouvèrent asile :

Thomas Becket, primat d'Angleterre, encourut la haine du roi d'Angleterre Henri II et vint se retirer à Pontigny en 1164. De retour dans son pays en 1170, il fut assassiné dans sa cathédrale deux ans plus tard.

Étienne Langton, en désaccord avec Jean sans Terre, se réfugia à Pontigny de 1208 à 1213.

Edmund Rich (saint Edme) y vécut saintement pendant plusieurs années. En 1240, il fut inhumé dans l'église de l'abbaye. Canonisé en 1246, son culte est resté populaire dans toute la région.

Les décades de Pontigny. — Abandonnée pendant la Révolution, l'abbaye sert de carrière aux villages voisins jusqu'en 1840.

Les ruines rachetées par l'archevêque de Sens sont mises à la disposition des Pères missionnaires des Campagnes, congrégation fondée par le Père Muard *(voir ci-dessus)* qui restaurent l'église et ce qui reste des bâtiments.

Au début du 20e s., les Pères sont expulsés et la propriété rachetée par le philosophe Paul Desjardins (1859-1940) qui y organise les fameuses Décades groupant tous les esprits éminents de l'époque : Thomas Mann et André Gide, T.S. Elliot et François Mauriac, à l'occasion de ces « retraites » ont eu, dans la célèbre allée des charmilles, de longues conversations littéraires.

★ L'ABBAYE *visite : 1/2 h*

Face au Monument aux Morts du village, franchir un portail du 18e s. flanqué de petits pavillons et prendre une avenue ombragée qui conduit à l'église abbatiale en longeant les bâtiments monastiques.

★ Église. — Construite dans la seconde moitié du 12e s., par Thibault, comte de Champagne, dans le style gothique de transition, elle est d'une austérité rigoureuse, conformément à la règle cistercienne *(voir p. 20)*.

De dimensions imposantes (108 m de longueur à l'intérieur — 117 m avec le porche — et 52 m de largeur au transept), elle est presque aussi vaste que la cathédrale Notre-Dame de Paris.

Extérieur. — Un porche en appentis festonné d'arcatures reposant soit sur consoles, soit sur colonnettes, occupe toute la largeur de la façade. Fermé latéralement, il est percé de deux baies géminées en plein cintre et d'une porte centrale en arc surbaissé. La façade, ornée d'une haute fenêtre en arc brisé et de deux arcatures aveugles, se termine en pignon aigu avec oculus. Les flancs de l'église sont caractéristiques avec leur longue ligne de faîte que ne coupe aucun clocher. Le transept et les bas-côtés sont d'une grande simplicité, avec contreforts à pans plats et arcs-boutants au chevet et au flanc Nord.

Intérieur. — La longue nef à deux étages compte sept travées ; c'est la première nef cistercienne voûtée d'ogives parvenue jusqu'à nous. La perspective est coupée par la clôture en bois du chœur monastique.

Les bas-côtés trapus voûtés d'arêtes contrastent avec la nef de forme plus dégagée. Le transept, éclairé à chaque extrémité par une rose, est très caractéristique avec ses six chapelles rectangulaires ouvrant dans chaque croisillon.

Le chœur date du début du 13e s. ; il est d'une grande élégance avec son déambulatoire et ses onze chapelles rayonnantes. Au fond du chœur se trouve la châsse (18e s.) contenant les reliques de sant Edme ; elle est surmontée d'un lourd baldaquin. Des chapiteaux à crochets terminent les belles colonnes monolithes ; ceux de la nef ont pour tout élément décoratif des feuilles plates stylisées.

On peut voir, dans une des chapelles de l'abside, une châsse en bois de la Renaissance qui a contenu le corps du saint. Les belles et imposantes **stalles★** sont de la fin du 17e s., ainsi que les grilles du transept et le buffet d'orgues. La tribune d'orgues, très ouvragée, les grilles du chœur et l'autel datent de la fin du 18e s.

cv **Les bâtiments monastiques.** — Des beaux bâtiments cisterciens du 12e s., il ne reste aujourd'hui que l'aile des Frères convers. La façade, où le moellon s'allie à la fine pierre de Tonnerre, est épaulée par des contreforts.

Des autres bâtiments, il ne reste que la galerie méridionale du cloître reconstruite au 17e s.

EXCURSION

Ligny-le-Châtel. — 1 020 h. *4,5 km. A la sortie Nord de Pontigny, prendre à droite le chemin vicinal en direction de la Rue Feuillée, puis, encore à droite, le D 91.*

cv L'**église** date des 12e s. (nef) et 16e s. (chœur). Le plan du chevet s'inspire de celui de l'abbaye de Pontigny, mais l'abside, circulaire à Pontigny, est ici polygonale.

Dans la seconde chapelle Nord, tableau (retouché) du 16e s. représentant saint Jérôme. Remarquer aussi deux statues en bois polychrome du début du 16e s. et un Saint Jean et la Vierge au pied de la croix, du 16e s.

POUGUES-LES-EAUX   2 269 h. (les Pougeois)

Carte Michelin n° 🔡 pli 3 — 11 km au Nord-Ouest de Nevers — Lieu de séjour p. 8.

A proximité de la Loire, l'ancienne station thermale de Pougues-les-Eaux occupe un site agréable dans un vallon ombragé que domine la butte du mont Givre.

Ses parcs aux futaies centenaires, la terrasse du parc de Bellevue sur le mont Givre, d'où l'on a une **vue** étendue sur la vallée de la Loire et le Berry, constituent d'agréables lieux de promenade ou de repos pour le séjournant qui dispose aussi d'une gamme étendue de distractions (casino, piscine, tennis...).

POUILLY-EN-AUXOIS   1 516 h. (les Polliens)

Carte Michelin n° 🔡 pli 18.

Cette petite ville s'est développée au pied du mont de Pouilly (altitude 559 m) au débouché du tunnel par lequel le canal de Bourgogne passe du bassin du Rhône dans celui de la Seine. Dans la traversée du tunnel, la traction des péniches se fait par touage (remorquage à l'aide d'une chaîne mouillée au fond de l'eau). Aux alentours de 1870 fut mis en service dans ce secteur précis le premier toueur à vapeur en souterrain.

cv **Église N.-D.-Trouvée.** — Cette petite église des 14e et 15e s., centre de pèlerinage et sanctuaire, a été construite pour conserver une statue très ancienne de la Vierge (volée en 1981), appelée « Notre-Dame-Trouvée » depuis sa découverte miraculeuse. Elle s'élève à mi-pente de la butte St-Pierre, au milieu d'un cimetière. Elle renferme un beau Sépulcre du 16e s., à neuf personnages, où l'on retrouve à la fois des influences bourguignonnes (modelés des draperies), champenoises (Saintes Femmes groupées au centre de la composition) et italiennes (de nombreux figurants complètent la scène : soldats endormis, anges portant les instruments de la Passion).

A l'extérieur, près de l'une des entrées du cimetière, se dresse un original ensemble du 15e s. en pierre constitué par une chaire, un autel et un calvaire.

EXCURSIONS

Circuit de 29 km. — *Environ 3/4 h. Dès la sortie de Pouilly par la route de Beaune, prendre à gauche le D 16 puis le D 18.*

Après Créancey le D 114D contourne le réservoir de Panthier.

★ **Commarin.** — *Page 80.*

    Faire demi-tour et suivre le D 977 bis jusqu'aux Bordes où l'on tournera à gauche.

★ **Châteauneuf.** — *Page 73.*

    Par le D 18A enjambant l'autoroute, puis par le D 18 à droite, gagner Ste-Sabine.

Ste-Sabine. — 193 h. L'église est précédée d'un beau porche.

    Revenir à Pouilly par le D 970 et le D 977 bis.

Circuit de 48 km. — *Environ 1 h 1/2. Quitter Pouilly-en-Auxois par la route de Semur (D 970) qui suit bientôt le canal de Bourgogne.*

St-Thibault. — *Page 138.*

A St-Thibault, prende le D 108B par Charny et à Thorey le D 117 vers Mont-St-Jean.

A la **Croix St-Thomas**, on découvre un très vaste **panorama**★ sur l'Auxois et le Morvan.

Mont-St-Jean. — 271 h. Le vieux bourg féodal occupe un **site**★ remarquable avec son château du 12e s., entouré de belles allées ombragées.

Par le D 36 au Sud, gagner le D 977 bis, route de retour.

cv **Chailly-sur-Armançon.** — 231 h. Son beau château de la Renaissance possède une façade joliment décorée.

PRÉCY-SOUS-THIL   592 h.

Carte Michelin n° 🔲🔲 pli 17 — 16 km au Nord de Saulieu.

Au centre d'une région exploitée autrefois pour son minerai de fer (plus de 80 forges), Précy occupe un site agréable dans la vallée du Serein, au pied de la montagne de Thil.

★**Thil.** — *2,5 km par le D 10J, à l'Est de Précy, et une route à gauche à la sortie de Maison Dieu.*
Une allée bordée de tilleuls séculaires conduit, à droite, à la collégiale, à gauche, aux murs d'enceinte du château.

cv **Ancienne collégiale.** — Fondée en 1340 par Jean II de Thil, connétable de Bourgogne, cette collégiale a été consacrée quatre ans plus tard par l'évêque d'Autun.
L'édifice, de plan très simple, comporte un chevet plat à trois baies. La voûte, avec ses pierres se présentant de chant, est remarquable. On notera quelques chapiteaux reposant sur des culs-de-lampe. Sous la tour, à gauche, en entrant, une petite salle renferme trois pierres tombales.
Faire le tour de la collégiale par la droite, pour voir le bâtiment. Remarquer, à la corniche, une frise très fine et la belle tour carrée. Beau **panorama** sur l'Auxois.

Château. — Construit directement sur l'oppidum romain dont il affecte la forme ovale, le château comporte des murs d'enceinte, percés d'étroites meurtrières, datant des 9e et 12e s. et un donjon du 14e s. L'énorme tour carrée permettait de surveiller 50 km à la ronde : on l'avait surnommée « l'espionne de l'Auxois ». Au midi, fortifications en pierre de taille du 12e s.
Du pied de la tour de guet, jolie vue sur la campagne environnante et les contreforts du Morvan.

PRÉMERY   2 603 h. (les Prémerycois)

Carte Michelin n° 🔲🔲 Sud du pli 14.

Dans un joli cadre de collines, au bord de la Nièvre, Prémery doit à une importante usine, spécialisée dans la distillation des bois et la fabrication de produits chimiques, une bonne part de son activité.

cv **Église St-Marcel.** — Cet édifice des 13e et 14e s., ancienne collégiale, est surmonté d'un clocher massif. L'intérieur présente des voûtes gothiques surbaissées et de larges bas-côtés. L'abside est à deux étages de fenêtres.

cv **Ancien château.** — Il appartint autrefois aux évêques de Nevers.
Construit aux 14e, 16e et 17e s., il possède une belle porte fortifiée du 14e s.

La PUISAYE

Carte Michelin n° 🔲🔲 plis 3, 4, 13, 14.

Pays de forêts, d'eau et de bocage, la Puisaye, dont St-Fargeau est le centre, a une réputation de monotonie et même d'austérité. Mais l'uniformité du paysage n'est qu'apparente et le touriste y trouve au contraire les aspects les plus variés.

Le pays. — Le mot Puisaye aurait pour origine la réunion de deux mots celtes : *poel*, signifiant lac, marais, étang, et *say*, la forêt. Si la forêt qui recouvrait autrefois toute la région a en grande partie disparu, les étangs restent fort nombreux. De Toucy à Bléneau et d'Arquian à St-Sauveur, l'eau, qui suinte de partout, est l'élément dominant : multitude de rivières, étangs enfouis dans la verdure. Entre St-Sauveur, St-Fargeau, Bléneau et Rogny, les étangs de Moutiers, réservoir de Bourdon, étang de la Tuilerie, étang de la Grande Rue, etc., forment un véritable chapelet.
Les prés et les champs coupés de haies vives, les collines boisées et la silhouette de nombreux châteaux — Ratilly, St-Fargeau, St-Sauveur, St-Amand — que l'on découvre au hasard de petites routes charmantes, ajoutent à l'intérêt d'une promenade à travers la Puisaye.

La patrie de Colette. — C'est à **St-Sauveur** qu'elle est née et qu'elle a passé toute son enfance. Dans la rue Colette, sur la façade d'une grande maison à un étage et à perron, un médaillon de marbre rouge porte simplement l'inscription : « Ici est née Colette. »
Ce village qu'elle connaissait bien, elle l'a décrit dans La Maison de Claudine et dans Sido, avec une exactitude et une vérité qu'elle n'a jamais cherché à déguiser ou à embellir. Mais le temps a passé et le St-Sauveur d'aujourd'hui n'a plus l'aspect que lui connut l'écrivain.

La poterie en Puisaye. — Le sol de la Puisaye contient des silex non roulés empâtés d'argile blanche ou rouge utilisée dès le Haut Moyen Âge par les potiers de St-Amand, Treigny, St-Vérain et Myennes.
Mais c'est surtout au 17ᵉ s. que se développe l'industrie de la poterie ; aux pièces de luxe, dites « Bleu de St-Vérain », succèdent, au siècle suivant, des productions pour la plupart utilitaires ; l'artisanat de la fin du 19ᵉ s. leur assure une réputation nouvelle.
Actuellement l'activité s'est concentrée à **Saint-Amand-en-Puisaye**, devenu Centre de formation, et aux abords mêmes de la localité où fonctionnent plusieurs ateliers lui assurant l'un des premiers rangs pour la fabrication des grès. Moutiers, proche de St-Sauveur, propose faïences et grès au lieu-dit la Bâtisse. Au château de Ratilly *(voir p. 132),* ceux qu'intéresse l'art de la céramique peuvent s'initier au travail des potiers : coulages, moulages des pièces, travail sur le tour.

Le PUITS XV

Carte Michelin nº 🄖🄖 pli 19 — 7 km au Nord-Est de Sombernon.

Le tunnel de Blaisy-Bas, long de 4,1 km, est utilisé par la ligne Paris-Dijon qui franchit ainsi la crête séparant les bassins du Rhône et de la Seine. Le tracé de ce tunnel était jalonné par 22 puits qui ont été utilisés pour l'extraction des matériaux lors du percement du tunnel : les 13 qui subsistent servent actuellement à son aération. Le **Puits XV** est le plus profond (197 m).
Du plateau que l'on atteint par le D 16, près du Puits XV, la vue s'étend sur la **falaise de Baulme-la-Roche,** falaise d'escalade dont les parois sont les plus hautes du Dijonnais, le signal de Mâlain et, au-delà, sur le mont Afrique.

QUARRÉ-LES-TOMBES   772 h.

Carte Michelin nº 🄖🄖 pli 16 — Schéma p. 118 — Lieu de séjour p. 8.

Quarré-les-Tombes est situé sur l'étroit plateau qui sépare les vallées de la Cure et du Cousin, dans une région pittoresque du Morvan. C'est un excellent centre de séjour et d'excursions.
La localité doit son nom aux nombreux sarcophages de pierre calcaire (112 cuves ou couvercles actuellement), vestiges de plus d'un millier de tombeaux accumulés du 7ᵉ au 10ᵉ s., qui entourent l'église. Pour répondre à l'interrogation que suscite leur origine mystérieuse, on peut supposer que la population d'alors s'était spécialisée dans leur fabrication ou qu'ils étaient amenés là pour une nécropole des environs.

EXCURSIONS

St-Léger-Vauban. — *5,5 km. Quitter Quarré-les-Tombes par le D 55 à l'Est. Description p. 136.*

Les Isles Ménéfrier. — *5 km au Sud.* On se rend dans ce joli site par le hameau de Bousson. Près du vieux village, la Cure bondit en torrent, de rocher en rocher.

La Roche des Fées. — *3,5 km au Sud, plus 1/4 h à pied AR.* Un joli sentier traverse la pittoresque Forêt Au Duc. La Roche des Fées est une arête de granit et constitue un agréable but de promenade.

★ RATILLY (Château de)

Carte Michelin nº 🄖🄖 Nord-Est du pli 13.

CV La découverte de cet important château du 13ᵉ s., dissimulé à l'écart des grandes routes dans un décor de beaux arbres au cœur de la Puisaye, ne manque pas de charme.
Des tours massives et de hauts murs d'aspect sévère surplombent les douves sèches entourant le château construit en belle pierre ocre, patinée par le temps.
En 1653, la Grande Mademoiselle, exilée à St-Fargeau *(voir p. 134),* séjourna une semaine à Ratilly. Un peu plus tard, Ratilly servit de refuge aux jansénistes qui y imprimèrent un journal clandestin, à l'abri des poursuites de la police royale.
Un atelier artisanal de poteries de grès, dans l'aile gauche, propose des stages d'initiation. On visite l'atelier et ses combles (exposition-vente de céramiques ; petite collection de grès anciens de la Puisaye) et les deux ailes basses sur l'arrière, aux salles rénovées (expositions d'art temporaires).

EXCURSION

Treigny. — *917 h. 2 km à l'Est.* Belle église des 15ᵉ et 16ᵉ s., de style gothique flamboyant. De vastes proportions, étonnantes pour un sanctuaire de campagne, elle est surnommée la « cathédrale de la Puisaye ».

Aimer la nature,
c'est respecter la pureté des sources,
    la propreté des rivières,
        des forêts, des montagnes...
c'est laisser les emplacements nets de toute trace de passage.

Carte Michelin n° **69** pli 9 — 5 km à l'Est de Nolay.

Le village, qu'une déviation de la nationale fait éviter maintenant, s'étage au pied du promontoire rocheux qui supporte un château féodal, restauré.
Là naquit Philippe Pot (1428-1494), homme politique et ambassadeur à Londres des ducs de Bourgogne, dont le tombeau, chef-d'œuvre de l'école bourguignonne, se trouve au musée du Louvre.

(Photo A. Gaël)

La Rochepot. — Le château.

CURIOSITÉS

cv **Château.** — Le château se dresse dans un **site**★ admirable. La construction primitive du 12e s. a été remaniée au 15e s., mais le donjon a été rasé lors de la Révolution. La reconstruction complète du château est due à M. Sadi Carnot, fils du Président.
On remarquera les défenses extérieures, les tours massives mais élégantes. Passé le pont-levis, la cour intérieure, avec son puits en fer forgé, est bordée d'une aile Renaissance avec tourelles couvertes de tuiles vernissées.
On visite la salle des Gardes, avec sa vaste cheminée, ses plafonds aux belles poutres, la chambre du capitaine des gardes, la cuisine, la salle à manger qui contient un riche mobilier et de nombreux objets d'art, l'ancienne chapelle, la tour Nord avec ses chambres, et le chemin de ronde extérieur.
D'une petite terrasse, au fond de la cour, vue étendue sur le village et les collines.

Église. — Cette ancienne priorale a été édifiée au 12e s. par les bénédictins de Flavigny.
L'église possède des chapiteaux historiés (Anesse de Balaam, Annonciation, Combat d'un chevalier contre un aigle), d'une facture rappelant celle d'Autun. Elle renferme plusieurs œuvres d'art intéressantes et un triptyque du 16e s., dû au peintre dijonnais Quentin et dont la partie centrale figure la Déposition de croix.

ROMANÈCHE-THORINS 1 699 h. (les Romanéchois)

Carte Michelin n° **73** Nord-Ouest du pli 10 — Lieu de séjour p. 8.

Ce bourg du Beaujolais s'enorgueillit, au même titre que Chénas, du cru du Moulin-à-Vent.

CURIOSITÉS

cv **Parc zoologique Touroparc.** — *Accès : au carrefour de la Maison Blanche, sur la N 6, prendre le D 466E route de St-Romain-des-Îles.*
Dans un cadre de verdure avec des constructions ocrées, ce centre d'élevage et d'acclimatation présente, sur 10 ha, des animaux et oiseaux des cinq continents, la plupart dans une apparente liberté, sauf certains grands fauves.
Parcs de jeux, petit train monorail aérien, aire de pique-nique avec bars.

cv **Maison de Benoît Raclet.** — Vers 1830, les vignes du Beaujolais étaient dévastées par le « ver coquin » ou pyrale. Les vignerons essayaient de combattre ce fléau par tous les moyens, sans aucun succès. C'est alors que Benoît Raclet remarqua qu'un pied de vigne planté le long de sa maison, près du déversoir d'eaux de ménage, se portait à merveille. Il décida d'arroser tous ses ceps avec de l'eau chaude et sauva ainsi sa vigne sous l'œil sceptique des voisins. Ceux-ci finirent pourtant par adopter cette technique. L'échaudage fut généralisé et utilisé jusqu'en 1945.
Souvenirs divers et matériel d'échaudage : chaudrons, cafetières... sont rassemblés dans sa maison.

cv **Musée du compagnonnage Guillon.** — Des chefs-d'œuvre, des documents et des souvenirs ont été réunis dans cet ancien atelier où, à la fin du 19e s., Pierre-François Guillon dirigeait une école de trait (dessin linéaire et tracé des coupes de bois) pour les compagnons.

ST-FARGEAU

Carte Michelin n° 🖸🖸 pli 3.

L'exploitation des forêts permit autrefois d'installer à St-Fargeau, capitale de la Puisaye *(voir p. 131)*, des bas-fourneaux pour traiter le minerai extrait du sol ferrugineux.

St-Fargeau conserve un beau château où plane le souvenir d'Anne-Marie-Louise d'Orléans, cousine de Louis XIV, plus connue sous le nom de Mlle de Montpensier ou de Grande Mademoiselle, incorrigible frondeuse et touchante amoureuse.

UN PEU D'HISTOIRE

C'est à l'emplacement d'un château fort élevé à la fin du 10e s. que fut édifié en plusieurs étapes, à partir de la Renaissance, le château actuel. La plus grosse tour fut bâtie par Jacques Cœur, argentier du roi Charles VII qui posséda quelque temps St-Fargeau.

Antoine de Chabannes, acquéreur du château à la suite de la disgrâce de Jacques Cœur, y fit exécuter d'importants travaux d'embellissement, mais c'est à la **Grande Mademoiselle** que revient l'honneur d'avoir complètement transformé l'aspect des bâtiments.

Mlle de Montpensier passa plusieurs années à St-Fargeau sur l'ordre de Louis XIV qui lui reprochait son attitude au cours de la Fronde. Lorsqu'elle y arriva en 1652, elle dut « traverser la cour avec de l'herbe jusqu'aux genoux » et trouva une bâtisse délabrée. Pour embellir sa cage d'exilée, elle fit appel à Le Vau, architecte du Roi, qui aménagea la cour intérieure et transforma complètement l'intérieur du château.

En 1681, Mlle de Montpensier fait don de St-Fargeau au duc de Lauzun, personnage peu recommandable dont elle était amoureuse et auquel elle s'unit peu après par un mariage secret.

En 1715, la propriété est acquise par Le Pelletier des Forts. Son arrière-petit-fils, **Le Pelletier de St-Fargeau,** fait édifier une cinquième façade, à droite de l'entrée de la cour. Député à la Convention Nationale en 1793, il vota la mort de Louis XVI et fut assassiné la veille de l'exécution du Roi, par le garde du corps Pâris. Son corps repose dans la chapelle.

★ CHÂTEAU *visite : 1/2 h*

CV La tendre couleur rose de la brique enlève à cette imposante construction, cernée de fossés, l'aspect rébarbatif que pourraient lui conférer les tours massives de la porte d'entrée et celles des angles. Ces tours trapues sont surmontées d'une lanterne ajourée très élancée, sauf la plus grosse, dite tour de Jacques Cœur.

A l'intérieur de ce corset féodal, la vaste cour d'honneur, entourée de trois corps de logis, forme un ensemble d'une rare élégance.

Dans l'angle des deux ailes principales, un escalier semi-circulaire donne accès à la rotonde d'entrée. La chapelle est aménagée dans l'une des tours. Un escalier d'honneur conduit aux appartements.

On visite en outre un « musée du cheval » et aussi les greniers, aux charpentes séculaires.

Dans le parc de 118 ha aux belles futaies, l'immense pièce d'eau est alimentée par le ruisseau de Bourdon.

AUTRES CURIOSITÉS

Tour de l'Horloge. — Cette tour en brique et pierre est une ancienne porte fortifiée de la fin du 15e s.

CV **Église.** — Elle date des 11e, 13e et 15e s. La façade gothique s'éclaire d'une rose rayonnante inscrite dans un carré.

Remarquer, dans la nef, à droite, une Pietà en pierre polychrome, du 16e s., dans le chœur, les stalles du 16e s. également et, au fond du chœur, le Christ en bois, du 14e s. Dans la chapelle du bas-côté Sud, un triptyque en bois, du 15e s., représente la Passion, à côté d'une statue de la Vierge, en bois polychrome, du 16e s., et de la « Charité de saint Martin », remarquable bois sculpté, du 16e s.

EXCURSIONS

Lac de Bourdon. — *3 km au Sud-Est.* Il couvre 220 ha et forme un beau réservoir destiné à alimenter le canal de Briare. Plan d'eau aménagé *(promenades autour du lac, voile, canotage, pêche et baignade).*

CV **Parc St-Hubert.** — *9 km au Sud-Est par le D 185.* Le parc naturel St-Hubert du château de **Boutissaint** occupe 400 ha et permet de voir des cerfs, daims, sangliers, bisons d'Europe, mouflons en liberté ou dans des enclos.

ST-FLORENTIN

Carte Michelin n° 🖸🖸 Sud du pli 15 — Lieu de séjour p. 8 — Plan dans le guide Michelin France.

Étagé sur une colline dominant le confluent de l'Armance et de l'Armançon et desservi par le canal de Bourgogne, St-Florentin, qui fut autrefois le siège d'un important bailliage, a porté pendant la Révolution le nom de Mont-Armance.

Petit centre industriel d'une région où l'on fabrique des fromages réputés, le Soumaintrain et le St-Florentin, c'est un lieu de villégiature apprécié des amateurs de pêche et des plaisanciers ; son théâtre de verdure et la proximité des forêts d'Othe *(voir le guide Vert Michelin Champagne Ardennes)* et de Pontigny lui confèrent un agrément supplémentaire.

CURIOSITÉS

cv **Église.** — Entourée de rues pittoresques, elle se dresse au sommet de la colline. Ce bel édifice, à clocheton, a été construit entre 1 500 et 1614. Il comprend une nef inachevée, qui ne possède que deux travées tandis que le chœur en compte trois, et une abside dépourvue d'absidioles, entourée d'un déambulatoire.
Les portails du transept sont richement décorés.
L'intérieur est particulièrement intéressant. **Vitraux**★ d'un coloris éclatant et grisailles de la Renaissance, de l'école troyenne, forment un ensemble remarquable ; les vitraux figurent la vie des saints et des scènes de la Bible ou du Nouveau Testament. Le chœur, entouré d'une jolie clôture de pierre d'époque Renaissance, à colonnettes cannelées, est fermé par un jubé à trois arcades du début du 17e s. ; une châsse moderne, placée au milieu du chœur, abrite les reliques de saint Florentin.

Grande Fontaine. — Cette belle fontaine de style gothique et Renaissance est une reconstitution (1979) de l'ancienne, démolie au 19e s. Seuls sont d'origine (1512) les trois griffons de bronze crachant l'eau.

Promenade du Prieuré. — De cette terrasse, on a une jolie vue sur la vallée de l'Armançon et sur la vieille ville qui a conservé de ses anciennes fortifications une tour du 12e s. dite « tour des Cloches ».

EXCURSION

Neuvy-Sautour. — 1 023 h. *7 km. Quitter St-Florentin au Nord-Est par la N 77.*
Dominant le bourg, l'**église**, construite aux 15e et 16e s., possède deux beaux portails latéraux. Le chœur et le transept sont de style Renaissance ; les influences champenoises et bourguignonnes s'y mêlent. Remarquer à droite du chœur une grande croix du 16e s. — dite Belle-Croix — ornée de nombreuses statues.

★ ST-HONORÉ-LES-BAINS   831 h.

Carte Michelin n° 69 pli 6 — Schéma p. 118 — Lieu de séjour p. 8.

La **station thermale** de St-Honoré, déjà utilisée par les Romains, a connu depuis le siècle dernier un regain d'activité. Ses eaux sulfurées, arsenicales et radio-actives sont employées contre l'asthme, la bronchite, les maladies des voies respiratoires et l'emphysème. Les curistes peuvent jouir des ombrages du parc thermal tapi dans un vallon ou utiliser les nombreuses installations sportives mises à leur disposition.
Situé à la lisière du Morvan, St-Honoré constitue aussi pour les touristes un excellent point de départ *(voir p. 120)* pour la visite de cette belle région.

EXCURSIONS

Vieille Montagne. — *8 km au Sud-Est. Description p. 120.*

Vandenesse. — 396 h. *Circuit de 16 km. Quitter St-Honoré par le D 106.*
La route traverse presque constamment la forêt.
En arrivant à Vandenesse, on voit de la route le vaste château, construit en 1475 et flanqué de nombreuses tours.
Retour à St-Honoré par les D 3 et D 403 qui offrent de belles vues sur le lac de Chèvre.

ST-JULIEN-DE-JONZY   319 h.

Carte Michelin n° 73 pli 8 — 12 km au Nord de Charlieu — Schéma p. 62.

Le village domine l'horizon du Brionnais et des monts du Beaujolais.

ÉGLISE *visite : 1/4 h*

D'un petit édifice roman du 12e s., l'église actuelle conserve un joli portail sculpté.

★**Le portail.** — Les sculptures du tympan et du linteau sont prises dans un même bloc de grès dont la finesse met en valeur la virtuosité de l'artiste.
Le linteau évoque la Cène : toutes les têtes, sauf deux, ont été martelées en 1793 par les révolutionnaires. Les plis de la nappe sont traités avec une merveilleuse souplesse ; une scène du Lavement des pieds figure à chaque extrémité.

(D'après photo A. Gaël)

St-Julien-de-Jonzy. — Tympan du portail de l'église.

Intérieur. — L'ancienne croisée du transept, voûtée d'une coupole sur trompes, forme le narthex de l'église actuelle ; les quatre colonnes engagées ont conservé de beaux chapiteaux ; celle de droite avant la nef présente un décor de feuilles d'eau, réminiscence de l'art cistercien.

ST-JULIEN-DU-SAULT

Carte Michelin nº 🔲🔲 Sud du pli 14.

Ce petit bourg s'élève sur la rive gauche de l'Yonne.

CURIOSITÉS

cv **Église.** — Des 13e et 14e s., elle fut en partie remaniée au 16e s. A l'extérieur, remarquer les porches latéraux.
Le chœur, remanié à la Renaissance, est de proportions hardies. Beaux vitraux à médaillons du 13e s. et vitraux à personnages, de la Renaissance.

Maison de bois. — De la place du Général-Leclerc, prendre, devant la façade Ouest de l'église, la rue Notre-Dame (D 107) en direction de Courtenay. Dans la première rue à gauche (rue du Puits-de-la-Caille) vers la place Fontenotte, s'élève une maison du 16e s. Cette maison à pans de bois est décorée de briques au premier étage et de silex au rez-de-chaussée.

Chapelle de Vauguillain. — Une route en forte montée conduit à la chapelle et aux
cv vestiges du **château** édifiés sur la butte. Belle vue sur St-Julien et la vallée de l'Yonne.

ST-LÉGER-VAUBAN

Carte Michelin nº 🔲🔲 pli 16 — 5,5 km au Nord-Est de Quarré-les-Tombes.

Dans ce village, qui portait alors le nom de St-Léger-de-Foucheret, naquit, en 1633, Sébastien le Prestre qui devait devenir, sous le nom de marquis de **Vauban** *(voir p. 19)*, l'une des gloires du Grand Siècle.
En 1808, Napoléon Ier fit placer le cœur de Vauban aux Invalides. Le reste de son corps repose dans l'église de **Bazoches,** petit village du Morvan, à 20 km au Sud-Ouest d'Avallon, près duquel s'élève le château en grande partie reconstruit par ses soins et d'où la vue s'étend jusqu'à Vézelay.

CURIOSITÉS

cv **Église N.-D.-du-Bien-Mourir.** — Cette église (où fut baptisé Vauban), d'origine Renaissance et de plan cruciforme, transformée au 19e s., a reçu d'intéressantes adjonctions modernes, dues au sculpteur-architecte Marc Hénard : les vantaux du portail latéral Sud, en bois sculpté ; le ravissant **carrelage★** de céramique bleu et rose (1973) qui entoure le maître-autel et figure des planètes, animaux, outils, etc., gravitant autour du triangle de la Sainte Trinité.

cv **Maison Vauban.** — *A la maison communale.* Dans une petite salle de plain-pied, de grands panneaux explicatifs et une projection audio-visuelle *(20 mn)* évoquent la vie, la carrière et l'œuvre écrite du grand homme.

EXCURSIONS

Abbaye de la Pierre-qui-Vire. — *4 km au Sud, par les V 5 et V 16. Description p. 129.*

Lac de St-Agnan. — *10 km au Sud, par Trinquelin, le V 7 et la route d'accès au barrage.*
De la digue de terre et de rocs qui forme la retenue, jolie vue d'enfilade sur ce long plan d'eau bien intégré au paysage entre ses rives boisées (sapins et feuillus) accessibles du bourg de St-Agnan (rive Sud) ou depuis la rive Nord.

★ ST-PÈRE

Carte Michelin nº 🔲🔲 pli 15 — 2 km au Sud-Est de Vézelay — Schéma p. 118 — Lieu de séjour p. 8.

Le petit village de St-Père est agréablement situé sur les bords de la Cure, au pied de la célèbre colline de Vézelay.
Il possède une belle église gothique.

★ÉGLISE NOTRE-DAME *visite : 1/4 h*

Commencée vers 1200, cette église a connu tous les stades de l'évolution du style gothique, du 13e au 15e s. Achevée en 1455 et primitivement dédiée à Notre-Dame, elle passe sous le patronage de saint Pierre-aux-Liens (d'où le nom de St-Père) — *voir le guide Vert Michelin Rome* — en devenant église paroissiale au 16e s.

Extérieur. — Le pignon, surmontant une rose d'un beau dessin, est creusé d'arcatures formant niches. Celles-ci abritent, au centre, les statues du Christ couronné par deux anges et de saint Étienne, encadrées d'un côté par la Vierge et les saints, Pierre, André et Jacques, de l'autre par sainte Madeleine, saint Jean et deux évangélistes.
La tour-clocher du 13e s., finement ouvragée, est d'une grande élégance. A chacun des angles, des anges sonnent de la trompette.
Le porche ajouté à la fin du 13e s., restauré par Viollet-le-Duc, s'ouvre par trois portails. Celui du centre, avec arcade trilobée, s'orne d'un Jugement dernier : à droite du Christ, les élus sont recueillis dans le sein d'Abraham, à gauche les damnés sont dévorés par Satan.
Sous le porche, abritant le tombeau des donateurs, daté de 1258, remarquer l'ampleur des voûtes et le beau dessin des larges baies latérales.

Intérieur. — L'ensemble est d'une grande pureté de style et d'un plan simple. Le chœur (remanié au 15ᵉ s.) est entouré d'un déambulatoire à cinq chapelles rayonnantes. A l'entrée, deux bénitiers en fonte, du 14ᵉ s., en forme de cloche renversée, précèdent la nef centrale aux clefs de voûtes peintes et aux consoles sculptées de têtes expressives. Une étroite galerie contourne l'édifice au niveau des fenêtres hautes et allège l'ensemble. Remarquer dans le collatéral gauche le gisant mutilé, du 13ᵉ s., dans la chapelle droite du chœur une pierre d'autel du 10ᵉ s. provenant de l'église primitive et, en sortant, les curieux fonts baptismaux peints d'époque carolingienne.

AUTRES CURIOSITÉS

cv **Musée archéologique régional.** — Installé dans l'ancien presbytère, construit au 17ᵉ s., ce musée abrite les antiquités provenant des fouilles des Fontaines Salées, notamment l'un des cuvelages hallstattiens (1ᵉʳ âge du fer), conduits destinés à capter des sources minérales et faits de troncs de chênes évidés au feu. On y voit aussi une balance en fer gallo-romaine du 4ᵉ s., des fibules en bronze émaillé, en forme d'hippocampe ou de canard sauvage, des armes et bijoux mérovingiens trouvés dans les nécropoles du Vaudonjon, près de Vézelay, et de Gratteloup, près de Pierre-Perthuis. La salle médiévale réunit des sculptures du 12ᵉ au 16ᵉ s. provenant de la région de Vézelay, dont une statue de saint Jacques le Majeur et un Christ bénissant du 13ᵉ s.

cv **Fouilles des Fontaines Salées.** — *2 km.* Les fouilles, toutes proches du D 958, ont fait découvrir des thermes gallo-romains dépendant d'un sanctuaire d'origine gauloise (temple circulaire du 2ᵉ s. avant J.-C., avec bassin sacré), et une piscine dans une vaste enceinte, consacrée aux divinités des sources.
Ces sources, exploitées depuis l'âge du fer, puis par les Romains et au Moyen Âge, furent comblées au 17ᵉ s. par l'administration des gabelles. Dix-neuf cuvelages de bois du premier millénaire avant J.-C. ont été conservés par la forte minéralisation de l'eau. Un captage en pierre d'époque romaine donne accès à une source minérale, de nouveau utilisée pour soigner l'arthritisme.

ST-PIERRE-LE-MOUTIER   2 261 h.

Carte Michelin nº 🔢 Sud-Est du pli 3.

De part et d'autre de la N 7, cet ancien siège d'un bailliage royal est un bourg commerçant, aux tranquilles petites places. On y voit encore des traces des remparts qui fortifiaient la ville au 15ᵉ s.

La dernière victoire de Jeanne d'Arc. — Après le sacre de Reims, le conseil du Roi, jaloux du prestige de Jeanne, lui avait imposé plusieurs mois d'inaction à la cour alors qu'elle avait hâte de reprendre Paris. En octobre 1429, il décide de l'envoyer débarrasser le comté de Nevers des bandes de Perrinet-Gressard *(voir p. 69)*. Partie du Berry, la petite troupe royale entraînée par l'enthousiasme de la Pucelle prend d'assaut St-Pierre-le-Moûtier aux premiers jours de novembre. Après avoir dû attendre à Moulins des renforts en hommes et en matériel, l'armée repartit en décembre pour tenter de reprendre la Charité. Peu après ce sera Compiègne *(voir le guide Vert Michelin Environs de Paris)* et l'emprisonnement.

Église. — Elle appartenait à un prieuré bénédictin dont l'origine remonterait à la reine Brunehaut. Sa masse carrée et solide est aujourd'hui isolée sur la place du marché.
Le tympan du portail Nord malheureusement dégradé représente le Christ et les quatre évangélistes avec leurs symboles, entourés d'anges dans les voussures. Certains chapiteaux de la nef sont ornés de scènes pittoresques. Gisant du 14ᵉ s.
Sur la place de l'église l'entrée du presbytère est marquée par une porte gothique au délicat décor flamboyant.

EXCURSION

Mars-sur-Allier. — 264 h. *9,5 km au Nord-Ouest par le D 108.*
La petite église romane de Mars était au 12ᵉ s. un prieuré de Cluny. Bien dégagée sur une petite place, elle offre un plan rectangulaire très simple. Le tympan du portail figure le Christ en gloire entouré des symboles des quatre évangélistes et d'apôtres. On en fera le tour pour admirer la variété des modillons sculptés et le chevet.

ST-RÉVÉRIEN   315 h.

Carte Michelin nº 🔢 pli 15 — 17 km au Sud-Ouest de Corbigny.

Ce village du Nivernais possède une église romane dont l'intérêt est nettement supérieur à celui des autres églises rurales de la région. Pour en avoir une bonne vue d'ensemble et en apprécier le cachet roman, il faut arriver par l'Est, route de Guipy.

Église. — De l'église primitive édifiée au milieu du 12ᵉ s., il ne reste, après l'incendie de 1723, que le chœur, le chevet avec son déambulatoire et les chapelles rayonnantes. Au 19ᵉ s., la nef a été reconstruite et le clocher central remplacé par un clocher-porche. La porte est surmontée de deux anges d'inspiration byzantine.
L'intérieur★ est d'une grande pureté. Remarquer la nef avec doubleaux et l'alternance des piles fortes et des piles faibles. Parmi les églises à nef dépourvue de fenêtres hautes, c'est l'une des seules à posséder un chevet à déambulatoire. Celui-ci, très clair, prolonge les bas-côtés. La retombée des voûtes est soutenue par de beaux chapiteaux à feuillages. Les trois petites chapelles renferment de très beaux chapiteaux historiés. La chapelle absidale et celle de droite, consacrée à saint Joseph, conservent des fresques du 16ᵉ s. Dans les bas-côtés sont réunies des pierres tombales.

EXCURSION

Étang de Vaux. — *10 km. Quitter St-Révérien au Nord-Est par le D 977 bis, puis prendre le D 277 ; on passe à Vitry et Laché avant d'aborder le D 135 qui conduit à plusieurs étangs.*
L'étang de Vaux et son voisin, l'**étang de Baye,** dont il est séparé par une digue, servent à alimenter le canal du Nivernais. L'étang de Vaux, le plus important des deux, environné de bois, est un agréable lieu de pêche ; l'étang de Baye se prête aux évolutions des voiliers.

★★ ST-ROMAIN (Mont)

Carte Michelin n° 🔲 pli 19 — 7 km au Nord-Ouest de Lugny — Schéma p. 108.

Une route en forte montée se détachant du D 187 conduit au mont St-Romain. Prendre le chemin vers la tour accolée à la ferme (parking).
Du sommet de cette tour, on découvre *(table d'orientation)* un magnifique **panorama**★★ circulaire : à l'Est sur la plaine de la Saône, et au-delà sur la Bresse, le Jura et les Alpes ; au Sud sur le Mâconnais et le Beaujolais ; à l'Ouest sur le Charollais.

ST-SAULGE   1 019 h.

Carte Michelin n° 🔲 Nord-Ouest du pli 5.

Ce petit bourg appartint autrefois aux comtes de Nevers.
L'**église** à trois nefs, de style gothique, a de belles voûtes d'ogives. Dans les travées des bas-côtés, intéressants vitraux du 16e s.

EXCURSION

Jailly. — *92 h. 4 km par un chemin vicinal à l'Ouest de St-Saulge.*
L'**église** romane de Jailly bâtie à flanc de coteau dans un site agréable faisait partie d'un prieuré clunisien.
Un arbre magnifique se dresse devant le portail. Un ancien portail roman surmonté d'une petite frise de roses précède l'église couronnée d'un clocher octogonal.

ST-SEINE-L'ABBAYE   339 h.

Carte Michelin n° 🔲 pli 19.

Cette petite cité, située à une dizaine de kilomètres des sources de la Seine, a gardé le nom du saint homme qui, au 6e s., fonda sur son territoire une abbaye bénédictine dont il reste l'église abbatiale.

Église abbatiale. — Du début du 13e s., elle marque la transition entre le style roman bourguignon et le style gothique venu de l'Ile-de-France. Après un incendie, elle fut restaurée au 14e s. La façade date du 15e s. Le porche est resserré entre deux tours épaulées de contreforts, mais seule celle de gauche est terminée.
La nef est éclairée de fenêtres hautes ; le chevet plat s'ajoure d'une belle rose reconstituée au 19e s. Sur le transept à fond plat s'ouvrent des chapelles communiquant avec les collatéraux du chœur par des clôtures de pierre ajourées de baies. Dans le bras de ce transept, remarquer les nombreuses pierres tombales. Au fond du chœur se trouve l'ancien jubé. Les stalles sculptées (18e s.) s'appuient sur une clôture Renaissance, au revers de laquelle des peintures représentent notamment la légende de saint Seine.
En sortant de l'église, remarquer la fontaine de la Samaritaine dont le bassin est surmonté d'un bronze du 18e s.

ST-THIBAULT   145 h.

Carte Michelin n° 🔲 pli 18 — 19 km au Sud-Est de Semur-en-Auxois.

Ce village d'Auxois, siège d'un ancien prieuré qui reçut, au 13e s., les reliques de saint Thibault, se pare d'une église dont le chœur est d'une rare élégance ; son portail compte parmi les beaux morceaux de la sculpture bourguignonne du 13e s.

★ Église   *visite : 1/2 h*

cv On aborde l'édifice par le flanc Nord. De l'église construite grâce aux libéralités de Robert II, duc de Bourgogne, et de sa femme Agnès de France, fille de Saint Louis, pour abriter les reliques du saint, il ne reste que le chœur, une chapelle absidale et le portail sculpté appartenant à l'ancien transept écroulé avec la nef au 17e s.
Le **portail**★ est un admirable livre d'images. Les sculptures du tympan, exécutées dans la seconde moitié du 13e s., sont consacrées à la Vierge. Celles des voussures, de la même époque, représentent, sur le premier rang, les Vierges sages à gauche, les Vierges folles à droite.
Vers 1310, cinq grandes statues furent ajoutées : celle de saint Thibault est adossée au trumeau ; les quatre autres qui l'encadrent seraient des portraits du duc Robert II et de son fils Hugues V, bienfaiteurs de l'église, de la duchesse Agnès et de l'évêque d'Autun, Hugues d'Arcy : l'expression des physionomies est d'une exquise finesse. Les vantaux aux beaux panneaux sculptés sont de la fin du 15e s.

Intérieur. — La nef, reconstruite au 18e s., est décorée de boiseries de l'époque, provenant de Semur-en-Auxois, mais tout l'intérêt se concentre sur le chœur et l'abside, édifiés à la fin du 13e et au début du 14e s., chefs-d'œuvre de hardiesse et d'habileté.

Le **chœur★** à cinq pans est la plus élégante des constructions bourguignonnes de l'époque. Du sol aux voûtes, les fines colonnettes s'élèvent d'un seul jet, unissant dans le même mouvement ascensionnel l'arcature aveugle du soubassement, les fenêtres basses bordées d'une claire-voie délicate, le triforium et les fenêtres hautes *(illustration p. 30)*. Dans le chœur, à gauche, une statue en bois polychrome de la fin du 14e s. représente saint Thibault jeune, dans une pose un peu affectée, un doigt retenant une page de livre.

A droite du chœur, sous un enfeu aux bas-reliefs restaurés en 1839, tombeau du fondateur de l'église, Hugues de Thil, du 13e s. ; à côté, piscine d'autel à deux vasques du 12e s.

Le **mobilier★** est fort intéressant : l'autel est décoré de deux retables en bois sculpté représentant des épisodes de la vie de saint Thibault.

Remarquer au fond du chœur, un grand Crucifix du 14e s. et, au-dessus de l'autel, sur une belle crosse, une colombe eucharistique du 16e s.

Dans la nef, à droite, contre le mur du chœur, on peut voir une jolie statue de la Vierge regardant Jésus jouer avec un oiseau (14e s.).

Dans la chapelle St-Gilles, partie la plus ancienne de l'église, grande châsse de saint Thibault, en bois, du 14e s., et statues figurant l'Ancien et le Nouveau Testament.

EXCURSIONS

Vitteaux. — 1 138 h. *7 km au Nord-Est de St-Thibault par le D 26, puis le D 70.*
L'**église St-Germain** possède un portail aux lignes harmonieuses du 13e s. avec des vantaux sculptés du 15e s.

A l'intérieur, une belle tribune d'orgue en bois sculpté du 15e s. retrace le récit de la passion selon saint Matthieu.

CV **Château de Posanges.** — *10 km au Nord-Est de St-Thibault par le D 26, puis le D 70 jusqu'à Vitteaux. Prendre ensuite, à gauche, le D 70.*
Cette imposante construction, érigée par Guillaume Dubois, premier maître d'hôtel et Conseiller du duc Philippe le Bon, date du 15e s. Remarquer la poterne d'entrée fortifiée : un pont-levis commandait autrefois l'accès du château.
Les quatre tours rondes de ce château fort sont reliées par des courtines.

Chaque année,
le guide Michelin France
indique (avec adresse et nº de téléphone),
les réparateurs, concessionnaires, spécialistes du pneu
et les garagistes assurant, la nuit, les réparations courantes...
Tous comptes faits, le guide de l'année, c'est une économie.

STE-MAGNANCE   336 h.

Carte Michelin nº 🔲🔲 pli 17 — Sur la N 6, à 25 km au Nord-Ouest de Saulieu.

CV L'**église** de ce petit village, édifiée vers 1514, est de style gothique. Le chœur et l'abside sont surmontés de voûtes flamboyantes.
Elle renferme le curieux **tombeau★** de sainte Magnance, du 12e s. Les bas-reliefs de ce tombeau, endommagé à la Révolution puis restauré, racontent la légende et les miracles de la sainte, qui accompagna avec quatre dames romaines le corps de saint Germain d'Auxerre, mort à Ravenne au milieu du 5e s.

SAÔNE (Plaine de la)

Cartes Michelin nºs 🔲🔲 plis 13, 14, 🔲🔲 plis 1 à 3 et 🔲🔲 pli 3.

La Saône prend sa source à Vioménil au contact du Plateau lorrain et des Vosges, à 395 m d'altitude. Elle pénètre en Bourgogne aux abords de Pontailler, et après un parcours total de 480 km conflue avec le Rhône à la Mulatière, au sortir de Lyon.
Sa très faible pente et la régularité de son débit en font une voie d'eau facile et douce, navigable sur plus des trois quarts de son cours.

Les paysages de la Saône. — La Saône traîne ses eaux lentes dans une large plaine correspondant au fossé d'effondrement entre le Massif Central et le Jura.
La rivière inonde sa vallée chaque hiver et dépose des alluvions fertiles dont bénéficient les prairies voisines ainsi que les cultures maraîchères (Auxonne). Un vaste marécage recouvrait encore au 18e s. les vallées de l'Ouche et des Tilles, dévolues aujourd'hui aux cultures industrielles (tabac, betterave à sucre...).
Après Seurre, la Saône se rapproche de la « Côte » mais en reste séparée par une zone boisée discontinue (forêt de Cîteaux, de Gergy), éclaircie par les défrichements effectués au Moyen Âge par les moines cisterciens.

Une voie de passage. — Dès l'âge du bronze, au 2e millénaire avant J.-C., la Bourgogne s'ouvre au commerce entre le Nord et le Sud, avec les routes de l'ambre (venant de la mer Baltique), de l'étain (venant de Cornouailles, par la vallée de la Seine) et du sel (venant d'Italie).

Les échanges se développent à l'époque romaine. La Via Agrippa reliant Lyon à Trèves et passant par Mâcon, Tournus, Chalon-sur-Saône et Langres est alors établie. On emprunte aussi la Saône et Chalon-sur-Saône joue dès lors un rôle de port fluvial et d'entrepôt de la corporation des « nautes » de la Saône.

Parmi les produits importés d'Italie, figurait le vin : on a pu retrouver à Chalon-sur-Saône, dans le lit du fleuve, un dépôt estimé à 24 000 pointes d'amphores.

Aux 13e et 14e s., les foires de Chalon-sur-Saône deviennent une des grandes assises du commerce international : les drapiers de Dijon, Châtillon, Beaune y côtoient ceux de Flandre et les marchands italiens.

La Saône est reliée par canal à la Loire en 1793, à la Seine en 1832, au Rhin en 1833, à la Marne en 1907.

L'axe de la Saône est la seule grande voie naturelle Nord-Sud de l'Europe occidentale. Elle est empruntée par la route (autoroute A 6, N 5, N 6) et par le chemin de fer (ligne Paris-Lyon-Marseille). Des travaux d'aménagement devaient d'abord permettre la remontée des convois poussés de 4 000 t de Fos-sur-Mer à Auxonne, cette remontée étant actuellement possible de Fos à Mâcon. Dans un avenir plus lointain, avec la réalisation du projet de jonction Saône-Rhin, les convois poussés de 4 000 t pourront relier Fos à Rotterdam.

De Pontailler à Verdun-sur-le-Doubs

69 km — environ 2 h 1/2

Pontailler-sur-Saône. — 1 370 h. Du mont Ardoux, éminence dominant la localité, on jouit d'une belle vue sur la plaine de la Saône et sur les hauteurs du Jura qui la limitent à l'Est.

Quitter Pontailler au Sud par le D 961 puis le D 976. Après Villers, emprunter la N 5 à droite pour gagner Auxonne.

Auxonne. — *Page 47.*

Reprendre la N 5 à l'Ouest. Passé la Saône, tourner à gauche dans le D 20.

St-Jean-de-Losne. — 1 476 h. C'est une véritable gare d'eau sur la Saône, à l'origine du canal de Bourgogne et à proximité du point de départ du canal du Rhône au Rhin.

Cette ancienne place forte soutint en 1636 un siège mémorable contre les Impériaux, alors que la Saône servait de frontière entre la France et l'Empire. Les quelques centaines d'hommes de sa garnison résistèrent victorieusement aux 60 000 soldats du général autrichien Gallas, les contraignant à la retraite.

L'église bâtie aux 15e et 16e s. est surmontée d'un clocher avec tourelles et de beaux toits à forte pente.

Franchir la Saône par le D 968 et, à Losne, prendre à droite le D 976.

Seurre. — 2 795 h. Lieu de séjour p. 8. Cette active petite ville est située près du confluent de deux bras de la Saône : un point de vue s'offre sur ce site depuis l'extrémité de la rue de Beauraing. Seurre possède un **hôpital** du 17e s. dont la salle commune rappelle, en plus modeste, la Grand'Salle de l'Hôtel-Dieu de Beaune *(p. 51)*. On peut voir aussi l'église St-Martin, du 14e s., quelques maisons à pans de bois et, au n° 13 rue Bossuet, la maison où vécurent les parents du grand prédicateur et qui est présentement le siège du syndicat d'initiative et de l'Ecomusée de la Saône (expositions temporaires).

Suivre au Sud le D 973 sur 2 km et prendre à droite le D 35ᴰ. Devant Allerey, franchir la Saône, à gauche, par le D 970.

Verdun-sur-le-Doubs. — 1 139 h. Lieu de séjour p. 8. Cette petite localité occupe un joli site à proximité du confluent de la Saône nonchalante et du Doubs turbulent, dans un paysage de prairies. C'est le pays de la « pauchouse », sorte de matelote, célèbre spécialité régionale.

Plus au Sud, **Chalon-sur-Saône** *(p. 65)*, **Tournus** ★★ *(p. 153)* et **Mâcon** *(p. 105)* constituent les grands centres attractifs de la plaine de la Saône.

★ SAULIEU   3 183 h. (les Sédélociens)

Carte Michelin n° 🆖🆖 pli 17 — Schéma p. 119.

Aux confins du Morvan et de l'Auxois, Saulieu, sur la N 6, propose aux visiteurs sa basilique St-Andoche et les œuvres du sculpteur animalier François Pompon, né dans la ville en 1855.

La route et la table. — Saulieu a connu dès le 17e s. une réputation gastronomique bien établie, et déjà diffusée dans le monde littéraire. C'est à la route qu'elle le doit. En effet, en 1651, les États de Bourgogne décidaient de rendre à l'ancienne route Paris-Lyon, passant par le rebord oriental du Morvan, toute l'importance qu'elle avait eue avant le Moyen Âge. Saulieu connut alors un essor considérable en développant ses industries et ses foires. Relais de poste, la ville se devait de bien « traiter » les voyageurs de passage. Rabelais avait déjà vanté Saulieu et sa bonne chère. **Mme de Sévigné**, se rendant à Vichy par Autun, s'y arrêta le 26 août 1677 et elle avoua plus tard s'y être grisée, pour la première fois de sa vie, au cours d'un plantureux repas.

Le bois de Morvan. — A mesure que le progrès pénétrait dans les campagnes, Saulieu a dû transformer ses activités. L'exploitation des arbres de Noël peut entrer en ligne de compte puisque chaque année il en part plus d'un million (épicéas surtout) à destination de Paris, des grandes villes de France, d'Europe et d'Afrique. La reconversion des forêts, entraînant le développement des résineux, a toutefois assuré aux belles futaies de hêtres et de chênes la place prépondérante. D'importantes pépinières expédient un peu partout plusieurs centaines de milliers de plants.

La forêt domaniale de Saulieu (768 ha) a été aménagée (aires de pique-nique, de jeux et de stationnement, sentiers de promenades et sentiers équestres, étang à truites).

★BASILIQUE ST-ANDOCHE

visite : 1/2 h

La basilique se dresse sur la place du Docteur Roclore (jolie fontaine du 18e s.). Légèrement postérieure à celle de Vézelay, elle fut édifiée au début du 12e s. pour remplacer l'église d'une abbaye fondée au 8e s. sur les lieux du martyre de saint Andoche, de saint Thyrse et de saint Félix.

Ce beau monument roman a été fort maltraité ; le portail, mutilé à la Révolution, a été refait au 19e s. Intérieurement, la base des piliers est enterrée de près d'un mètre. Le chœur brûlé par les Anglais en 1359 a été reconstruit en 1704.

Intérieur. — Tout l'intérêt se concentre sur les **chapiteaux**★ historiés ou décoratifs, reprenant les mêmes sujets que ceux d'Autun. On reconnaîtra notamment : la fuite en Égypte, la Tentation du Christ au désert, la Pendaison de Judas, l'Apparition du Christ à Madeleine, le Faux prophète Balaam.

(D'après photo Combier)

Basilique St-Andoche. Chapiteau.

Les stalles du chœur sont du 14e s., la tribune d'orgues du 15e s. Très restauré, le tombeau de saint Andoche a été placé sous le maître-autel. A droite du chœur, Vierge Renaissance en pierre et statue de saint Roch du 14e s. Dans le bas-côté gauche, belle pierre tombale et Pietà polychrome offerte, dit-on, par Mme de Sévigné, en guise de mea-culpa *(voir p. 140)*.

AUTRES CURIOSITÉS

cv **Musée (M).** — Le musée est installé dans l'ancien presbytère, bâtiment du 17e s. attenant à la basilique.

Dans la cour, fragments lapidaires dont une vasque baptismale du 13e s.

Au rez-de-chaussée : une salle, consacrée à l'art religieux, contient de belles statues du 12e et du 18e s. ; une autre salle présente un métier à chanvre, une forge et un atelier de sabotier, du 19e s. ; une dernière groupe de nombreuses stèles funéraires gallo-romaines en granit provenant de la nécropole antique de Saulieu.

Au 1er étage : sur le palier sont présentés les documents concernant les traditions gastronomiques de Saulieu. La **salle François-Pompon** renferme plusieurs œuvres originales (bronzes, marbres, terres cuites, moulages) du grand sculpteur animalier (le **taureau**★, l'une de ses œuvres maîtresses, a été érigé en 1948 dans un square aménagé près de la N 6 à l'entrée de la ville) ; remarquer le buste de sainte Catherine au beau visage levé. Les autres salles exposent, à l'aide de nombreux outils et documents : la reconstitution d'un intérieur morvandiau du 19e s., l'artisanat ancien du Morvan (poterie, tannage, tissage) et des souvenirs du Saulieu du 19e s.

SAULIEU

Marché (R. du)	17
Abattoir (R. de l')	2
Argentine (R. d')	3
Bertin (R. J.)	4
Collège (R. du)	6
Courtépée (R.)	7
Foire (R. de la)	8
Gambetta (R.)	10
Gare (Av. de la)	12
Gaulle (Pl. Ch. de)	14
Grillot (R.)	15
Sallier (R.)	18
Tanneries (R. des)	20
Vauban (R.)	21

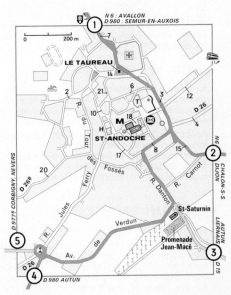

Église St-Saturnin. — Cette jolie église du 15e s., au clocher pointu couvert en bardeaux, se dresse au milieu d'un cimetière en terrasse.

Derrière l'abside, tombe de François Pompon, surmontée d'un condor, une de ses œuvres.

Promenade Jean-Macé. — Elle est plantée de tilleuls séculaires.

*Chaque année, le **guide Michelin France** propose un choix révisé d'hôtels et de restaurants servant des repas soignés à prix modérés.*

SEIGNELAY

1 485 h. (les Seignelois)

Carte Michelin n° 🔢 pli 5 — Lieu de séjour p. 8.

Construite au flanc d'une colline boisée au pied de laquelle serpente le Serein, Seignelay, siège au Moyen Âge d'une importante seigneurie, doit à Colbert ses titres de noblesse. Ayant fait, en 1657, acquisition de la baronnie de Seignelay, il la fit ériger en marquisat et appela, pour en restaurer le château, un architecte du roi.

CURIOSITÉS

Château. — De ce château, détruit à la Révolution, il reste l'ancien parc, une partie de l'enceinte fortifiée, une tour restaurée au siècle dernier, et l'un des deux pavillons d'entrée construit à la fin du 18e s. par les Montmorency.

Place Colbert. — Une avenue bordée de platanes aboutit à cette place qui a conservé son caractère du 17e s. et offre une jolie perspective sur le Serein.
L'ancien auditoire ou salle du bailliage (actuellement hôtel de ville), remarquable pour sa façade ornée d'un fronton et ses portes à fortes moulures, fut édifié sous Colbert. A côté, le bâtiment qu'occupe le Trésor Public est l'ancienne capitainerie adjointe à l'auditoire par les soins du duc de Montmorency. L'ensemble forme un corps de bâtiment à deux ailes, harmonieux, avec ses toits à la Mansart couverts d'ardoises.
Le pavillon d'entrée de l'ancien château est construit en équerre avec la capitainerie.
Face à l'auditoire, la pittoresque **halle** du 17e s., en bois, possède une originale toiture présentant quatre faces avec huit rampants de forme et d'inclinaison différentes, soutenues par une belle charpente et reposant sur trente-deux colonnes.

CV **Église St-Martial.** — Cette église, rebâtie au 15e s. sur une église romane dont elle a conservé les contreforts extérieurs, est flanquée d'une belle tour-clocher, massive, surmontée d'un lanternon ; elle est originale par son plan irrégulier (un seul bas-côté).
Le chœur, l'abside, la chapelle de la Vierge et celle des fonts datent du 15e s.
Au 16e s., la nef est refaite ; on élève la voûte du collatéral à hauteur de celle de la nef. De cette époque date aussi le petit portail Renaissance surmonté d'un auvent.
L'intérieur abrite un banc d'œuvre Louis XIII ; dans le sanctuaire, six chandeliers Louis XVI en cuivre argenté provenant du château, ainsi que trois tabourets et deux petites châsses aux armes de Colbert ; une Vierge peinte du 17e s.
Aux fenêtres de la nef gauche et du chœur, restes des remplages de vitraux du 16e s., œuvre des frères Veissières et de leur élève Mathieu, originaires de Seignelay.

SEINE (Sources de la)

Carte Michelin n° 🔢 pli 19 — 10 km au Nord-Ouest de St-Seine-l'Abbaye.

A 2 km à l'Ouest de la N 71, on atteint, par le D 103, les sources de la Seine qui jaillissent dans un petit vallon planté de sapins. La ville de Paris est propriétaire de l'enclos. La source principale bouillonne sous une grotte abritant une statue de nymphe personnifiant la Seine, copie de celle exécutée en 1865 par le sculpteur Jouffroy.
En aval, des fouilles ont mis au jour les vestiges d'un temple gallo-romain et des objets en bronze (Faune, Dea Sequana, témoignant du culte aux sources de la Seine), nombre de statuettes en bois, des ex-voto, entre autres des « planches anatomiques » (au total 200 pièces environ) exposées au musée archéologique de Dijon.

SOURCES ET EAUX VIVES

Au hasard de randonnées sur le plateau de Langres *(voir le guide Vert Michelin Champagne Ardennes)*, on rencontrera de nombreuses sources ; il s'agit souvent de sources vauclusiennes appelées dhuys ou douix dans la région, liées à l'existence d'un sous-sol argileux sous les couches calcaires.

Source de la Coquille. — A Étalante *(27 km au Nord des Sources de la Seine)*, la source de la Coquille jaillit dans un joli site.
CV A quelques kilomètres de là, **Aignay-le-Duc** possède une intéressante **église** gothique du 13e s., de proportions régulières, coiffée d'un clocher de bardeaux. Dans le chœur, retable en pierre du début du 16e s. représentant des scènes de la Passion.

★ SEMUR-EN-AUXOIS

5 364 h. (les Sémurois)

Carte Michelin n° 🔢 plis 17, 18 — Lieu de séjour p. 8.

Capitale de l'Auxois, riche pays de culture et d'élevage s'inscrivant entre les plateaux dénudés du Châtillonnais et le Morvan, Semur bénéficie d'un **site★** très pittoresque, quand on l'aborde par l'Ouest ou par le Nord. De la route de Paris, dans la descente CV avant le pont Joly, belle vue sur la ville et sur les remparts. **Illuminations** en soirée.
Sur une falaise de granit rose dominant le ravin au fond duquel coule l'Armançon, s'accrochent un fouillis de petites maisons claires et une cascade de jardins que dominent les grosses tours du donjon et la flèche effilée de l'église Notre-Dame.

Une place forte. — Au 14e s., lorsqu'on eut renforcé sa citadelle par un rempart appuyé sur 18 tours, Semur devint la place la plus redoutable du duché. La ville se divisait alors en trois parties entourées chacune d'une enceinte.
Au centre, occupant toute la largeur de l'éperon rocheux, le quartier du Donjon était en fait une vraie citadelle réputée imprenable, plongeant à pic, au Nord et au Sud, sur la vallée de l'Armançon, et flanquée, aux angles, de quatre énormes tours rondes : tour de l'Orle d'Or, tour de la Gehenne, tour de la Prison et tour Margot.
A l'Ouest, le quartier du Château couvrait la partie haute de la presqu'île enfermée dans le méandre de l'Armançon. A l'Est, le bourg Notre-Dame demeura le quartier le plus peuplé même lorsque la ville se fût étendue sur la rive gauche de la rivière.

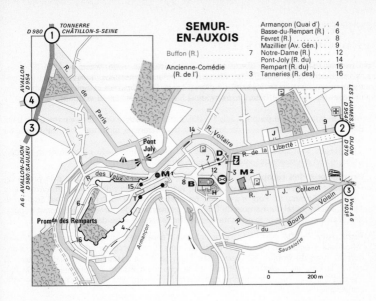

SEMUR-
EN-AUXOIS

Buffon (R.) 7

Ancienne-Comédie
(R. de l') 3

Armançon (Quai d') .. 4
Basse-du-Rempart (R.) . 6
Fevret (R.) 8
Mazillier (Av. Gén.) ... 9
Notre-Dame (R.) 12
Pont-Joly (R. du) 14
Rempart (R. du) 15
Tanneries (R. des) ... 16

★ ÉGLISE NOTRE-DAME (B) *visite : 1/2 h*

Elle s'élève sur la petite place Notre-Dame, bordée de maisons anciennes.
Fondée au 11ᵉ s., elle a été reconstruite au cours des 13ᵉ et 14ᵉ s. ; plusieurs fois
remaniée aux 15ᵉ et 16ᵉ s. et agrandie par l'adjonction de chapelles sur les bas-côtés
Nord, elle a été restaurée par Viollet-le-Duc.

Extérieur. — La façade du 14ᵉ s., flanquée de tours carrées, est précédée d'un vaste
porche.
S'avancer, à gauche de l'église, dans la rue Notre-Dame : la porte du croisillon Nord,
dite Porte des Bleds (13ᵉ s.), a conservé un beau tympan contant l'incrédulité de saint
Thomas. Au sommet de l'archivolte, un ange ouvre les bras en un geste d'accueil. De
fines colonnettes encadrent le portail ; sur l'une d'elles, deux escargots sculptés
symbolisent la gastronomie bourguignonne.
Le porche (15ᵉ s.), à trois arcades, abrite trois portails ; les sculptures des voussures
et des niches ont disparu à la Révolution, mais on peut voir encore, peuplant les
piédroits de chacun des portails, de petits personnages sculptés en bas-relief.
Du jardin, derrière l'église, on a une belle vue sur le chevet, surprenant par son
élévation très élancée et ses chapelles au toit conique.
Le carré du transept est surmonté d'une tour octogonale coiffée d'une belle flèche de
pierre.

Intérieur. — En entrant, on est frappé par l'étroitesse de la nef centrale (13ᵉ et
14ᵉ s.), qui accuse la hauteur des voûtes soute-
nues par de fines colonnes.
Gagner tout de suite le bas-côté gauche où
s'ouvrent plusieurs chapelles intéressantes :
dans la 2ᵉ, une Mise au tombeau polychrome (1) de la fin du 15ᵉ s. frappe par ses
personnages monumentaux dans la tradition
de Claus Sluter *(p. 31)* ; la 3ᵉ, voûtée en étoile,
est éclairée par un vitrail (2) du 16ᵉ s. illustrant
la légende de sainte Barbe ; les deux dernières
chapelles conservent des panneaux d'anciens
vitraux offerts au 15ᵉ s. par diverses confréries
de l'époque : bouchers (3) et drapiers (4), ce
dernier en huit panneaux.
Derrière la chaire, adossé au mur, remarquable
ciborium (5) en pierre, du 15ᵉ s., orné d'un clocheton finement sculpté, haut de 5 m.
Autour des deux bras du transept et du chœur,
règne un triforium aveugle aux élégantes
colonnettes surmontées de têtes humaines d'un
curieux réalisme. La clef de voûte du chœur,
peinte, représente le Couronnement de la
Vierge, au milieu de feuillages et de têtes
d'anges.
Le chœur est accosté d'un double collatéral ;
sur le déambulatoire s'ouvrent trois chapelles
rayonnantes séparées par des fenêtres à triple
baie. Remarquez l'orgue Grantin-Riepp-Callinet
des 17ᵉ, 18ᵉ et 19ᵉ s.
Dans la dernière chapelle du collatéral gauche,
un retable peint en 1554 (6) représente l'Arbre
de Jessé ; un dais gothique en bois sculpté le

ÉGLISE NOTRE-DAME

surmonte. De beaux vitraux du 13ᵉ s., restaurés par Viollet-le-Duc, éclairent la chapelle
absidale dédiée à la Vierge (7). Un peu plus loin, un Christ aux Cinq plaies (8), statue
polychrome de la fin du 15ᵉ s., montre de la main droite la plaie de son côté, dans une
attitude un peu théâtrale ; deux petits anges soutiennent son manteau.

143

AUTRES CURIOSITÉS

cv **Tour de l'Orle d'Or et musée (M¹).** — Cette tour — lézardée du côté Nord — faisait partie du donjon, démantelé en 1602. Elle doit son nom aux créneaux (supprimés), qui avaient un revêtement de plomb cuivré (« ourlée d'or »). Ses dimensions sont imposantes (44 m de hauteur, murs de 2,35 m d'épaisseur au sommet, de 5 m à la base).
Avant la construction du pont Joly (1783), cette tour était l'une des entrées de la ville. Elle est aujourd'hui le siège de la Société des Sciences historiques et naturelles de Semur (**musée**).
Des étages successifs — dont l'ultime est coiffé d'une belle charpente en châtaignier —, on découvre des vues différentes du donjon et de la ville.

Promenade des remparts. — Aménagée sur les anciens remparts à la proue de l'éperon granitique, cette promenade, plantée de beaux tilleuls, domine en corniche la vallée de l'Armançon. Pour s'y rendre, on passe devant l'hôpital, assez bel édifice du 18ᵉ s., ancien hôtel du marquis du Châtelet, gouverneur de Semur et lieutenant général des armées du roi, dont la pédante épouse fut la tendre amie de Voltaire.

Pont Joly. — Du pont Joly, on a une **vue d'ensemble★** du site et de la petite cité médiévale. L'éclairage du soir est particulièrement favorable. Le pont franchit l'Armançon au pied du donjon qui verrouillait l'isthme étroit rattachant la falaise rose, où naquit la cité, au plateau granitique, où la ville s'est étalée. Au premier plan, la vue s'étend sur la vallée ; de gauche à droite on découvre des jardins, des rochers, des parcs, des cascatelles.

Tour des remparts. — Il est possible de longer le pied des remparts par la rue Basse-du-Rempart. Le site est alors mis en valeur par les énormes masses de granit rouge pailleté de mica et de quartz qui servent d'assise au donjon.

cv **Musée et bibliothèque (M²).** — Ils sont installés dans l'ancien couvent des jacobines. Le **musée** abrite une importante collection géologique et paléontologique, deux salles de peinture et des sculptures du 13ᵉ au 18ᵉ s. Une salle est consacrée à l'archéologie, une à l'histoire naturelle. La **bibliothèque** possède des manuscrits et des incunables de grande valeur, parmi lesquels un manuscrit orné de magnifiques enluminures du 10ᵉ s., le missel d'Anne de Bretagne et l'un des plus anciens incunables sortis des presses de Gutenberg.

Porte Sauvigny (D). — Cette porte du 15ᵉ s., précédée d'une poterne, marquait l'entrée principale de l'enceinte dite du Bourg-Notre-Dame.

(Photo Christiane Olivier)

Semur-en-Auxois.

EXCURSIONS

Lac de Pont. — *3 km au Sud par* ③, *D 103ᴮ. Lieu de séjour p. 8.*
Long de 6 km environ, le lac artificiel s'étend entre Pont-et-Massène et Montigny.
Une retenue d'une superficie de 80 ha, créée au 19ᵉ s., alimente le canal de Bourgogne. Les rives du lac de Pont (plage aménagée et sports nautiques) forment un joli site dans un cadre de verdure et de rochers.

cv **Château de Bourbilly.** — *9 km au Sud-Ouest par* ④ *du plan et le D 9 à gauche.* Ce château du 14ᵉ s., campé dans la vallée du Serein, appartint à Jeanne Frémyot de Chantal, fondatrice en 1610 de l'ordre de la Visitation et canonisée sous le nom de sainte Jeanne de Chantal. Sa petite-fille, la marquise de Sévigné, y séjourna à plusieurs reprises durant sa jeunesse.

Remis en valeur après un incendie (en 1952) venu s'ajouter aux atteintes de la Révolution et d'une restauration effectuée au 19e s., il garde noble allure, dans son parc, avec ses trois ailes en équerre cantonnées de tours rondes et ses hautes toitures où se dressent une dizaine de curieuses cheminées cylindriques.

À l'intérieur, on visite la salle des Gardes (ancienne crypte de la chapelle) où se voient une table, qui n'est autre qu'un billard Louis XIII, et une rare photographie d'un combat franco-allemand de la Grande Guerre ; la chapelle modernisée (belle charpente) que ferme une admirable grille en fer forgé (18e s.), aux motifs de roses et de croix ; la bibliothèque ; la salle à manger, ornée d'un plafond à la française et d'une tapisserie flamande du 17e s. (Prise de Tyr par Alexandre) ; enfin le grand salon, au décor vénitien : lustres et lampes en verre filé multicolore du 19e s., beaux meubles des 17e et 18e s.

Les Laumes. — *13 km au Nord-Est par ②, D 954.*
Située sur une esplanade près de la gare, l'**église** a été construite en 1968 par l'architecte Jacques Prioleau. L'édifice, très sobre, est éclairé par une grande baie dans le chœur et deux baies latérales donnant accès à deux petits jardins.

★ SEMUR-EN-BRIONNAIS   781 h.

Carte Michelin n° **73** Nord des plis 7 et 8 — Schéma p. 62.

Ce village est bien situé sur un promontoire couvert de vignes et d'arbres fruitiers. Un château, une église romane, un ancien prieuré et un auditoire de Justice (mairie) du 18e s. composent un ensemble architectural d'une belle pierre ocre rose.

CURIOSITÉS

★**Église St-Hilaire.** — De style clunisien, elle présente un très beau chevet ; son aspect trapu est atténué par la hauteur des murs-pignons à l'extrémité du chœur et des bras du transept, et sa sévérité par les corniches de modillons sculptés qui règnent à la base des toits. L'élégant clocher octogonal qui la domine est remarquable par son double étage d'arcatures romanes géminées qui s'ouvrent, à l'étage supérieur, sous un réseau de voussures.

Le portail Ouest est richement décoré, mais ses sculptures sont traitées avec une certaine maladresse dans le modelé. À la clé de la voussure extérieure on voit, comme à Charlieu, l'agneau nimbé. Au linteau, est représentée une scène de la vie de saint Hilaire : condamné par un concile d'évêques ariens, il part en exil, la besace sur l'épaule ; en chemin, il rencontre un ange qui lui rend l'espoir et sa place parmi les évêques ; cependant le diable s'empare brutalement de l'âme du président du concile.

La nef est très harmonieuse avec son triforium, soutenu par des arcs à deux voussures, qui vient, au revers de la façade, former une tribune ronde en saillie, supportée par un remarquable encorbellement prenant appui sur la clé de voûte de la porte. Cette tribune a été vraisemblablement imitée de celle de la chapelle St-Michel établie au-dessus du grand portail, dans l'église abbatiale de Cluny. À la croisée du transept, la coupole sur trompes s'orne d'arcatures rappelant le triforium.

cv **Château St-Hugues.** — On visite le donjon rectangulaire bâti au 9e s., où naquit saint Hugues, et deux petites tours arrondies aménagées en prison au 18e s. Vue sur les coteaux plantés de vignes et au loin sur les monts du Forez et de la Madeleine.

★★ SÈNE (Mont de)

Carte Michelin n° **69** pli 9 — 10 km à l'Ouest de Chagny.

On accède au mont de Sène, ou **montagne des Trois-Croix** (en raison des trois croix érigées au sommet), par une route s'embranchant sur la route reliant Dezize-lès-Maranges à la N 6. Ces routes assez étroites comportent de fortes rampes aux virages difficiles vers le haut.

★★**Panorama.** — Du sommet, on reconnaît, au Nord, au-delà de la Rochepot, la côte au célèbre vignoble, à l'Est la vallée de la Saône, le Jura et les Alpes, au Sud le Clunisois dominé par le mont St-Vincent, à l'Ouest la masse du Morvan.

SENNECEY-LE-GRAND   2 372 h.

Carte Michelin n° **69** Nord-Est du pli 19.

Au bord d'une grande place ceinturée de fossés, la mairie occupe ce qui reste de l'ancien château féodal, la partie disparue ayant été remplacée au 19e s. par une **église** monumentale, de style classique, aux longues et majestueuses colonnes intérieures.

À proximité du bourg se trouvent en outre deux églises romanes *(voir ci-dessous)*, l'une et l'autre de plan très simple, montrant extérieurement des arcatures lombardes, des toitures de laves et, au-dessus de la croisée du transept, un massif clocher carré porté par une petite coupole sur trompes.

cv **Église de St-Julien.** — *Près de l'autoroute.* Sa nef et son clocher sont du 11e s. ; le reste de l'édifice est du 15e s.

cv **Église St-Martin-de-Laives.** — *À 2,5 km à l'Ouest. Accès par le D 18 et, à Sermaizey, après le passage sous l'autoroute, par un chemin se détachant à gauche.*
Située sur un éperon d'où la vue s'étend sur la Bresse, le Jura, Chalon et ses environs, la vallée de la Grosne et le Charollais, elle a été construite comme St-Julien au 11e s. et complétée par des chapelles au 15e et au 16e s.

Carte Michelin n° 🖸🖸 pli 14 — Plan d'agglomération dans le guide Michelin France.

Simple sous-préfecture du département de l'Yonne, Sens est le siège d'un archevêché, témoignage de sa grandeur passée. La vieille ville est entourée de boulevards et de promenades qui ont remplacé les anciens remparts. Au centre se dresse la cathédrale St-Étienne.

L'arrivée par le D 81 qui débouche sur les hauteurs de la rive gauche de l'Yonne procure, tout le long de la descente, une belle vue d'ensemble de la ville.

UN PEU D'HISTOIRE

Au pays des Senons. — Le peuple des Senons, qui donna son nom à la ville, fut longtemps un des plus puissants de la Gaule. En 390 avant J.-C., les Senons, commandés par Brennus, envahirent l'Italie et s'emparèrent de Rome. Maîtres à leur tour de toute la Gaule, les Romains firent de Sens la capitale d'une province de la Lyonnaise, la Lyonnaise IVe ou Senonie.

Un important diocèse. — Jusqu'en 1627, date à laquelle Paris fut érigé en archevêché, Sens eut la prééminence sur les évêchés de Chartres, Auxerre, Meaux, Paris, Orléans, Nevers et Troyes, dont les initiales forment la devise de l'église métropolitaine : « Campont ». Le séjour que fit à Sens, en 1163-1164, le pape Alexandre III, transforma la ville en capitale provisoire de la chrétienté. C'est encore à Sens que se tint le Concile qui condamna Abélard, et c'est dans la cathédrale que fut célébré, en 1234, le mariage de Saint Louis et de Marguerite de Provence. Avec Paris, le diocèse de Sens perdit Meaux, Chartres et Orléans.

SENS

	République (Pl. de la)	27	Foch (Bd Maréchal) 12
	République (R. de la)	28	Garibaldi (Bd des) 13
			Gaulle (R. Général de) 14
Cornet (Av. Lucien) 9	Alsace-Lorraine (R. d') 2		Leclerc (R. du Général) ... 19
Déportés-et-de-la-Résistance (R.)	Chambonas (Cours) 8		Maupéou (Bd de) 21
Grande-Rue 15	Cousin (Square J.) 10		Moulin (Quai J.) 23

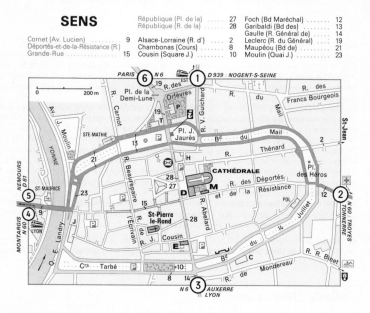

CATHÉDRALE ST-ÉTIENNE *visite : 1/2 h*

Commencée vers 1140, sur l'initiative de l'archevêque Henri Sanglier, c'est la première en date des grandes cathédrales gothiques de France. l'architecte Guillaume de Sens s'en inspira pour reconstruire le chœur de la cathédrale de Cantorbéry (1175-1192).

Extérieur. — La façade Ouest, amputée d'une tour, conserve néanmoins une imposante majesté et un harmonieux équilibre. La tour Nord, ou « tour de plomb », édifiée à la fin du 12e s., était surmontée d'un beffroi en charpente couvert de plomb, détruit au siècle dernier. La tour Sud, ou « tour de pierre », écroulée à la fin du 13e s., fut rebâtie au siècle suivant et achevée au 16e s. Couronnée par un élégant campanile, elle est haute de 78 m. Elle abrite deux cloches pesant respectivement 14 000 et 16 000 kg.
Les statues de la galerie haute, ajoutées au 19e s., représentent les principaux archevêques de Sens.
Au-dessus du portail central s'étagent une immense fenêtre rayonnante, une rose de moindre dimension et un Christ bénissant encadré de deux anges (statues modernes).

Portail de gauche. — Le tympan de ce portail du 12e s. évoque l'histoire de saint Jean-Baptiste. À la base des piédroits des bas-reliefs figurent la libéralité et l'avarice.

Portail central. — Adossée au trumeau du portail central, la très belle statue de saint Étienne, en costume de diacre et portant l'évangile, a heureusement été épargnée à la Révolution. Cette œuvre de la fin du 12e s. qui marque la transition entre les sculptures de Chartres et de Bourges, et celles de Paris et d'Amiens, constitue un intéressant exemple de la statuaire gothique à ses débuts.
Les bas-reliefs des piédroits encadrant le portail représentent à droite les Vierges folles et à gauche les Vierges sages. Les statues des apôtres qui occupaient les douze niches du soubassement du portail ont disparu. Le tympan primitif qui représentait, croit-on, le Jugement dernier, a été refait au 13e s. : il est consacré à différentes scènes de la vie de saint Étienne. De nombreuses statuettes de saints ornent les voussures.

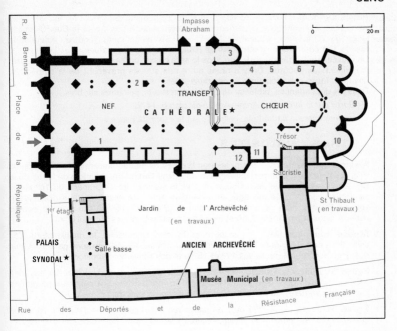

Portail de droite. — Le tympan du portail de droite (début 14e s.) est consacré à la Vierge. Les statuettes représentant les prophètes ont été décapitées. Un décor d'anges orne les voussures.

Entrer par le portail de droite de la façade.

Intérieur. — On est frappé par l'ampleur et l'unité de la nef communiquant avec les bas-côtés par de magnifiques arcades surmontées d'un triforium. L'alternance de piles fortes et de piles faibles est caractéristique du gothique primitif. Le vaisseau est couvert d'une voûte d'ogives sexpartite. L'aspect primitif de l'église a été un peu modifié par des remaniements successifs : les fenêtres hautes ont été rehaussées au 13e s. dans le chœur et au 14e s. dans la nef ; le transept fut ajouté au 15e s. par l'archevêque Tristan de Salazar et le chœur se trouva ainsi coupé de la nef.
Les **vitraux★★**, exécutés du 12e au 17e s., forment un magnifique ensemble.
Dans le bas-côté droit, à la 3e travée, vitrail (**1**) de Jean Cousin, de 1530. Sur le côté gauche de la nef, on peut voir un retable Renaissance et le monument (**2**) élevé par l'archevêque de Salazar à la mémoire de ses parents.
Les verrières du croisillon droit (1500-1502) proviennent d'ateliers troyens : celles qui figurent l'Arbre de Jessé et la légende de saint Nicolas sont particulièrement remarquables ; la rosace représente le Jugement dernier. Celles du croisillon gauche ont été exécutées en 1516-1517 par Jean Hympe et son fils, verriers à Sens ; le vitrail de la rosace représente le Paradis.
Le chœur est fermé par d'admirables grilles (1762) aux armes du cardinal de Luynes. Le maître-autel monumental a été exécuté au 18e s. par Servandoni et les vitraux des fenêtres hautes sont du 13e s.

Sortir de la cathédrale par le bras gauche du transept.

Croisillon Nord. — De l'impasse Abraham, on admire la magnifique façade de style flamboyant, exécutée de 1500 à 1513 par Martin Chambiges et son fils. Le décor sculpté est d'une grâce raffinée. Au pignon, statue d'Abraham, moderne.

Revenir ensuite au déambulatoire que l'on aborde par la gauche.

La chapelle St-Jean, qui renferme un beau calvaire (**3**) du 13e s., et l'arcature aveugle du pourtour ont conservé leur architecture ancienne. Les vitraux les plus anciens (fin 12e s.) éclairent les quatre fenêtres de cette partie du déambulatoire : on reconnaît l'histoire de saint Thomas de Cantorbéry (**4**), l'histoire de saint Eustache (**5**), la parabole de l'enfant prodigue (**6**) et celle du bon Samaritain (**7**). Le tombeau du dauphin, père de Louis XVI, par Guillaume Coustou (**8**), est placé dans la chapelle suivante. La chapelle absidale, du 13e s., conserve des vitraux (**9**) de la même époque. Dans la chapelle du Sacré-Cœur, vitrail attribué à Jean Cousin (**10**). Après la sacristie, dans l'une des chapelles suivantes, retable Renaissance (**11**). Dans la chapelle Notre-Dame, on vénère une Vierge assise du 14e s. (**12**) placée au-dessus de l'autel.

★★Trésor. — *Prendre l'escalier près de la sacristie.* Ce trésor est l'un des plus riches de
cv France. Il renferme une magnifique collection de tissus et de vêtements liturgiques : suaire de saint Victor, mitre de soie blanche brodée d'or du 13e s. ; d'admirables tapisseries de haute lisse du 15e s. (Adoration des Mages, Couronnement de la Vierge) ; des ivoires (pyxides des 5e et 6e s., peigne liturgique de saint Loup du 7e s., coffret byzantin du 11e s., coffret islamique du 12e s.) ; des pièces d'orfèvrerie.

Sortir par le bras droit du transept.

Croisillon Sud. — Exécuté par Martin Chambiges, maître d'œuvre de Beauvais et de Troyes, c'est une belle réussite du style flamboyant. La décoration du portail de Moïse est remarquable. Le gâble de la porte est surmonté d'une statue moderne de Moïse ; une statue de la Vierge, moderne également, domine le pignon.

★**Palais synodal - Officialité** (D). — Ce beau bâtiment du 13ᵉ s., au toit de tuiles
cv vernissées, est contigu à la cathédrale. Il a été restauré par Viollet-le-Duc. C'était le
siège de l'Officialité, tribunal ecclésiastique. Six magnifiques fenêtres éclairent la
façade. Les contreforts se terminent en pinacles portant des statues.

Un musée lapidaire a été aménagé dans la salle basse et dans la grande salle synodale
magnifiquement voûtée. On y a réuni, outre des statues provenant de la cathédrale,
des mosaïques gallo-romaines et des tapisseries.

Dans les dépendances, tableaux de Lemoine, portraits, peintures sur bois.

Sortir par le jardin de l'Archevêché (voir plan p. 147).

En revenant vers la cathédrale, belle vue sur la « tour de pierre ».

AUTRES CURIOSITÉS

Maisons anciennes. — Parmi les nombreuses demeures anciennes que compte la
ville, deux méritent plus particulièrement de retenir l'attention. À l'angle de la rue de la
République et de la rue Jean-Cousin, s'élève la maison dite d'Abraham, du 16ᵉ s. **(E)**.
Le poteau cornier, très ouvragé, est orné d'un Arbre de Jessé, restauré. La maison
voisine, 50 rue Jean-Cousin, dite maison du Pilier (du 16ᵉ s.) possède un porche
curieux. Dans la rue Abélard, nombreux hôtels particuliers des 16ᵉ et 18ᵉ s.

cv **Musée municipal** (M). — Installé dans l'ancien archevêché, le musée abrite des
collections archéologiques locales, parmi lesquelles une importante série gallo-romaine,
quelques bonnes peintures des 17ᵉ et 18ᵉ s. et des souvenirs napoléoniens.

cv **Église St-Pierre-le-Rond.** — La nef, voûtée en bois, date du 13ᵉ s. Le bas-côté
gauche, de style gothique, est éclairé par cinq fenêtres qui ont conservé en grande
partie leurs verrières du 16ᵉ s. Les grilles en fer forgé sont du 17ᵉ s.

cv **Église St-Jean.** — *À l'Est du plan par la rue d'Alsace-Lorraine.* De cette ancienne
abbatiale (13ᵉ s.), subsiste le chœur, éclairé de larges baies. Belle chapelle absidale.

★ SETTONS (Lac des)

Carte Michelin nº 🖸🖸 Sud-Ouest du pli 17 — Schémas p. 72 et 118.

Le lac des Settons s'étale sur 359 ha au travers de la vallée de la Cure, dans un des
coins les plus retirés du Morvan. Entouré de bois de sapins et de mélèzes, il constitue,
à 573 m d'altitude, un site des plus reposants. On y pratique la pêche et, dès l'automne,
le gibier d'eau fait son apparition. Des sentiers et une route longeant le lac, aménagé
pour la plaisance et les sports nautiques, permettent d'agréables promenades.

Au barrage long de 277 m, construit en 1861, fut adjoint en 1901 une digue de
227 m. La capacité du réservoir ainsi constitué est de 21 millions de m³. Destiné
primitivement à faciliter le flottage des bois sur la Cure *(voir p. 76 et 86)*, il sert
maintenant à régulariser le débit de l'Yonne.

À proximité, la petite localité des **Settons** est un agréable lieu de villégiature.

SOLUTRÉ   360 h.

Carte Michelin nº 🖸🖸 Sud
du pli 19 — Schéma p. 108
— Lieu de séjour p. 8.

La **roche de Solutré★**, superbe
escarpement calcaire au
profil caractéristique, est célèbre dans le domaine de la
préhistoire.

Elle a donné son nom à une
époque de l'âge de la pierre
taillée, le solutréen (15 000
à 12 000 avant J.-C.).
L'homme primitif se servait
de silex taillé et, utilisant l'os
de renne, fabriquait des
pointes et les premières ai-
guilles à chas.

Les fouilles. — Les premières
fouilles entreprises au pied
de la roche en 1866 ont
permis de découvrir un
amoncellement d'ossements
de chevaux qui forment, avec
quelques os de rennes, de
bisons et de mammouths,
une couche de 0,5 à 2 mè-
tres d'épaisseur sur près de
4 000 m².

On a cru longtemps que
cette arête montagneuse te-
nait lieu de terrain de
chasse : les chevaux étaient
rassemblés au sommet, puis

(Photo A. Gaël)

La roche de Solutré.

on les contraignait à sauter en les effrayant par le bruit et le feu. Selon une thèse récente, c'est au pied même de l'escarpement qu'ils étaient surpris, chassés et abattus, au cours de leur migration annuelle de printemps.

Reprises après 1922 et poursuivies depuis, les fouilles révélèrent la présence sous le charnier de trois squelettes d'hommes de la période aurignacienne (plus ancienne que le solutréen), de silex taillés, de squelettes de la période néolithique (plus récente) avec outils en pierre polie, céramique et poteries, et de squelettes de l'âge de bronze, encore plus proche de nous.

Les touristes intéressés par la civilisation solutréenne ne manqueront pas de visiter la salle de Préhistoire du musée municipal de Mâcon (p. 105).

Panorama. *— 1 km, plus 3/4 h à pied AR. En venant de Mâcon par le D 54, traverser Solutré et, 600 m après le cimetière, prendre à droite la deuxième petite route accessible aux voitures et aboutissant à un parking.*

Un sentier conduit au Crot du Charnier *(fouilles)*, puis au sommet de la roche de Solutré (495 m d'altitude). Le parcours bien que limité assure une vue étendue sur la vallée de la Saône, sur la Bresse, le Jura et, par temps clair, sur les Alpes.

★★ SUIN (Butte de)

Carte Michelin n° 69 pli 18 — 7 km au Sud-Est de St-Bonnet-de-Joux.

À proximité du D 17, à mi-chemin entre Charolles et Cluny, se dresse la butte de Suin, à 593 m d'altitude.

Laisser la voiture au parking derrière le monument aux morts, et prendre le sentier qui passe à droite de l'église. À hauteur de la statue de la Vierge, monter à droite les escaliers qui donnent accès à la table d'orientation *(1/4 h à pied AR)*.

De là, on découvre un magnifique **panorama★★** circulaire. Au Nord, se dresse le mont St-Vincent (603 m) ; au Nord-Est, s'étend la dépression formée par la vallée de la Grosne et, au-delà, la vallée de la Saône. À l'Est, s'élève la ligne des monts du Mâconnais. Au Sud-Est, on distingue le signal de la Mère Boitier (758 m) ; au Sud, le mont St-Rigaux et la montagne de St-Cyr ; à l'Ouest, au premier plan, le mont Botey (561 m), et au-delà le Brionnais, le Charollais et la vallée de la Loire.

La butte de Suin sert aussi de lieu d'envol aux amateurs de deltaplane.

★★ SULLY (Château de)

Carte Michelin n° 69 pli 8 — 4 km au Nord-Ouest d'Épinac.

cv Le château de Sully, résidence Renaissance, constitue, avec son vaste parc et ses communs, un magnifique ensemble qui rappelle, par son ordonnance et sa décoration, le château d'Ancy-le-Franc *(p. 37)*.

C'est au début du 16e s. que Jean de Saulx, ayant acquis la terre de Sully, commença d'y édifier le château dont son fils, le maréchal de Tavannes, poursuivit la construction. Les douves qui l'entourent sont alimentées par la Drée.

Quatre ailes flanquées de tours d'angle carrées posées en losanges enserrent une cour intérieure. La façade d'arrivée présente au premier étage de larges baies séparées par des pilastres.

Sur la façade Sud, deux tourelles en encorbellement encadrent la chapelle, tandis que la façade Nord, refaite au 18e s., est précédée d'un escalier monumental donnant accès à une terrasse, aux beaux balustres, dominant une pièce d'eau.

C'est dans ce château que naquit le maréchal de **Mac-Mahon,** duc de Magenta, président de la République de 1873 à 1879.

TAIZÉ
140 h.

Carte Michelin n° 69 pli 19 — 10 km au Nord de Cluny.

En 1940, s'est installée à Taizé, fondée par le pasteur Schutz (devenu Frère Roger), une communauté œcuménique chrétienne réunissant des protestants, catholiques et orthodoxes. Elle comprend aujourd'hui plus de 80 frères originaires d'une vingtaine de pays et engagés pour la vie par des vœux monastiques. Elle accueille en outre des jeunes gens venus du monde entier, venus à la recherche d'unité et de réconciliation. Sur place, un village de toile et de nombreux bungalows d'hébergement, des ateliers d'artisanat et stands d'exposition-vente témoignent de la vitalité du mouvement.

CURIOSITÉS

cv **Église de la Réconciliation.** — Inaugurée en 1962, c'est le lieu de la prière commune. Son carillon (de cinq cloches) est disposé à l'extérieur.

L'église, à la façade de béton brut percée d'un grand portail et d'étroites verrières, sert aux trois prières quotidiennes de la communauté ; sa nef est bordée, à droite, par un passage donnant accès aux cryptes et éclairé de sept petits vitraux carrés représentant les grandes fêtes liturgiques : l'agneau de Pâques, couleur de flamme, ne se distingue tout d'abord que par son œil clair ; le dernier vitrail, la Transfiguration, offre une composition bleu pâle et rouge sombre autour de personnages couleur ocre.

La première crypte est une chapelle orthodoxe ; la deuxième crypte, hexagonale, est un lieu de silence : elle s'ordonne autour d'un pilier central soutenant le chœur.

Église paroissiale. — Cette église romane, éclairée de vitraux en meurtrières, a été réaménagée dans un style dépouillé. Utilisée également pour la prière œcuménique de la communauté, elle est surtout consacrée à la prière personnelle et silencieuse.

★ TALMAY (Château de)

Carte Michelin nº 🔢 pli 13 — 6 km au Nord de Pontailler-sur-Saône.

Par un vieux pont, on accède à la cour d'honneur.

cv Le puissant donjon carré du 13ᵉ s., haut de 46 m, coiffé d'une toiture d'époque Louis XIV surmontée d'un lanternon, est le seul vestige du château féodal qui fut détruit en 1760 et remplacé par le beau château actuel de style classique.

Le corps de logis 18ᵉ s. porte à son fronton une curieuse décoration : Cybèle au centre, le Soleil et la Lune à droite et à gauche. Il est entouré de jardins à la française arrosés par la Vingeanne.

Les différents étages de la tour sont meublés avec goût. On visite tout d'abord de belles pièces Renaissance, avec plafond sculpté et boiseries du 17ᵉ s., et, au-dessus, la bibliothèque, une salle ornée de boiseries Louis XIV, le corps de garde doté d'une belle cheminée.

Du haut de la tour, un vaste panorama s'offre à l'Ouest sur la « Côte » prolongée au Nord par le plateau de Langres tandis que se profilent au Sud-Est les hauteurs du Jura.

Promeneurs, campeurs, fumeurs...
soyez prudents !
Le feu est le plus terrible ennemi de la forêt.

★★ TANLAY (Château de)

Carte Michelin nº 🔢 pli 7 — 9 km à l'Est de Tonnerre.

cv Magnifique composition architecturale, le château de Tanlay, édifié vers 1550, peu de temps après celui d'Ancy-le-Franc, est un beau monument de la Renaissance française, dégagée de l'influence italienne.

En arrivant à Tanlay de l'Est par le D 965 qui se rapproche de l'Armançon, on a une vue d'ensemble sur cette somptueuse résidence et son parc ; l'éclairage de fin d'après-midi est particulièrement favorable.

VISITE *environ 3/4 h*

Extérieur. — Le petit château, élégante construction de sytle Louis XIII, donne accès à la cour Verte entourée d'arcades sauf à gauche où un pont, passant sur les larges douves, conduit au portail monumental ouvrant sur la cour d'honneur du grand château. Construit sur une ancienne forteresse féodale par François de Coligny d'Andelot, le château a été terminé et somptueusement embelli par Michel Particelli d'Hémery, surintendant des Finances, génie financier dont Mazarin dut pourtant se séparer tant l'effort fiscal qu'il réclamait suscita de mécontentement. Depuis la fin du 17ᵉ s. il appartient à la famille Thévenin de Tanlay.

Le corps de logis principal se rattache aux deux ailes — plus basses et construites en retour d'équerre — par deux belles tourelles d'escalier à pans coupés. Chaque aile se termine par une tour ronde couverte d'un dôme à lanternon.

À gauche se dresse la tour des Archives, à droite celle de la Chapelle.

Intérieur. — On visite successivement : au rez-de-chaussée, le vestibule dit des Césars, fermé par une admirable grille en fer forgé du 16ᵉ s., le très beau salon de compagnie aux boiseries du 17ᵉ s., la salle à manger avec meubles et portraits d'époque. L'escalier en colimaçon est pourvu d'une rampe d'une grande légèreté. Les chambres du premier étage sont meublées avec goût. La plupart sont, comme les salles du rez-de-chaussée, ornées de cheminées sculptées. Une grande galerie en trompe-l'œil est recouverte de fresques en camaïeu.

Au dernier étage, une pièce d'angle dans la tourelle aurait été un lieu de rendez-vous des conspirateurs huguenots à l'époque des guerres de Religion. Sa voûte en forme de coupole est recouverte d'une fresque de l'école de Fontainebleau, composée de personnages représentant des catholiques et des protestants marquants du 16ᵉ s.

★ TERNANT   303 h.

Carte Michelin nº 🔢 pli 6 — 13,5 km au Sud-Ouest de Luzy.

L'amateur d'art qui visite le Nivernais ou le Morvan ne doit pas manquer de se rendre à Ternant pour voir, dans la modeste église de ce village, deux magnifiques triptyques flamands.

★★TRIPTYQUES DE L'ÉGLISE *visite : 1/2 h*

cv Du 15ᵉ s., en bois sculpté, peint et doré, ils ont été offerts à l'église par le baron Philippe de Ternant, chambellan du duc de Bourgogne, Philippe le Bon, et son fils Charles de Ternant.

Grand triptyque. — Il est consacré à la Passion du Christ. Dans le panneau central est figurée la Mort du Christ. En bas, c'est la pamoison de la Vierge soutenue par saint Jean et les saintes femmes ; au premier plan sont agenouillés le donateur Charles de Ternant et sa femme Jeanne.

Dans le compartiment de gauche, la Pietà est entourée de saint Jean, de Marie-Madeleine et des saintes femmes. À droite, c'est la Mise au tombeau. Les volets peints représentent des scènes de la Passion : l'Agonie au Jardin des Oliviers, le Christ portant sa croix, la Résurrection, la Descente de Jésus aux limbes.

Petit triptyque. — Plus ancien, il est dédié à la Vierge et traité avec une finesse exquise. Au centre du panneau sculpté, dans la scène de la Dormition, un petit ange — la tête recouverte d'un capuchon — extrait, du chevet de la Vierge, son âme figurée par une fillette en prières. Au-dessus, l'Assomption de la Vierge portée au Ciel sur un croissant de lune que soutient un ange : cette particularité ne se retrouve nulle part ailleurs.

À gauche du motif central est représentée la dernière audience de la Vierge aux apôtres tandis qu'à droite se déroule son cortège funèbre.

Les peintures des volets sont remarquables. Outre des scènes de la vie de la Vierge — l'Annonciation, la Vierge couronnée, le Christ portant le globe, les funérailles de la Vierge —, on peut voir représentés le donateur Philippe de Ternant, vêtu du damier — armes de sa maison —, le cou orné du collier de la Toison d'Or, et son épouse Isabeau en costume d'apparat, accompagnée de la Vierge couronnée.

TIL-CHÂTEL   755 h.

Carte Michelin n° 🔢 Nord-Est du pli 12.

C'est là que l'Ignon rejoint la Tille, affluent de la Saône.

Église St-Florent. — Cette église romane (12e s.) s'ouvre par un beau portail : au tympan, le Christ en majesté est entouré des symboles des quatre évangélistes. Le portail latéral, d'inspiration identique, est plus dépouillé.

À l'intérieur, on remarque les chapiteaux de la nef, la coupole sur trompes à la croisée du transept, l'abside en cul-de-four avec ses absidioles. L'autel du 12e s. est construit sur l'énorme pierre où fut décapité saint Florent. Statues de bois anciennes (Christ aux outrages du 12e s. et Calvaire italien du 17e s.), tombeau de saint Honoré et sa châsse naïve en bois peint, du 16e s., cinq pierres tombales gravées.

EXCURSION

cv **Château de Grancey.** — *26 km au Nord-Ouest par le D 959 qui traverse Is-sur-Tille et Marey-sur-Tille.* À côté des restes d'un château des 12e et 15e s. : fossés, pont-levis, vaste chapelle seigneuriale, le château actuel de Grancey a été édifié aux 17e et 18e s., sur une terrasse dominant un beau parc dans un site pittoresque.

TONNERRE   6 181 h. (les Tonnerrois)

Carte Michelin n° 🔢 pli 6 — Lieu de séjour p. 8.

Entourée de vignes et de verdure, Tonnerre est une agréable petite ville adossée à l'une des collines qui soulignent la rive gauche de l'Armançon. Vieille ville et nouveaux quartiers étagés sont dominés par l'église St-Pierre et la tour Notre-Dame. De la terrasse St-Pierre, vue d'ensemble très étendue.

Peu de monuments ont survécu à l'incendie qui ravagea la ville au 16e s., mais son vieil hôpital et le beau sépulcre qu'il abrite comptent parmi les trésors bourguignons.

Le chevalier d'Éon. — C'est à Tonnerre que naquit, en 1728, Charles-Geneviève-Louise-Auguste-Andrée-Thimotée Éon de Beaumont, connu sous le nom de chevalier ou chevalière d'Éon. Après une brillante carrière militaire et diplomatique, au cours de laquelle il avait dû utiliser un costume féminin, il subit des revers de fortune, dut s'exiler à Londres et ne fut autorisé à reparaître en France que sous des vêtements de femme. Étant retourné en Angleterre, il y mourut en 1810. Jusqu'au bout, l'incertitude persista au sujet de son sexe. L'annonce de sa mort provoqua un vaste mouvement de curiosité. L'autopsie de son cadavre mit un point final à cette controverse. Charles d'Éon était bien du sexe masculin.

ANCIEN HÔPITAL
visite : 1/2 h

cv Ce beau bâtiment, édifié en 1293 par Marguerite de Bourgogne, veuve du roi de Naples et de Sicile, Charles d'Anjou, frère de Saint Louis, nous est parvenu intact, à quelques modifications de détail près.

Extérieurement, les murs de la salle, malgré leurs contre-forts, semblent écrasés par la haute toiture qui couvre une surface de 4 500 m². La façade Ouest a été transformée au 18e.

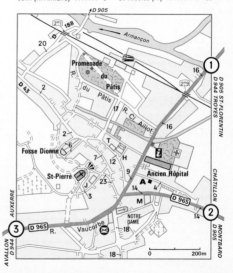

TONNERRE

Hôpital (R. de l')	9
Hôtel-de-Ville (R. de l')	12
St-Pierre (R.)	23
Campenon (R. Gén.)	2
Colin (R. Armand)	3

Fontenilles (R. des)	4
Fosse-Dionne (R. de la)	6
Garnier (R. Jean)	7
Pompidou (Av. G.)	14
Pont (R. du)	16
République (Pl. de la)	17
St-Michel (R.)	18
St-Nicolas (R.)	20

Intérieur. — Bien que raccourcie de 20 m au 18ᵉ s., la grande salle est de dimensions impressionnantes (longueur 80 m, largeur 18,20 m). Le berceau lambrissé et la **charpente★** en chêne sont remarquables. Les lits des malades, au nombre de quarante, étaient installés dans des alcôves de bois et s'alignaient, comme à l'Hôtel-Dieu de Beaune, qui est postérieur de 150 ans, le long des murailles percées de hautes baies cintrées que divisent des arcs brisés. A partir de 1650, la salle fut désaffectée et servit maintes fois d'église paroissiale. Maints Tonnerrois y furent inhumés : c'est ce qui explique la présence de nombreuses dalles funéraires.

Sur le dallage, on remarque un gnomon (sorte de cadran solaire) tracé au 18ᵉ s. par un bénédictin et l'astronome Lalande.

L'église de l'hôpital s'ouvre au fond de la salle. Au centre du chœur, tombeau de Marguerite de Bourgogne, refait en 1826. Au-dessus de l'autel, Vierge en pierre, du 14ᵉ s.

A droite du maître-autel, une petite porte donne accès à la chapelle du Revestière abritant une **Mise au tombeau★** offerte au 15ᵉ s. par un riche marchand de la ville *(illustration ci-contre)*. Les personnages de ce sépulcre composent une scène d'une dramatique

(D'après photo Éd. La Cigogne)

Tonnerre. — Le Saint-Sépulcre.

intensité. Dans la chapelle latérale gauche, on peut voir le tombeau monumental de Louvois, acquéreur du comté de Tonnerre en 1684. Les statues de bronze représentent, l'une la Vigilance, par Desjardins, l'autre la Sagesse, par Girardon.

Les statues de bois placées dans des niches au fond de la salle, au-dessus de la tribune, et représentant Marguerite de Bourgogne et Marguerite de Beaumont, comtesse de Tripoli, qui se retira ici avec la fondatrice, sont de la fin du 13ᵉ s.

Dans la salle du Conseil de l'hôpital, parmi les objets exposés, on peut voir les originaux de la Charte de Fondation (1293), le testament de la reine (1305), une grande croix d'or dans laquelle est enchâssé un morceau de la Croix.

AUTRES CURIOSITÉS

CV **Église St-Pierre.** — Elle s'élève sur une terrasse rocheuse offrant une belle vue sur la ville et les environs. Sauf le chœur, du 14ᵉ s., et la tour carrée, du 15ᵉ s., elle a été reconstruite en 1556 après l'incendie de la ville. Sur le côté droit, beau portail avec statue de saint Pierre au trumeau.

A l'intérieur, le buffet d'orgues est du 17ᵉ s. ainsi que la chaire et le banc d'œuvre (réservé aux marguilliers). Deux peintures sur bois, du 16ᵉ s., représentent la Passion.

Fosse Dionne. — Ce bassin circulaire, qu'emplit une belle eau de teinte bleu-vert, est utilisé comme lavoir. Il est alimenté par une source vauclusienne qui, après avoir parcouru dans les rochers une galerie à forte pente de 45 m de longueur, débouche par un entonnoir au centre du bassin ; son débit est extrêmement variable suivant les saisons et l'abondance des pluies. Il se déverse dans l'Armançon par un petit cours d'eau.

Hôtel d'Uzès (A). — La Caisse d'Épargne occupe ce charmant logis de la Renaissance, maison natale du chevalier d'Éon de Beaumont ; le dessin des portes de la façade Est est d'un goût particulièrement délicat.

Promenade du Pâtis. — Agréable promenade ombragée.

Sachez tirer parti de votre **guide Michelin**
consultez la légende p. 34.

TOUCY
2 865 h. (les Toucyquois)

Carte Michelin nº 🔢 pli 4 — 24 km à l'Ouest d'Auxerre — Lieu de séjour p. 8.

Cette localité, bâtie sur la rive droite de l'Ouanne, possède une église ayant l'aspect d'une forteresse : le chevet, flanqué de deux tours du 12ᵉ s., et le mur Nord de l'édifice sont les restes de l'ancienne enceinte du château des barons de Toucy.

Toucy est la ville natale du grand lexicographe **Pierre Larousse** (1817-1875). Cet infatigable chercheur se signala très jeune par un intense désir d'apprendre. Il se consacra d'abord quelque temps à l'enseignement. Mais son besoin d'« instruire tout le monde et sur toute chose » le poussa à entreprendre un Dictionnaire de la Langue française, bientôt suivi de nombreux ouvrages sur le style et la grammaire. Travailleur acharné, il rêva d'un dictionnaire universel « donnant réponse à toutes les questions ». Pierre Larousse disparut avant la sortie de cette œuvre gigantesque que constitue le Grand Dictionnaire du XIXᵉ Siècle, mais il en avait pourtant assuré l'achèvement. C'est un monument intellectuel d'une portée considérable qui pendant longtemps fut sans égal à l'étranger.

EXCURSION

Villiers-St-Benoît. — 380 h. *8 km au Nord-Ouest de Toucy par le D 950.*

cv Un **musée d'art régional** a été aménagé. Il renferme, à l'étage (combles), une importante collection de grès de la Puisaye (17e-18e s.) et de faïences de l'Yonne (18e-19e s.). Le rez-de-chaussée présente la reconstitution d'un intérieur bourguignon contenant un beau mobilier et un panorama de la sculpture bourguignonne de l'époque romane jusqu'au 16e s., englobant d'importantes œuvres de l'école dijonnaise du 15e s., ainsi que des ivoires flamands du 16e s., des objets de culte, etc.

★★ TOURNUS   6 704 h. (les Tournusiens)

Carte Michelin n° 69 pli 20 — Schéma p. 108.

La ville, bien située sur la rive droite de la Saône entre Chalon et Mâcon, bénéficie du cadre agreste des collines du Mâconnais, région riche de vieilles pierres et de vins renommés favorisée par la douceur du climat.

Cette ancienne cité gauloise des Éduens devenue castrum à l'époque gallo-romaine a conservé des vestiges de ses anciennes fortifications, que dominent les hauts clochers de son église abbatiale. Car Tournus demeure surtout, par la beauté architecturale et l'harmonieuse ampleur de l'église et des bâtiments abbatiaux qui remontent au 10e s., l'un des plus importants témoins et le plus ancien des centres monastiques de France.

La cité monastique. — Vers l'an 180, un chrétien d'Asie Mineure, saint Valérien, vient à Tournus évangéliser la population ; il y est martyrisé sur une colline dominant la Saône. Les sanctuaires fondés à l'emplacement de son tombeau sont, à l'époque mérovingienne, convertis en abbaye et placés sous le vocable de saint Valérien.

En 875, le monastère prend un développement considérable, par suite de l'arrivée des moines de Noirmoutier. Fuyant dès le début du 9e s. devant les Normands, ils mènent une vie errante avant de s'installer à l'abbaye St-Valérien, concédée aux moines par Charles le Chauve. Ils y transportent les reliques de saint Philibert, fondateur de Jumièges, mort à Noirmoutier en 684 — événement déterminant qui place l'abbaye sous un nouveau vocable.

Une invasion hongroise, en 937, compromet la prospérité de l'abbaye. Incendiée, puis reconstruite, elle est, vers 945, abandonnée des religieux, regroupés en Auvergne au monastère de St-Pourçain. Ancien prieur de cette abbaye, l'abbé Étienne est appelé avec les moines à revenir à l'abbaye St-Philibert en 949, par décision du concile. Sous son impulsion reprennent les constructions, concrétisées au 12e s. par l'achèvement d'une des plus belles parties de l'église. Plusieurs fois endommagée au cours des siècles, elle sera restaurée et remaniée jusqu'à sa mise à sac par les Huguenots en 1562. Transformée en collégiale en 1627, l'abbaye devient église paroissiale en 1790, échappant ainsi aux destructions irrémédiables.

★ ANCIENNE ABBAYE
visite : 1 h

★★Église St-Philibert. — On y
cv accède depuis la route nationale par la rue Albert-Thibaudet passant par les deux tours rondes qui marquaient l'entrée principale appelée encore porte des Champs, de l'ancienne enceinte de l'abbaye.

Façade. — Faite de belles pierres taillées aux 10e et 11e s., elle se présente comme une sorte de donjon percé d'archères ponctuant de taches sombres la chaude couleur de la pierre. La nudité des murs puissants est rompue par des bandes lombardes. Le parapet crénelé avec mâchicoulis reliant les tours accuse l'aspect militaire de l'édifice. Cette galerie de la terrasse ainsi que le porche sont l'œuvre de restauration de Questel, au 19e s. La tour de droite est coiffée d'un toit en bâtière, tandis que l'autre a été rehaussée à la fin du 11e s., par un clocher dont les deux éta-

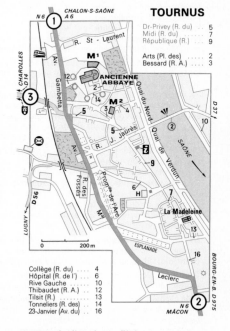

TOURNUS

Dr-Privey (R. du)	5
Midi (R. du)	7
République (R.)	9
Arts (Pl. des)	2
Bessard (R. A.)	3

Collège (R. du)	4
Hôpital (R. de l')	6
Rive Gauche	10
Thibaudet (R. A.)	12
Tilsit (R.)	13
Tonneliers (R. des)	14
23-Janvier (Av. du)	16

ges remarquablement ornementés sont surmontés d'une haute flèche.

Les deux statues-colonnes qui ornent les arêtes de l'étage supérieur figurent parmi les plus anciennes de ce type.

Pénétrer dans l'église par la porte du petit bâtiment, à droite de la façade.

Narthex. — C'est un lieu de transition entre l'extérieur et la maison de Dieu, lieu de préparation à la prière, que favorise la pénombre. Dans sa rudesse et sa simplicité, son architecture atteint une singulière grandeur. Quatre énormes piliers à tailloir circulaire le divisent en trois nefs de trois travées. La nef centrale est voûtée d'arêtes tandis que les collatéraux sont couverts de berceaux transversaux.

La voûte, dont une travée, à gauche, est peinte en échiquier noir et blanc (blason des Digoine, ancienne et puissante famille mâconnaise), s'orne au-dessus de l'entrée de la nef d'un Christ en majesté (1), fresque du 14e s. Sur le mur du fond du bas-côté gauche, une fresque également du 14e s. (2) figure la Crucifixion.

Les pierres tombales de forme ciculaire sont particulières à la région.

Nef. — La nef lumineuse et rose, datant du début du 11e s., est dépourvue d'ornementation. De hauts et magnifiques piliers cylindriques, en pierre rose de Préty (petite localité proche de Tournus), terminés comme ceux du narthex par de simples tailloirs, délimitent trois nefs de cinq travées.

Disposition très originale, la voûte centrale se compose d'une suite de cinq berceaux transversaux juxtaposés *(illustration p. 27)* qui reposent sur des arcs doubleaux, aux claveaux alternativement blancs et ocre, s'appuyant sur des colonnettes surmontées de grandes colonnes.

Les fenêtres hautes qui éclairent la nef sont dissimulées par les arcs.

Une voûte d'arêtes prodigieusement rehaussée, compartimentée par des doubleaux, couvre les collatéraux.

Les chapelles latérales du bas-côté Nord ont été ouvertes aux 14e et 15e s.

Dans le collatéral Sud, une niche du 15e s. abrite une statue-reliquaire du 12e s., d'influence auvergnate, Notre-Dame-la-Brune (3). En cèdre peint et redoré au 19e s., cette Vierge a gardé sa beauté majestueuse au calme rayonnant.

Transept et chœur. — Édifiés au début du 12e s. par Francon de Rouzay, ils tranchent avec le reste de la construction par la blancheur de la pierre et montrent l'évolution rapide de l'art roman.

Après l'ampleur de la nef, une rupture s'opère au niveau du transept et le chœur surprend par son étroitesse, l'architecte ayant dû suivre les contours de la crypte existante.

L'abside en cul-de-four est supportée par six colonnes à chapiteaux, surmontées de fenêtres entourées d'un fin décor sculpté. Le déambulatoire (début du 11e s.), voûté

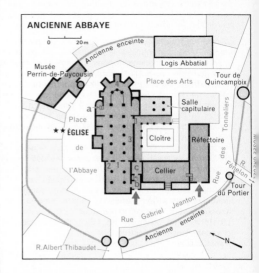

en berceau, compte cinq chapelles dont trois rayonnantes et deux orientées ; la chapelle absidale abrite la châsse de saint Philibert (4).

★**Crypte** (a). — *Accès par le croisillon Nord, à gauche du chœur.*

Cette crypte, aux murs épais, est une construction de l'abbé Étienne, de la fin du 10e s. (restaurée par Questel au siècle dernier) ; sa hauteur sous clef de voûte (3,50 m) est exceptionnelle. La partie centrale, bordée par deux rangs de très fines colonnes, dont certaines à fût galbé archaïque, aux chapiteaux à feuillages inspirés de l'antique, est entourée d'un déambulatoire avec chapelles rayonnantes. La fresque (12e s.) décorant la voûte de la chapelle de droite, représentant une Vierge à l'Enfant et un Christ en majesté, est la mieux conservée de tout l'édifice.

Chapelle St-Michel (b). — C'est la salle haute du narthex, dont la construction est antérieure à celle de la nef. Son plan est identique à celui du rez-de-chaussée, mais l'étonnante élévation du vaisseau central et la luminosité en modifient totalement l'aspect. Une grande baie cintrée communiquait avec l'église : elle est malencontreusement bouchée par le buffet d'orgues de 1629. Les sculptures archaïques des chapiteaux et des blocs qui les surmontent sont une survivance de l'époque carolingienne : l'inscription de Gerlannus à mi-hauteur de l'archivolte de cet arc triomphal pourrait évoquer l'an mille.

Bâtiments abbatiaux. — En quittant le narthex, on trouve au pied de l'escalier montant à la chapelle St-Michel un accès à l'ancienne salle des Aumônes (c) ou chauffoir (13e s.), accolée au mur Sud du narthex.

Cloître. — De l'ancien cloître St-Ardain du 11e s. il ne reste que la galerie Nord, restaurée ; un portail du 13e s. s'ouvre à son extrémité sur le bas-côté de l'église.

Salle capitulaire. — Rebâtie après un incendie en 1239, par l'abbé Bérard, elle abrite des expositions temporaires. On peut en admirer l'intérieur voûté d'ogives, par les baies romanes donnant sur le cloître.

Les bâtiments Sud, qui masquent le réfectoire, abritent la bibliothèque de la ville et celle de l'abbaye. La tour carrée du Prieuré les domine.

Sortir du cloître par la place des Arts.

Admirer le chevet aux cinq chapelles et la croisée du transept dominé par une belle tour-clocher du 12e s., d'inspiration clunisienne.

Logis abbatial. — Jolie demeure de la fin du 15e s.

Prendre la rue des Tonneliers où la tour de Quincampoix fut érigée après l'invasion des Hongrois en 937. Elle fait partie de l'enceinte de l'ancienne abbaye, au même titre que la tour du Portier, voisine.

Réfectoire. — Magnifique salle du 12e s., longue de plus de 33 m, haute de 12 m. C'est un grand vaisseau voûté d'un berceau légèrement brisé sans doubleau. En 1627, après la sécularisation de l'abbaye, elle fut utilisée comme Jeu de Paume, d'où le nom de Ballon qui la désigne encore. Elle sert à des expositions temporaires.

Cellier. — Également du 12e s. Il est éclairé par deux ouvertures en forme de soupirail, placées très haut, et voûté en berceau brisé sur doubleaux. Les caves immenses, où travaillent des artisans, s'étendent en dessous.

AUTRES CURIOSITÉS

CV **Musée Perrin-de-Puycousin** (M¹). — Ce musée folklorique, constitué par les collections offertes à la ville par M. Perrin de Puycousin en 1929, est installé dans l'ancienne maison du Trésorier, du 17e s., demeure familiale léguée de son vivant à sa ville natale par Albert Thibaudet (1874-1936), célèbre critique littéraire. Des scènes quotidiennes de la vie d'autrefois ont été reconstituées avec des mannequins de cire habillés de costumes bourguignons. Huit salles groupent une quarantaine de personnages. On remarque, entre autres, une scène d'intérieur de ferme bressane, un intérieur tournusien avec neuf costumes locaux différents, la grande salle des fileuses de Bourgogne, des collections de coiffes, de costumes et, au sous-sol, la reconstitution d'un cellier bourguignon.

CV **Musée Greuze** (M²). — Les salles consacrées à Greuze (1725-1805), né à Tournus dans la rue qui porte son nom, retiennent particulièrement l'attention. Outre sept portraits originaux, on peut voir de nombreux dessins, ainsi que des reproductions et copies.
Le musée renferme également une section de préhistoire régionale, plusieurs salles d'archéologie antique et médiévale ainsi qu'une galerie de peinture. La sculpture tournusienne du 19e s. est également représentée.

Maisons anciennes. — Le promeneur découvrira des maisons anciennes et de vieux hôtels rue du Dr-Privey, rue de la République et rue du Midi.

Vue du pont et des quais. — Du pont suspendu sur la Saône, on a une belle vue sur l'église St-Philibert et sur la ville.

CV **Église de la Madeleine.** — Construite au centre de l'ancienne ville romaine, elle offre, en dépit de dégradations extérieures, un aspect pittoresque. Le chevet, empâté dans de vieilles bâtisses, est à voir des bords de la Saône.
L'ancien porche en plein cintre du 12e s. a subsisté avec ses fines colonnettes ornées de galons perlés, d'imbrication de guirlandes verticales ou rampantes et ses chapiteaux décorés de feuillage ou d'oiseaux affrontés.
L'intérieur, uniformément blanchi à la suite de la restauration, présente une nef voûtée d'ogives du 15e s. Dans le bas-côté droit s'ouvre une chapelle Renaissance dont la jolie voûte est décorée de caissons carrés reliés par un réseau de nervures. On y voit un tabernacle de style empire et une Madeleine en bois doré. La chapelle baptismale est du 15e s.

EXCURSION

Région de St-Trivier-de-Courtes. — *Environ 20 km au Sud-Est.* Cette région typique de la plaine bressane est connue pour les **cheminées sarrasines** qui coiffent encore quelques fermes ou maisons, notamment autour de St-Trivier et à Courtes, St-Nizier, Vernoux, Romenay, Vescours...
Ces cheminées caractérisent les anciens domaines des sires de Bazé (ou Bâgé) dont St-Trivier était une place forte au Moyen Age.
Datant pour la plupart des 17e et 18e s., elles sont originales, extérieurement, par leur mitre conique, ronde ou carrée souvent ornée d'une croix et ajourée ; à l'intérieur de l'habitation, par leur énorme foyer qu'un conduit de fumée en bois relie à la mitre.

CV **Ferme de la Forêt.** — *De St-Trivier, 4 km à l'Est par le D 2 et un chemin pris à droite après Courtes.* Cette jolie ferme des 16e et 17e s., constituée par deux bâtiments à pans de bois — le plus petit avec balcon et coiffé d'une cheminée sarrasine —, a été restaurée et aménagée en musée fermier bressan.

La montagne mâconnaise. — *Circuit de 65 km — environ 2 h 1/4. Quitter Tournus par ③ du plan et suivre, jusqu'à Lugny, l'itinéraire décrit p. 107 et 108. Après Lugny, prendre au Nord le D 56 en direction de Chardonnay où l'on tourne à droite.*

Uchizy. — 645 h. L'église aurait été construite à la fin du 11e s. par les moines de Tournus. Cet édifice à trois nefs est surmonté, à la croisée du transept, d'un haut clocher constitué de cinq étages un peu en retrait les uns par rapport aux autres.

Au Nord d'Uchizy, le D 210 mène à Farges-lès-Mâcon.

CV **Farges.** — 192 h. Ce village possède une **église** romane du début du 11e s., modeste par ses dimensions, dont l'intérieur ne manque pas d'intérêt. La nef, aux beaux piliers, présente une certaine ressemblance avec celle de St-Philibert de Tournus.

De Farges, gagner le Villars par le D 210 (passant sous la N 6).

Le Villars. — 269 h. Dans le cimetière de ce village en bordure de la Saône, reposent le pianiste Alfred Cortot (1877-1962) et l'ingénieur aéronautique Gabriel Voisin (†1880-1973). Anatole France y situe l'épilogue de sa Rôtisserie de la reine Pédauque.

CV **L'église,** curieux édifice des 11e-12e s. à deux nefs (l'une, condamnée, était réservée aux religieuses d'un prieuré contigu), est précédé d'un vaste porche à double archivolte et contient des sculptures intéressantes : chaire sculptée, Vierge en marbre, Bon pasteur en bois polychrome, etc.

Revenir à la N 6, qui ramène à Tournus.

★ UCHON

Carte Michelin nº 🔲🔲 pli 7 — 8,5 km au Sud de Mesvres.

A flanc de pente, dans un décor assez rude de blocs granitiques épars, ce petit village occupe un **site★** remarquable. On peut y voir un pan de tour en ruines, une vieille église et un oratoire abritant une colonne surmontée d'une Vierge, où se réunissaient au 16e s. les fidèles venus en pèlerinage prier pour éloigner les épidémies de peste.
Une vue d'ensemble s'offre depuis le signal d'Uchon.

★★**Signal d'Uchon.** — *1,4 km au Sud par le D 275. Au sommet de la montée, 100 m environ après l'hôtel Bernard, prendre à droite un chemin goudronné. Laisser la voiture au parc de stationnement aménagé. De là gagner à pied le rocher sur lequel se trouve la table d'orientation, à 650 m d'altitude.*
Le **panorama★★**, semi-circulaire, s'étend sur la dépression de l'Arroux, large et verdoyante jusqu'aux monts de la Madeleine et aux monts Dômes. Plus près, se dressent les sommets du Morvan : le mont Beuvray à la masse trapue, le mont Préneley et le Haut-Folin.

VALLERY

328 h.

Carte Michelin nº 🔲🔲 pli 13 — 6 km au Nord-Est de Chéroy.

Ce village du Gâtinais offre trois curiosités : ses deux châteaux, très amoindris, et, dans l'église qui fut nécropole princière des Condés, le monument funéraire du père du Grand Condé.

CV **Les châteaux.** — Dans sa sobriété, le **château Renaissance,** pavillon à la toiture imposante, évoque davantage une construction de style Louis XIII qu'un fragment de palais Renaissance.
Dans le **bois de Vallery,** on montre le chêne du Grand Condé, âgé de plus de 350 ans.
La visite se termine, aux **ruines de la forteresse,** par le tour des anciens remparts du 13e s.

CV **Église.** — La chapelle du bras droit du transept dédiée à Henri II de Bourbon, prince de Condé (mort en 1646), fait son attrait. La clôture de la chapelle est traitée en cénotaphe. Le prince est allongé sur le côté. Sur la clôture sont disposées les statues en marbre des Vertus cardinales : de gauche à droite, la Prudence, la Tempérance, la Force et la Justice.

VARZY

1 595 h. (les Varzycois)

Carte Michelin nº 🔲🔲 pli 14 — Lieu de séjour p. 8.

Remplaçant les anciens remparts, de beaux boulevards ombragés enserrent ce petit bourg qui fut la résidence préférée des évêques d'Auxerre.

CURIOSITÉS

CV **Église St-Pierre.** — Elle date des 13e et 14e s. La nef aux hautes arcades comporte un élégant triforium. Dans le chœur, statue polychrome et triptyque de sainte Eugénie, du 16e s. Autre triptyque, du 17e s., dans le croisillon droit : scènes de la vie de saint Pierre.
Le trésor *(présenté dans une chambre forte à droite du chœur)* renferme des reliquaires provenant de l'ancienne collégiale de Ste-Eugénie, dont deux bras reliquaires (13e s.) de sainte Eugénie et de saint Régnobert, coffret octogonal du début du 13e s. contenant le crâne de saint Régnobert et un Christ au calvaire, en bois, du début du 16e s.

CV **Musée.** — Dans six salles sont réunies de nombreuses collections : meubles anciens, peintures, sculptures, armes, céramiques et faïences (Nevers, Clamecy, Rouen, Delft…), objets d'art religieux, sculptures sur bois du 12e s. au 16e s., sarcophages égyptiens et instruments de musique du 17e s. au 19e s. Parmi les pièces les plus intéressantes sont à citer : un Saint Hubert équestre en faïence de Nevers, du 18e s. ; un tableau de Girodet (Mort de Comala) ; une Vierge de calvaire, du 14e s. ; une tapisserie d'Aubusson, du 16e s. (reine Zénobie).

EXCURSION

CV **Château de Menou.** — *12 km à l'Ouest. Quitter Varzy par le D 977 au Nord, et après 2 km, prendre à gauche le D 5 puis le D 19.* Ce château est un bel édifice achevé en 1672 ; une grille du 18e s. donne accès à la Cour d'Honneur.

*Afin de donner à nos lecteurs l'information la plus récente possible, les **Conditions de Visite** des curiosités décrites dans ce guide ont été groupées en fin de volume, **p. 169 à 182.***

Les curiosités soumises à des conditions de visite y sont énumérées soit sous le nom de la localité soit sous leur nom propre si elles sont isolées.

Dans la partie descriptive du guide, p. 36 à 163, le sigle CV placé en regard de la curiosité les signale au visiteur.

VAULT-DE-LUGNY

322 h.

Carte Michelin n° 🔲🔲 pli 16 — 5 km à l'Ouest d'Avallon.

Situé dans la pittoresque vallée du Cousin, Vault-de-Lugny possède une **église** du 15ᵉ s. à chevet plat.

A l'intérieur, une **peinture murale** du milieu du 16ᵉ s. se déroule tout autour de la nef et du chœur, entre les grandes arcades et la retombée des ogives. Cette fresque, d'environ 70 m de longueur, représente 13 tableaux de la Passion du Christ. Les scènes sont traitées avec beaucoup d'habileté.

cv A proximité du village, **château** entouré de douves, avec donjon du 15ᵉ s.

VAUSSE (Prieuré de)

Carte Michelin n° 🔲🔲 pli 7 — 20 km à l'Ouest de Montbard, dans la forêt de St-Jean.

Ce monastère cistercien fut fondé au 12ᵉ s. par un seigneur de Montréal. Portant le vocable de Notre-Dame et Saint-Denis, le prieuré jouit d'une certaine importance jusqu'au 15ᵉ s. Avec la Renaissance, ce fut la décadence. Vendu comme bien national à la Révolution, il fut racheté par un faïencier qui y établit une fabrique. Il fut remis en état en 1869.

cv Le **cloître** roman est bien conservé, ainsi qu'une petite **chapelle** du 14ᵉ s.

L'église a été transformée en bibliothèque par Ernest Petit, historien de la Bourgogne.

★★ VÉZELAY

582 h. (les Vézeliens)

Carte Michelin n° 🔲🔲 pli 15 — Schéma p. 118 — Lieu de séjour p. 8.

Le site de Vézelay, la basilique Ste-Madeleine, la ville avec sa verdure, ses vieilles maisons et ses remparts constituent un des hauts lieux de Bourgogne et de France.

(Vu du ciel par A. Perceval)

Le site de Vézelay.

UN PEU D'HISTOIRE

Girart de Roussillon, le fondateur. — C'est à ce comte de Bourgogne, héros de légende, dont les exploits furent chantés au Moyen Age dans des chansons de geste, que l'on doit la fondation de l'abbaye de Vézelay.

Au milieu du 9ᵉ s., il installe un groupe de religieuses à l'emplacement actuel de St-Père. Le monastère ayant été détruit lors des invasions normandes, Girart de Roussillon décide d'établir un nouveau monastère sur la colline voisine, position naturelle plus facile à défendre, y installant cette fois des moines bénédictins.

Dès 878, le Pape Jean VIII consacrait la fondation de l'abbaye de Vézelay.

L'appel de saint Bernard. — Quand, le 31 mars 1146, saint Bernard prêche à Vézelay la seconde croisade, l'abbaye est alors à l'apogée de sa gloire. Depuis un siècle, l'église abrite les reliques de sainte Madeleine, « la pécheresse pardonnée et aimante » : Vézelay devient alors un des grands pèlerinages du temps et la tête de ligne de l'un des quatre itinéraires qui, à travers la France, mènent pèlerins et marchands jusqu'à Saint-Jacques-de-Compostelle. C'est du flanc de cette « colline inspirée » que saint Bernard lance un vibrant appel en faveur d'une croisade, en présence du roi de France Louis VII, entouré de ses proches et d'une foule de seigneurs. L'abbé de Clairvaux jouit d'une telle autorité morale qu'il est considéré comme le véritable chef de la chrétienté. Son appel soulève l'enthousiasme de tous les assistants qui s'engagent à partir au plus tôt pour la Terre Sainte.

Si la 3e Croisade, décidée en 1190, ne fut pas prêchée à Vézelay, c'est là que se donnèrent rendez-vous le roi de France Philippe Auguste et le roi d'Angleterre Richard Cœur de Lion, avant le départ.

Ce fut aussi le lieu choisi par saint François d'Assise pour y fonder le premier couvent de Frères Mineurs en province de France ; la mission fut confiée, aux alentours de 1217, à deux de ses disciples qui élurent domicile près de la petite église Ste-Croix, bâtie en souvenir du concile sur la hauteur où saint Bernard harangua la foule massée dans la vallée d'Asquins ; elle leur fut un peu plus tard concédée.

A partir de 1248, année de la 7e Croisade, Saint Louis, tertiaire de l'ordre de St-François, y vint plusieurs fois en pèlerinage.

En 1519, Vézelay vit naître **Théodore de Bèze,** qui prêcha la Réforme avec Calvin, et c'est au n° 20 Grande-Rue que **Romain Rolland,** qui aimait « le souffle des héros » et souhaitait l'éveil de la conscience européenne, passa les dernières années de sa vie.

Restaurée après des siècles d'abandon, l'église de la Madeleine a retrouvé son âme et l'ampleur de ses pèlerinages *(voir p. 168)* ; les pères franciscains en ont actuellement la charge et desservent à nouveau la chapelle Ste-Croix, remise en état, et dont seules quelques arcades romanes ont été conservées.

★★★BASILIQUE STE-MADELEINE *visite : 1 h*

CV De la place du Champ-de-Foire, au bas de la ville, on y accède en voiture par la porte du Barle puis par une rue en forte montée *(sens unique).* On peut garer près de l'église.

Le touriste qui a le temps et ne craint pas de marcher laissera sa voiture place du Champ-de-Foire, montera à pied par la promenade des Fossés *(p. 160)* et redescendra par la Grande-Rue en voyant les maisons anciennes *(p. 160).*

L'ancienne abbatiale, devenue église paroissiale en 1791, a été érigée en basilique en 1920.

Les étapes de la construction. — Fondé au 9e s., le monastère de Girart de Roussillon passe au 11e s. sous l'obédience de Cluny. Les miracles qui se produisent sur le tombeau de sainte Madeleine attirent bientôt une telle foule de pénitents et de pèlerins qu'il faut agrandir l'église carolingienne (1096-1104) ; en 1120, un violent incendie qui éclate la veille du 22 juillet, jour du grand pèlerinage, détruit toute la nef et ensevelit plus de mille pèlerins.

Les travaux reprennent aussitôt ; la nef est rapidement reconstruite, puis vers le milieu du 12e s., l'avant-nef ou narthex. En 1215, le chœur romano-gothique et le transept sont terminés.

Mais, à la fin du 13e s., la découverte d'autres reliques de sainte Madeleine, à St-Maximin en Provence, jette le trouble dans les esprits : les pèlerinages s'espacent, les foires et marchés perdent de leur importance ; les luttes religieuses provoquent le déclin de l'abbaye transformée en chapitre de chanoines dès 1537, pillée de fond en comble par les Huguenots en 1569 et rasée en partie à la Révolution. Lorsque, au 19e s., **Mérimée,** inspecteur des Monuments historiques, attira l'attention des pouvoirs publics sur l'admirable monument, celui-ci était sur le point de s'effondrer et, sans la restauration, il ne resterait sans doute plus qu'un tas de pierres. En 1840, **Viollet-le-Duc,** alors âgé de moins de trente ans, assuma cette tâche difficile qu'il ne termina qu'en 1859.

L'extérieur

Façade. — Elle a été rebâtie par Viollet-le-Duc d'après des documents anciens.

Reconstruite vers 1150 dans un pur style roman, elle avait été dotée au 13e s. d'un vaste fronton gothique et comportant cinq baies étroites aux meneaux ornés de statues, refaites elles aussi au 19e s. La partie supérieure forme un tympan orné d'arcatures encadrant les statues du Christ couronné entouré de la Vierge, de Madeleine et de deux anges.

La tour de droite — tour St-Michel — a été surmontée au 13e s. d'un étage à hautes baies géminées ; la flèche octogonale en bois, haute de 15 m, fut détruite par la foudre en 1819. L'autre tour est restée inachevée.

Trois portails romans ornent la façade ; le tympan du portail central a été refait en 1856 par Viollet-le-Duc qui s'inspira pour cette reconstitution du tympan primitif très mutilé : la voussure supérieure de l'archivolte, ornée de motifs végétaux, est authentique, mais le reste des voussures et les chapiteaux sont modernes.

Le tour de la basilique. — Contourner la basilique par la droite : on découvre la longueur du vaisseau que soutiennent des arcs-boutants. Ce côté de l'édifice est dominé par la tour St-Antoine (13e s.), élevée dans l'angle de la nef et du transept : haute de 30 m, à deux étages de baies cintrées, qu'une flèche de pierre couronnait autrefois, elle est d'une pureté remarquable.

Au fond, la salle capitulaire (fin du 12e s.) prolonge le croisillon Sud. La galerie du cloître a été entièrement reconstituée par Viollet-le-Duc *(voir p. 158).* A droite, de beaux jardins (privés) s'étendent sur les lieux des anciens bâtiments abbatiaux dont quelques vestiges subsistent (réfectoire du 12e s.).

Terrasse du château. — On y accède par la rue du Château. Ombragée de beaux arbres et située derrière la basilique, à l'emplacement de l'ancien château des abbés, elle offre un beau **panorama★** *(table d'orientation)* sur la vallée de la Cure et sur le Nord du Morvan.

Continuer le tour de la basilique. Aussitôt après avoir contourné l'abside, se diriger à droite vers une petite terrasse en contrebas, d'où l'on découvre une jolie vue sur le village d'Asquins et la vallée de la Cure.

Revenir devant la façade en longeant le côté gauche de la basilique : on passe alors devant les demeures construites au 18e s. par les chanoines du chapitre.

L'intérieur

Entrer dans la basilique par la porte latérale droite du narthex.

Le narthex. — Cette avant-nef, consacrée en 1150 par l'archevêque de Rouen, est postérieure à la nef et à la façade intérieure.

De vastes dimensions, le narthex apparaît comme une première église. Il comporte un vaisseau central de trois travées et deux bas-côtés surmontés de tribunes. Les quatre piliers cruciformes, aux colonnes engagées ornées de chapiteaux historiés, sont d'une belle élégance. Ils retracent des scènes de l'Ancien Testament (Joseph et la femme de Putiphar, Jacob, Isaac et Esaü, la mort de Caïn, Samson terrassant un lion…) et du Nouveau Testament (Histoire de saint Jean-Baptiste, Résurrection d'un mort par saint Benoît…).

Trois portails font communiquer le narthex avec la nef et les bas-côtés.

Lorsque le portail central est ouvert, la perspective, sur le long vaisseau radieux de lumière que forment la nef et le chœur, est un émerveillement *(1)*.

Il faut prendre le temps d'examiner en détail les sculptures de ces portails datant du second quart du 12ᵉ s., et surtout celles du portail central dont le tympan offre un magnifique exemple de l'art roman bourguignon au même titre que celui de la cathédrale St-Lazare d'Autun *(voir p. 39)*.

★★★Tympan du portail central. — Il représente la gloire du Christ, dictant leur mission à ses apôtres après la Résurrection.

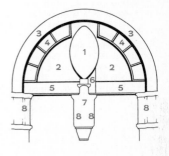

1) Le Christ en gloire, d'une taille gigantesque, trône au centre de la composition *(illustration p. 29)*.

2) Placés de part et d'autre du Christ, les douze apôtres reçoivent le Saint-Esprit sous forme de rayons émanant des mains du Sauveur.

3) Les 29 médaillons de cette voussure montrent, alternés, les travaux des mois et les signes du zodiaque.

4) Les huit scènes entourant le Christ et celles figurant sur le linteau (5) représentent les divers peuples de la terre, que les apôtres ont pour mission d'évangéliser. L'artiste a fixé dans la pierre des personnages fantastiques : hommes à tête de chien ou aux grandes oreilles, pygmées, habitants fabuleux de contrées inconnues, tels que les imaginaient les gens de cette époque.

5) Ces peuples sont accueillis par saint Pierre et saint Paul, symbolisant l'Église universelle.

6) Une statue de saint Jean-Baptiste, adossée au trumeau, porte un disque où se dessinait l'agneau pascal, symbole du Christ.

7) De part et d'autre de cette statue et sur les piédroits, plusieurs figures d'apôtres. On reconnaît saint Jean l'Évangéliste et saint Pierre conversant avec saint Paul.

On admirera avec quel soin sont traités les détails du vêtement, les plis des robes — celle du Christ en particulier — et surtout avec quelle intensité la vie se dégage de cette composition.

Tympans des portails latéraux. — Sur les portes latérales, deux voussures ornées de rinceaux et de rosaces encadrent un tympan historié.

Celui de droite représente l'Enfance du Christ : au linteau, l'Annonciation, la Visitation, la Nativité ; au tympan, l'Adoration des Mages.

Celui de gauche représente les apparitions du Christ après sa Résurrection ; au tympan, apparition aux apôtres ; au linteau, apparition aux disciples d'Emmaüs.

La nef. — Reconstruite entre 1120 et 1135 après un terrible incendie *(voir p. 158)*, cette nef romane se caractérise par ses dimensions imposantes — 62 m de longueur —, son appareil en pierre calcaire de tons différents, sa luminosité et surtout son admirable série de chapiteaux.

Beaucoup plus haute que les bas-côtés, la nef est divisée en dix travées séparées par des arcs doubleaux en plein cintre aux claveaux alternativement clairs et foncés, ce qui atténue la sévérité des lignes. Les grandes arcades en plein cintre, surmontées de fenêtres, reposent sur des piles cruciformes cantonnées de colonnes engagées ornées de chapiteaux. Un gracieux décor d'oves, de rosaces et de rubans plissés souligne les doubleaux, les grandes arcades et le bandeau qui court entre les fenêtres et les arcades.

★★★Les chapiteaux. — Plus beaux que ceux du narthex, ces chapiteaux méritent eux aussi d'être examinés particulièrement et en détail. *Le plan de la basilique, p. 160, en donne le relevé.*

Avec une science étonnante de la composition et du mouvement, le génie des artistes anonymes qui les ont créés — on veut reconnaître la main de cinq sculpteurs différents — se manifeste avec esprit et malice, et le réalisme n'exclut pas le lyrisme, le sens dramatique et même psychologique.

Le transept et le chœur. — Construits en 1096 pour agrandir l'église carolingienne, le transept et le chœur romans ont été démolis à la fin du 12ᵉ s. et remplacés par ce bel ensemble gothique terminé en 1215.

Les arcatures du triforium se prolongent sur les croisillons du transept. Des reliques de sainte Madeleine (a) conservées dans le fût d'une colonne surmontée d'une statue moderne, se trouvent dans le croisillon droit.

Un vaste déambulatoire avec chapelles rayonnantes enveloppe le chœur.

---

(1) La longueur totale intérieure de la basilique Ste-Madeleine est de 120 mètres, soit 10 mètres seulement de moins que celle de Notre-Dame de Paris.

VEZELAY★★

Chapiteaux du côté droit

 1) Un duel.
 2) La luxure et le désespoir.
 3) Légende de saint Hubert.
 4) Signe du zodiaque : la balance.
 5) Le moulin mystique (Moïse et saint Paul).
 6) La mort du mauvais riche et de Lazare.
 7) Lamech tue Caïn dissimulé dans un buisson.
 8) Les quatre vents de l'année.
 9) David chevauchant un lion.
10) Saint Martin écarte un arbre dont la chute le menace.
11) Daniel respecté par les lions.
12) Lutte de l'ange et de Jacob.
13) Isaac bénit Jacob.

Chapiteaux du côté gauche

14) Saint Pierre est délivré de prison.
15) Adam et Ève.
16) Deux chapiteaux de ce pilier sont consacrés à la légende de saint Antoine, le troisième représente des animaux.
17) Exécution d'Agag.
18) Légende de sainte Eugénie : grâce à un travestissement, elle devint abbé d'un monastère d'hommes ; accusée par la suite d'avoir outragé une femme, pour démontrer son innocence, elle entrouvre sa robe.
19) Mort de saint Paul ermite, dont deux lions creusent la fosse ; au-dessus, saint Antoine prie pour lui.
20) Moïse et le Veau d'Or.
21) La mort d'Absalon : pris tout d'abord par les cheveux dans les branches d'un arbre, puis décapité.
22) Deux phases du combat de David et de Goliath.
23) Meurtre de l'Égyptien par Moïse.
24) Judith et Holopherne.
25) La calomnie et l'avarice.

La crypte. — La crypte carolingienne a été complètement remaniée dans la seconde moitié du 12ᵉ s. Elle abritait le tombeau de sainte Madeleine lors des grands pèlerinages médiévaux et contient actuellement une partie de ses reliques. Sur la voûte, peintures du 13ᵉ s.

La salle capitulaire et le cloître. — Construite à la fin du 12ᵉ s., peu de temps avant le chœur de la basilique, la salle capitulaire est couverte de six voûtes d'ogives. Elle a été restaurée par Viollet-le-Duc.
Rasé à la Révolution, le cloître comportait au centre une vaste citerne qui existe toujours et qui fut pendant longtemps la seule réserve d'eau de la ville. Viollet-le-Duc a reconstitué une galerie, en style roman.

Montée à la tour. — Un escalier de 200 marches (près du portail gauche) mène au sommet de la tour en passant au-dessus du narthex, sous les charpentes.
L'accès à la plate-forme permet de mieux apprécier l'ensemble du paysage et offre une **vue★** plus étendue que de la terrasse sur la vieille ville, la vallée de la Cure, le Morvan et l'Auxerrois.

AUTRES CURIOSITÉS

Promenade des Fossés. — De la place du Champ-de-Foire, en bas de la ville, suivre la promenade des Fossés aménagée sur les anciens remparts qui ceinturaient la ville au Moyen Age et que jalonnent sept tours rondes.
La **porte Neuve** (14ᵉ-16ᵉ s.), sur laquelle on voit un écusson aux armes de la ville de Vézelay, est flanquée de deux tours à bossages et mâchicoulis et donne accès à une jolie promenade ombragée de noyers.
De la **porte Ste-Croix** ou porte des Cordeliers, d'où l'on a une jolie vue sur la vallée de la Cure, un chemin descend à la Cordelle, qui garde le souvenir de saint Bernard, venu prêcher la seconde croisade en 1146. Une croix, élevée à cet emplacement, commémore également ce grand événement *(voir p. 157)*.
La promenade aboutit à la terrasse du château, derrière la basilique *(voir p. 158)*.

Maisons anciennes. — De la basilique Ste-Madeleine à la place du Champ-de-Foire, la descente (à pied) s'effectue par des rues étroites et tortueuses, dans le cadre pittoresque du vieux bourg qui a conservé plusieurs demeures anciennes : portes sculptées, fenêtres à meneaux, escalier en encorbellement formant tourelle, vieux puits surmontés d'une armature en fer forgé, constituent le plus charmant des décors.

VILLENEUVE-L'ARCHEVÊQUE
1 234 h. (les Villeneuviens)

Carte Michelin n° 🔲 pli 15 — 24 km à l'Est de Sens.

C'est dans cette petite ville de la vallée de la Vanne, fondée au 12e s. par l'achevêque de Sens, que Saint Louis, en 1239, reçut solennellement des Vénitiens la Couronne d'épines pour laquelle le roi devait faire construire à Paris un magnifique reliquaire : la Sainte-Chapelle.

cv **Église.** — Elle date des 12e, 13e et 16e s. La façade est flanquée d'une tour coiffée d'ardoises. A sa base, beau portail du 13e s. consacré à la Vierge : six grandes statues encadrent celle de la Vierge à l'Enfant adossée au trumeau. Au sommet du tympan, dont la voussure est formée par un triple cordon de personnages en relief, est représenté le Couronnement de la Vierge.
A l'intérieur, Mise au tombeau (1528) provenant de l'ancienne abbaye de Vauluisant (7 km au Nord) devenue une ferme.

VILLENEUVE-SUR-YONNE
4 980 h.

Carte Michelin n° 🔲 pli 14 — Lieu de séjour p. 8.

Créée de toutes pièces en 1163 par le roi Louis VII, Villeneuve-sur-Yonne qui s'appelait alors Villefranche-le-Roy fut, au Moyen Age, résidence royale. Les remparts ont été aménagés en jardins, mais deux portes fortifiées subsistent encore.

CURIOSITÉS

cv **Église Notre-Dame.** — La première pierre de cet édifice fut posée par le pape Alexandre III en 1163. La construction, où se mêlent les influences bourguignonnes et champenoises, s'échelonne du 13e au 16e s. La façade, de style Renaissance, est remarquable tant par l'harmonie de ses proportions que par la délicatesse de son ornementation.
La nef gothique, de vastes dimensions, est décorée de chapiteaux à feuillages. Le chœur et le déambulatoire, du 13e s., sont les parties les plus anciennes.
Dans le bas-côté gauche, la chapelle du Sépulcre abrite une Mise au tombeau : Christ en bois du 14e s. et personnages en pierre, de la Renaissance. Dans la première chapelle du bas-côté droit, au vitrail du 16e s. retraçant la vie de la Vierge, se trouve une statue du 14e s. : Notre-Dame-des-Vertus dont l'Enfant Jésus tient une colombe.

VILLENEUVE-S-YONNE

Bretoche (Quai)	2
Dixmont (R. de)	3
Espérance (Fg de l')	5
Joubert (R.)	6
Lemoce-Fraix (R.)	8
Peynot (Bd E.)	10
République (Pl. de la)	12
St-Nicolas (Fg)	14

Porte de Sens (ou de Champagne). — 13e s. C'est un bon exemple de l'architecture militaire médiévale.

Porte de Joigny (ou de Bourgogne). — Du 13e s. mais remaniée au 16e s., elle forme un bel ensemble avec les maisons environnantes.

Tour Louis-le-Gros. — Ce gros donjon cylindrique de l'ancien château royal date du 12e s.

Maison des Sept-Têtes. — Ancienne maison de poste du 18e s.

EXCURSION

Dixmont. — 584 h. *10 km au Nord-Est de Villeneuve-sur-Yonne par le D 15.*
De l'ancienne église romane, il ne subsiste que peu de chose ; renouvelée et agrandie, elle comprend divers éléments du 13e au 16e s. Au portail d'entrée, deux intéressantes statues : à droite Marie, à gauche l'Ange Gabriel.

GUIDES MICHELIN

Les guides Rouges (hôtels, restaurants) :

**France — Benelux — Deutschland — España Portugal — main cities EUROPE —
Great Britain and Ireland — Italia**

Les guides Verts (paysages, monuments, routes touristiques) :

**Allemagne — Autriche — Belgique — Espagne — Hollande — Italie — Portugal —
Suisse
Maroc — Grèce
Londres — Rome
New York — Nouvelle Angleterre — Canada**

...et la collection des guides régionaux sur la France.

YONNE (Vallée de l')

Cartes Michelin nᵒˢ 🄖🄑 pli 14, 🄖🄔 plis 5, 15, 16 et 🄖🄙 pli 6.

De toutes les rivières morvandelles, l'Yonne est la plus importante. Sa vallée très pittoresque constitue pour le touriste, entre Auxerre et Château-Chinon, une accueillante voie de pénétration vers les sommets du Morvan.

Un cours d'eau capricieux. — Née à 730 m d'altitude, sur les pentes du mont Preneley au Sud-Est de Château-Chinon, l'Yonne se jette dans la Seine à Montereau après un parcours de 273 km ; au confluent, son débit est supérieur à celui du fleuve. Les pluies fréquentes qui tombent sur le Morvan et l'imperméabilité de presque tous les terrains que la rivière traverse provoquent des crues violentes.

L'Yonne, élément perturbateur, est considérée comme l'enfant terrible du système hydrographique du bassin de la Seine. Les affluents de l'Yonne, dont la Cure est le plus important, ont un cours rapide et presque torrentiel et ne font qu'accentuer le caractère irrégulier de son régime.

La construction d'un certain nombre de barrages et de retenues, dont le principal ouvrage est celui de Pannesière-Chaumard *(description p. 126)*, a permis de régulariser le débit de l'Yonne en retenant une partie des eaux des crues et en lâchant ces eaux pendant la saison d'été. L'adjonction de barrages de compensation à rendu cette opération plus efficace.

Flottage et navigation. — L'utilisation de l'Yonne et de la Cure comme « chemin d'eau » depuis le 16ᵉ s., grâce à l'invention du flottage *(voir p. 76 et 86)*, correspond à une période de grande activité pour les villes riveraines. Ce flottage a cessé d'exister en 1923, tandis que se développait le transport par péniches.

C'est à partir d'Auxerre que l'Yonne est classée comme rivière navigable. Le canal du Nivernais la relie au bassin de la Loire, le canal de Bourgogne à celui de la Saône.

De Sens à Auxerre 62 km — environ 1 h

★★**Sens.** — Visite : 1/2 h. Description p. 146.

> *Quitter Sens par ③, N 360 puis N 6 qui longe la rivière.*

Villeneuve-sur-Yonne. — *Page 161.*

La vallée, particulièrement agréable entre Villeneuve-sur-Yonne et Joigny, sépare le bocage du Gâtinais de la forêt d'Othe.

> *Traverser l'Yonne à Villevallier.*

St-Julien-du-Sault. — *Page 136.*

> *Prendre le D 3, qui suit de loin la rive gauche de l'Yonne, puis le D 182.*

Joigny. — *Page 102.*

> *Quitter Joigny par ③, N 6.*

CV **Appoigny.** — 2 625 h. Cette localité, bien groupée sur la rive gauche de l'Yonne, possède une **église** du 13ᵉ s., surmontée d'une tour du 16ᵉ s. L'intérieur, très restauré, présente un beau jubé sculpté Renaissance, malheureusement en assez mauvais état.

> *La N 6 gagne Auxerre.*

★★**Auxerre.** — Visite : 3/4 h. Description p. 44.

D'Auxerre à Clamecy 59 km — environ 3 h

> *Quitter Auxerre par le D 163 et suivre la rive gauche de l'Yonne.*

D'Auxerre à Cravant, l'Yonne présente les caractères d'une rivière de plaine ; ses eaux, grossies de celles de la Cure, s'étalent dans une vallée assez large. Les coteaux voisins sont couverts de vignes ; ceux qui dominent la route, à droite, sont plantés de cerisiers.

> *Peu après Vincelles, prendre à droite le D 100.*

Au sommet d'une côte, on a une vue sur le village de **Cravant** *(p. 86)* qui s'élève au confluent de l'Yonne et de la Cure.

Après Bazarnes, la route longe de très près la rivière bordée d'arbres. La vallée est souvent encaissée et le cours est plus rapide.

Mailly-le-Château. — *Page 110.*

Après Mailly-le-Château, on franchit deux bras de l'Yonne sur un joli **pont** du 15ᵉ s., en double dos d'âne et avec chapelle, qui offre une jolie vue sur la falaise de Mailly.

Après avoir franchi le canal du Nivernais, la route suit alors la rive droite, face au village de **Merry**, joliment situé, pour passer au pied des rochers escarpés du Saussois.

Rochers du Saussois. — Ces rochers calcaires constituent une véritable muraille, utilisée comme école d'escalade.

(Photo A. Gaël)

Rochers du Saussois.

Châtel-Censoir. — 677 h. Cette localité est adossée à une colline qui domine le confluent du Chamoux et de l'Yonne.

CV La **collégiale St-Potentien,** bâtie au sommet de la colline et entourée de hautes murailles que l'on franchit par une poterne, conserve un chœur roman du 11e s. La nef et les bas-côtés, du 16e s., s'ouvrent par deux portails de la Renaissance. Dans le bas-côté gauche, on peut voir deux bas-reliefs : l'un, du 16e s., représente la Cène, l'autre, du 15e s., très endommagé, la Crucifixion. De la sacristie, dans le bas-côté droit, on a accès à la jolie salle capitulaire du 13e s. Le chœur surélevé au-dessus d'une crypte possède des chapiteaux romans archaïques, dont certains sont inachevés.
De la terrasse près de l'église, jolie vue sur la ville.

Après Châtel-Censoir, on aperçoit à gauche le château de Faulin.

Dans Lucy-sur-Yonne, tourner à gauche (D 214).

CV **Château de Faulin.** — Belle demeure de la fin du 15e s., aux fenêtres à meneaux, entourée d'une enceinte flanquée de tours.

Revenir à Lucy et au D 21. On franchit à nouveau l'Yonne pour atteindre Coulanges-sur-Yonne.

Coulanges-sur-Yonne. — 597 h. Lieu de séjour p. 8.

Prendre à gauche la route de Surgy (D 39 et D 233).

Surgy. — 421 h. Église du 16e s. avec jolie flèche de pierre.

Après ce village, la route passe au pied des rochers de Surgy et de Basseville, suite de falaises et d'escarpements calcaires, et atteint Clamecy par sa banlieue industrielle.

Clamecy. — *Page 76.*

De Clamecy à Corbigny *38 km — environ 2 h 1/2*

Clamecy. — *Page 76.*

Quitter Clamecy par le D 951.

De Clamecy à Corbigny, la route, pittoresque, longe l'Yonne au pied de mamelons boisés.

Armes. — 293 h. Cette petite localité occupe un site agréable en bordure de l'Yonne et du canal du Nivernais.

3 km après Armes, le D 951 puis, après Dornecy, le D 985 suivent la vallée de l'Armance. On rejoint à Brèves la vallée de l'Yonne et le canal du Nivernais.

A la sortie Est de Brèves, prendre le D 280.

Église de Metz-le-Comte. — *Page 77.*

Par le D 165, gagner Tannay.

Tannay. — *Page 77.*

Le D 119 puis le D 985 mènent à Corbigny.

Corbigny. — 2 190 h. Située aux confins du Morvan et du Nivernais, Corbigny est une petite ville active par ses foires. C'est la patrie du poète Franc-Nohain (1873-1934). L'église est un édifice gothique flamboyant du 15e s.

De Corbigny à Château-Chinon *45 km — environ 2 h*

Corbigny. — *Description ci-dessus.*

Quitter Corbigny par le D 985 au Sud.

De Corbigny à Château-Chinon, la fougue naturelle de l'Yonne est brisée par divers travaux destinés à régulariser son cours : Rigole d'Yonne qui, d'autre part, alimente le canal du Nivernais, barrage de compensation et barrage-réservoir de Pannesière-Chaumard.

Marcilly. — Château du 15e s.

A hauteur du château de Marcilly, prendre à gauche le D 147, puis suivre à droite le D 126, assez sinueux.

L'aqueduc de Montreuillon apparaît, barrant la vallée.

Aqueduc de Montreuillon. — Long de 152 m et haut de 33 m, cet ouvrage d'art qui franchit la vallée de l'Yonne est utilisé par la Rigole d'Yonne.

Aussitôt l'aqueduc dépassé, la gorge cesse et les pâturages réapparaissent dans une vallée élargie. La route est encadrée, à droite par l'Yonne, à gauche par la Rigole d'Yonne. On passe entre un étang et le lac-réservoir formé par le barrage de compensation édifié en aval du barrage de Pannesière-Chaumard.

Après l'Huis-Picard, prendre à gauche le D 303 vers le barrage sur la crête duquel on passera.

★ **Barrage de Pannesière-Chaumard.** — *Page 126.*

En amont de Pannesière, l'Yonne n'est qu'une toute petite rivière indisciplinée.
La route longe la retenue avant de rejoindre le D 37 et Château-Chinon.

★ **Château-Chinon.** — *Page 71.*

Chaque année,
*le **guide Michelin France***
révise sa sélection d'établissements
 — *servant des repas soignés à prix modérés,*
 — *pratiquant le service compris ou prix nets,*
 — *offrant un menu simple à prix modeste,*
 — *accordant la gratuité du garage...*
Tous comptes faits, le guide de l'année, c'est une économie.

Index

Montargis . . . . Villes, curiosités et régions touristiques.

Rolin (Nicolas) . . . . . . Noms historiques et termes faisant l'objet d'une explication.

Les curiosités isolées (châteaux, abbayes, barrages, sources, grottes...) sont répertoriées à leur nom propre.

A

Abélard 79
Aignay-le-Duc
(Côte-d'Or) 142
Aillant (Notre-Dame) . . 119
Alacoque
(Marguerite-
Marie) 126
Alésia 36
Alise-Ste-Reine
(Côte-d'Or) 36
Aloxe-Corton
(Côte-d'Or) 84
Amazy (Nièvre) 77
Ameugny (S.-et-L.) . . . 81
Ancy-le-Franc
(Château) 37
Anost (S.-et-L.) 119
Anzy-le-Duc (S.-et-L.) . 38
Appoigny (Yonne) 162
Archéodrome 38
Arcy-sur-Cure (Grottes) 38
Arcy-sur-Cure (Yonne) 86
Arleuf (Nièvre) 72
Armes (Nièvre) 163
Arnay-le-Duc (C.-d'Or) . 38
Autun (Bassin) 13
Autun (S.-et-L.) 39
Auxerre (Yonne) 44
Auxey-Duresses
(Côte-d'Or) 84
L' **Auxois** 13
Auxois (Mont) 36
Auxonne (Côte-d'Or) . . 47
Avallon (Yonne) 48
Azé (S.-et-L.) 108

B

Bard (Signal) 39
Bard-le-Régulier
(Côte-d'Or) 39
Barres (Arboretum) . . . 73
Baulme-la-Roche
(Falaise) 132
Baye (Étang) 138
Bazoches (Nièvre) . . . 136
Le **Bazois** 12
Beaumont-sur-
Vingeanne (Château) 50
Beaune (Côte-d'Or) . . . 50
Beaune (Montagne) . . . 54
Bec-d'Allier 103
Benoît (Saint) 20
Bernadette
Soubirous 123
Bernard
(St) 20-21-78-100-157
Bert (Paul) 44
Bertranges (Forêt) 70
Berzé-la-Ville (S.-et-L.) 54
Berzé-le-Châtel
(Château) 109
Besanceuil (S.-et-L.) . . 81
Beuvray (Mont) 54
Bèze (Côte-d'Or) 55
Bèze
(Théodore de) 21-158
Bezornay (S.-et-L.) 80
Bibracte (Oppidum) 54

Bizy (Nièvre) 70
Blanot (S.-et-L.) 55
Blanzy (S.-et-L.) 113
Bligny-sur-Ouche
(Côte-d'Or) 125
Bois-Ste-Marie (S.-et-L.) 61
Bonaparte 43-47
Bossuet 21
Bouilland (Côte-d'Or) . . 84
Bourbilly (Château) . . 144
Bourbon-Lancy (S.-et-L.) 55
Bourdon (Lac) 134
Bourg-en-Bresse (Ain) 56
Bourgogne (Canal) . . . 125
Bout du Monde (Cirque) 124
Boutissaint (Château) . 134
Brancion (S.-et-L.) 61
La **Bresse** 14
Breuil-Chenue (Forêt) . 117
Briare (Loiret) 61
Le **Brionnais** 61
Brisecou (Cascade) . . . 43
Brochon (Côte-d'Or) . . 82
Brosse (Claude) . . . 107
Brou (Ain) 57
Bruxelles (Jean de) . 58
Buellas (Ain) 61
Buffon 21-112
La **Bussière** (Loiret) 63
Bussières (S.-et-L.) . . . 110
La **Bussière-sur-Ouche**
(Côte-d'Or) 125
Bussy-le-Grand
(Côte-d'Or) 64
Bussy-Rabutin
(Château) 63
Bussy-Rabutin
(Roger de) 63

C

Cadet Roussel 45
Cadoux (Domaine) 81
Canche (Gorges) 120
Carges (Mont) 71
Carnot (Lazare) 124
Centre (Canal) 85
César 36-54-120
Chablis (Yonne) 64
Chagny (S.-et-L.) 84
Chailly-sur-Armançon
(Côte-d'Or) 131
Chalon-sur-Saône
(S.-et-L.) 65
Chambolle-Musigny
(Côte-d'Or) 82
Champmol (Chartreuse) 93
Champvoux (Église) . . 70
Chapaize (S.-et-L.) 67
La **Charité-sur-Loire**
(Nièvre) 68
Charles le
Téméraire 19
Le **Charollais** 13
Charolles (S.-et-L.) 71
Chasselas (S.-et-L.) . . . 109
Chastellux-sur-Cure
(Château) 116
Chastenay (Manoir) . . 87
Château-Chinon
(Nièvre) 71

Châteauneuf (C.-d'Or) . 73
Châteauneuf (S.-et-L.) . 62
Châteaurenard (Loiret) 73
Châtel-Censoir (Yonne) 163
Châtillon-Coligny
(Loiret) 73
Châtillon-en-Bazois
(Nièvre) 74
Châtillon-sur-Seine
(Côte-d'Or) 74
Chauffailles (S.-et-L.)
Carte 8
Chaulgnes (Nièvre) . . . 70
Chaumeçon (Barrage) . 104
Chaumes (Parc) 49
Chaumont (Château) . . 71
Chenôve (Côte-d'Or) . . 82
Chevenon (Nièvre) . . . 123
Chissey-lès-Mâcon
(S.-et-L.) 108
Cîteaux (Abbaye) 75
Clamecy (Nièvre) 76
La **Clayette** (S.-et-L.) . . 77
Clessé (S.-et-L.) 109
Clos de Vougeot
(Château) 77
Cluny (S.-et-L.) 78
Colette 21-131
Coligny
(Gaspard de) 73
Colomb (Georges) . 36
Combe Pertuis 84
Combertault (Côte-d'Or) 54
Comblanchien
(Côte-d'Or) 83
Commagny (Nièvre) . . 120
Commarin (Côte-d'Or) 80
Coquille (Guy) . . 21-87
Coquille (Source) 142
Corancy (Nièvre) 117
Corbigny (Nièvre) 163
Cormatin (S.-et-L.) 81
Cormot (Falaises) 124
Cortrat (Loiret) 73
Cosne-sur-Loire (Nièvre) 81
La **Côte** 14-82
Couches (S.-et-L.) 86
Coulanges-sur-Yonne
(Yonne) 163
Cousin (Vallée) 49
Cravant (Yonne) 86
Crescent (Barrage) . . . 116
Le **Creusot** (S.-et-L.) . . 85
Creusot-Promotion 85
Croix St-Thomas 131
Cure (Vallée) 86
Cussy-en-Morvan
(S.-et-L.) 119

D

Decize (Nièvre) 87
Denon 65
Dheune (Vallée) 86
Digoin (S.-et-L.) 87
Digoine (Château) . . . 128
Dijon (Côte-d'Or) 88
Le **Dijonnais** 13
Dixmont (Yonne) 161
Donzy (Nièvre) 96

Donzy-le-Pré (Nièvre) . 96
Drée (Château) 77
Druyes-les-Belles-
Fontaines (Yonne) . 97
Dumont (Abbé) ... 110
Dun (Montagne) 97
Dun-les-Places
(Nièvre) 117

E

Échannay (Côte-d'Or) . 80
Écuisses (S.-et-L.) 86
Égreville (S.-et-M.) ... 97
Eiffel (Gustave) ... 32
Éon (Chevalier d') . 151
Époisses (Côte-d'Or) . 97
Escolives-Ste-Camille
(Yonne) 47
Espailly (Jacques d') 48
Étang (Notre-Dame) ... 125

F

Farges-lès-Mâcon
(S.-et-L.) 155
Faulin (Château) ... 163
Ferme de la Forêt 155
Ferrières (Loiret) 98
La Ferté-Loupière
(Yonne) 98
Fixin (Côte-d'Or) 98
Flavigny-sur-Ozerain
(Côte-d'Or) 99
Fleurigny (Château) . 99
Flottage 76-86
Fontaine-Française
(Côte-d'Or) 99
Fontaines Salées
(Fouilles) 137
Fontenay (Anc. abbaye) 100
Fuissé (S.-et-L.) 109

G

Le Gâtinais 12
Genevois
(Maurice) 21-87
Germolles (Château) . 67
Gevrey-Chambertin
(Côte-d'Or) 101
Girart
de Roussillon 21-157
Girodet
(Anne-Louis) 111
Givry (S.-et-L.) 67
Gonzague
(Louis de) 120
Gouloux (Saut de) 117
Gourdon (S.-et-L.) 113
Grancey (Château) . 151
Grande
Mademoiselle (La) 134
Gravelle (Forêt) 119
Greuze 155
Guérigny (Nièvre) 81
Gy-l'Évêque (Yonne) .. 47

H - I

Haut-Folin 119
Hautes-Côtes (Musée) 82
Henri IV 99
Iguerande (S.-et-L.) .. 63
Irancy (Yonne) 47
Les Isles-Ménéfrier .. 132

J - K

Jailly (Nièvre) 138
Jeanne-d'Arc 44-69-137
Jean sans Peur 18
Joffre (Général) ... 74

Joigny (Yonne) 102
Justice (Mont) 104
Kagyu-Ling
(Monastère tibétain) . 105
Kir 15

L

Lacordaire 21-99
Lamartine (A. de) 19-105
Lamartine (Circuit) . 109
Lancharre (S.-et-L.) .. 68
Larochemillay (Nièvre) 120
Larousse (Pierre) .. 152
Lassois (Mont) 75
Les Laumes (Côte-d'Or) 145
Le Pelletier de
St-Fargeau 134
Libération (Croix) ... 43
Ligny-le-Châtel (Église) 130
La Loire Nivernaise .. 103
Lormes (Nièvre) 104
Louhans (S.-et-L.) 104
Lugny (S.-et-L.) 108
Luzy (Nièvre) 105

M

Mac-Mahon 149
Mâcon (S.-et-L.) 105
Le Mâconnais 14-107
Magny-Cours (Nièvre) 123
Mailly-le-Château
(Yonne) 110
Malassis (Barrage) .. 116
Malay (S.-et-L.) 81
Manlay (Église) 39
Marcigny (S.-et-L.) .. 110
Marcilly (Nièvre) 163
Marey
(Étienne-Jules) .. 53
Marguerite
d'Autriche 57
Marguerite
de Bourbon 57
Marguerite-Marie
Alacoque 126
Marrault (Yonne) 49
Marsannay-la-Côte
(Côte-d'Or) 82
Mars-sur-Allier
(Nièvre) 137
Marville (Jean de) . 18
Marzy (Nièvre) 123
Matour (S.-et-L.) 110
Meillonnas (Ain) 61
Méluzien (Yonne) 49
Menou (Château) ... 156
Mère Boîtier (Signal) . 110
Mérimée (Prosper) .. 158
Merry (Yonne) 162
Metz-le-Comte (Église) 77
Meursault (Côte-d'Or) . 84
Milly-Lamartine
(S.-et-L.) 109
Monceau (Château) ... 109
Monge (Gaspard) . 53
Mont (Signal) 56
Mont-Afrique 96
Montagne beaujolaise 14
Montargis (Loiret) 111
Montbard (Côte-d'Or) . 112
Montbouy (Loiret) ... 73
Montceau-les-Mines
(S.-et-L.) 113
Montceaux-l'Étoile
(S.-et-L.) 63
Montchanin (S.-et-L.) . 86
Montculot (Château) .. 125
Montenoison (Butte) .. 114
Montfalcon (Ain) 61
Montigny-sur-Aube
(Château) 75
Montjeu (Château) ... 43

Montréal (Yonne) 114
Montreuillon (Aqueduc) 163
Mont-St-Jean
(Côte-d'Or) 131
Mont-St-Vincent
(S.-et-L.) 115
Montsauche (Nièvre) . 117
Morey-St-Denis
(Côte-d'Or) Carte . 8
Le Morvan 12-115
Morvan (Le Bas) 116
Morvan (Le Haut) 119
Morvan
(Parc naturel régional) 116
Moulin-Cadoux 49
Moulin des Ruats 49
Moulins-Engilbert
(Nièvre) 120
Moux (Nièvre) Carte ... 8
Muard (Le Père) 129

N

Napoléon Ier 44-74
Neuvy-Sautour (Yonne) 135
Nevers (Nièvre) 120
Niepce (Nicéphore) 65
Le Nivernais 12
Nivernais (Canal) 87
Noël (Marie) 44
Nolay (Côte-d'Or) 124
N.-D. de l'Aillant ... 119
N.-D. d'Orient 87
Noyers (Yonne) 124
Nuits-St-Georges
(Côte-d'Or) 125

O

Orches (Côte-d'Or) ... 84
Ouche (Vallée) 125
Ouroux-en-Morvan
(Nièvre) 72
Ozenay (S.-et-L.) 107

P

Pannessière-Chaumard
(Barrage) 126
Paray-le-Monial
(S.-et-L.) 126
Parc naturel régional
du Morvan 116
Périers
(Bonaventure des) 21
Pérouse (Rocher) 117
Perray (Forêt) 123
Perrecy-les-Forges
(S.-et-L.) 128
Perrinet-Gressard . 69
Pezanin (Arboretum) . 110
Philippe le Bon 18
Philippe le Hardi . 18
Pierreclos (S.-et-L.) . 110
Pierre-de-Bresse
(S.-et-L.) 128
Pierre de Couhard ... 43
Pierre-Perthuis
(Yonne) 128
Pierre-qui-Vire
(Abbaye) 129
Piron (Alexis) .. 21-50
Pommard (Côte-d'Or) . 84
Pompon
(François) 32-141
Pont (Lac) 144
Pontailler-sur-Saône
(Côte-d'Or) 140
Pontaubert (Yonne) ... 49
Pont-de-Pany
(Côte-d'Or) 125
Pontigny (Yonne) 129
Pontus de Thiard .. 21
Posanges (Château) .. 139

Pougues-les-Eaux
(Nièvre) 130
Pouilly (S.-et-L.) 109
Pouilly-en-Auxois
(Côte-d'Or) 130
Pouilly-sur-Loire
(Nièvre) 104
Précy-sous-Thil
(Côte-d'Or) 131
Prémery (Nièvre) 131
Presle (Château) 97
La **Puisaye** 12-131
Le **Puits XV** 132
Puligny-Montrachet
(Côte-d'Or) 84

Q - R

Quarré-les-Tombes
(Yonne) 132
Rameau
(Jean-Philippe) . . 32
Ratilly (Château) 132
Reine (Sainte) 36
Rétif de la Bretonne 21
Reulle-Vergy
(Côte-d'Or) 82
La **Roche des Fées** . . . 132
La **Rochepot** (Côte-d'Or) 133
Rogny (Yonne) 73
Rolin (Cardinal) . . . 39
Rolin (Nicolas) 39
Rolland
(Romain) . 21-76-158
Romanèche-Thorins
(S.-et-L.) 133
Rond de la Réserve . . 70
Rosières (Château) . . 99
Roupnel
(Gaston) 14-101
Roussillon
(Girart de) 21-157
Rouy (Nièvre) 74
Rozemont (Château) . . 123
Rude 98

S

St-Agnan (Lac) 136
St-Amand-en-Puisaye
(Nièvre) 132
St-André (Ain) 106
St-Aubin-sur-Loire
(Château) 56
St-Bris-le-Vineux
(Yonne) 47
St-Cyr (Montagne) . . 110
St-Fargeau (Yonne) . . . 134
St-Florentin (Yonne) . . 134
St-Hippolyte (S.-et-L.) 81
St-Honoré-les-Bains
(Nièvre) 135
St-Hubert (Parc) 134
St-Jean-de-Losne
(Côte-d'Or) 140
St-Julien-de-Jonzy
(S.-et-L.) 135
St-Julien-du-Sault
(Yonne) 136
Saint-Just 87
St-Laurent-en-
Brionnais (S.-et-L.)
Carte 62
St-Léger-Vauban
(Yonne) 136
St-Martin-de-Laives
(S.-et-L.) 145

St-Parize-le-Châtel
(Nièvre) 123
St-Père (Yonne) 136
St-Pierre-le-Moutier
(Nièvre) 136
St-Point (S.-et-L.) 109
St-Prix (Forêt) 72-119
St-Rémy (Ain) 61
St-Révérien (Nièvre) . . 137
St-Romain (Côte-d'Or) . 84
St-Romain (Mont) 138
St-Saulge (Nièvre) 138
St-Sauveur-en-
Puisaye (Yonne) 131
St-Seine-l'Abbaye
(Côte-d'Or) 138
St-Seine-sur-
Vingeanne (Côte-d'Or) 99
St-Sernin-du-Bois
(S.-et-L.) 86
St-Thibault (Côte-d'Or) 138
St-Trivier-de-Courtes
(Région) 155
St-Vincent-des-Prés
(S.-et-L.) 80
Ste-Foy (Côte-d'Or) . . 96
Ste-Magnance (Yonne) 139
Ste-Sabine (Côte-d'Or) 130
Santenay (Côte-d'Or) . 84
Saône (Plaine) 139
Saône (Vallée) 14
Saulieu (Côte-d'Or) . . . 140
Saussois (Rochers) . . . 162
Savigny-lès-Beaune
(Côte-d'Or) 84
Schneider
(Les Frères) 85
Seignelay (Yonne) . . . 142
Seine (Sources) 142
Semur-en-Auxois
(Côte-d'Or) 142
Semur-en-Brionnais
(S.-et-L.) 145
Sène (Mont) 145
Sennecey-le-Grand
(S.-et-L.) 145
Sennecey-lès-Dijon
(Côte-d'Or) Carte . . . 8
Le **Senonais** 12
Sens (Yonne) 146
Settons (Lac) 148
Seurre (Côte-d'Or) 140
Sévigné (Mme de) 21-140
Sluter (Claus) 31
Solutré (Roche) 148
Solutré (S.-et-L.) 148
Soubirous
(Bernadette) 123
Spicre (Pierre) 31
Suin (Butte) 149
Sully (Château) 149
Surgy (Nièvre) 163

T

Taizé (S.-et-L.) 149
Talant (Côte-d'Or) 96
Talcy (Yonne) 114
Talmay (Château) 150
Tanlay (Château) 150
Tannay (Nièvre) 77
Tastevin
(Confrérie du) . . . 77
Ternant (Nièvre) 150
Ternin (Vallée) 117
Terrans (Château) 128
Thil (Côte-d'Or) 131
Thoissey (Ain) Carte . . 8

Til-Châtel (Côte-d'Or) . 151
Toison d'Or
(Ordre de la) 18
Tonnerre (Yonne) 151
Toucy (Yonne) 152
Tournée (Vallon) 124
Tournus (S.-et-L.) 153
Touron (Vallon) 72
Treffort (Ain) 168
Treigny (Yonne) 132
Trois-Croix (Montagne) 145

U

Uchizy (S.-et-L.) 155
Uchon (S.-et-L.) 156
Uchon (Signal) 156

V

Vallery (Yonne) 156
Val-Ste-Marie (Yonne) 87
Val-Suzon (Côte-d'Or) . 96
Vandeins (Ain) 61
Vandenesse (Nièvre) . . 135
Van der Weyden
(Roger) 51
Vantoux-lès-Dijon
(Côte-d'Or) 96
Vareilles (S.-et-L.)
Carte 62
Varenne-l'Arconce
(S.-et-L.) 63
Varzy (Nièvre) 156
Vauban 19-136
Vauguillain
(Chapelle) 136
Vault-de-Lugny (Yonne) 157
Vausse (Prieuré) 157
Vaux (Étang) 138
Vaux (Vallée) 67
Vercingétorix . . . 36-54
Verdun-sur-le-Doubs
(S.-et-L.) 140
Vergisson (S.-et-L.) . . . 109
Vermenton (Yonne) . . . 86
Vert-Vert 121
Vézelay (Yonne) 157
Vieille Montagne . . . 120
Vignoble et
grands crus 15-82-107
Le **Villars** (S.-et-L.) 155
Villeneuve-l'Archevêque
(Yonne) 161
Villeneuve-sur-Yonne
(Yonne) 161
Villiers-St-Benoît
(Yonne) 153
Vincenot (Henri) . . 21
Viollet-le-Duc 158
Vitteaux (Côte-d'Or) . . 139
Volnay (Côte-d'Or) . . . 84
Volpiano
(Guillaume de) 27-94
Vosne-Romanée
(Côte-d'Or) 83
Vougeot (Côte-d'Or) . . 82
Voutenay-sur-Cure
(Yonne) 87

W - Y - Z

Werve (Claus ou
Claude de) 31
Yonne (Vallée) 162
Ziem (Félix) 53

Renseignements pratiques

Randonnées pédestres

Les topo-guides sont édités par la Fédération Française de Randonnée Pédestre — Comité National des Sentiers de Grande Randonnée, en vente à la Délégation Ile de France de la F.F.R.P., 64, rue de Gergovie, 75014 PARIS, ☎ (1) 45 45 31 02.

Navigation touristique en Bourgogne

Les ports dont le nom figure en gras dans la liste ci-dessous pratiquent la location de bateaux habitables à piloter soi-même (sans permis pour les moteurs de moins de 10 CV).

Sur l'Yonne. — D'**Auxerre** à Pont-sur-Yonne, par Gurgy, Laroche-Migennes, **Joigny, Villeneuve-sur-Yonne,** Sens.

Sur la Saône. — De Pontailler-sur-Saône à Mâcon, par Auxonne, **St-Jean-de-Losne,** Seurre, **Écuelles, Verdun-sur-le-Doubs,** Gergy, **Chalon-sur-Saône,** Tournus.

Sur la Seille. — De Louhans à Tournus, par Cuisery.

Sur le canal de Bourgogne. — De Laroche-Migennes à **St-Jean-de-Losne,** par Brienon-sur-**Armançon, St-Florentin, Tonnerre,** Tanlay, Ancy-le-Franc, **Montbard,** Vénarey-les-Laumes, **Marigny-le-Cahouet,** St-Thibault, **Pouilly-en-Auxois, Vandenesse-en-Auxois, Pont d'Ouche,** Dijon.

Sur le canal de Briare. — De Briare à Montargis, par **Rogny-les-7-Ecluses** et Châtillon-Coligny.

Sur le canal du Centre. — De **Chalon-sur-Saône** à Digoin, par Chagny, Montceau-les-Mines, Digoine, Digoin.

Sur le canal latéral à la Loire. — De Nevers à Digoin, par Chevenon et **Decize.**

Sur le canal de la Marne à la Saône. — De Fontaine-Française à Pontailler-sur-Saône, par Talmay.

Sur le canal du Nivernais. — D'**Auxerre** à **Decize,** par **Vincelles, Bazarnes, Vermenton,** le Saussois, Châtel-Censoir, Clamecy, Tannay, Chitry-les-Mines, **Baye, Châtillon-en-Bazois, Fleury-Biches, Cercy-la-Tour, Decize.**

Les touristes ont aussi la possibilité de participer à une excursion en bateau de promenade (au départ d'Auxerre), ou à une croisière en péniche-hôtel (au départ d'Auxerre ou de Dijon).
Se renseigner auprès de « Bourgogne Voies Navigables », 1 et 2 quai de la République, 89000 AUXERRE, ☎ 86 52 26 27.
Il existe des chantiers de construction de bateaux à Bazarnes, Châtillon-en-Bazois, Gergy, Gurgy et Joigny.

QUELQUES LIVRES

La Bourgogne *(Paris, Sun, coll. Voir en couleurs).*

Toute la Bourgogne, par P. Poupon *(Paris, Presses Universitaires de France).*

Guide Bleu En Bourgogne *(Paris, Hachette).*

Habitat et vie paysanne en Bresse, par la C.A.E.L. *(Paris, éditions J. Delmas).*

La Bourgogne romane, par R. Oursel. *7e édition (coll. Zodiaque, exclusivité Weber).*

Les Vins de Bourgogne, par P. Poupon et P. Forgeot *(Paris, Presses Universitaires de France).*

La Bourgogne insolite et gourmande, par F. Benoît et H. Clos-Jouve *(Paris, coll. Solarama).*

Pour organiser vous-même vos itinéraires :
 – *Tout d'abord consultez la carte des p. 4 et 5. Elle indique les parcours décrits, les régions touristiques, les principales villes et curiosités.*
 – *Reportez-vous ensuite aux descriptions, à partir de la p. 36.*
 Au départ des principaux centres,
 des buts de promenades sont proposés sous le titre Excursion.
 – *En outre les cartes Michelin nos* 61, 65, 66, 69, 70, 73, 74 *signalent les routes pittoresques, les sites et les monuments intéressants, les points de vue, les rivières, les forêts…*

DATE, LIEU ET NATURE DE LA MANIFESTATION
(pour les localités non décrites, nous indiquons le n° de la carte Michelin et le n° du pli)

Samedi suivant le 22 janvier

Côte bourguignonne (ville ou village changeant chaque année) . . . . Fête « tournante » de la Saint-Vincent organisée par la Confrérie des Chevaliers du Tastevin. Procession en l'honneur du patron des vignerons. *Renseignements : Confrérie du Tastevin de Nuits-St-Georges,* ℰ 80 61 07 12.

Courant février

Montargis . . . . Marché fleuri.

27 février

Chalon-sur-Saône . . . . . Foire « froide » internationale des Sauvagines *(p. 65).*

Une semaine courant mars

Chalon-sur-Saône . . . Carnaval : parade musicale et grand jour des Goniots ; cortège et bal costumé des enfants ; journée du triomphe du Carnaval, cavalcade et fête foraine.

11 au 20 mai

Mâcon . . . . Foire nationale des vins de France.

31 mai

Semur-en-Auxois . . . Fête de la Bague : course de chevaux (dont l'origine remonte à 1639).

Vendredi suivant le dimanche de la Fête-Dieu

Paray-le-Monial . . . . Pèlerinage du Sacré-Cœur.

3e dimanche de juin

St-Jean-de-Losne . Fête de la Batellerie

Dimanche le plus proche du 24 juin

Mont-St-Vincent . . Feux celtiques de la Saint-Jean.

Brancion . . . . . . Feux celtiques de la Saint-Jean. Costumes tournegeois.

25 juin

Chalon-sur-Saône 2e foire « froide » des Sauvagines.

Vendredis ou samedis du 1er juillet au 10 août

Nombreuses villes Festival des Nuits de Bourgogne ; manifestations musicales, dans les plus beaux monuments historiques de Côte d'Or. *Renseignements : 34, rue des Forges,* ℰ 80 30 78 07, *et à l'Office du Tourisme de Dijon, pl. Darcy,* ℰ 80 43 42 12, à Dijon.

5, 6 et 7 juillet

Mâcon . . . . . Championnats de France d'aviron, sur la Saône.

14 juillet

Clamecy . . . . . . Joutes sur l'Yonne en souvenir des Flotteurs *(p. 76).*

2e quinzaine de juillet

Autun . . . . Musique en Morvan.

22 juillet

Vézelay . Fête de la Sainte-Madeleine : pèlerinage.

1er dimanche d'août

Semur-en-Auxois . . Fête du lac de Pont.

1ers samedi et dimanche d'août, les années impaires

Charolles . . . . Fête folklorique internationale.

1er lundi d'août

Château-Chinon . . . . Critérium cycliste international.

Août, les samedis et le 11

Cluny . . . . Récitals et concerts. *Renseignements au S.I.,* ℰ 85 59 05 34 *et aux Grandes Heures de Cluny,* ℰ 85 59 00 58.

9 au 15 août

Dijon . . . . Festival du Carillon.

15 août

Coulanges-sur-Yonne Joutes nautiques.

Pouilly-sur-Loire . . . . . . Foire aux vins.

Seurre . . . . Fête du Cheval.

17 et 18 août

Treffort 70 pli 13 Course automobile de Côte.

24 et 25 août

Saulieu . . . . Fête du Charollais.

Fin août

Ferrières . . . Spectacles historiques en nocturne, en costumes d'époque.

St-Honoré-les-Bains . . Fête des Fleurs.

Septembre, les 1ers ou 2es samedi et dimanche

Dijon . . . . Fête de la Vigne. Festival international de chants et danses populaires.

Samedi et dimanche les plus proches du 7 septembre

Alise-Ste-Reine Pèlerinage en l'honneur de sainte Reine : procession en costumes d'époque (gaulois et gallo-romains). Mystère de sainte Reine joué au théâtre des Roches.

Dimanche le plus proche du 16 octobre

Paray-le-Monial . . . . Fête de sainte Marguerite-Marie.

Une semaine de la 2e quinz. d'octobre

Chalon-sur-Saône . . . . Fête d'Octobre.

Dernier dimanche d'octobre

St-Léger-sous-Beuvray 69 pli 7 Foire aux Marrons.

1re quinzaine de novembre

Dijon . . . . Foire internationale et gastronomique.

Dimanche le plus proche du 11 novembre

St-Bris-le-Vineux . . . . Fête des Vins de l'Auxerrois.

Novembre, 3es samedi, dimanche et lundi

Nuits-St-Georges . . . . . 1re des « Trois Glorieuses » au château du Clos de Vougeot, journée des Vins de Nuits.

Beaune . . 2e des « Trois Glorieuses » : vente aux enchères des vins des Hospices, au marché couvert.

Meursault 3e des « Trois Glorieuses » : « Paulée » de Meursault *(p. 84).*

4es samedi et dimanche de novembre

Chablis . . . . Fête des Vins de Chablis.

3e samedi de décembre

Bourg-en-Bresse . Concours de volailles mortes *(p. 56).*

Conditions de visite

En raison des variations du coût de la vie et de l'évolution incessante des horaires d'ouverture de la plupart des curiosités, nous ne pouvons donner les informations ci-dessous qu'à titre indicatif.

Ces renseignements s'appliquent à des touristes voyageant isolément et ne bénéficiant pas de réduction. Pour les groupes constitués, il est généralement possible d'obtenir des conditions particulières concernant les horaires ou les tarifs, avec un accord préalable.

Les églises ne se visitent pas pendant les offices ; elles sont ordinairement fermées de 12 h à 14 h. Les conditions de visite en sont données si l'intérieur présente un intérêt particulier. La visite de la plupart des chapelles ne peut se faire qu'accompagnée par la personne qui détient la clé. Une rétribution ou une offrande est toujours à prévoir.

Des visites-conférences sont organisées de façon régulière, en saison touristique, à Autun, Auxerre, Beaune, Bourg-en-Bresse, la Charité-sur-Loire, Châtillon-Coligny, Clamecy, Cluny, Decize, Dijon, Montargis, Nevers, Noyers, Sens. S'adresser à l'office de tourisme ou au syndicat d'initiative.

AIGNAY-LE-DUC

Église. — Visite accompagnée, sur demande, ☎ 80 93 82 57.

ALISE-STE-REINE

Les fouilles. — Visite des vacances de Pâques à la Toussaint, toute la journée sans interruption. 14 F, billet valable pour le musée Alésia. Renseignements : ☎ 80 96 10 95.

Musée Alésia. — Mêmes conditions de visite que pour les fouilles, billet combiné.

Chapelle de l'hospice Ste-Reine. — Visite accompagnée l'après-midi, sur demande écrite au Directeur de l'hôpital d'Alise-Ste-Reine, 21150 VENAREY-LES-LAUMES.

ANCY-LE-FRANC

Château. — Visite de fin mars au 11 novembre tous les jours le matin et l'après-midi. 19 F. Renseignements : ☎ 86 75 14 63.

APPOIGNY

Église. — S'adresser à Mme Petitdemange, 3 rue des Egeoires, qui accompagne.

ARCHÉODROME

Visite. — Visite toute l'année, toute la journée sans interruption. 14 F. Renseignements : ☎ 80 21 48 25.

ARCY-SUR-CURE

La Grande Grotte. — Visite accompagnée (3/4 h) de mi-mars à fin novembre, tous les jours le matin et l'après-midi. 22 F. Renseignements : ☎ 86 40 90 63 (hors saison : 86 40 92 24).

ARNAY-LE-DUC

Maison régionale des Arts de la table. — Visite de début mai à fin septembre, le matin et l'après-midi. Fermé le lundi. Renseignements : ☎ 80 90 11 59.

AUTUN

Montée au clocher de la cathédrale. — Autorisée de Pâques à la Toussaint. 2 F.

Musée Rolin. — Visite toute l'année, le matin et l'après-midi. Fermé le mardi, le dimanche matin, les 1er janvier, 1er mai, 14 juillet, 1er et 11 novembre et 25 décembre. 6,30 F.

Bibliothèque de l'hôtel de ville. — Expositions organisées tous les après-midi en été, sauf le dimanche.

Musée lapidaire. — Visite toute l'année, le matin et l'après-midi. Fermé en février et en outre les mêmes jours que le musée Rolin.

Museum d'histoire naturelle. — Visite toute l'année, le matin et l'après-midi. Fermé le mardi et les jours fériés. Renseignements : ✆ 85 52 09 15.

AUXERRE

Cathédrale. — Visite de la crypte et du trésor toute l'année, le matin et l'après-midi. Fermé l'après-midi des dimanches et jours fériés. 3 F pour la crypte, 3 F pour le trésor. S'adresser au sacristain (sonnette dans le déambulatoire à droite du chœur). Montée à la tour : temporairement suspendue (travaux).

Ancienne abbaye St-Germain. — Église : fermée le mardi et les jours fériés.
Crypte : visite accompagnée (1/2 h) toute l'année, le matin et l'après-midi. Fermé le mardi et les jours fériés. 7 F (gratuit le mercredi). Renseignements : ✆ 86 51 09 74. Les bâtiments conventuels doivent abriter les collections du musée d'art et d'histoire.

Église St-Eusèbe. — Suaire de saint Germain : lire la notice explicative mise sur l'autel de la chapelle St-Germain.

Musée Leblanc-Duvernoy. — Visite de mi-février à fin octobre, le matin et l'après-midi. Fermé le mardi et les jours fériés. 5,50 F (gratuit le mercredi). Renseignements : ✆ 86 51 09 74.

Musée lapidaire. — Visite en juillet et août, le matin et l'après-midi. Fermé le mardi, le 14 juillet et le 15 août. Renseignements : ✆ 86 51 09 74.

Musée d'histoire naturelle. — Visite toute l'année, le matin et l'après-midi. Fermé le matin des samedis et dimanches, et les jours fériés toute la journée. Renseignements : ✆ 86 51 51 64.

AUXONNE

Musée Bonaparte. — Visite de début mai à mi-octobre, l'après-midi seulement. Fermé le jeudi, sauf de mi-juillet à fin août. 5 F.

AVALLON

Église St-Lazare. — Visite des Rameaux à la Toussaint.

Musée de l'Avallonnais. — Visite de mi-juin à début septembre, ainsi que lors des congés scolaires, le matin et l'après-midi. Fermé le mardi, le matin des dimanches et jours fériés, les lundis de la 2e quinzaine de juin, le 1er janvier, le dimanche de Pâques et le 25 décembre. 2 F (gratuit le mercredi). Renseignements : ✆ 86 34 03 19, aux heures des repas. Section de préhistoire en travaux de rénovation.

AZÉ

Grottes et musée. — Visite accompagnée (des grottes : 1 h) de fin mars à fin septembre plus le dimanche en octobre, le matin et l'après-midi. 15 F. Renseignements : ✆ 85 33 32 23 ou 85 59 02 44.

b

BARD-LE-RÉGULIER

Église. — Fermée les jours d'intempéries.

Les BARRES

Arboretum. — Visite toute l'année, le matin et l'après-midi. Fermé les samedis, dimanches et jours fériés toute la journée en hiver, le matin seulement le reste de l'année. 15 F. Renseignements : ✆ 38 97 60 20.

BEAUMONT-SUR-VINGEANNE

Château. — Visite accompagnée (1/4 h) de mi-juin à fin juillet et en septembre, tous les après-midi. 5 F.

BEAUNE

Hôtel-Dieu et musée. — Visite accompagnée (3/4 h) toute l'année, le matin et l'après-midi. 12,50 F. Renseignements : ✆ 80 24 75 75.

Musée du vin de Bourgogne. — Visite (accompagnée sur demande) toute l'année, le matin et l'après-midi. Fermé le 1er janvier et le 25 décembre. 5,70 F (billet valable pour les musées de l'hôtel de ville). Renseignements : ✆ 80 22 08 19.

Musées de l'hôtel de ville. — Visite (accompagnée — 1/2 h — pour le musée E.J. Marey) de début avril à mi-novembre, le matin et l'après-midi. Fermé le mardi, le 1er mai, le 14 juillet et le 1er novembre. 5,70 F (billet valable pour le musée du vin). Renseignements : ✆ 80 22 20 80, poste 270.

BERZÉ-LA-VILLE

Chapelle aux Moines. — Visite de Pâques à la Toussaint le matin et l'après-midi. Fermé le dimanche matin et le mardi après-midi. 8 F.

BERZÉ-LE-CHATEL

Terrasses du château. — Visite de début avril au 1ᵉʳ novembre, toute la journée sans interruption.

BÈZE

Grottes. — Visite en barque, accompagnée (1/2 h), de début avril à fin octobre, le matin (sauf le lundi et le samedi) et l'après-midi. 12 F. Renseignements : ✆ 80 95 20 87.

BLANOT

Église. — En cas de fermeture, s'adresser à M. Bonfils, voisin de l'église : ✆ 85 59 13 03.

Grottes. — Visite accompagnée (1 h) des Rameaux à fin septembre et le dimanche en octobre, le matin et l'après-midi. 12 F. Renseignements : ✆ 85 59 17 99 ou 85 59 03 59.

BLANZY

Exposition « La Mine et les Hommes ». — Visite de début mai à fin septembre, l'après-midi des dimanches et jours fériés. 7 F. Renseignements : ✆ 85 57 94 47.

BOURBILLY

Château. — Visite accompagnée (1/2 h) de Pâques à la Toussaint, le matin et l'après-midi. Fermé le dimanche matin. 12 F. Renseignements : ✆ 80 97 05 02.

BOURBON-LANCY

Musée. — Visite de mi-juin à mi-septembre, l'après-midi seulement. Fermé le lundi et le mardi. Renseignements (à la Mairie) : ✆ 85 89 23 23.

BOURG-EN-BRESSE

Église de Brou. — Visite toute l'année, le matin et l'après-midi. Fermé les 1ᵉʳ janvier, 1ᵉʳ mai, 1ᵉʳ et 11 novembre, 25 décembre. 9 F (4,50 F le dimanche). Renseignements : ✆ 74 22 26 55.

Musée de Brou. — Mêmes dates d'ouverture et de fermeture que pour l'église de Brou. 4,20 F (2,10 F le dimanche). Renseignements : ✆ 74 22 22 31.

Église Notre-Dame. — Pour visiter la sacristie, s'adresser à M. le Curé, 10 place Clemenceau.

BOUTISSAINT

Parc St-Hubert. — Fermé certains dimanches en décembre et février. 30 F. Renseignements : ✆ 86 74 71 28.

BRANCION

L'accès de la localité est interdit aux autos les dimanches et jours fériés. Utiliser le parc de stationnement aménagé extra-muros.

Château. — Visite de Pâques au 11 novembre, toute la journée sans interruption. Le reste de l'année, les dimanches et jours fériés seulement. 8 F. Renseignements : ✆ 85 51 11 41 (hors saison : 85 51 03 83).

Église St-Pierre. — Pour visiter hors saison, s'adresser à l'auberge du Vieux Brancion.

BRIARE

Musée de l'Auto. — Visite toute l'année, tous les jours, l'après-midi seulement. 16 F. Renseignements : ✆ 38 31 20 34 ou 38 31 47 08.

BROCHON

Château. — On ne visite pas.

BUELLAS

Église. — S'adresser à l'épicerie-station-service en face, ou à la cure. Renseignements : ✆ 74 24 20 13.

La BUSSIÈRE

Château des Pêcheurs. — Visite de début mars à mi-novembre, le matin et l'après-midi. Le reste de l'année, les dimanches et jours fériés seulement. Fermé le mardi. 15 F (10 F si l'on se limite à la visite des extérieurs et des aquariums). Spectacle « son et lumière » : festival du Fantastique, les samedis, de mi-juillet à fin août. Renseignements : ✆ 86 74 51 93.

La BUSSIÈRE-SUR-OUCHE

Église. — Provisoirement fermée.

BUSSY-LE-GRAND

Église. — Un plan-guide de l'église peut être consulté, à droite de l'entrée. Renseignements : ℘ 80 96 05 05 (le matin avant 9 h 30).

BUSSY-RABUTIN

Château. — Visite accompagnée (3/4 h), de début avril à fin septembre, le matin et l'après-midi ; fermé le mardi ; 15 F. Le reste de l'année, en fin de matinée et en début d'après-midi ; fermé les mardis et mercredis ; 9 F. Fermé, en outre, les 1er janvier, 1er mai, 1er novembre, 25 décembre.

C

CADOUX

Musée du Domaine. — Visite en juillet et août, toute la journée sans interruption. 12 F. Renseignements : ℘ 86 39 22 84.

CHABLIS

Église St-Martin. — S'adresser à la Mairie.

Église St-Pierre. — S'adresser à la Mairie.

CHAILLY-SUR-ARMANÇON

Château. — On peut venir détailler la façade.

CHALON-SUR-SAÔNE

Musée Denon. — Visite toute l'année, le matin et l'après-midi. Fermé le mardi et les jours fériés. 1 F.

Musée Nicéphore Niepce. — Visite toute l'année, le matin et l'après-midi. Fermé le mardi et les jours fériés. 1 F. Renseignements : ℘ 85 48 41 98.

Église St-Vincent. — Travaux de restauration en cours.

Hôpital. — Visites suspendues pour la durée des travaux en cours.

Tour du Doyenné. — Visite de début avril à fin septembre, l'après-midi des mercredis, samedis, dimanches et jours fériés.

Roseraie St-Nicolas. — Visite de début mai à fin octobre.

CHAMPVOUX

Église. — Visite l'après-midi des dimanches et jours fériés, en juillet, août et septembre. Renseignements à la mairie : ℘ 86 37 85 59.

La CHARITÉ-SUR-LOIRE

Musée. — Visite de début juillet à mi-septembre, le matin et l'après-midi. Fermé le mardi, le 1er janvier et le 25 décembre. 6 F (gratuit les dimanches et jours fériés). Renseignements : ℘ 86 70 23 28.

CHASTELLUX-SUR-CURE

Château. — On ne visite pas.

CHASTENAY

Manoir. — Visite-conférence (3/4 h) des Rameaux à Pâques et de début mai à fin octobre, le matin (sauf en septembre et octobre) et l'après-midi. Fermé le dimanche matin. Renseignements : ℘ 86 40 90 63 ou 86 40 92 24.

CHÂTEAU-CHINON

Musée du Folklore et du Costume. — Visite de mi-juin à fin septembre, seulement l'après-midi des mercredis, samedis et dimanches. 10 F.

CHÂTEAUNEUF

Château. — Visite accompagnée (3/4 h), de début avril à fin septembre, le matin et l'après-midi ; fermé le mardi ; 10 F. Le reste de l'année, en fin de matinée et en début d'après-midi ; fermé les mardis et mercredis ; 6 F. Fermé en outre les 1er janvier, 1er mai, 1er novembre, 25 décembre.

CHÂTEL-CENSOIR

Collégiale St-Potentien. — S'adresser à la mairie.

CHATILLON-COLIGNY

Château. — Visite accompagnée (1 h 1/2) de début avril à fin octobre, le matin des samedis et l'après-midi des dimanches et jours fériés. 12 F.

Arboretum des Barres : voir à BARRES.

CHÂTILLON-SUR-SEINE

Musée. — Visite toute l'année, le matin (sauf celui des lundis, mardis, jeudis et vendredis, de mi-novembre à fin mars) et l'après-midi. Fermé le 1er janvier et le 25 décembre. 9 F.

Église St-Vorles. — Visite de mi-juin à mi-septembre. Le reste de l'année, sauf en hiver, visite les mercredis (de Pâques à mi-juin), samedis, dimanches et jours fériés.

CHAUMONT

Château. — On ne visite pas.

CHENÔVE

Cuverie des ducs de Bourgogne. — Visite toute l'année, toute la journée sans interruption. Renseignements : ☏ 80 52 39 80.

CHEVENON

Château. — Visite de l'extérieur toute l'année, toute la journée sans interruption. Visite accompagnée (1/2 h) de l'intérieur, de début avril à fin septembre, sur demande écrite adressée (au moins 15 jours à l'avance) au propriétaire, à 58 160 IMPHY. 8 F.

CÎTEAUX

Abbaye. — On ne visite pas. Spectacle audiovisuel (20 mn).

CLAMECY

Musée. — Visite de début juillet à fin septembre, le matin et l'après-midi. Le reste de l'année, sur demande à la gardienne. Fermé le mardi, le 1er janvier, à Pâques, le 1er novembre et le 25 décembre. 3 F. Renseignements : ☏ 86 27 17 99.

La CLAYETTE

Château. — On ne visite pas.

CLESSÉ

Église. — S'adresser au café en face.

CLOS DE VOUGEOT

Château. — Visite accompagnée (1/2 h) le matin et l'après-midi. Fermé de fin décembre à début janvier. 9 F. Renseignements : ☏ 80 62 86 09.

CLUNY

Ancienne abbaye. — Visite accompagnée (3/4 h), de début avril à fin septembre, le matin et l'après-midi ; 15 F. Le reste de l'année, en fin de matinée et en début d'après-midi ; 9 F. Fermé les 1er janvier, 1er mai, 1er novembre, 25 décembre.

Musée Ochier. — Visite le matin et l'après-midi. Fermé de fin décembre à mi-janvier et le 1er mai. 3,50 F. Renseignements : ☏ 85 59 05 87. Montage audiovisuel sur demande.

Tour des Fromages. — Accès par le bureau de l'office de tourisme. Visite de début mars à fin septembre. Fermé le dimanche et le lundi jusqu'à Pâques, et le 1er mai. 3 F.

Haras national. — Visite toute l'année — accompagnée (1 h 1/2) de mi-février à fin juin —, tous les jours, le matin et l'après-midi. Renseignements : ☏ 85 59 07 85. Présentation d'attelages et d'étalons le dernier dimanche d'août.

Église St-Marcel. — S'adresser au Café des Boulistes, rue Prud'hon.

COMBERTAULT

Église. — S'adresser à M. le Maire. Renseignements (paroisse de Serrigny) : ☏ 80 26 41 12.

COMMAGNY

Ancien prieuré. — On ne visite que l'église, de Pâques à la Toussaint (en cas de fermeture, s'adresser à Mme Davaux).

COMMARIN

Château. — Visite accompagnée (3/4 h) de début avril à fin octobre, le matin et l'après-midi. Fermé le mardi. 17 F. Renseignements : ✆ 80 33 44 02.

CORMATIN

Château. — Visite accompagnée (3/4 h) de début juillet à mi-octobre, le matin et l'après-midi, ainsi que durant les vacances de Pâques et, en mai et juin, les dimanches et jours fériés. 15 F. Renseignements : ✆ 85 50 16 55.

COSNE-SUR-LOIRE

Église St-Agnan. — Visite accompagnée. S'adresser au presbytère, place St-Agnan, ✆ 86 28 27 95.

Musée. — Visite en juillet et août, le matin et l'après-midi. Fermé le lundi et le mardi. Renseignements : ✆ 86 28 14 22.

COUCHES

Château. — Visite accompagnée (3/4 h) de la chapelle et du donjon en juillet et août, l'après-midi seulement. 12 F.

CRAVANT

Église. — Visite sur demande écrite préalable à M. le curé de Vincelles, au presbytère, 89290 VINCELLES.

Le CREUSOT

Écomusée. — Visite toute l'année, le matin et l'après-midi. Fermé le lundi, le dimanche matin et les 1er janvier, 14 juillet, 1er novembre et 25 décembre. Renseignements : ✆ 85 55 01 11.

CUSSY-EN-MORVAN

Église. — En cas de fermeture, s'adresser à M. Roger Charlot, voisin de l'église.

d

DECIZE

Crypte de l'église St-Aré. — S'adresser au presbytère.

DIGOIN

Église N.-D.-de-la-Providence. — En cas de fermeture, s'adresser à la cure (au chevet de l'église).

Centre de Documentation sur la Céramique. — Visite accompagnée (1 h 1/2) de début juin à mi-octobre, l'après-midi seulement. Fermé le dimanche et les jours fériés. 10 F.

DIGOINE

Château. — On ne visite pas.

DIJON

Carte valable pour la visite de tous les musées : 10 F.

Musée des Beaux-Arts. — Visite toute l'année, toute la journée sans interruption. Entre 11 h 15 et 14 h 15, les salles sont ouvertes par roulement, sauf la salle des Gardes, accessible en permanence. Fermé les mardis et jours fériés. 7,30 F (gratuit le dimanche). Renseignements : ✆ 80 30 31 11.

Tour de Philippe-le-Bon. — Visite de Pâques à la Toussaint le matin et l'après-midi. Fermé les mardis et jours fériés. En hiver, visite le mercredi après-midi et le dimanche seulement. 4,20 F (gratuit le dimanche).

Salle des États. — S'adresser à la conciergerie de l'hôtel de ville.

Hôtel de Vogüé. — Visite de la cour intérieure seulement.

Bibliothèque municipale. — Cour et chapelle (salle de lecture) : visite du mardi au samedi, le matin et l'après-midi. Salles du 1er étage : visite accompagnée en été ; s'informer des horaires en téléphonant au n° 80 66 28 62.

Palais de Justice. — Visite accompagnée, sur demande au syndicat d'initiative. Fermé les samedis, dimanches et jours fériés.

Musée Magnin. — Visite toute l'année, le matin et l'après-midi. Fermé les mardis et jours fériés. 6 F (3 F le dimanche). Renseignements : ✆ 80 67 11 10.

Chartreuse de Champmol. — Visite toute l'année, toute la journée sans interruption. S'adresser à la conciergerie.

Crypte de la cathédrale St-Bénigne. — Visite toute l'année, toute la journée sans interruption. 2 F.

Musée archéologique. — Visite toute l'année, le matin et l'après-midi (toute la journée sans interruption en juin-juillet-août). Fermé le mardi et les 1er janvier, 1er mai, 14 juillet, 1er et 11 novembre, 25 décembre. 6,30 F. Renseignements : ✆ 80 30 88 54.

Museum d'histoire naturelle. — Visite toute l'année, l'après-midi seulement. Fermé le mardi, le 1er janvier, le 1er mai et le 25 décembre. 5 F. Renseignements : ✆ 80 41 61 08.

Musée de l'Hôpital. — Visite toute l'année, le matin et l'après-midi. Fermé le samedi, le dimanche et les jours fériés.

Musée d'art sacré. — Visite toute l'année, le matin et l'après-midi. Fermé le mardi et les jours fériés. 5,20 F (gratuit le dimanche). Renseignements : ✆ 80 30 06 44.

DRÉE

Château. — On ne visite pas.

DRUYES-LES-BELLES-FONTAINES

Château. — Visite accompagnée (1 h) de début juillet à mi-septembre, l'après-midi des samedis, dimanches et jours fériés. 9 F. Renseignements : ✆ 86 41 57 86.

ÉCHANNAY

Église. — Fermée hors saison.

ÉCUISSES

Maison du canal. — Visite de début juin à fin septembre, le dimanche après-midi seulement.

ÉGREVILLE

Château. — On ne visite pas.

ÉPOISSES

Château. — Visite de l'extérieur toute l'année, toute la journée sans interruption. 5 F. Visite accompagnée (1/2 h) de l'intérieur en juillet et août toute la journée sans interruption. 13 F (incluant la visite extérieure). Renseignements : ✆ 80 96 40 56.

FARGES

Église. — Pour demander à visiter, s'adresser à M. Fleury, place de l'Église.

FAULIN

Château. — On ne visite pas.

FERME DE LA FORÊT

Musée de la Ferme bressane. — Visite l'après-midi ; en juillet et août tous les jours, de début mai à fin juin et de début septembre à mi-octobre, les dimanches et jours fériés seulement. Renseignements au syndicat d'initiative de St-Trivier-de-Courtes : ✆ 74 30 70 32.

FERRIÈRES

Ancienne abbaye St-Pierre et St-Paul. — Renseignements au syndicat d'initiative, ✆ 38 96 52 30.

FIXIN

Parc Noisot. — Visite accompagnée (3/4 h) toute l'année, le matin et l'après-midi. Fermé le mardi matin. Renseignements : ✆ 80 52 45 62.

FLAVIGNY-SUR-OZERAIN

Crypte Ste-Reine de l'ancienne abbaye. — Visite accompagnée (1/4 h) toute l'année, le matin et l'après-midi. 3,50 F. Renseignements : ✆ 80 96 20 88.

Musée lapidaire de l'ancienne abbaye. — Mêmes conditions de visite que pour la crypte, mais sur demande téléphonique préalable (✆ 80 96 20 88).

FLEURIGNY

Château. — Visite accompagnée (1/4 h) de début avril à fin septembre, l'après-midi seulement. Fermé le mercredi. 15 F. Renseignements : ✆ 86 86 65 38.

FONTENAY

Ancienne abbaye. — Visite accompagnée (1 h) toute l'année, le matin et l'après-midi. 22 F. Renseignements : ✆ 80 92 15 00.

GERMOLLES

Château. — Visite accompagnée (1 h) en juillet et août, le matin et l'après-midi. Fermé le mardi. 10 F.

GEVREY-CHAMBERTIN

Château. — Visite accompagnée (1/2 h) le matin et l'après-midi. En hiver, sur rendez-vous, ✆ 80 34 36 13. Fermé le jeudi et à Pâques, à la Toussaint et à Noël. 10 F.

GIVRY

Église. — Fermée l'après-midi ; s'adresser au presbytère.

GRANCEY

Château. — Visite accompagnée, sur demande préalable à M. de Bazelaire, 54 rue des Forges à Dijon. ✆ 80 30 28 31.

KAGYU-LING

Monastère tibétain. — Visite toute l'année, libre en semaine, accompagnée l'après-midi des samedis et dimanches. Offrande à prévoir. Renseignements : ✆ 85 79 43 41.

LANCHARRE

Ancienne église. — En cas de fermeture, s'adresser à M. Marcel Malagola, tout à côté, ✆ 85 50 13 92.

LAROCHEMILLAY

Château. — On ne visite pas.

LIGNY-LE-CHATEL

Église. — S'adresser au presbytère, 2 rue Maison-Dieu, ou, à défaut, à la Communauté des Religieuses, 1 rue des Ricailles.

LOUHANS

Pharmacie de l'Hôtel-Dieu. — Visite accompagnée (1 h 1/2) de début mars à mi-octobre, le matin et l'après-midi. Fermé le mardi après-midi et le 1er mai. 8 F. Renseignements : ✆ 85 75 44 73.

LUGNY

Église. — Ouverte parfois le dimanche.

LUZY

Tapisseries de l'hôtel de ville. — Visite sur demande au secrétariat, les jours ouvrables. Renseignements : ✆ 85 30 02 34.

MÂCON

Musée municipal des Ursulines. — Visite toute l'année, le matin et l'après-midi. Fermé le mardi, le dimanche matin, le 1er janvier, le 1er mai, le 14 juillet, le 1er novembre et le 25 décembre. Renseignements : ℰ 85 38 18 84.

Musée Lamartine. — Visite de début mai à fin septembre, l'après-midi seulement. Fermé le mardi.

Hôtel-Dieu. — Visite accompagnée (1/2 h), sur demande préalable au conservateur du musée municipal des Ursulines.

MAGNY-COURS

Circuit automobile. — Autos ou motos personnelles autorisées avec une assurance prise sur place. Renseignements : ℰ 86 58 11 71.

MARCIGNY

Tour du Moulin. — Visite de début février à fin novembre tous les jours, l'après-midi seulement. 5 F. Renseignements : ℰ 86 25 21 87.

MENOU

Château. — On ne visite pas.

METZ-LE-COMTE

Église. — Pour visiter, s'adresser à M. le Maire de Metz ou à M. le Curé de la Maison-Dieu ; code postal commun : 58190 TANNAY.

MONCEAU

Château. — Visite des abords (cour d'honneur, terrasse et chapelle) de début juin à fin septembre, le matin et l'après-midi. Fermé le dimanche. S'adresser au gardien.

MONTARGIS

Musée Girodet. — Visite toute l'année, le matin et l'après-midi. Fermé le lundi et les jours fériés. 6 F (gratuit le mercredi). Renseignements : ℰ 38 85 28 16, poste 129.

MONTBARD

Parc Buffon. — Visite (accompagnée pour les bâtiments : 3/4 h) toute l'année, le matin et l'après-midi. Fermé le mardi, et en outre le lundi de début octobre à fin mars. 7 F pour l'ensemble, ou 2,60 F par bâtiment.

Musée des Beaux-Arts. — Visite de début avril à fin octobre, l'après-midi seulement. Fermé le mardi. 7 F. Renseignements : ℰ 80 92 01 34.

MONTCEAU-LES-MINES

La Maison d'école. — Visite le dernier dimanche de chaque mois, l'après-midi seulement. Renseignements : ℰ 85 57 13 41, aux heures des repas.

MONTCULOT

Château. — On ne visite pas.

MONTFALCON

Église. — S'adresser à M. Perret, forgeron.

MONTIGNY-SUR-AUBE

Extérieurs, chapelle et parc du château. — Visite provisoirement suspendue.

MONTRÉAL

Église. — Visite de Pâques au 11 novembre. Le reste de l'année, s'adresser à M. le Curé, qui accompagne, ℰ 86 32 12 74.

MONT-ST-VINCENT

Église. — Visite accompagnée sur demande, ℰ 85 79 81 83.

Musée J.-Régnier. — Visite de mi-avril à mi-septembre, l'après-midi des dimanches et jours fériés seulement.

*En ville, sauf indication contraire,
nos itinéraires de visite sont à suivre à pied.*

NEVERS

Musée lapidaire de la porte du Croux. — Visite de début juin à fin septembre, tous les après-midis ; le reste de l'année, l'après-midi des mercredis, samedis et dimanches.

Musée municipal. — Visite le matin et l'après-midi. Fermé le mardi et aussi en janvier, les 1er mai, 1er novembre, 25 décembre. 0,50 F.

Cathédrale. — Le baptistère du 6e s. ne se visite pas.

Couvent St-Gildard et musée. — Visite toute l'année, toute la journée sans interruption. Renseignements : ☎ 86 57 79 99.

Église Ste-Bernadette-du-Banlay. — En cas de fermeture, consulter l'avis affiché sur le portail.

NOYERS

Musée. — Visite l'après-midi, de mi-juillet à fin août. 5 F.

NUITS-ST-GEORGES

Église St-Symphorien. — Fermée, sauf lors des offices.

Musée archéologique. — Visite l'après-midi seulement : tous les jours de début juillet à mi-septembre, les dimanches et jours fériés de Pâques à fin juin. 2,20 F.

PARAY-LE-MONIAL

Chambre des Reliques. — Visite de début mars à fin octobre, le matin et l'après-midi. Dans la salle voisine, montage audiovisuel : 4 F.

Diorama du parc des Chapelains. — Visite de début avril à mi-octobre, le matin (sauf en avril et octobre) et l'après-midi. 6 F.

Chapelle de la Visitation. — Il est requis de la visiter en silence.

Musée du Hiéron. — Visite de mi-mai à fin septembre, le matin (sauf du 9 au 30 septembre) et l'après-midi. 6 F. Renseignements : ☎ 85 81 11 72.

PERRECY-LES-FORGES

Exposition « Bourg et prieuré ». — Visite de début juillet à fin août, l'après-midi des samedis, dimanches et jours fériés. Renseignements : ☎ 85 79 32 94.

PEZANIN

Arboretum. — Visite tous les jours, toute l'année.

PIERRECLOS

Château. — On ne visite pas.

PIERRE-DE-BRESSE

Château. — On ne visite pas. Visite de l'écomusée : de mi-juin à fin octobre, l'après-midi seulement. Fermé le mardi et le 15 août. Renseignements : ☎ 85 76 27 16.

PIERRE-QUI-VIRE (Abbaye de la)

Salle d'exposition. — Visite toute l'année, toute la journée sans interruption. Spectacle audiovisuel. Renseignements : ☎ 86 32 21 33.

Messe dans l'église abbatiale. — À 9 h 20 en semaine, à 10 h les dimanches et fêtes.

PONTIGNY

Église de l'abbaye. — Fermée le dimanche de 10 h 45 à 12 h 30. Visite accompagnée sur demande en juillet et août : ☎ 86 47 47 17.

Bâtiments monastiques. — On ne visite pas.

POSANGES

Château. — On ne visite pas.

POUILLY-EN-AUXOIS

Église N.-D. Trouvée. — S'adresser à Mme Thibault, maison située au chevet de l'église.

PRÉMERY

Église St-Marcel. — Fermée pour travaux, en dehors des offices.

Ancien château. — On ne visite pas.

RATILLY

Château. — Visite toute la journée sans interruption de début juillet à mi-septembre, l'après-midi seulement le reste de l'année. Fermé, hors saison, les dimanches et jours fériés. 8 F (5 F hors saison).

REULLE-VERGY

Musée des Arts et Traditions des Hautes Côtes. — Visite l'après-midi, tous les dimanches de l'année et tous les jours de début juillet à mi-septembre. 5 F. Renseignements : ✆ 80 61 40 95 ou 80 61 42 93.

La ROCHEPOT

Château. — Visite des vacances de Pâques à début novembre, le matin et l'après-midi. Fermé le mardi. 10 F. Renseignements : ✆ 80 21 71 37 ou 80 21 71 64.

ROMANÈCHE-THORINS

Parc zoologique Touroparc. — 40 F. Renseignements : ✆ 85 35 51 53.

Maison de Benoît Raclet. — Visite sur demande au propriétaire, M. Brault : ✆ 85 35 51 37.

Musée du compagnonnage Guillon. — Visite de Pâques à la Toussaint, le dimanche (matin et après-midi) ; en semaine, sur demande à Mme Tremblay, ✆ 85 35 52 48. 5 F.

ROSIÈRES

Château. — Visite toute l'année, toute la journée sans interruption. 5 F. Renseignements : ✆ 80 95 82 53.

ROUY

Église. — Pour visiter hors saison, s'adresser à Mme Solange Chamard ou à M. Hubert Perrin.

ST-ANDRÉ

Église. — En cas de fermeture, s'adresser à M. Pelletier, à la ferme jouxtant l'église.

ST-AUBIN-SUR-LOIRE

Château. — Visite accompagnée (1/2 h) de mi-juillet à fin août, l'après-midi seulement. Fermé le mardi. 8 F. Renseignements : ✆ 85 53 91 96.

ST-BRIS-LE-VINEUX

Église. — S'adresser à Mme Lheritier, place de l'Église.

ST-FARGEAU

Château. — Visite (1 h — en partie accompagnée) de fin mars à début novembre, le matin et l'après-midi. 19 F. Renseignements : ✆ 86 74 05 67.
Spectacle « son et lumière » (600 figurants) de mi-juillet à fin août les vendredis et samedis, plus le 14 août, à 22 h. 50 F (donnant droit à la visite aux chandelles du château après le spectacle).

Église. — En cas de fermeture, s'adresser à M. le Curé, ✆ 86 74 04 09.

Parc St-Hubert. — Voir à BOUTISSAINT.

conditions de visite

ST-FLORENTIN

Église. — Fermée en dehors du dimanche. Pour visiter en semaine, s'adresser au syndicat d'initiative, ou à la boulangerie de la place des Fontaines.

ST-JULIEN-DU-SAULT

Église. — S'adresser à M. le Curé (13 Fg de la Croix) ou à Mle Cagne (place de la Mairie, à côté de la Maison des Jeunes).

Vestiges du château. — La reconstruction des remparts est en cours. Visite commentée possible, le samedi et le dimanche, en s'adressant préalablement à la mairie, 🖉 86 63 22 95.
On ne visite pas la chapelle de Vauguillain.

ST-LÉGER-VAUBAN

Église N.-D.-du-Bien-Mourir. — Renseignements : 🖉 86 32 23 75.

Maison Vauban. — Visite, avec projection audiovisuelle (durée : 20 mn), de mi-juin à mi-septembre, l'après-midi seulement. 8 F. Pour visiter hors saison, s'adresser à Mme Assier, 🖉 86 32 21 93, de préférence aux heures des repas.

ST-PÈRE

Musée archéologique régional. — Visite de début mars à mi-décembre, le matin et l'après-midi. Fermé le mercredi. 10 F (billet valable pour la visite des Fontaines Salées). Renseignements : 🖉 86 33 23 14.

Fouilles des Fontaines Salées. — Mêmes conditions de visite que pour le musée. Billet valable pour la visite de celui-ci.

ST-POINT

Église. — Le tombeau de Lamartine (dans la chapelle voisine) est en cours de restauration.

Château. — Visite accompagnée (1/2 h) de mi-mars à mi-novembre, le matin et l'après-midi. Fermé le mercredi et le matin du dimanche. 8 F. Renseignements : 🖉 85 50 50 30 (de préférence aux heures des repas).

ST-ROMAIN

Exposition à la mairie. — Visite de mi-juin à mi-septembre, et durant les vacances de Pâques, l'après-midi seulement. Renseignements : 🖉 80 21 28 50.

ST-THIBAULT

Église. — Fermée en hiver.

STE-MAGNANCE

Église. — En cas de fermeture, s'adresser à l'épicerie-journaux près de l'église.

SANTENAY

Église St-Jean. — Visite accompagnée. S'adresser au gardien du cimetière, 🖉 80 20 64 04.

SAULIEU

Musée. — Visite toute l'année, le matin et l'après-midi. Fermé le mardi. 5 F. Renseignements : 🖉 Mairie 80 64 09 22.

SEIGNELAY

Église St-Martial. — Visite accompagnée. S'adresser à M. le Curé, 10 rue Dr-Chauvelot, 🖉 86 47 75 66.

SEMUR-EN-AUXOIS

Illumination en soirée des principaux monuments : le week-end en juillet et août, et les jours de fête religieuse.

Tour de l'Orle et musée. — Visite accompagnée (1/2 h) en juillet et août ; se renseigner pour les horaires à la maison du tourisme. 8 F.

Musée et bibliothèque. — En raison des travaux en cours, les horaires de visite du musée sont affichés à l'entrée de la bibliothèque. Celle-ci ouvre le mercredi après-midi seulement.

SEMUR-EN-BRIONNAIS

Château St-Hugues. — Visite de début avril à fin octobre, le matin et l'après-midi. Fermé le mardi. 5 F.
Spectacle « son et lumière » : « les Grands Instants de Semur », tous les jeudis en juillet et août (sauf le jeudi suivant le 14 juillet), à 21 h 15. 10 F.

180

SENNECEY-LE-GRAND

Église St-Julien. — Visite accompagnée sur demande à l'office de tourisme, ✆ 85 44 82 54.

Église St-Martin-de-Laives. — Visite de début avril à fin septembre, l'après-midi des dimanches et fêtes seulement. Renseignements à l'office de tourisme.

SENS

Trésor de la cathédrale. — Réouverture prévue pour l'été 1985. S'informer auprès du musée municipal.

Palais synodal. — Visite accompagnée (3/4 h) de début mars à mi-décembre, le matin et l'après-midi. 10 F de début avril à fin septembre ; 6 F en mars et de début octobre à mi-décembre. Fermé le mercredi en mars, avril, septembre, octobre, novembre.

Musée municipal. — En cours de transfert. Réouverture prévue pour l'été 1985. Renseignements : ✆ 86 64 15 27.

Église St-Pierre-le-Rond. — Fermée pour restauration.

Église St-Jean. — Accès, provisoirement, par l'entrée de l'ancien hôpital, bd Foch.

SEURRE

Hôpital. — On ne visite pas.

SULLY

Château. — Visite de l'extérieur seulement, du samedi des Rameaux à fin septembre, le matin et l'après-midi. 5 F.

TAIZÉ

Église de la Réconciliation. — Ouverte jour et nuit. Prière commune à 8 h, midi et 20 h 30 ; le dimanche à 17 h 30 et 20 h 30, messe à 10 h. Renseignements : ✆ 85 50 14 14.

TALCY

Église. — S'adresser à Mme Mantoan, ✆ 86 32 11 54.

TALMAY

Château. — Visite accompagnée (1 h) en juillet et août, à 15 h et 17 h. Fermé le lundi. 14 F. Renseignements : ✆ 80 36 13 64.

TANLAY

Château. — Visite accompagnée (3/4 h) de fin mars à début novembre, le matin et l'après-midi. Fermé le mardi. 19 F. Renseignements : ✆ 86 75 70 61 ou 86 75 77 48.

TANNAY

Église St-Léger. — On ne visite pas le clocher ni la sacristie. Renseignements : ✆ 86 29 87 37 (M. Charlot).

TERNANT

Triptyques de l'église. — Commentaire enregistré ; durée : 1/2 h.

TERRANS

Château. — On ne visite pas.

THIL

Ancienne collégiale et château. — Visite toute l'année, toute la journée sans interruption. 10 F. Renseignements : ✆ 80 64 53 00.

TONNERRE

Ancien hôpital. — Visite accompagnée (1/2 h) de début juin à fin septembre, et durant les vacances de Pâques, le matin et l'après-midi. Fermé le mardi. 7 F. Renseignements : ✆ 86 55 14 18.

Église St-Pierre. — Travaux en cours. Pour visiter, s'adresser à la mairie.

TOURNUS

Église St-Philibert. — Son « petit clocher » (tour de gauche) est en cours de restauration. Les sculptures et statues-colonnes qu'il portait seront remplacées par des copies. Éclairage de la crypte : minuterie (1 F).

Musée Perrin-de-Puycousin. — Visite accompagnée (1 h) de début avril à fin octobre, le matin et l'après-midi. Fermé le mardi et le 1er mai. 3,60 F. Renseignements : ✆ 85 51 29 68.

Musée Greuze. — Visite des Rameaux à la Toussaint, le matin et l'après-midi. Fermé le mardi, le dimanche matin et le 1er mai. 3,60 F. Renseignements : ✆ 85 51 30 74 ou 85 51 13 15.

Église de la Madeleine. — Fermée le mercredi après-midi en dehors des congés scolaires.

V

VALLERY

Les châteaux. — Visite accompagnée (3/4 h) de début mars à mi-novembre, seulement l'après-midi des dimanches et jours fériés. 10 F.

Eglise. — Visite sur demande préalable à M. Sottiaux, ✆ 86 97 53 09.

VARENNE-L'ARCONCE

Église. — Visite le matin (sauf le mardi et le mercredi), en dehors des offices.

VARZY

Église St-Pierre. — Renseignements : ✆ 86 29 43 73.

Musée. — Visite de début mai à fin septembre, l'après-midi seulement. Fermé le mardi. 5 F. Renseignements : ✆ 86 29 45 71.

VAULT-DE-LUGNY

Château. — On ne visite pas.

VAUSSE (Prieuré)

Cloître et chapelle. — Visite de mi-avril à mi-novembre.
L'église (bibliothèque) ne se visite pas.

VÉZELAY

Basilique Ste-Madeleine. — Montée à la tour en juillet et août, toute la journée sans interruption (l'après-midi seulement les dimanches et jours fériés). 4 F.

Le VILLARS

Église. — Pour visiter, s'adresser à la mairie.

VILLENEUVE-L'ARCHEVÊQUE

Église. — Fermée en janvier et février. Pour visiter en période de fermeture, s'adresser à Mme Betsch, 10 rue de la République, ✆ 86 86 71 86, ou à Mme Varay, 5 rue de la République, ✆ 86 86 75 60.

VILLENEUVE-SUR-YONNE

Église Notre-Dame. — Visite (généralement accompagnée), sur demande préalable à M. le Curé, 6 rue Pierret, ✆ 86 87 15 03.

VILLIERS-ST-BENOÎT

Musée d'art régional. — Visite le matin et l'après-midi. Fermé le mardi, le 1er mai, le 14 juillet, les 1er et 11 novembre, et de mi-décembre à mi-janvier. 5,50 F. Renseignements : ✆ 86 45 73 05.

MANUFACTURE FRANÇAISE DES PNEUMATIQUES MICHELIN
Société en commandite par actions au capital de 700 000 000 de francs
Place des Carmes-Déchaux - 63 Clermont-Ferrand (France)
R.C.S. Clermont-Fd B 855 200 507
© Michelin et Cie, Propriétaires-Éditeurs 1985
Dépôt légal 11-85 - ISBN 2.06.003.073-0 - ISSN 0293-9436

Printed in France - 9-85-65

Photocomposition : S.C.I.A., La Chapelle-d'Armentières - Impression : MAME Société Nouvelle, Tours, n° 11424